Contraste insuffisant

NF Z 43-120-14

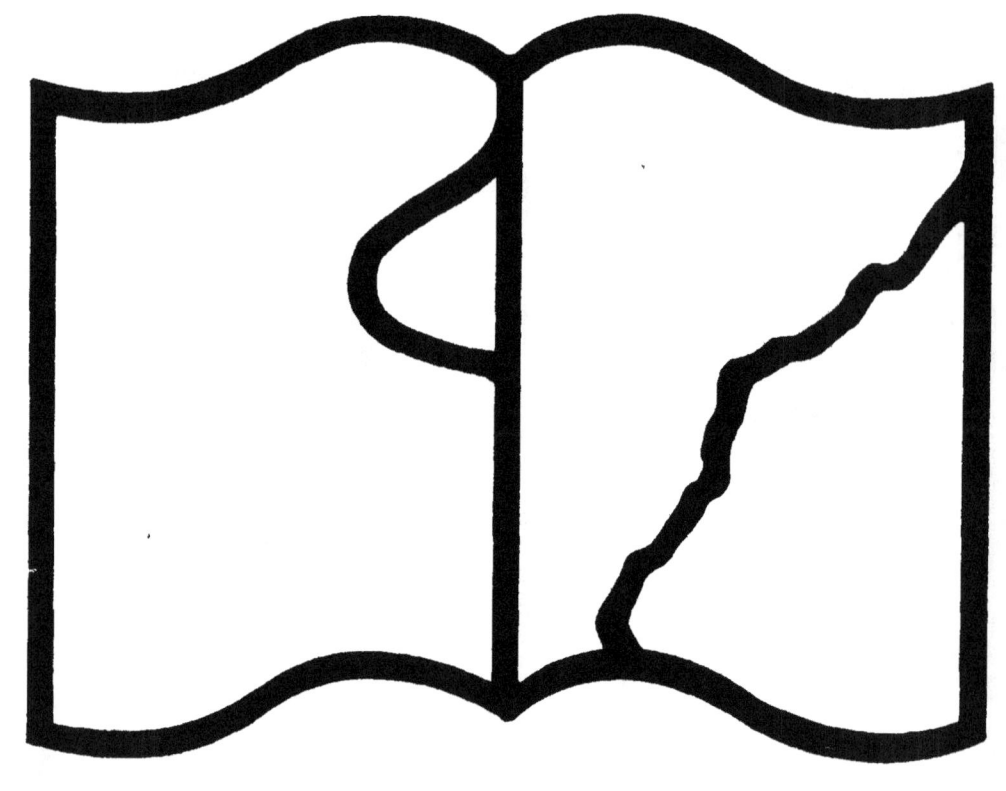

Texte détérioré — reliure défectueuse

NF Z 43-120-11

MÉLANGES
D'ARCHÉOLOGIE,

D'HISTOIRE ET DE LITTÉRATURE,

RECUEILLIS OU PUBLIÉS

PAR LES AUTEURS DE LA MONOGRAPHIE DE LA CATHÉDRALE DE BOURGES

(CH. CAHIER ET ARTH. MARTIN).

PROSPECTUS.

On dirait que le moyen âge, dont les *titres* et les documents manuscrits ont été si activement explorés par les deux derniers siècles, avait tenu en réserve pour notre époque ses œuvres les plus palpables. Par une singularité moins bizarre qu'elle ne le semble, ses monuments qui s'offraient le plus aux regards, ont été les derniers à frapper les esprits ; mais, par une sorte de compensation, il a fait sous cette forme une fortune beaucoup plus rapide ; si bien, qu'après un long oubli, son art, du moins dans ses points les plus saillants, a pris place subitement parmi les études presque indispensables. Ce n'est plus aujourd'hui un mérite que de savoir distinguer par ses traits carastéristiques l'empreinte laissée par chaque génération du moyen âge sur la pierre et le métal ; l'ignorer est plutôt une lacune désormais presque honteuse dans l'éducation même de l'homme du monde et du touriste au bagage le plus léger.

Quelle qu'ait été, dans ce mouvement subit des esprits, la part de plusieurs hommes distingués dont les noms sont connus de tout le monde, le secret véritable de leur succès fut principalement d'avoir à propos évoqué la question qui préoccupait la plupart des esprits. Ils ont exprimé mieux que tous, ce que tous rêvaient confusément ; et, par un heureux coup de main, ils ont gagné la tête de cette colonne que formaient une foule de volontaires inconnus les uns aux autres, mais poussés par un désir et par un pressentiment commun. C'est ce qui

1847.

fait qu'aujourd'hui tant de noms réclament leur inscription dans cet enrôlement régularisé tout d'un coup par des chefs habiles. Le projet de la campagne était né dans une foule de cœurs à la fois, et déjà sans doute le plan se faisait jour dans plusieurs esprits quand la marche s'éclaira davantage; en sorte que beaucoup crurent reconnaître leurs propres pensées, lorsque certains esprits d'élite tracèrent d'une main ferme la ligne d'opérations; espèce de complicité muette qui s'établit entre des inconnus lorsqu'une conspiration est, pour ainsi parler, dans l'air, mais qui ne saurait diminuer la gloire des premiers régulateurs dans lesquels la tendance générale s'est résumée à temps.

Aujourd'hui que les grands résultats ont passé dans le domaine commun, on ne peut plus guère prétendre qu'à des découvertes de détail, et les auteurs des *Mélanges d'archéologie*, etc., ne se sont point proposé autre chose. Il y a quelques années, ils cédèrent à l'ambition d'interpréter la grande peinture sur verre des XIIe et XIIIe siècles. Les *vitraux de la cathédrale de Bourges* parurent escortés d'emprunts faits aux principales cathédrales de France, d'Allemagne et d'Angleterre, et reçurent du public un bienveillant accueil. L'Académie des inscriptions les honora d'une médaille d'or, et des distinctions semblables leur furent adressées par la Société libre des arts et la Société française. Entre les souscriptions particulièrement flatteuses qui distinguèrent cette publication, nous ne saurions taire celle que signa M. Villemain au ministère de l'instruction publique, lorsque l'ouvrage était arrivé à son terme : elle fut accordée sur les instances de l'un des savants dont la France s'enorgueillit le plus, M. Letronne, qui ne s'était inspiré que de la noblesse de son caractère pour s'intéresser, sans aucune sollicitation, à deux hommes qu'il n'avait jamais rencontrés. Nous aimâmes à nous persuader dès lors que notre premier travail pourrait servir en quelque chose l'art de la peinture sur verre architecturale dans sa renaissance; et cette prétention a été quasi justifiée par le choix que M. le ministre des travaux publics a fait de l'un de nous en formant la commission des vitraux de la Sainte-Chapelle, et par la commission elle-même quand elle a nommé son rapporteur.

Nos études comparées de la peinture sur verre ont, pour ainsi dire, enfanté le recueil que nous venons présenter aux amis des antiquités de l'ère chrétienne; mais, moins démesuré dans ses dimensions, moins inaccessible par son prix, il sera formé aussi d'éléments plus variés, et de mémoires plus intéressants pour ceux qu'effarouche une science trop sévère. Dans les courses lointaines où nous poursuivions les grands vestiges du symbolisme chrétien dans l'art, des musées publics, des collections particulières et des trésors d'églises nous offraient souvent une glanure que nous ne pouvions négliger. Parfois même de hautes autorisations nous ont accordé un accès plus facile près de monuments sévèrement gardés. Bon nombre de peintures mystérieuses, de tissus riches et précieux, de travaux presque magiques des vieux orfévres, et de bas-reliefs inexpliqués se sont pressés dans nos cartons. Nous voulons les offrir au public, lui soumettre nos vues sur ces objets recueillis au loin, et appeler celles des plus habiles.

N'écrivant point un journal, nous ne dispenserons pas nos lecteurs de recourir comme nous à la savante *Revue archéologique* que publie M. Leleux, à l'habile *Revue de l'architecture* que rédige M. Daly, à l'intéressant *Bulletin monumental* de M. Caumont et aux belles *Annales archéologiques* de M. Didron.

Les *Mélanges d'archéologie, d'histoire et de littérature* paraîtront par livraisons. Huit livraisons formeront un volume, et il ne paraîtra pas au delà d'un volume par an.

La livraison, composée de quatre feuilles de texte grand in-4° et de cinq planches ordinaires (ou d'un moindre nombre de planches plus dispendieuses), coûtera 4 francs.

On souscrit, pour un volume (32 fr.) ou pour un demi-volume (16 fr.),

A PARIS,

Chez MM. POUSSIELGUE-RUSAND, Éditeur, rue du Petit-Bourbon-Saint-Sulpice, 3;

CHOISELAT-GALLIEN ET POUSSIELGUE-RUSAND, Fabricants de bronzes et de vases sacrés de N. S. P. le Pape, rue Cassette, 36;

DUMOULIN, Libraire, quai des Augustins, 13;

VICTOR DIDRON, Libraire, place Saint-André-des-Arts, 30.

A LYON,

Chez MM. J.-B. PÉLAGAUD ET Cⁱᵉ, rue Mercière, 26.

IMPRIMÉ PAR PLON FRÈRES, 36, RUE DE VAUGIRARD.

MÉLANGES
D'ARCHÉOLOGIE,
D'HISTOIRE ET DE LITTÉRATURE,

RÉDIGÉS OU RECUEILLIS

PAR LES AUTEURS DE LA MONOGRAPHIE DE LA CATHÉDRALE DE BOURGES

(CH. CAHIER ET ART. MARTIN.)

PROSPECTUS.

On dirait que le moyen âge, dont les *titres* et les documents manuscrits ont été si activement explorés par les deux derniers siècles, avait tenu en réserve pour notre époque ses œuvres les plus palpables. Par une singularité moins bizarre qu'elle ne le semble, ses monuments qui s'offraient le plus aux regards ont été les derniers à frapper les esprits; mais, par une sorte de compensation, il a fait sous cette forme une fortune beaucoup plus rapide : si bien qu'après un long oubli son art, du moins dans ses points les plus saillants, a pris place subitement parmi les études presque indispensables. Ce n'est plus aujourd'hui un mérite que de savoir distinguer par ses traits caractéristiques l'empreinte laissée par chaque génération du moyen âge sur la pierre et le métal; l'ignorer est plutôt une lacune désormais presque honteuse dans l'éducation même de l'homme du monde et du touriste au bagage le plus léger.

Quelle qu'ait été, dans ce mouvement subit des esprits, la part de plusieurs hommes distingués dont les noms sont connus de tout le monde, le secret véritable de leur succès fut principalement d'avoir à propos évoqué la question qui préoccupait la plupart des esprits. Ils ont exprimé mieux que tous ce que tous rêvaient confusément; et, par un heureux coup de main, ils ont gagné la tête de cette colonne que formaient une foule de volontaires inconnus les uns aux autres, mais poussés par un désir et par un pressentiment commun. C'est ce qui fait qu'aujourd'hui tant de noms réclament leur inscription dans cet enrôlement régu-

1847

larisé tout d'un coup par des chefs habiles. Le projet de la campagne était né dans une foule de cœurs à la fois, et déjà sans doute le plan se faisait jour dans plusieurs esprits quand la marche s'éclaira davantage; en sorte que beaucoup crurent reconnaître leurs propres pensées lorsque certains esprits d'élite tracèrent d'une main ferme la ligne d'opérations; espèce de complicité muette qui s'établit entre des inconnus lorsqu'une conspiration est, pour ainsi parler, dans l'air, mais qui ne saurait diminuer la gloire des premiers régulateurs dans lesquels la tendance générale s'est résumée à temps.

Aujourd'hui que les grands résultats ont passé dans le domaine commun, on ne peut plus guère prétendre qu'à des découvertes de détail, et les auteurs des *Mélanges d'Archéologie*, etc., ne se sont point proposé autre chose. Il y a quelques années, ils cédèrent à l'ambition d'interpréter la grande peinture sur verre des XIIe et XIIIe siècles. Les *Vitraux de la Cathédrale de Bourges* parurent escortés d'emprunts faits aux principales cathédrales de France, d'Allemagne et d'Angleterre, et reçurent du public un bienveillant accueil. L'Académie des inscriptions les honora d'une médaille d'or, et des distinctions semblables leur furent adressées par la Société libre des arts et la Société française. Entre les souscriptions particulièrement flatteuses qui distinguèrent cette publication, nous ne saurions taire celle que signa M. Villemain au ministère de l'instruction publique, lorsque l'ouvrage était arrivé à son terme : elle fut accordée sur les instances de l'un des savants dont la France s'enorgueillit le plus, M. Letronne, qui ne s'était inspiré que de la noblesse de son caractère pour s'intéresser, sans aucune sollicitation, à deux hommes qu'il n'avait jamais rencontrés. Nous aimâmes à nous persuader dès lors que notre premier travail pourrait servir en quelque chose l'art de la peinture sur verre architecturale dans sa renaissance; et cette prétention a été quasi justifiée par le choix que M. le ministre des travaux publics a fait de l'un de nous en formant la commission des vitraux de la Sainte-Chapelle, et par la commission elle-même quand elle a nommé son rapporteur.

Nos études comparées de la peinture sur verre ont, pour ainsi dire, enfanté le recueil que nous venons présenter aux amis des antiquités de l'ère chrétienne; mais, moins démesuré dans ses dimensions, moins inaccessible par son prix, il sera formé aussi d'éléments plus variés et de mémoires plus intéressants pour ceux qu'effarouche une science trop sévère. Dans les courses lointaines où nous poursuivions les grands vestiges du symbolisme chrétien dans l'art, des musées publics, des collections particulières et des trésors d'églises nous offraient souvent une glanure que nous ne pouvions négliger. Parfois même de hautes autorisations nous ont accordé un accès plus facile près de monuments sévèrement gardés. Bon nombre de peintures mystérieuses, de tissus riches et précieux, de travaux presque magiques des vieux orfèvres, et de bas-reliefs inexpliqués se sont pressés dans nos cartons. Nous voulons les offrir au public, lui soumettre nos vues sur ces objets recueillis au loin, et appeler celles des plus habiles.

N'écrivant point un journal, nous ne dispenserons pas nos lecteurs de recourir comme nous à la savante *Revue archéologique* que publie M. Leleux, à l'habile *Revue de l'Architecture* que rédige M. Daly, à l'intéressant *Bulletin monumental* de M. de Caumont et aux belles *Annales archéologiques* de M. Didron.

Les *Mélanges d'Archéologie, d'Histoire et de Littérature* paraîtront par livraisons. Huit livraisons formeront un volume, et il ne paraîtra pas au-delà d'un volume par an.

La livraison, composée de quatre feuilles de texte, grand in-4° et de cinq planches ordinaires (ou d'un moins grand nombre de planches plus dispendieuses), coûtera 4 francs.

La première livraison paraîtra en janvier 1848.

On souscrit, pour un volume (32 fr.) ou pour un demi-volume (16 fr.)

A PARIS,

Chez MM. POUSSIELGUE-RUSAND, ÉDITEUR, rue du Petit-Bourbon-Saint-Sulpice, 3;
CHOISELAT-GALLIEN ET POUSSIELGUE-RUSAND, FABRICANTS DE BRONZES ET DE VASES SACRÉS DE N. S. P. LE PAPE, rue Cassette, 36;
DUMOULIN, LIBRAIRE, quai des Augustins, 13;
VICTOR DIDRON, LIBRAIRE, place Saint-André-des-Arts, 30.

A LYON,

Chez MM. J.-B. PÉLAGAUD ET Cⁱᵉ, rue Mercière, 26.

A LONDRES,

Chez M. CHARLES DOLMAN, libraire, New-Bond Street, 61.

Paris, Imprimerie de Poussielgue, rue du Croissant, 12.

MÉLANGES
D'ARCHÉOLOGIE.

I.

ON SOUSCRIT AUSSI,

A Paris, Chez DUMOULIN, quai des Augustins, 13;
    VICTOR DIDRON, place Saint-André des Arts, 30;
    A. FRANCK, rue Richelieu, 67;
    JULES RENOUARD et Cie, rue de Tournon, 2.

A Londres, Chez MM. DOLMAN, New-Bond street, 61; BARTHÈS et LOWELL, Great Marlborough street, 14; BURNS, 17, Portman street, Portman square.

A Bruxelles, Chez M. DEWAGENEER.

A Saint-Pétersbourg, Chez M. FERDINAND BELLIZARD.

A Moscou, Chez MM. GAUTIER et MONIGHETTI.

A Manheim, Chez MM. ARTARIA et FONTAINE.

PARIS, IMPRIMERIE DE POUSSIELGUE,
RUE CROIX-DES-PETITS-CHAMPS, 29.

MÉLANGES
D'ARCHÉOLOGIE,

D'HISTOIRE ET DE LITTÉRATURE,

RÉDIGÉS OU RECUEILLIS

PAR LES AUTEURS DE LA MONOGRAPHIE DE LA CATHÉDRALE DE BOURGES

(CHARLES CAHIER ET ARTHUR MARTIN).

COLLECTION DE MÉMOIRES

sur l'Orfévrerie et les Émaux des trésors d'Aix-la-Chapelle, de Cologne, etc.;
sur les Miniatures et les anciens Ivoires sculptés de Bamberg, Ratisbonne, Munich, Paris, Londres, etc.;
sur des étoffes byzantines, siciliennes, etc.;
sur des Peintures et Bas-Reliefs mystérieux de l'époque carlovingienne, romane, etc.

Premier Volume.

De la Bible de Charles-le-Chauve (Bibliothèque Nationale).

A PARIS.
CHEZ Mᵐᵉ Vᵉ POUSSIELGUE-RUSAND, ÉDITEUR,
rue du Petit-Bourbon Saint-Sulpice, 3.

1847 — 1849
1850

« Facta veterum, exclusis defectibus, innovemus; et nova vetustatis gloria vestiamus. »

CASSIODOR. *Epist.*, VII, 15 (ed. Garet, t. I, 116).

PRÉFACE.

I. Comme nous parcourions les vallées des Ardennes et du beau pays de Liége, un jour de l'arrière-saison, nous nous arrêtâmes, surpris par l'orage, au haut d'un monticule qui sépare deux combes alors presque désertes. Pendant que nous étions réfugiés sous un grand arbre, unique abri qu'offrît ce sommet inculte, nos guides sourirent de l'étonnement que nous témoignions à la vue de nombreux monceaux de pierres qui seuls attestaient le passage de l'homme sur cette lande. L'état du terrain environnant ne permettait point de chercher le mot de cette énigme dans des travaux de défrichements qui étaient encore à faire. Qu'était-ce donc? car bien des mains devaient avoir concouru à ce transport. Nous apprîmes que ces pierres, destinées à construire quelque jour un oratoire, formaient là comme un registre de visite ouvert dans cette bruyère sauvage sous les yeux du Ciel, qui seul y savait lire les signatures; l'œil de l'homme n'en pouvait découvrir que le nombre, et qui jamais se serait chargé de ce calcul? Bien d'autres avant nous s'étaient rendus en pèlerinage à un sanctuaire de Saint-Roch que nous pouvions saluer du regard; notre gîte étant précisément le point où la vieille abbaye se découvre pour la première fois au visiteur acheminé vers elle, et pour la dernière au voyageur qui l'a quittée. Afin de marquer cette pieuse station sur la route de la prière, et pour préparer aussi avec le temps un meilleur asile à ceux que les pluies d'automne ou la neige de l'hiver y surprennent comme nous chaque année, les pèlerins s'étaient imposé cette surtaxe charitable au bénéfice de l'avenir. Ainsi, en gravissant la montagne, soit à l'aller, soit au retour, l'enfant et le vieillard, aussi bien que le robuste travailleur de ces vallées, apportent un à un les matériaux de cette chapelle, que nul d'entre eux ne verra debout, puisque sa construction est une tâche qu'ils légueront à un autre siècle. Cependant nul ne se décourage, et chacun selon ses forces contribue à préparer cette consolation pour ses arrière-neveux.

Et nous que poursuivaient dans ce voyage des préoccupations historiques réveillées sans cesse par des noms qui rappellent à chaque pas le glorieux souvenir des héros carlovingiens, nous trouvâmes pour nos propres travaux une utile leçon dans cette calme ténacité qui s'achemine si résolûment vers l'avenir, armée d'une sage et opiniâtre lenteur. Quelque noble en effet que puisse être l'objet de nos rêves les plus impétueux, quelle que soit la nature des obstacles qui nous en interdisent la possession, se heurter contre d'insurmontables barrières n'est pas exempt de quelque folie, que ne saurait justifier une certaine chaleur d'âme; le plus sensé, le seul vraiment sage est celui qui, sachant se départir de l'impossible, se prend froidement à réaliser tout ce qu'il peut : rien de moins, à la bonne heure ; mais rien de plus.

Vers ce relai de la vie où la jeunesse va céder les rênes à la maturité, lorsque l'entraînement de la course nous porte encore bien plus à presser l'éperon qu'à diriger le frein, quel est l'homme d'étude qui n'a pas entrevu sur son passage une ou deux cimes oubliées que ses devanciers lui ont laissé le soin de franchir. Dans ses vœux, si ce n'est déjà par ses efforts, il s'élance vers ces hauteurs où il doit frayer un passage; il embrasse cette tâche avec transport comme un lot qui lui est dévolu, et s'il faut y dépenser des années, il les engage d'une main légère. Mais souvent trop de modération succède à trop de fougue, et l'âge de la raison calme refuse de répondre pour l'âge de l'enthousiasme.

Sans nous être tout à fait livrés aux premières illusions de la science, le charme d'une étude aussi entraînante que l'est celle des monuments chrétiens nous avait inspiré parfois le projet de quelques livres à peu près impossibles, il faut l'avouer; mais c'est qu'il faudrait être fort peu accessible à l'émulation pour ne pas se sentir éveillé de temps à autre par les trophées de l'archéologie profane. Musées splendides enrichis tous les jours par d'incessantes recherches ; ressources de la science et du burin pour expliquer et reproduire ; collections académiques et discussions qui s'échangent d'un bout de l'Europe à l'autre sans que la curiosité ou les subventions faiblissent jamais ; corporations nombreuses recrutées dans l'élite des érudits pour maintenir en ce genre des tribunaux permanents; catalogues critiques rédigés par des mains habiles, et qui rendent sinon facile, accessible du moins, au monumentaliste un inventaire comparatif des divers éléments de solution; voilà ce qui n'est point donné à la science des monuments ecclésiastiques, tandis qu'on l'accorde avec profusion aux antiquités païennes les plus dépourvues du concours de l'art.... Laissons ce parallèle, qui semblerait fait pour décourager ou pour faire rêver à des fantômes insaisissables; et puisque l'on peut du moins réunir une à une et déposer pêle-mêle les pierres d'un musée à construire au christianisme, sachons nous contenter de les apporter sans ordre. Le temps sans doute fera le reste, et ne dédaignera pas les matériaux assemblés par des bras dévoués à cet office humble, mais utile pourtant. Ainsi, de ces hauteurs fantastiques où l'illusion passionnée soulève la jeunesse, nous ne serons pas retombés jusqu'aux froides langueurs d'une philosophie nonchalante. Nous limiterons nos désirs pour les rendre réalisables, et nous restreindrons nos prétentions à celle de former une simple collection de mélanges.

II. Aussi bien, après les grands travaux exécutés déjà par Bingham, Selvaggio, Augusti et Binterim, est-il fort à propos, est-il même vraiment possible de rédiger aujourd'hui un traité complet des antiquités chrétiennes? Si l'on fait attention qu'aucun des auteurs que nous venons de citer ne s'est mis en peine de reproduire le moindre monument figuré à l'appui de ses recherches, et que les gravures données par Mamachi, Trombelli, Bianchini et autres étaient parfois à peine tolérables pour leur temps, quel projet ne serait-ce pas déjà que de prétendre uniquement publier un *atlas* pour leurs ouvrages? Nul ne peut ignorer que l'étude des monuments non seulement fixe davantage et complète l'intelligence des textes, mais en détermine même le sens, et en modifie presque toujours l'interprétation. Si quelque Pompéi chrétienne, si Agaune, par exemple (en supposant que ce fût une cité importante), reparaissait à nos yeux dans l'état où la saisit le fléau divin, certes le plus docte commentateur des conciles et des rites chrétiens trouverait de quoi s'instruire encore quelque peu à ce spectacle. Mais sans porter si loin l'ambition de ses vœux, celui qui réunirait comme en une galerie les monuments épars que nous ont laissés nos pères, ou seulement une élite de ceux qu'a déjà reproduits le burin, ne rendrait-il pas un service à la science? outre les obligations que lui auraient tant d'esprits désireux de s'instruire, mais auxquels l'étude des grandes collections et surtout la glanure des longs voyages est interdite; car, on le sait, cette vie de tous les jours, cette forme quotidienne des actions de l'homme et des peuples qui se transfigure comme par une marche insensible mais constante, jusqu'au moment où, prise à deux termes extrêmes d'une certaine durée, elle semble perdre toute similitude avec elle-même, c'est précisément ce que les chroniqueurs et les historiens contemporains n'ont pas eu la pensée de nous peindre, tant le lendemain leur paraissait ressembler à la veille! tant il leur tombait peu en l'esprit que l'on pût en venir un jour à ignorer ce qui pour eux se répétait tous les jours, ou à désirer ce qui venait sans cesse au devant d'eux comme les phénomènes réguliers de la nature!

Ce désir si naturel et si vif dans l'homme cultivé par l'étude, qui le porte à vouloir prendre sur le fait les hommes d'un autre âge dans les détails de leur vie domestique, civile et religieuse, à s'enquérir et à s'inquiéter des secrets jadis les plus vulgaires et les moins importants, ce semble, au bonheur du présent, c'est ce qui a produit dans toutes les sociétés avancées cette curieuse espèce d'hommes que l'on appelle antiquaires, dont les préoccupations semblent bizarres et à peu près oisives aux esprits qu'absorbe la sollicitude quotidienne des choses immédiatement pratiques. Mais quand on croirait pouvoir traiter de pure fantaisie cette noble passion d'apprendre que Dieu a mise assez avant au cœur de l'homme pour lui faire souvent braver les mêmes hasards auxquels entraîne la soif du gain et de la gloire, il faudrait du moins excepter d'une pareille censure les archives monumentales de la tradition chrétienne. Le grave

Baronius ne cédait point sans doute à un simple goût d'amateur lorsque, par une inscription placée dans l'église de son titre de cardinal, il adjurait ses successeurs de n'y jamais sacrifier à des enjolivements plus ou moins académiques les nobles vestiges d'une vénérable vétusté conservés jusqu'à lui; et ni lui, je pense, ni les centuriateurs de Magdebourg n'imaginaient embellir simplement des loisirs de grand seigneur quand ils portaient si laborieusement le flambeau ou la sape dans les profondeurs des premiers âges chrétiens. Le pieux et savant annaliste de l'Église a voulu nous apprendre lui-même que sa tâche lui avait été imposée par S. Philippe Néri avec une persistance qui n'était pas sans âpreté, malgré la douceur habituelle de cette âme si aimante et si pleine de bienveillance.

Du reste nous ne passons pas condamnation sur toute antiquité qui ne serait point ecclésiastique. Nous sommes si peu disposés à nous donner ce ridicule, que nous adopterons fréquemment des sujets absolument profanes. Pour l'objet direct de nos recherches, nous nous renfermerons exclusivement dans les limites de l'ère chrétienne, parceque les temps antérieurs ne manquent pas de recueils qui leur soient consacrés presque sans partage, tandis qu'il n'en existe guère dont le but soit de retracer la civilisation développée sous l'influence du christianisme. Ce but est précisément le nôtre; et il ne nous restreint pas seulement pour le temps, mais aussi pour l'espace : car de ce point de vue nous n'avons rien à chercher parmi les nations qui ne seraient pas entrées en contact avec la chrétienté. Ce sera bien assez, sans doute, d'avoir à examiner, par exemple, si dans l'art, la littérature, la science et la politique même, l'influence de l'Évangile n'a pas développé quelque élément que n'eût point remué l'activité grecque ou la sagesse et la force romaine d'autrefois; si l'orient byzantin ou arabe ont exercé sur notre occident latin autant ou aussi peu d'action que l'ont avancé divers partis entre les écrivains; si la Renaissance, comme on l'appelle, a bien été aussi incontestablement salutaire ou fâcheuse qu'on l'a prétendu dans des camps opposés; si des époques vantées comme éminemment progressives n'ont pas été plutôt éminemment réactionnaires et guidées par des vues un peu étroites; ou si des siècles taxés d'inertie et de retour en arrière ne mériteraient pas peut-être une reconnaissance éclatante de la part de ceux qui professent l'amour du progrès.

Mais sans chercher même l'attrait de la polémique et du paradoxe dans des parallèles et des contrastes; sans demander aux sévérités de la critique la discussion de certains axiomes, la réhabilitation de nombreux condamnés, le renversement des trophées qui ne rappelleraient que des triomphes très contestables ou funestes; que de questions se présentent encore à l'érudition calme et à l'examen recueilli! Grandes études, plans dont l'exposé pourrait paraître bien pompeux; mais, redisons-le, nous prétendons uniquement y apporter quelques pierres.

On le voit, de tels projets ne pouvaient accepter ce seul nom d'*archéologie,* réduit depuis quelques années à une acception si restreinte que les premiers auteurs qui nous l'ont transmis auraient aujourd'hui besoin de s'en faire expliquer le sens. Et, à vrai dire, ne fût-il question que de monuments, il est douteux que la postérité consente à nommer *archéologie* des études que l'on fait souvent descendre jusqu'au seizième siècle. Ce sont là des *antiquités* si récentes et des *origines* tellement mêlées à de la décadence que le langage se refusera bientôt sans doute à sanctionner l'admission de deux archéologies dont l'une aurait des domaines en partie tout modernes. Quel que doive être cet arrêt, qui ne saurait tarder, nous nous trouvions soustraits à son atteinte par l'objet mixte, et cependant bien déterminé, de nos travaux, qui n'ont point la prétention d'être purement archéologiques.

Voilà pour le titre complexe qui se lit en tête de ce recueil; voici maintenant quels motifs ont fait croire à l'opportunité de sa publication.

III. Les antiquités de l'ère chrétienne et les origines de notre civilisation dans celle du moyen âge n'occupent aujourd'hui que secondairement, et souvent comme par hasard, l'attention des sociétés savantes. Je parle des sociétés savantes qui ont une grande voix dans le monde, et dont les publications admettent des reproductions de monuments. Or, quoique nulle Académie véritablement sérieuse n'ait pu se dérober entièrement à l'attrait d'une étude sans laquelle mainte question importante demeurerait suspendue, la rareté relative de ces travaux les fait passer à peu près inaperçus pour un bon nombre de lecteurs. Car si la nature même d'un mémoire ou d'une dissertation restreint inévitablement son public, que sera-ce lorsqu'on ne pourra l'aborder qu'à travers des volumes consacrés presque entièrement à des recherches d'un autre ordre? On a bien compris cet inconvénient des collections les plus recommandables lorsqu'on a songé à exhumer de cent endroits divers les restes dispersés de l'érudition d'un Lebeuf, par exemple. Mais s'il s'agissait de restituer à une science, et non plus seulement à un homme, tout ce qu'elle a inspiré d'opuscules dignes de vivre, quoique plus ou moins ensevelis, alors la dissection des polygraphes et des volumineuses séries de mélanges deviendrait une œuvre de patience où les années peuvent se consumer dans l'enregistrement seul des titres et des renvois. Cela étant, on ne pourrait être accusé de mauvaise plaisanterie si l'on avançait que fort souvent des recherches qui mériteraient un meilleur sort gisent dans les collections académiques à la manière de ces lettres cachetées dont certains corps savants veulent bien accepter le dépôt : espèce d'embuscade où se blottit une priorité de date ignorée, prête à saisir à la gorge toute invention qui oserait s'attribuer le droit de passage sur les *terres vagues* (ou présumées telles) de la science. Pour ne parler que d'œuvres étrangères, Calogerà et plusieurs savants italiens du siècle passé ont formé de ces doctes labyrinthes où demeurent presque égarés des travaux dignes d'être connus. Cependant les Costadoni, les Lami, les Zaccheria, les d'Althann, les Trombelli, les Allegranza, les Lupi soutenaient ou dirigeaient ces entreprises ; et ce n'étaient point là des travailleurs doués seulement de bonne volonté. Mais le pêle-mêle des sujets où se croisaient l'histoire naturelle, l'histoire littéraire, la biographie, l'archéologie profane, la polémique théologique, etc., y étourdit souvent quiconque n'est pas doué d'une opiniâtreté rare : ou bien l'absence de dessins ne permet pas de suivre une description réduite aux ressources du langage ; et si le burin veut prêter son secours à la parole, c'est avec des traits si lâches que l'œil n'en est guère plus avancé.

D'autres, vers la même époque, comme Vettori, Paciaudi, Fontanini, Giorgi, Manni, Lazzeri, livraient isolés à l'empressement d'un public avide ces petits traités qui condensaient tant de science sous le volume d'une brochure ; et dont le nom a été presque perdu pour nous au milieu du fracas de nos révolutions. Semblable à ces *éphémères* de l'érudition, que les solennités académiques font éclore par centaines au-delà du Rhin, cette nuée de curieux Mémoires a été éparpillée et comme dissipée dès l'origine ; en sorte que leurs titres même échappent fréquemment aux hommes les plus intéressés à y puiser. Aussi resterait-il en ce genre un large supplément à rédiger pour la *Bibliothèque volante* de Cinelli, si quelque fureteur de la trempe des Cancellieri voulait mettre la main au catalogue de ces monographies beaucoup moins légères de fond que de forme. Il y aura donc lieu de faire des emprunts à ces sources, et de les dérober à un juste oubli.

Comprenant déjà la gravité d'une dispersion si fâcheuse, des savants aussi distingués que Gori et Zaccheria ne dédaignèrent pas de se réduire presque au rôle d'éditeurs, en groupant et coordonnant les travaux d'autrui pour les reproduire avec ordre. Ne fissions-nous que cela, ce ne serait sûrement pas un temps mal employé ; car l'utilité d'un Graevius ou d'un Gronovius appliqué aux siècles chrétiens a depuis longtemps inspiré bien des projets dont la réalisation est encore à naître. Mais, en attendant que les années et le progrès des études conduisent à une maturité plus complète les plans un peu prématurés que J.-G. Walch et J.-Alb. Fabricius formaient jadis, il est sans contredit bien des points où les auteurs désignés par ces gens habiles ne suffiraient plus. Si après les beaux ouvrages d'Aringhio, de Boldetti et de Bottari sur les catacombes, le savant P. Marchi trouve encore à constater des faits importants et fondamentaux qui avaient échappé à ses habiles prédécesseurs, ce ne sera point s'en faire accroire que d'espérer ajouter quelque chose aux travaux de Ciampini et d'Alemanni à l'aide de Nicolaï, Fea, Knapp et Gutensohn, etc.; à ceux de Bona, de Martène et de Mamachi après D. Gerbert, Scholliner, Molkenbühr, Morcelli, Schœne, Ad. Daniel, etc., outre que l'histoire de l'art, qui passait presque inaperçue il y a soixante ans, lorsqu'il s'agissait de l'ère moderne, a reçu bien des accroissements depuis Füssli, Fiorillo, Millin,

Emeric David, Alexandre Lenoir et Séroux d'Agincourt, qui ne faisaient qu'ouvrir la voie, jusqu'à Wiebeking, Stieglitz, Moller, Sulpice Boisserée, Quaglio, Cicognara et M. du Sommerard, qui y est mort à la peine. La Sicile, par exemple, dont l'architecture chrétienne était si peu connue au reste de l'Europe, a pris son rang dans nos études, grâce au duc de Serra di Falco. Mais il n'est pas besoin de citer ceux de nos contemporains, et surtout de nos célèbres compatriotes, encore debout, dont le nom est dans toutes les bouches, et dont nous pourrons apprécier plus tard les travaux. A très peu d'exceptions près l'orfévrerie du moyen âge est restée comme inconnue, et l'on peut sans doute se flatter, après les anciens bollandistes, de la produire avec quelque avantage. La peinture sur verre et les émaux ne font que de sortir d'un long oubli, et bien des modèles étonnants y attendent encore le crayon de l'artiste. Quant à l'histoire littéraire du moyen âge, on peut dire qu'elle se dégage tous les jours de l'obscurité où plusieurs de ses faces importantes avaient été laissées par les érudits du dix-septième et du dix-huitième siècle.

Il y a donc de quoi dire longtemps encore avec le fabuliste :

> « Travaillez, prenez de la peine ;
> « C'est le fonds qui manque le moins. »

Aussi ne prétendons-nous remplacer rien de ce qui existe ; le champ est assez vaste pour donner place à bien des travailleurs à la fois. L'histoire et l'art de nos pères demandent à purger une longue contumace. Attaqués par maints réquisitoires en langues vivantes, ils n'y ont guère répondu que par un acquiescement forcé ou par des plaidoyers latins qui n'étaient point admis à l'audience ; maintenant que l'auditoire n'est plus disposé à étouffer leur voix, ils se présentent pour faire leurs preuves comme tout autre accusé, sans oppression, comme sans priviléges, et réclament non pas l'enthousiasme, mais justice. L'intérêt de la cause n'est pas seulement pour le passé ; il y va d'un héritage qui n'est point totalement à mépriser pour le présent, et qui peut surtout profiter beaucoup à l'avenir. Le dix-huitième siècle n'a pas tellement refait le monde qu'il n'y reste force choses dont les précédents appartiennent à la vie de nos aïeux ; et le dix-huitième siècle n'est point si parfait en tout qu'il ne puisse rencontrer en arrière quelques éléments dont nos neveux se trouveraient bien de ne pas avoir perdu toute mémoire. La patrie n'a pas été inventée par la République ou l'Empire, et les drapeaux avaient changé de couleur avant la Convention ou 1830. On avait même de l'artillerie avant le canon, de la pyrotechnie militaire avant la poudre ; et au quinzième siècle, la *Chronique de Nuremberg*, sans réclamer brevet de propriété, plaçait le coq gaulois dans le blason des carlovingiens. Inventions anciennes par conséquent ; et qui voudrait demeurer ignorant sur de pareilles questions quand il ne tient qu'à lui de s'instruire? Outre l'art des Grecs, que nous commençons seulement à bien connaître, il est des formes sous lesquelles le beau s'est manifesté surtout aux peuples de l'occident latin, non sans produire un enthousiasme qui avait apparemment sa source dans quelque profondeur de l'âme humaine. Des moyens d'action si puissants ne doivent point être dérobés à l'esthétique et à l'art qui réclament une place pour s'épanouir. N'interdisons pas à nos révolutions morales cet effet bienfaisant du moins que Dieu a statué dans l'ordre matériel où le mort profite au vif par mille ressources, et où la ruine n'est jamais sans quelque compensation de renaissance. L'artiste des temps à venir sera chargé d'une tâche plus grande que ne paraît le soupçonner celui de nos jours. Il lui faudra devancer les hommes au lieu de se mettre à leur suite ; les transformer et les appeler sur la hauteur, au lieu d'épier leur bon plaisir pour s'en faire le complaisant et de les précipiter sur la pente. Il ne faut donc point, avec le progrès sur les lèvres, se vouer à une œuvre d'immobilité, si ce n'est même d'affaissement ; on ne saurait apporter trop de préparatifs à un ministère qui demandera tant de puissance et de moyens. Mais, il faut le répéter afin qu'on ne nous accuse point de présomption, chacun peut prétendre à déposer sa pierre pour cette œuvre future, et nous n'avons pas voulu faire autre chose.

IV. Comme il s'agit de cette grande société où l'Évangile avait fait de toute l'Europe une seule famille, la chrétienté, il était bon que nulle pensée de nationalité ne semblât avoir présidé à notre premier choix. La ville de Charlemagne s'est présentée à nous comme un symbole de cette union entre les peuples, qui ne pouvait être maintenue par un sceptre, mais qui devait être l'effet d'un puissant lien moral. Nous nous trouvons en mesure de faire connaître bientôt les œuvres du grand empereur lui-même et les monuments qui lui ont été consacrés dans sa *chapelle;* cette fois nous avons préféré débuter par des faits dont la date est moins reculée, et qui réunissent à la rareté un singulier éclat. Nous ne pouvions guère hésiter à produire d'abord la *châsse des grandes reliques* de Notre-Dame, le plus riche ornement d'un trésor qui est bien l'un des plus riches d'Europe. Nous y joignons, dès ce premier volume, un échantillon de cette grande couronne de lumières suspendue par Frédéric Barberousse au centre de la coupole élevée par Charlemagne. C'est nous engager à compléter prochainement la description de ce majestueux reste d'anciens usages effacés presque partout aujourd'hui, sans qu'on ait, ce semble, trouvé rien de mieux à leur substituer.

La Russie, qui donna une reine aux Français avant que la consommation du schisme dont Photius et Michel Cérulaire avaient jeté les semences eût séparé de l'Europe cette nation longtemps attardée depuis lors, sera elle-même représentée ici par un petit monument fort mystérieux, qui s'est offert à nous lorsque nous y pensions le moins. Nous nous proposons de donner suite à ces premières études sur l'art religieux d'un pays si différent des nôtres.

L'Allemagne danubienne figurera dès à présent dans nos recherches près de l'Allemagne rhénane, pour y reparaître plusieurs fois encore dans la suite l'une et l'autre à divers titres; et la Bavière apprendra peut-être avec quelque surprise qu'elle possédait, sans le savoir, une antique œuvre d'art inspirée par les Nibelungen ou les traditions scandinaves. Du reste on verra que, même dans nos provinces, certains monuments paraissent avoir été exécutés sous l'influence d'idées qui rappellent les riverains de la Baltique.

L'Italie méridionale aurait quelque droit à réclamer les belles sculptures sur ivoire que nous empruntons à un livre de Charles-le-Chauve; et des manuscrits conservés en Belgique et en Suisse nous ont été nécessaires pour retrouver la trace d'une composition bizarre qu'il faudra poursuivre jusqu'aux premiers siècles de l'ère chrétienne.

C'est ainsi que, sans négliger la France, nous prétendons continuer à puiser chez toutes les nations qui ont jadis fait partie du grand concert chrétien, pour ne pas séparer dans l'histoire ce que Dieu avait uni. A travers ces mille rivalités que la politique et les passions font naître et aigrissent sans cesse entre les peuples, il est heureux de rencontrer un terrain que n'atteint pas la guerre et où tous peuvent se donner un rendez-vous amical. Assez d'autres tiendront à honneur d'envenimer les querelles qui partagent les hommes; nous nous féliciterions d'avoir su, par une équité impartiale, trouver dans notre humble sphère le moyen d'une sorte de réunion où chacun aurait à se louer d'autrui sans être obligé de sacrifier un juste amour-propre. Aussi ceux qui ont formé le projet de cette collection n'ont-ils pas voulu s'y élever une tribune pour eux seuls. Ils y ont mis leur nom parceque le public les avait accueillis avec quelque faveur dans une publication précédente; mais ici les divers collaborateurs signeront leurs Mémoires, et plus ils seraient nombreux, plus on approcherait de cette communauté de vues et d'efforts que les éditeurs ont rêvée et saluée de loin avec joie comme une alliance désirable dans un but digne d'unir les hommes graves. Déjà nous avons en portefeuille des travaux de collaborateurs dont le nom serait une recommandation honorable pour ce recueil, et dont la publication n'est différée que pour paraître ensuite avec un plus grand nombre de monuments à l'appui d'un texte qui méritait cette escorte.

Charles CAHIER.

MÉLANGES

D'ARCHÉOLOGIE,

D'HISTOIRE ET DE LITTÉRATURE.

TRÉSOR D'AIX-LA-CHAPELLE.

CHASSE DES GRANDES RELIQUES.

(PLANCHES I, II, III, IV, V, VI, VII, VIII, IX.)

I

L'ORFÉVRERIE RELIGIEUSE. — TRÉSOR D'AIX.

L'orfévrerie et l'architecture étaient au moyen âge deux arts étroitement unis, ou plutôt c'était le même art employant des matériaux et des procédés différents pour produire une semblable impression par le déploiement d'un même génie. Tandis que d'une part l'architecture semblait défier les lois de la pesanteur en suspendant sur les têtes ses voûtes de pierre plus hardies que les voûtes de feuillage des hautes forêts, et en lançant dans les airs par dessus la cime des collines ses sveltes clochers si bien appelés des flèches, l'orfévrerie produisait dans une sphère opposée des merveilles qui ne le cédaient pas aux premières. Évitant l'étendue autant que l'architecture aimait à l'envahir, elle assouplissait à ses lois les métaux précieux au lieu des pierres, et trouvait le secret de multiplier tant de richesses dans l'espace le plus restreint qu'un simple sarcophage orné par elle pouvait fournir à l'œil et à la pensée une source de jouissances presque aussi féconde que les plus vastes édifices.

Transportez-vous à l'époque où l'art chrétien pouvait réaliser ses plans avec quelque plénitude, et voyez comment, dans son œuvre par excellence, les grandes basiliques, l'architecture et l'orfévrerie s'unissaient pour ennoblir les âmes par l'aspect du beau et réveiller en elles le sentiment de l'infini. Du plus loin qu'au fond des campagnes vous aperceviez la maison de Dieu, sa masse imposante, élevée au dessus de toutes les maisons des hommes et détachée sur le ciel, vous rappelait les pensées éternelles qui doivent dominer la vie d'un jour. Dans l'enceinte des villes pouviez-vous longtemps vous mêler à la foule agitée sans voir surgir devant vous les murs du saint édifice couverts de sculptures d'où descendaient de divins enseignements. Si vous passiez devant la porte occidentale, un spectacle majestueux vous faisait souvenir de votre néant, et vous retraçait vos destinées. On eût dit la création tout entière agenouillée devant son auteur. Mais si à cet aspect la terreur saisissait votre âme, des portes brillantes vous ouvraient l'asile de la prière et du pardon, en attendant que les autres portes dont elles offraient l'image vous ouvrissent l'entrée du lieu des récompenses. Pénétriez-vous dans le lieu saint, en vérité, vous n'étiez plus sur la terre. Rien qui ressemblât à la lumière qui préside aux travaux des hommes, rien qui rappelât les humbles demeures où s'écoule la vie mortelle, rien qui parlât des passions aux cœurs qu'elles consument. Comment ne pas se sentir cendre et poussière devant Dieu, au pied de ces gigantesques piliers, sous ces voûtes suspendues à tant de hauteur? Comment ne pas se recueillir dans des pensées de foi à la lumière de ces peintures vivifiées par les rayons du jour, et mystérieuses comme de lointaines visions d'un monde meilleur? Nulle part dans un édifice religieux inspiré par le génie chrétien vous n'eussiez pu tout découvrir du premier regard. La variété fécondait ses œuvres sans que l'oubli de l'unité ouvrît l'accès au désordre. A la magnificence et à la beauté se joignait l'imprévu. On entrevoyait l'immense, on pressentait l'infini, Dieu se révélait à l'homme.

Mais il est, si l'on peut s'exprimer ainsi, deux infinis dans la nature. Au dessous de l'infini en grandeur se découvre l'infini en petitesse, et ces deux termes extrêmes doivent se refléter plus que partout ailleurs dans l'art appelé à réveiller en l'homme le souvenir de Dieu. Qu'après avoir sondé du regard les abîmes du firmament, et vainement cherché la dernière des étoiles semées dans l'immensité, l'on abaisse les yeux sur le brin d'herbe, la science y fait découvrir de nouveaux mondes dont les dernières limites sont également inaccessibles aux sens. Voilà ce que, par une émulation sublime, l'art, ce hardi copiste du Créateur, avait su imiter dans les édifices religieux du moyen âge.

Pénétré du sentiment de l'immensité divine à l'aspect d'une basilique, si vous approchiez du saint des saints, n'était-ce pas aussi en quelque sorte un monde nouveau qui s'ouvrait devant vous. Sur votre tête étaient suspendues les larges couronnes de lumières. Non loin s'épanouissait le grand candélabre à branches. Au dessus de l'autel s'élançait le ciborium où planait la colombe; la croix couronnait le dôme; de riches voiles séparaient les colonnes; le devant d'autel était une table d'or étincelante de pierreries, et au fond du sanctuaire resplendissaient en amphithéâtre les châsses des saints. Or qu'était une châsse antique, sinon une basilique renfermée dans une autre? l'équivalent dans le monde des infiniment petits de ce que l'art avait de plus parfait dans le monde des infiniment grands? De même que plus vous aviez contemplé l'œuvre de l'architecte, plus vous y aviez aperçu de beautés ; de même aussi, en étudiant de plus près l'œuvre de l'orfévre, vous y découvriez de nouvelles richesses. A une autre extrémité de l'espace se retrouvait ainsi l'idée de l'immensité ; l'inépuisable réveillait encore le sentiment de l'infini, l'art de nouveau élevait l'homme à Dieu.

J'ai dit ce qu'on éprouvait autrefois, et non ce que nous pouvons sentir aujourd'hui ; car où trouverions-nous maintenant en France le système complet de cette décoration architecturale qui est cependant plus qu'un accessoire pour la liturgie sacrée ? Disons-le, non sans quelque honte, presque tous les monuments qui formaient ce que les cathédrales appelaient à juste titre leurs trésors ont disparu au milieu de nous, et ce ne sont pas seulement les vandales du seizième siècle et de 1793 qui ont fait main basse sur des chefs-d'œuvre : plus d'une fois des mains pieuses, égarées par une inqualifiable ignorance, ont travaillé avec succès à l'œuvre de destruction. Le mouvement qui entraînait les esprits dans les derniers siècles à modifier parmi nous les antiques formules de la prière publique devait les pousser à renverser les vieilles lois de l'art chrétien ; et c'est ainsi que peu à peu les grands candélabres historiés, les couronnes de lumières, les ciborium et les colombes, les lampes et les diadèmes suspendus, les pyramides des châsses, ainsi que les vitraux peints rayonnant autour d'elles, disparurent pour ne laisser aux yeux que le vide. La grande orfévrerie du moyen âge, émule de l'architecture, eut à descendre à l'humble place qu'elle a gardée depuis.

Assurément nous n'avons pas à craindre d'obéir à l'exagération d'un étroit patriotisme en disant que nulle contrée en Europe n'est plus riche que la France en monuments d'architecture de la belle époque ogivale ; mais nous devons reconnaître qu'à peine est-il un pays catholique plus pauvre que le nôtre en monuments de l'orfévrerie contemporaine. Pour contempler ce que l'Europe a conservé de plus précieux en ce genre il faut parcourir la grande vallée du Rhin, descendre à Cologne et se détourner vers la ville fondée par Charlemagne.

Parmi les innombrables voyageurs qui traversent chaque année Aix-la-Chapelle et se font un religieux devoir de visiter les lieux où venait prier chaque jour et où repose aujourd'hui celui que tant de nations appellent comme nous leur empereur, est-il un seul homme, si peu sensible qu'il soit aux beautés des arts, qui n'ait éprouvé une émotion de délicieuse surprise en apercevant pour la première fois tout ce que renferme le trésor ? Parvenu péniblement par des rues étroites et tortueuses jusqu'au pied du vieux dôme dont les murailles noircies disparaissent presque partout derrière des constructions plus récentes, on espère trouver dans l'intérieur des vestiges plus reconnaissables du travail primitif ; mais en vain, un luxe impitoyable de floritures italiennes a masqué sous le plâtre la vraie physionomie de l'édifice. A peine aperçoit-on sous cette décoration coquette les portes et les chancels de bronze dont a parlé Eginhard, l'ambon donné par S. Henri, la couronne présent de Barberousse. Au-delà du dôme s'élargit un chœur du quatorzième siècle découpé comme une immense corbeille à jour, mais pareil à une corbeille vide depuis qu'il a perdu les découpures des fenêtres et les fleurs radieuses de leurs vitraux peints. Enfin l'on est introduit dans une petite chapelle de la plus gracieuse architecture du quinzième siècle, mais dont l'ornementation est déformée par le badigeon ou aveuglée par des meubles. En entrant je me trouvais sous le poids d'un sentiment pénible quand tout à coup le custode ouvrit les portes du trésor. Une sorte d'éblouissement me saisit, et j'oubliai tout le reste. Je me serais cru un instant en face de ces palais féeriques dont les naïves descriptions enthousiasmaient notre enfance. La plupart des siècles chrétiens étaient venus là déposer leur offrande marquée du sceau des plus grands princes. Les bas-reliefs d'or et d'argent, les émaux aux riantes et invariables couleurs, les filigranes aux élégants et délicats rinceaux, les ivoires ciselés, les pierres gravées, les cabochons, les perles, les étoffes antiques brochées et brodées, les peintures sur métal et sur bois, tout appelle et captive les regards; la forme l'emporte sur la matière, l'originalité le dispute à la majesté ou à la grâce. Et plus on s'arrête, plus on entre dans les détails, plus on trouve à admirer; car presque tous ces monuments sont sortis des mains de quelque grand artiste, et les plus petits objets ont été travaillés avec amour et bonheur. Ce sont des livres, des tableaux, des vases, des autels, des ostensoirs, des portiques, des tours, des dômes et des flèches; ce sont surtout deux grandes châsses vraiment éblouissantes d'or, d'émaux et de pierreries : l'une renfermant les ossements de Charlemagne, l'autre des vêtements du Sauveur et de sa mère. La vénération commandée par de tels souvenirs ajoute une nouvelle puissance aux prestiges de l'art.

La vue du trésor d'Aix-la-Chapelle fut pour moi comme une révélation. Il me sembla découvrir un art à peu près complétement ignoré de nos artistes, et de nature, s'il était connu, à fournir au génie moderne de féconds éléments de progrès. Je crus retrouver le secret perdu du seul ameublement qui soit en rapport de style et de beauté avec nos basiliques de France, aujourd'hui si dépouillées; je crus rencontrer les modèles des ornements que l'on voudra leur rendre quand le goût public mieux formé tiendra à revoir dans nos basiliques d'harmonieux ensembles. En étudiant, il y a quelques années, la peinture sur verre du treizième siècle, j'avais été frappé de l'utilité pratique d'une publication où les plus beaux effets de cet art seraient reproduits sur une grande échelle, de manière à ce qu'on pût se rendre parfaitement compte du système des ossatures en fer, des savantes combinaisons des médaillons détachés sur les mosaïques et de l'infinie variété de la flore architecturale des bordures. Ce fut un des principaux motifs qui me firent entreprendre, aidé des études et du dévouement d'un ami, la *Monographie de la cathédrale de Bourges;* et, si la bienveillance publique ne nous fait pas illusion, ce travail en effet n'a pas été inutile à l'art renaissant de la peinture sur verre. A la vue du trésor d'Aix un nouveau service à rendre se présentait à moi avec les mêmes séductions, et je me mis à l'œuvre, plein de confiance qu'un opiniâtre travail saurait peut-être compenser le manque d'appui et l'absence de ressources. Un premier obstacle à vaincre consistait à obtenir le privilége de dessiner et par conséquent d'avoir sous la main des objets de grand prix que nul ne peut voir, si ce n'est à distance et pour quelques instants. J'obtins la faveur tout exceptionnelle qui m'était indispensable, de la généreuse bienveillance de M. le prévôt Claessen, devenu depuis évêque suffragant de Cologne; et je dus à la complaisance désintéressée de M. le custode Widenhaupt toutes les facilités désirables. Pour peu que l'accueil des archéologues et des artistes soutienne nos efforts, nous publierons dans ces Mélanges, indépendamment de beaucoup d'autres monuments tirés d'ailleurs, les bronzes carlovingiens, la couronne de lumières de Frédéric, l'ambon de S. Henri, la table d'or, les ivoires, l'orfévrerie des douzième, treizième, quatorzième et quinzième siècles, en particulier la grande châsse de Charlemagne. Ayant eu la faveur unique de la voir s'ouvrir sous nos yeux et de toucher de nos mains, non sans un religieux frémissement, les restes augustes du héros et du saint, nous pourrons reproduire en couleur l'étoffe de soie donnée par l'impératrice Béatrix pour envelopper l'auguste dépouille. Mais pour commencer cette collection nous avons choisi de préférence la châsse de Notre-Dame, appelée aussi la châsse des grandes reliques.

II.

LA CHASSE DE NOTRE-DAME. — LES GRANDES RELIQUES.

La châsse de Notre-Dame est sans contredit le monument le plus important du Trésor d'Aix. C'est aux reliques qu'elle renferme que la chapelle carlovingienne doit, sinon son origine, au moins sa renommée et le concours persévérant des peuples. Quant au travail de l'artiste, on peut remarquer, en jetant les yeux sur la gravure, qu'il appartient au plus beau moment de l'art ogival, et que le talent de l'orfévre n'est pas resté en arrière de son siècle ni au dessous de sa tâche.

Avant d'essayer la description du monument, nous devons dire un mot de ce qu'il contient, puisque nous y trouverons la raison de sa magnificence. Les *grandes reliques* sont au nombre de quatre : la robe de la sainte Vierge, les langes de la crèche, le *linteum* de S. Jean-Baptiste et celui qui ceignit les reins du Sauveur sur la croix. Ici, privé de l'avantage des témoins oculaires, je me borne à reproduire ce qu'ont écrit les auteurs plus favorisés[1].

1° La robe de la sainte Vierge. C'est, d'après la tradition locale, non pas la tunique intérieure que d'autres réclament, mais la robe de dessus, la robe de fête que Marie dut porter à Noel, à l'Epiphanie, à la Purification, etc. Sa longueur, qui est de cinq pieds et demi du Rhin[2], indique qu'elle était destinée à être soulevée en marchant : le tissu est fin et d'un blanc jaunâtre. Une partie des manches a été détachée : on voit à leur extrémité, ainsi qu'autour du

---

[1] De Beeck, *Aquisgranum*; le Jésuite anonyme, auteur d'une histoire inédite conservée dans la bibliothèque de la ville d'Aix; Meyer, *Aachensche Geschichte*, etc.

[2] Le pied du Rhin est de 0^m, 313,974. A cette occasion je signalerai aux archéologues un fait dont ils pourront tirer d'utiles déductions. En appliquant à Reims le pied du Rhin près de la mesure que tient en main Libergier sur sa tombe, j'ai été frappé de l'exacte coïncidence des divisions. Il est évident que de part et d'autre on se servait de l'once romaine, qui est de 0^m,024,691.

cou, des ornements assez élégants dans leur simplicité. Comme cette description rappelle le voile de Chartres, dessiné par Willemin[1], il ne sera pas inutile de dire ici, à l'occasion de ce dernier voile, qu'au jugement d'un de nos plus habiles archéologues, M. Adrien de Longperrier, le tissu, autant qu'on peut en juger par la gravure, présente une singulière conformité avec les toiles des momies égyptiennes antérieures à l'ère chrétienne. Il en résulte un argument d'un véritable poids en faveur de la haute antiquité des deux reliques, et par conséquent à l'appui des graves traditions qui les concernent.

2° Les langes de la crèche, ceux dont les anges parlaient aux bergers quand ils disaient : « Vous trouverez l'enfant enveloppé de langes. » La toile en est grossière, mêlée de fils de laine et tirant sur le jaune : elle tombe aujourd'hui de vétusté, et se réduit à des fragments agglutinés.

3° Le *linteum* de S. Jean-Baptiste, celui qui reçut sa tête à la décollation ou qui servit à ensevelir son corps. C'est un long morceau de toile de lin tout imprégnée de sang.

4° Le *Perizonium* ou le voile des reins de Jésus-Christ crucifié. Dans le silence des Évangiles, des traditions respectables, confirmées par les plus anciennes représentations du crucifiement, établissent que le Sauveur ne fut pas entièrement nu sur la croix, soit que les bourreaux lui eussent laissé le dernier des vêtements, soit que quelque personne compatissante eût voulu le préserver du moins du tourment de la pudeur. On y reconnaît encore de nombreuses traces de sang.

Ces quatre reliques se trouvaient indiquées dans une prose que l'on pouvait lire jadis sur une tablette exposée devant le grand autel pour servir tout à la fois aux pélerins de renseignement et de formule d'invocation[2]. Elles étaient mentionnées de la même manière dans une inscription de facture beaucoup plus ancienne, et qui se lisait aussi sur le vieil autel[3]. Cependant leur disposition n'a pas toujours été la même; on en voit la preuve dans un in-

---

[1] *Monuments Français*, t. 1, Pl. XVI.

[2] Quix, *Historische Beschreibung d. Münsterkirche in Aachen*, p. 120.

O thesaure pretiosæ,
In quo vestis gloriosæ
   Virginis reconditur.

Atque rubens illa vestis
In quam Christi sanguis testis,
   Dum nudum tegit, funditur.

Humilesque panniculi
Jesu infantis parvuli,
   Quibus in cunis volvitur.

Et pannus miræ dignitatis,
In quem sublimis sanctitatis
   Baptistæ sanguis conditur.

O vere sanctuarium,
Sanctum sanctorum omnium

Tegens in patibulo,
In utero, in stabulo.

Salve Fili, salve Mater,
Salve Sanctuarium ;
Et nos salva, sancte Pater.
Per Matrem et Filium.

[3] Quix, *l. cit.*

Hic Matris Christi camisia clauditur, isti
Jungitur et pannus, cum quo fuit in cruce tectus.
Et sunt hic grati panni, tibi dico, locati,
In quibus in stabulo natus mox volvitur iste.
Pannum Baptistæ Domini retinet locus iste,
Mortis momento rubricatum quisque memento.
Singula prædicta dextra Caroli benedicta,
De græcis lata, nobis sunt munera grata,
Quæ nos et gentes conservet huc venientes.

ventaire sans date publié par l'abbé Quix, et que ce savant paléographe fait remonter à la fin du douzième ou au commencement du treizième siècle. Nous le donnons en note à cause de son importance, en avertissant que la plupart des reliques désignées avec les quatre dont nous avons parlé se retrouvent aujourd'hui dans des reliquaires de date plus récente [1].

Je laisserai à d'autres, qui seraient plus à même que moi de poursuivre des études locales, le soin de rechercher par quelles voies les principales de ces reliques sont parvenues à Aix-la-Chapelle. Qu'il me suffise de dire que, dans un centre politique et religieux qui fut si important durant plusieurs siècles, mille sources diverses ont pu alimenter le Trésor; mais c'est surtout à Charlemagne que les traditions font remonter les principaux dons [2].

En fixant à Aix, auprès des bains chauds qu'il aimait, et peut-être au lieu de sa naissance, la nouvelle Rome du nouvel empire d'Occident, Charlemagne voulut, comme le fondateur de Constantinople, appeler sur sa grande œuvre la protection de la reine des chrétiens. A côté du palais où devaient résider ses successeurs il éleva, sous l'invocation de la sainte Vierge, l'église où ils viendraient recevoir, comme des mains de Dieu, leur couronne; et son premier soin fut de réunir près de l'autel les plus précieuses reliques de l'univers, pour servir en quelque sorte de palladium à sa dynastie et à ses peuples. Ses armées conquérantes et, plus que ses armées, l'empire moral de son nom en Orient et en Italie rendaient moins difficile pour lui l'acquisition des biens dont les chrétiens étaient le plus jaloux. Des circonstances favorables vinrent en outre au devant de ses vœux, et lui ouvrirent une partie des dépôts de Jérusalem, de Constantinople et de Rome.

A Rome, ni le pape Adrien, qui lui envoyait des marbres et des mosaïques, ni le pape Léon III, qui le couronnait et consacrait son église, ne pouvaient refuser de pieux souvenirs au défenseur de leurs états. A Jérusalem, les patriarches, au milieu de la détresse des chrétiens sous le joug musulman, n'avaient rien autre chose à offrir au puissant monarque en échange de ses aumônes et de sa protection [3]. Quant à Constantinople, les ambassades échangées sous Irène,

---

[1] Quix, *Gesch. d. Stadt Aachen*, I, cod. diplom., p. 28. « He sunt reliquie que continentur in fcretro Beate Marie Aquisgrani . de velamine quod habuit in capite suo . de vestimentis Dni . cum quibus crucifixus est . et sandalia Dni . de capillis bte. M. V. de pannis Dni quibus in presepio fuit involutus et de ipso presepio . de fascia cum qua ligatus fuit . de spongia Dni . de ligno Dni . de sepulcro Dni . de lapide calvarie montis super quem sanguis Dni effusus est . de capistro quo manus Dni ligate fuerunt . de linteo quo Dns pedes discipulorum suorum tersit de capillis et vestibus Sti . Joh. Baptiste . de reliquiis apostolorum Petri et Pauli. Maxima pars corporis Bti Jacobi apostoli . Corpora SS. apostolorum Symonis et Jude . de reliquiis Sti Mathei apostoli et evangeliste . de catena Sti Petri . de reliquiis Sti Marci evangeliste . de manna que inventa fuit in sepulcro Sti Joh. apli. et evang. Barnabe apli . Sunt etiam in predicto feretro de reliquiis SS. Martyrum Stephani protodyaconi . Laurentii, Vincentii . Mauricii . Dionisii . Georgii . Gervasii . et Protasii . Remedii , Juliani . Annastasii . Pantaleonis . Nicetii . Desiderii . Sulpicii, etc., etc. et aliorum... quorum nomina et numerum Deus scit. »

Le *feretrum* dont il est ici question est probablement la châsse du douzième siècle dont on conserve encore de nombreux émaux et une précieuse serrure formée de dragons émaillés.

[2] Le trésor d'Aix était déjà assez riche sous Charles-le-Chauve pour fournir abondamment à ses libéralités (Lambecii, *Comment. Biblioth. Vindobon.*, t. II. p. 336); et lui-même reconnaît que ces trésors étaient dus à Charlemagne : « quia divinæ recordationis imperator avus scilicet noster Carolus... in palatio Aquensi capellam in honorem beatæ Dei Genitricis et Virginis Mariæ construxisse... ac congerie quamplurima reliquiarum eumdem locum sacrasse dignoscitur. » (D'Acheri, *Spicileg.*, t. x, p. 157). Aussi l'abbaye de Saint-Corneille à Compiègne regardait les reliques de son trésor comme ayant fait partie de celui d'Aix-la-Chapelle avant la division de l'empire carlovingien.

[3] *Chronic. Reginonis*, l. II, ad an 799.

Nicéphore et Léon indiquent assez le besoin qu'on y sentait de s'assurer l'appui du maître de l'Occident au milieu des perpétuelles vicissitudes de l'empire byzantin; et c'est la tradition immémoriale de l'église d'Aix que les principales reliques sont venues par cette voie, en particulier les épines de la sainte couronne, le saint clou, les fragments de la vraie croix, les anges et le suaire de notre Seigneur, la robe et la ceinture de la sainte Vierge [1].

Sans entrer ici dans l'histoire particulière de ces diverses reliques, je rappellerai seulement ce qu'a dit de quelques-unes d'entre elles Nicephore Calliste, historien du treizième siècle, qui paraît avoir travaillé sur des documents inconnus à ses prédécesseurs. Il parle des trois magnifiques églises élevées à Constantinople par sainte Pulchérie, et enrichies de ses dons. Dans la première, celle de Blaquernes, édifice si noble et si resplendissant qu'il aurait mérité, disait-on, de devenir le palais de la reine du ciel si elle eût habité la terre, l'impératrice avait déposé le linceul trouvé par le patriarche Juvénal dans le tombeau de la sainte Vierge. Elle avait confié à l'église dite des *Hodèges* la quenouille de Notre Dame, son portrait attribué à l'évangéliste S. Luc, et les langes de l'enfant Jésus. Enfin l'église des *Chalcopratées* avait reçu pour sa part la ceinture de Marie; et l'on eût vu tous les mercredis Pulchérie s'y rendre le soir à pied précédée d'une humble lampe, pour y passer la nuit en prières auprès du symbole de la virginité [2].

La plupart de ces trésors avaient été envoyés de Jérusalem par l'impératrice Eudoxie; mais la robe de la sainte Vierge ne parvint à Constantinople que sous l'empereur Léon Macélas, qui bâtit en son honneur une église circulaire. Après avoir raconté l'histoire de cette relique enlevée de la Palestine par les jeunes patrices Candide et Galbie, Nicephore ajoute qu'on la vénérait encore de son temps aux Blaquernes [3]. Il est également question dans Cedrenus d'une robe de la sainte Vierge portée solennellement par les rues de la ville lorsqu'elle fut assiégée par le tyran Thomas sous Michel-le-Bègue [4]. Mais, en supposant qu'il s'agisse de la même relique, il ne serait pas impossible que la crainte du mécontentement populaire eût empêché l'aveu du don fait à Charlemagne.

III.

FÊTES DU PÈLERINAGE.

A Constantinople, des fêtes solennelles célébraient l'anniversaire du jour où les principaux de ces trésors avaient été reçus dans la ville. Nous possédons encore quelques-uns des discours

---

[1] L'auteur de l'histoire inédite de la cathédrale, conservée dans la bibliothèque de la ville d'Aix, affirme que des documents vus par lui dans les archives de l'église constataient cette provenance et qu'elle était confirmée par des leçons d'anciens offices. Tout apocryphe que soit la légende de Turpin, elle peut du moins servir à confirmer la tradition locale. On en peut dire autant de la Pragmatique Sanction attribuée à Charlemagne sous Frédéric Ier. *Pignora apostolorum, martyrum, confessorum et virginum a diversis terris et regnis et præcipue græcorum collegi; quæ huic intuli loco, ut eorum suffragiis regnum firmetur.* (V. De Beeck, Meyer, *l. cit.*)

[2] *Niceph. Callist.*, l. xv, c. 14.

[3] *Niceph. Callist.*, l. II, c. 21, l. xv, c. 24.

[4] *Cedren., in Michael.*, 503, ed. Par.

prononcés dans ces circonstances, et l'enthousiasme des orateurs peut nous faire juger du saisissement de respect qu'éprouvaient les populations auprès de ces monuments consacrés par l'attouchement du Sauveur et de sa mère. Leur vue faisait oublier la distance des temps aux cœurs remplis des souvenirs de la rédemption, et par une douce illusion les transportait au milieu des mystères qui ont sauvé le monde.

Que de semblables solennités aient été instituées à Aix-la-Chapelle, le moyen d'en douter quand même il n'en resterait plus de traces dans l'histoire locale? On sait que l'Occident attachait peut-être plus d'importance que l'Orient à la possession des reliques. Leur nom se confondait avec celui de bénédiction, tant on était certain qu'elles faisaient descendre sur une contrée la protection divine; et les villes se confiaient plus dans leurs saints dépôts que dans la hauteur de leurs murailles ou dans les épées de leurs défenseurs. Ici, au reste, les documents ne faisaient pas défaut au témoignage des anciens historiens d'Aix. On trouvait dans les archives de l'église la preuve que, d'après un édit de Charlemagne, toutes les reliques devaient être montrées chaque année au peuple le mercredi des Quatre-Temps de la Pentecôte. De Beeck regardait comme un reste de cet ancien usage celui de plusieurs paroisses voisines qui venaient encore de son temps, à pareil jour, accomplir leur pèlerinage en grande pompe, au chant des hymnes, la croix en tête et les bannières déployées.

Peu après l'institution de ces fêtes, les irruptions des Normands y firent succéder un long deuil. Le palais impérial fut ruiné de fond en comble, et les chevaux des idolâtres eurent pour étable le lieu sacré où reposait Charlemagne. De toutes parts sur les rives de la Meuse et du Rhin on fuyait en emportant ses trésors, et les corps des saints étaient déposés dans les lieux les plus sûrs[1].

L'église d'Aix resta longtemps désolée; elle revit enfin des jours de calme après que l'empereur Arnould eut forcé les pirates dans leur camp retranché de Louvain et qu'il en eut fait un grand carnage. Après Arnould, Zuendebold, son fils, roi d'Austrasie, résidant à Bonn, s'efforça, dans un règne trop court, de réparer les ruines amoncelées de toutes parts et de rendre quelque éclat aux cérémonies religieuses; mais ce fut surtout sous les Othon que la ville d'Aix retrouva son importance et que son sanctuaire s'ouvrit de nouveau au concours des peuples. Plein de la grande pensée de rétablir en Europe l'unité qu'elle avait due, pendant quelque temps, à la puissante main de Charlemagne, Othon-le-Grand avait compris combien il était important de rendre à l'empire sa capitale et sa basilique afin d'entourer le trône germanique de politiques et de religieux souvenirs. Vers le milieu du dixième siècle des fêtes splendides eurent lieu à Aix. Othon y recevait la visite de ses sœurs Gerberge, mère du roi Lothaire, et Hadwige, femme d'Eudes, comte de Paris, et mère du roi Hugues Capet. Ce fut l'occasion de grands dons accordés à l'église, et aussi celle de nouveaux hommages rendus aux saintes reliques. Selon les historiens d'Aix le jubilé septennaire daterait de cette époque. C'est donc ici le

[1] *Sigibert*, an. 882.

lieu d'en faire connaître les usages conservés encore de nos jours; mais je dois faire remarquer que les auteurs du seizième siècle, où je puise mes plus vieux renseignements, décrivaient plutôt la pratique contemporaine que celle du dixième siècle.

A la fête de Noel qui précède la septième année, le chapitre doit prévenir les peuples chrétiens par un décret traduit dans les principales langues. Le 24 juin de la même année, après les premières vêpres, on commence à décorer de tapis la galerie supérieure de la grosse tour d'entrée, où *la montre* doit avoir lieu; et le soir du 9 juillet on procède avec solennité à l'ouverture de la châsse. Jusqu'au quinzième siècle cette cérémonie s'était accomplie sous la seule responsabilité du clergé; mais en 1425, le chapitre ayant été accusé de négligence par les magistrats auprès de son avoué le duc Adolphe de Juliers, il fut décidé que les consuls seraient à l'avenir appelés comme témoins, et depuis lors les magistrats municipaux conservent une des clefs de la châsse ainsi que le chapitre. L'ouverture pratiquée en leur présence et devant tous les chanoines par des ouvriers jurés, le prévôt prend les quatre grandes reliques et les remet aux vicaires pour être portées en procession au haut de la tour. Elles sont enveloppées dans des étoffes de soie et reconnaissables chacune à la couleur de l'étoffe : le blanc est consacré à la sainte Robe, le jaune aux Langes, le rouge au *Linteum* de S. Jean, et le pourpre au *Perizonium*. Dans la procession, les consuls et le sénat ouvrent la marche; le chapitre suit, et précède les porteurs. On se rend ainsi dans une des chapelles supérieures, où les reliques doivent rester soigneusement gardées pendant les intervalles des proclamations. Le respect qu'elles commandent est rappelé aux pèlerins par les avis suivants :

« [1] Vois ici les dons que le ciel a départis à la terre. Vois rassemblés des biens qui sont la « force et la splendeur du monde. Ici se trouve le voile qu'a rougi le sang d'un Dieu, et celui « que le sang du Précurseur a inondé. Ici se trouve le voile qui entoura les membres de « Dieu fait homme et la robe qui revêtit la Vierge mère. Ces monuments augustes que tes « yeux les contemplent, que tes respects les honorent; mais les profaner d'une main mortelle, « les ravir au lieu saint serait un sacrilége. Aux choses divines il faut des adorateurs et non « des maîtres. Elles protègent celui qui les vénère, et sont fatales à celui qui les dérobe. Ne « demande rien ; Dieu et la loi t'interdisent de posséder. »

Cependant une foule immense s'est rassemblée sur toutes les places voisines, aux fenêtres et sur les toits des maisons. Le clergé paraît sur les hautes galeries, et les proclamations commencent, accueillies, d'après un bizarre usage, par des fanfares de trompettes en terre. Chacune des reliques, détachée de son enveloppe, est présentée à part par les célébrants entre deux

---

[1] Indulta terris pretia cœlorum hic vides.
Hic sceptrum et orbis tota majestas inci
Collecta in unum. hæc russa sanguine est Dei,
Hæc tincta sindon cæde Baptistæ : Deum
Hominem illa texit : illa Matrem Virginem.
Tot Sacramenta ut oculo obeas licet ;

Violare olympi jura mortali manu, et
Efferre sancto non est fas loco.
Divina cultorem volunt, nolunt herum.
Tegunt colentem sacra, tollentem premunt.
Nil posce, possidere Deus et jus vetat.

torches allumées et portée lentement sur tous les points de la galerie, de manière à être vue dans toutes les directions. La sainte robe est montrée la dernière, et sert à bénir le peuple. On termine la cérémonie par de longues invocations en faveur de l'Église, du pape, de l'archevêque de Cologne, de l'évêque de Liége, du prévôt et du chapitre, du sénat et de la ville, des pélerins et des morts. On nommait autrefois l'empereur et le roi très chrétien après le pape, et les ducs de Brabant et de Juliers après l'évêque de Liége.

Les proclamations ont lieu deux fois par jour pendant deux semaines. Dans l'intervalle il est permis aux pélerins privilégiés de contempler les reliques de plus près, bien que toujours à distance. Tous les soirs les vêpres de la sainte Vierge sont chantées du haut de la tour et entendues par la foule agenouillée. Les quinze jours expirés, les reliques sont reportées avec la même pompe dans la grande châsse, où elles sont enveloppées dans de nouvelles étoffes, sous le sceau du chapitre, et renfermées au moyen des deux clefs que doivent conserver le prévôt et le maire.

Les cérémonies des proclamations ont pu varier avec les siècles : ce qui a peu varié, c'est l'affluence des pélerins accourant au jubilé d'Aix de tous les pays gouvernés, conquis, convertis par Charlemagne, et des plus lointaines contrées de l'Europe. On y voyait rassemblés des Français et des Frisons, des Saxons et des Illyriens, des Polonais et des Belges, des Bohémiens et surtout des Hongrois; chaque nation avait sa place à part, alignée par les magistrats pour assister aux proclamations. Le marché aux bêtes était réservé aux Hongrois, le petit cimetière aux Polonais, le marché aux poules aux Frisons, etc.; les autres devaient occuper le grand cimetière, les rues adjacentes, ainsi que les maisons voisines; et afin que les toits de ces maisons pussent recevoir des spectateurs, défense était faite aux propriétaires de les terminer en pignon.

En 1496, on compta plus de cent quarante-deux mille pélerins aux fêtes de Noel, et il n'y en eut pas moins au jubilé de la même année. On vit une autre fois dix mille personnes entrer en un seul jour par la seule porte de Cologne, ce qui supposait au moins trois cent mille pélerins pour les quinze jours. Au milieu d'une telle multitude, tendant à s'accumuler dans des rues étroites et tortueuses, de sages mesures prises par le sénat pouvaient seules prévenir les accidents de tout genre. Il fallut n'ouvrir qu'avec précaution les diverses portes de la ville, et faire en sorte que la foule entrant d'un côté s'écoulât de l'autre après un temps donné. Une police sévère dut veiller à ce que la cupidité des marchands ne pût exploiter les besoins de la foule; la charité des riches fut appelée à pourvoir à la subsistance des pauvres. D'après une fondation des rois de Hongrie, tous les pélerins de cette nation avaient droit d'être nourris par la ville pendant trois jours, quel que fût leur nombre; et ce nombre était quelquefois de quatre à cinq mille. On les assemblait devant l'église de Saint-Matthieu, où les sénateurs eux-mêmes venaient leur rendre solennellement au nom de la ville le devoir de l'hospitalité. Dans ces circonstances les habitants d'Aix rivalisaient, au témoignage de Beeck, avec leurs magistrats, et se montraient ainsi, ajoute-t-il, les dignes enfants de leur fondateur, qui aimait, lui aussi, les pélerins, et prenait grand soin que rien ne leur manquât, fallût-il que les offices de son palais eussent grandement à souffrir de sa générosité [1].

On me pardonnera, je l'espère, ces détails, qui peuvent servir à nous expliquer la richesse de notre monument. En dehors du jubilé, nul homme au monde, excepté un prince régnant, ne pouvait voir autre chose que l'extérieur de la châsse. Son aspect devait répondre au prix du dépôt qu'elle renfermait. On en peut conclure que l'on n'aura laissé à l'heureux maître chargé d'exécuter le chef-d'œuvre d'autres entraves que les limites de son génie et celles des procédés de son art : enfin, comme cet artiste a nécessairement été choisi parmi les plus habiles, il résulte que nous avons devant les yeux le dernier mot de l'orfévrerie à une époque donnée.

Mais quelle est cette époque?

IV.

ÉPOQUE DU MONUMENT. — SA DESCRIPTION.

Dans tout ce que l'on a écrit sur Aix je ne trouve qu'un seul document qui puisse jeter quelque lumière sur l'époque de la châsse? Encore dois-je avouer que nul n'a songé jusqu'ici à en tirer ce parti. Aussi prendrai-je soin, en donnant ma version, de mettre le lecteur à même de la contrôler au moyen du texte. Ce document, publié par l'abbé Quix [2], est un édit de Frédéric II, à la date de 1220. L'empereur y rappelle l'obligation pour le prévôt d'Aix de pourvoir sur les revenus de sa prévôté à la réparation des fenêtres, au renouvellement des livres tombant de vétusté et à la parfaite conservation des *officines* de l'église. Il rappelle en même temps les graves pertes que l'église a eues plusieurs fois à souffrir en ce genre par la négligence du prévôt et des siens, et il ajoute : « Désirant donc prévenir les dommages de la même église, et pourvoir à ses intérêts, nous avons réglé, du consentement du prévôt, notre fidèle Othon, et du chapitre d'Aix, qu'il aurait droit de prendre la totalité des offrandes déposées dans le tronc qui est placé devant le parvis, tant que l'on travaillera à la *châsse* (?) qui se construit en l'honneur de la bienheureuse Vierge; et que, cette affaire une fois terminée, la moitié des fonds appartiendra au prévôt, l'autre moitié à l'église. »

[1] Eginhard, ap. Duch. T. II, p. 101. Amabat peregrinos et eorum suscipiendorum magnam habebat curam, adeo ut eorum multitudo non solum palatio, verum etiam regno non immerito videretur onerosa; ipse tamen præ magnitudine animi hujusmodi pondere minime gravabatur cum etiam ingentia incommoda laude liberalitatis ac bonæ famæ mercede compensaret.

[2] Gesch. d. stadt Aachen, II, *Cod. diplom*, p. 95. « Fredericus, divina favente clementia Roman. Rex semper Augustus et rex Siciliæ. — Notum sit omnibus presentem paginam inspecturis, quod cum prepositus aquen., quicumque fuit, hactenus pro tempore ad fenestrarum ecclesie aquen. reparationem, ad librorum, qui usu deperirent, innovationem, ad conservationem omnimodam officinarum de sue prepositure proventibus teneretur, et ex negligentia prepositi et suorum contigerit pluries ecclesiam in officinis suis gravem sustinere jacturam, Nos ejusdem ecclesie desiderantes indemnitatem cavere et utilitati prospicere, de consensu fidelis nostri Ottonis prepositi et capituli aquen. Statuimus, ut ad instaurationem trunci ante Paravisum locati, quamdiu *Capsa* ad laudem Bte Virginis fabricatur, percipiat; qua perfecta medietas preposito, reliqua vero medietas ecclesie cedat ex integro. Quod si forte oblationes respectu ejus valoris, cujus nunc sunt, adeo contigat minorari, ut eadem prenominata medietas non sufficiat, dictus prepositus vel ejus successor oblationi, que pro tempore proveniet, de suo tantum adjiciat, ut ecclesia secundum Deum conservetur indemnis. Ut igitur hec nostra constitutio et inconvulsa permaneat et rata, presentem paginam inde conscriptam sigilli nostri impressione facimus communiri. Datum apud Frankenfort, anno Dni 1220 . 13 Kal. januarii. »

Le point de la difficulté consiste dans le mot *capsa,* caisse, châsse, que l'on pourrait supposer mis à la place de *capsum,* nef, vaisseau d'une église. Mais cette interprétation, que je ne crois autorisée par aucun texte, me paraît tout à fait inadmissible ici; car l'expression indique en tout cas l'intérieur plutôt que l'extérieur de l'édifice : or s'il se trouve dans le dôme quelque construction de Frédéric II, ce ne peut être que la décoration ogivale de la partie extérieure de la coupole : encore ce travail semble-t-il être de la fin du douzième siècle. Je n'hésite donc pas à conclure que la *capsa* du diplôme est bien réellement le monument qui nous occupe.

Hâtons-nous d'ajouter que s'il nous fallait renoncer à cette précision de dates, qui plaît à si bon droit à l'archéologue, en ce qu'elle multiplie pour l'appréciation des œuvres d'art les termes certains de comparaison, le raisonnement tout seul nous conduirait à un résultat analogue. En effet, auprès de la châsse de Notre-Dame se conserve dans le Trésor la châsse de Charlemagne, et l'on ne peut guère douter que cette dernière ne soit celle où Frédéric Ier recueillit, en 1166, les ossements du grand empereur, canonisé à sa demande par son antipape Pascal III. Nous avons donc là un spécimen du style de la grande orfévrerie à la fin du douzième siècle. Nous en avons un autre dans la grande couronne de lumières suspendue sous la coupole, puisqu'on y lit encore les noms de Frédéric et de Béatrix. Eh bien, il suffit d'un simple coup d'œil pour se convaincre que la châsse de Notre-Dame est plus récente, et qu'elle ne l'est que d'un demi-siècle environ : si la grâce de son ornementation annonce des progrès que le génie lui-même n'obtient pas sans le concours du temps, la ferme simplicité des lignes générales, jointe à l'ampleur des formes et à la splendeur des effets d'ensemble, indique que l'art ogival ne fait que se dégager de l'art roman, et se trouve à une égale distance de la grave majesté des églises romanes de Cologne et de la svelte élégance du chœur de sa cathédrale.

A cette observation j'en puis joindre une autre tirée d'un morceau d'architecture attribué à Philippe de Souabe, qui fut prévôt du chapitre d'Aix avant d'être empereur. On sait que ce prince bâtit un dortoir pour le chapitre, et il est tout à fait présumable que les quatre arcades trilobées qui se voient encore à l'angle du cloître près de la porte de l'église, formaient l'entrée de cet édifice intérieur. Cette conjecture est appuyée par la tradition locale; or il est impossible à un œil un peu exercé de ne pas reconnaître de singuliers rapports de style et même de composition entre ces arcades, leurs chapiteaux, leurs corniches, et les arcades, les chapiteaux, les crêtes fleuronnées et les rubans estampés de la châsse. L'orfévre de ce dernier monument et l'architecte de l'autre devaient appartenir à la même génération, et s'être formés à la même école, si toutefois ce n'était pas le même homme. La châsse de Notre-Dame a donc le mérite inappréciable de nous faire connaître l'orfévrerie correspondante à l'architecture de nos plus magnifiques cathédrales françaises, et peut servir à compléter la connaissance d'un art si longtemps oublié par la prévention et méprisé par l'ignorance [1].

---

[1] Si l'on travaillait en 1220 à la châsse de Notre-Dame, ainsi que nous le pensons, il est probable qu'elle était terminée en 1237, et qu'elle renfermait déjà les grandes reliques lorsqu'eut lieu l'incendie dont parle le moine Albéric : « Aquis-

Nous avons maintenant à faire un rapide examen du monument sous le rapport de la composition, de la décoration et des figures.

Dans les siècles précédents, la forme la plus ordinairement adoptée pour les grandes châsses des autels, et même pour les petits reliquaires, était celle d'un sarcophage. Quatre faces élevées sur un parallélogramme et surmontées d'un toit à deux ou quatre versants, revêtaient une ornementation plus ou moins splendide en ivoire, en émail, en métal gravé ou repoussé; mais les lignes variaient peu. La châsse de Charlemagne est ornée dans sa hauteur d'arcades à plein cintre portées par des colonnettes accouplées, et son toit à deux versants est divisé en larges encadrements carrés. Celle de Notre-Dame est d'une composition moins élémentaire: au milieu des flancs du parallélogramme s'élèvent deux façades à pignons, pareilles à celles des extrémités; ce qui donne au plan général la forme d'une croix. De chaque côté des façades centrales, les parois verticales sont occupées par trois pignons reposant sur des groupes de trois colonnettes pour abriter des statues. Des statues plus hautes garnissent les quatre grandes façades, et sont surmontées d'un large trilobe terminé en ogive. Sur les versants du toit, des trilobes mollement arrondis couronnent les bas-reliefs.

Telle est l'ordonnance générale: quels seront les éléments de la décoration et la pensée qui présidera à leur emploi?

Dans ses vastes constructions l'architecte d'une cathédrale avait pour principales ressources la sculpture, la peinture murale et la peinture sur verre. La sculpture d'ornement couvrait de fleurs immortelles les principales lignes de l'édifice; la sculpture et la peinture d'histoire voilaient la nudité des murs, répandaient la vie dans l'œuvre entière; et la peinture sur verre transformait les jours blessants pour l'œil en réseaux de vives et harmonieuses couleurs que l'on eût dit dérobées à l'arc-en-ciel. L'orfévre trouvait dans son art des ressources correspondantes: sous sa main la ciselure, le moulage, le repoussé remplaçaient la sculpture; la peinture en émail rivalisait avec la peinture murale ou la peinture sur verre, enfin les filigranes aux gracieux rinceaux, les pierres précieuses aux mille nuances, la transparence des cristaux et la nacre des perles fournissaient à ses ouvrages de nouveaux éléments de richesse et de beauté.

Tous ces éléments ne sont-ils pas ici combinés avec bonheur? Les parois sont couvertes d'estampages présentant une mosaïque régulière; et sur ce fond doré ressortent, soit par la vivacité de leurs couleurs, soit par la variété de leur parure, les colonnes émaillées et les longues bandes horizontales formant l'ossature du monument. La décoration de ces bandes consiste en émaux cloisonnés alternant avec des filigranes. Vous admirez dans les émaux

---

grani declaratæ sunt quædam pretiosissimæ reliquiæ per Decanum loci positum in extremis ; videlicet pannicali quo involutus fuit puer Jesus in præsepio, et illud Linteamen quo succinctus fuit in cruce respersum ejus sanguine; et una camisia beatæ Mariæ. Quæ omnia idem Decanus anno præterito cum chartulis suis invenerat exportatione supellectilis ecclesiæ, quæ facta fuit occasione ignis tunc grassantis in villa et crescentis. (Ad an. 1238.) »De ce que la châsse n'a pas souffert de l'incendie on ne saurait conclure qu'elle n'existait pas encore, puisque d'autres monuments du Trésor plus anciens qu'elle n'ont pas été non plus endommagés.

l'inépuisable diversité des compartiments presque toujours heureusement combinés; et les cabochons, les perles richement enchâssées vous sourient au milieu des filigranes comme des fleurs au milieu du feuillage. Auprès de ces riches détails les lignes trop unies des principaux profils auraient pu paraître monotones, mais elles se couvrent de crêtes à jour où se déploie une végétation élégante et forte; enfin sur les sommets des pignons et de distance en distance sur le faîtage s'élèvent, supportées par des branches fleuries, des pommes où il me semble voir les plus beaux résultats que l'art du filigraniste ait jamais atteints.

Je sens parfaitement combien des descriptions sont impuissantes à donner seules une idée juste des effets d'art que l'œil n'aurait jamais vus; heureusement il m'a été possible de recourir à un procédé plus efficace. Outre la gravure (Planche III) qui rend compte des crêtes fleuronnées et des estampages servant de bordures, la lithographie en couleurs nous a fourni des représentations plus vraies. La Planche IV, qui reproduit un des petits côtés de la châsse, rend assez bien l'effet général. Dans les Planches V et VI les pommes de faîtage sont peintes de grandeur naturelle et avec toute la fidélité possible. La pomme à facettes de la Planche V est celle du centre de la croix. Les Planches VII et VIII reproduisent les émaux des plates-bandes, et la Planche IX ceux qui forment les nimbes des apôtres ou qui décorent les petits pignons et la corniche. Tous ces émaux sont de ceux que l'on appelle cloisonnés, c'est à dire où les couleurs à teinte plate sont séparées par des filets dorés que l'on a disposés en compartiments sur le fond de métal, à la différence des émaux champlevés, que l'on nuançait dans des compartiments creusés. L'ancien système [1], qui prévalut au treizième siècle, est le plus simple, et, à parler en général, c'est celui qui produit le plus d'effet. En ouvrant dans le métal la place de l'émail on se condamnait à de trop larges séparations entre les couleurs ; en les nuançant dans chaque compartiment on avait pour résultat ordinaire quelque confusion dans l'ensemble. Ici, au contraire, la franchise du ton des couleurs ajoute à leur éclat en même temps que l'extrême délicatesse des résilles dorées rapproche les teintes, et leur permet, grâce à la petite dimension des cases cloisonnées, de se fondre harmonieusement en parvenant à l'œil. En un mot ces filets d'or de la peinture en émail répondent complétement aux rubans de plomb de la grande peinture sur verre. Il n'est pas de système de compartiments dans les mosaïques ou même dans la charpente générale des verrières de style primitif qui ne se retrouve ici ; et, comme le système est le même, les effets se ressemblent. Une même physionomie décèle le génie d'un même art, d'un art savant autant qu'inspiré.

Cependant cette décoration, toute riche qu'elle était des plus beaux produits du monde inanimé, serait demeurée loin de l'idéal chrétien si elle avait été autre chose qu'un vaste cadre

---

[1] M. Jules Labarte, qui, après M. l'abbé Texier, a publié de précieux renseignements sur les émaux dans la belle description de sa galerie (*Collection Debruge-Duménil*), a vérifié, depuis l'impression de son ouvrage, que la couronne de Monza est ornée d'émaux cloisonnés. Nous les voyons aussi dominer sur les riches couvertures de plusieurs manuscrits carlovingiens.

réservé à des personnages, une sorte de paysage servant de fond à des scènes faites moins pour charmer les yeux que pour éclairer, ennoblir et purifier les âmes.

Quel devait donc être et quel a été le thème du grand artiste dont nous étudions l'œuvre? Chargé de donner un abri terrestre à des objets estimés dignes d'être déposés dans les cieux, il devait les entourer, selon ses forces, d'une ombre de la céleste gloire, et en même temps prendre soin de retracer les mystères d'abaissement, d'amour et de douleur dont ils rappellent le souvenir. Tel fut son plan. Les quatre personnages assis sous les grands pignons sont Jésus-Christ, la sainte Vierge, Charlemagne et S. Léon III. Sous les pignons inférieurs se trouvent rangés les apôtres, et la vie du Sauveur est représentée sur le toit.

V.

PERSONNAGES ASSIS AUTOUR DE LA CHASSE.

Jésus-Christ siége en roi sur son trône (Pl. IV). Au lieu du livre qu'il tient ouvert dans les représentations où les quatre animaux symboliques l'environnent, il porte ici de la main gauche le globe de la terre, et lève la main droite pour bénir. Sa pose est majestueuse, et le mouvement des draperies ne manque ni de naturel ni d'élégance. On lit au-dessus de sa tête :

SOLUS AB ÆTERNO CREO CUNCTA, ET CUNCTA GUBERNO.
PONTUS, TERRA, POLUS MIHI SUBDITUR; HÆC REGO SOLUS. [1]

Et sous ses pieds :

[HIC] SPES LAPSORUM, PAX JUSTI, POENA REORUM. [2]

La sainte Vierge aussi est assise en reine (Pl. I), portant l'enfant Jésus sur ses genoux; comme pour rappeler que la maternité divine est la cause de ses priviléges, la source de ses grandeurs et le plus beau couronnement de ses vertus. On voit dans sa main droite un petit globe surmonté d'une croix; mais il est fort douteux que cette croix appartienne au travail primitif : la dimension toute seule du globe suffirait pour faire rejeter l'idée du monde. J'y verrais plutôt la pomme de la première femme, et l'attitude de l'enfant Jésus me confirme dans cette pensée. Tandis que de la main gauche il semble dire qu'il reconnaît le fruit de mort recueilli par Ève, de la main droite il montre aux hommes dans sa mère bien aimée la véritable mère des vivants. Comme il est lui-même le fruit de vie que la fleur sans tache a porté pour le salut du monde, Marie est la nouvelle Ève, l'Ève humble et obéissante qui reçoit l'ambassade

---

[1] Du sein de l'éternité, seul je crée tout et gouverne tout. La mer, la terre, le ciel sont à moi; seul je les régis.

[2] Il est l'espoir de l'homme tombé, la paix du juste, le châtiment du coupable.

de l'archange au lieu d'écouter le tentateur, et mérite ainsi d'accomplir la malédiction prononcée contre le serpent au premier jour du monde : « La femme écrasera ta tête. » Ce triomphe de Marie est la pensée de toute la chrétienté, que Prudence exprimait si noblement dès la fin du quatrième siècle :

« Le Verbe du Père devient chair vivante, une jeune fille enserre le Dieu de gloire, et l'enfante sans atteinte....

« C'était l'antique haine, c'était l'implacable guerre du serpent et de l'homme : voici la vipère qui se tord écrasée sous les pieds d'une femme.

« Car celle qui a mérité d'enfanter Dieu, la Vierge, dompte tout venin. Et le serpent verdâtre, resserrant ses replis, vomit dans l'herbe ses poisons impuissants. »[1]

Il est regrettable que la planche n'ait pu rendre l'expression du dragon qui lance en vain son dard sous la pression du pied virginal. On lit au dessus du groupe deux vers mutilés que nous proposerions de restituer comme il suit :

[SOLLICITA REG] E [M] MAT.. (MATER?) PRECE CUNCTA REGENTEM
UT REGAT ET SALVET NOS [QUI SUPER] O [MN] IA PO [LLET].[2]

Aux deux extrémités de la châsse, Léon III et Charlemagne, les deux représentants du sacerdoce et de l'empire, servent comme d'assesseurs à Jésus-Christ et à sa mère. Il leur appartenait de prendre cette place dans l'église bâtie par l'un et consacrée par l'autre, auprès du Trésor que l'un et l'autre avaient enrichi.

Le pape (Pl. III, fig. A) porte les insignes pontificaux : les sandales ornées, la dalmatique, la chasuble ronde, le pallium et la tiare. La tiare, ornée d'une seule couronne, a moins d'élévation qu'on ne lui en donnait en France à la même époque. Le pallium, au lieu d'être replié sur lui-même comme à l'époque carlovingienne, ou de descendre en double Y comme à l'époque romane, laisse tomber carrément sur la poitrine une longue bande qui sera écourtée dans les siècles suivants. L'ornement du haut de la chasuble, de même que celui de la tunique de Jésus-Christ et de la sainte Vierge, pourrait bien être la forme la plus simple du surhuméral, qui a pris depuis lors dans quelques évêchés de curieux développements sur lesquels nous aurons à revenir ailleurs. Quant à ce que le pontife tenait de chaque main, nous en sommes réduits à des conjectures appuyées sur l'histoire et l'analogie. Au premier abord, un

---

[1] Prud., *Cathemer.*, III, 141, sq. (Ed. Arev. I, 268.)
Fit caro vivida Sermo Patris,
Numine quem rutilante gravis
Intemerata puella parit....
Hoc odium vetus illud erat,
Hoc erat aspidis atque hominis
Digladiabile discidium,
Quod modo cernua femineis

Vipera proteritur pedibus.
Edere namque Deum merita
Omnia virgo venena domat :
Tractibus anguis inexplicitis
Virus inerme piger revomit
Gramine concolor in viridi.

[2] Mère, invoque le roi qui gouverne toutes choses, pour que lui qui peut tout nous dirige et nous sauve.

fait relaté par Eginhart et par la plupart des chroniqueurs semblerait donner le mot de l'énigme. Ils racontent que, dès le commencement de son pontificat, Léon III envoya à Charlemagne deux présents symboliques, les clefs de la confession de S. Pierre et l'étendard de la ville de Rome. L'étendard confirmait le prince dans sa dignité de patrice, et les clefs le constituaient l'avoué du siége apostolique. N'était-il pas naturel de rappeler ces glorieuses distinctions sur un monument où la statue du pape et celle de l'empereur correspondaient l'une à l'autre? Il y a plus, ce don solennel, symbole de toute une situation sociale, n'avait-il pas été représenté par Léon III lui-même dans son célèbre *Triclinium*, avec la seule différence que l'étendard était donné à l'empereur par S. Pierre, qui tenait sur ses genoux les clefs de son tombeau et remettait en même temps l'orarium au pontife? Dans cette opinion, S. Léon tiendrait une clef de la main droite, et le fragment qui se voit dans sa main gauche appartiendrait à la hampe de l'étendard; mais hâtons-nous de dire que la distance qui sépare les deux figures ne permet pas de supposer une action commune. Ainsi que l'empereur, le pontife devait porter quelques insignes de sa dignité : étaient-ce les clefs symboliques, la rose d'or, la férule patriarcale? Nous laisserons la décision à d'autres. On pourrait faire valoir en faveur des clefs l'usage adopté, dès la haute antiquité, d'en remettre tantôt une, tantôt deux ou même trois entre les mains de S. Pierre, pour exprimer sa primauté par le symbole évangélique. Or, dans le langage ordinaire, qui est celui de la tradition catholique, Pierre vit toujours en ses successeurs; sa puissance est leur privilége; ses clefs sont leurs clefs. Pour citer un témoignage entre mille, voici comment un Grec, S. Théodore Studite, parlait précisément à notre Léon III : « Ecoute, porte-clefs du céleste royaume, pierre de la foi, sur laquelle l'Eglise catholique est fondée, tu es Pierre, toi qui ornes et gouvernes le siége de Pierre. [1] » Il répète à Pascal Ier, successeur de Léon III : « Tu as reçu les clefs de Jésus-Christ même par l'intermédiaire des apôtres et de ceux qui t'ont précédé. [2] » Dans le même endroit il appelle le siége de Rome « le premier siége où Jésus-Christ a déposé les clefs de la foi. » A la vérité jusqu'au quatorzième siècle, époque où ce symbole devient ordinaire, il domine plus dans le langage que dans les monuments figurés; cependant, dès le neuvième siècle, c'est à S. Silvestre que Jésus-Christ donne les clefs dans la mosaïque du *Triclinium* de Léon III, où Constantin fut placé en regard de Charlemagne; et, au treizième siècle, selon le savant cardinal Garampi, c'est Innocent III, c'est à dire le contemporain de l'orfévre de notre châsse, qui porte deux clefs de la main gauche sur le sceau de la Garfagnana. On peut donc avec une pleine vraisemblance les supposer ici; et pourtant j'hésiterais à le faire. Tout près de notre châsse, un autre monument inédit nous offre un renseignement peut-être unique et du plus grand poids. S. Léon se voit sur la châsse de Charlemagne aussi bien que sur celle des grandes reliques, et là c'est la rose d'or qu'il tient de la main droite; l'attribut de la gauche est aussi brisé. N'était-ce pas de même la rose d'or que

---

[1] Ep. ad Leon III. ap. Aleman., *De Later. par.*, p. 40.   [2] Id. *ad Pasch.* I, ibid.

S. Léon portait ici? On serait d'autant plus disposé à le penser que le pontife ne pouvait être représenté dans l'attitude de bénir auprès du Sauveur bénissant lui-même, et que la rose d'or étant l'image du ciel d'après la liturgie, elle devenait dans la main du pape l'équivalent d'une bénédiction. On remarquera d'ailleurs qu'à l'époque dont nous parlons le rit si poétique de la rose d'or, très ancien dans l'Église, venait d'acquérir une nouvelle célébrité. L'envoi de la fleur symbolique avait remplacé dans les usages de la cour romaine celui des clefs de la confession, et Innocent III venait de consacrer un discours à expliquer sa mystérieuse signification. Si nous supposons la rose d'or dans la main droite de S. Léon, devrons-nous voir une clef dans la main gauche? La longueur de la hampe ne paraît pas le permettre. D'autre part cette hampe ne peut pas être une crosse, puisque les papes n'en ont jamais porté. Ne serait-on pas autorisé à la prendre pour une férule? Mais sur ce point, comme au sujet des clefs, on cite très peu de monuments des hautes époques. Le P. Pabebroch a publié dans son savant *Propylée* de Mai [1] les deux seules représentations peut-être qui aient été jusqu'ici produites. La première est une figure de S. Grégoire-le-Grand que Charles Magri déclare avoir tirée des monuments rassemblés par Chacon pour son édition d'Anastase, et qui paraît au moins de l'époque carlovingienne. Le pontife a la tête découverte et ornée du nimbe carré; son pallium roulé autour du cou descend sur le devant de l'épaule gauche, et sa main droite s'appuie sur une longue hampe terminée par une petite croix à pans égaux. Sur le second monument, miniature du douzième siècle, publiée d'abord à Rome en 1638 par Constantin Gaëtani, d'après un manuscrit du Vatican, S. Gélase II, assis et couvert d'une mitre au lieu d'une tiare, bénit de la main droite et tient la férule de la main gauche. Au reste, si les représentations suffisent à peine pour jeter du jour sur la question, les textes au contraire abondent; mais sans répéter ceux que Ciampini, Catalani et Giorgi ont rassemblés sur ce point, je citerai seulement les paroles de Cencio décrivant la prise de possession du patriarcat de S. Jean de Latran par le souverain pontife : « Le prieur de Saint-Laurent lui donne la férule [2], signe de gouvernement et de correction, avec les clefs de la basilique et du sacré palais; puis le pape, tenant la férule et les clefs, s'avance vers le trône, etc. » Dans l'hypothèse que je viens de présenter la férule devait indiquer le patriarche d'occident, et la clef ou la rose, le chef de l'Église universelle.

L'inscription du trilobe est formée des deux vers suivants, qu'autrefois on lisait aussi sur la porte occidentale de l'église :

ECCE LEO PAPA, CUJUS BENEDICTIO SACRA
TEMPLUM SACRAVIT QUOD CAROLUS ÆDIFICAVIT. [3]

---

[1] P. 90 et p. 208.

[2] *Mus. Ital.*, t. II, p. 211.
Une telle fonction dévolue au premier dignitaire de la basilique de Saint-Laurent avait sans doute pour motif l'attribut même que les anciennes peintures donnent à ce martyr: car, précisément parcequ'il avait été diacre de l'église romaine, on le représentait tenant la longue hampe surmontée d'une petite croix, forme véritable de la férule des papes, ce semble.

[3] Voici le pape Léon, dont la bénédiction sainte a consacré ce temple, que Charlemagne avait bâti.

A l'autre extrémité de la châsse, Charlemagne assis (Pl. III, fig. E) porte le sceptre et le globe du monde. Le sceptre pouvait répondre à la férule, le globe terrestre à la rose d'or. La tête du monarque est découverte, soit que la couronne ait été enlevée, soit qu'on ait voulu exprimer ainsi son respect devant Dieu. Un nimbe indique sa canonisation récente. Il est inutile de faire observer que nulle intention de vérité historique n'a présidé au choix de ses vêtements. On lui a donné la tunique et le manteau du treizième siècle : costume plus remarquable par sa noble simplicité que par son éclat, et qui nous prouve, par l'absence du luxe byzantin, que nous avons devant les yeux un produit pur de l'art indigène. L'inscription est formée de ces deux vers :

HIC CAROLUS MAGNUS, MAGNI QUI REGNA GUBERNANS
MUNDI REX MERUIT SUPER OMNES MAGNUS HABERI.[1]

Aux deux grandes faces de la châsse siégent, comme une garde invincible autour de Jésus-Christ, les douze princes du nouveau peuple, les douze représentants de l'assemblée des élus, reconnaissables la plupart à leurs attributs consacrés. S. Pierre tenait les clefs, signe de sa puissance, et conserve encore la croix, trophée de son martyre. S. Paul, au front chauve et à la longue barbe, abaisse son glaive. Auprès de lui S. André porte en triomphe sa croix richement ornée. De l'autre côté S. Jean, représenté comme à l'ordinaire avec cette fleur de jeunesse que la virginité conserve longtemps, porte le tonneau d'huile bouillante de la porte latine. S. Jacques le Majeur tient le bâton de foulon, les autres portent des glaives ; tous ont indistinctement des livres ou des rouleaux ; quelques symboles sont brisés.

VI.

BAS-RELIEFS DU TOIT.

Je m'étendrai peu en finissant sur les scènes de l'histoire évangélique qui partagent les versants du toit ; mais il en est qui, puisées à des sources apocryphes, demandent quelque explication. D'un côté sont représentés les mystères de la sainte enfance et de l'autre ceux de la Passion, par allusion peut-être aux langes de la crèche, au voile de la croix et à la robe portée par Marie dans ses joies et dans ses douleurs. On peut remarquer que les reliefs des premiers mystères (Pl. II) sont d'une autre main que le reste du monument. Le faire du travail a cette fermeté quelque peu raide qui caractérise l'époque de Frédéric Ier et que l'on retrouve sur la châsse de Charlemagne. Les colonnettes octogones doivent, aussi bien que les scènes, appartenir à cette époque.

Le premier mystère est celui de l'Annonciation. Vous vous trouvez transporté dans la petite cellule où la Vierge sans tache vit éloignée du monde ; car le haut siége à découpures romanes

---

[1] Voici le grand Charles, qui a mérité, en gouvernant les vastes contrées du monde, d'être reconnu pour le plus grand des rois.

indique un intérieur. L'archange y fait son entrée tenant en main le signe de sa divine ambassade et indiquant du doigt celui dont il porte les ordres. A sa voix Marie laisse paraître le saisissement de sa virginale pudeur et sa résolution de rester toujours vierge : mais les désirs du monde sont exaucés sans préjudice de son vœu ; et, docile à la divine parole, elle conçoit par l'œuvre de l'Esprit saint. Elle unira, disent les Pères, l'honneur virginal avec les joies maternelles.

Plus loin un nouveau siége indique une autre demeure, celle d'Elisabeth. Les deux cousines se communiquent, dans un tendre embrassement, leur mutuel bonheur, tandis qu'à quelques pas la petite servante qui vient d'accompagner Marie dans son voyage prend part à la joie commune.

Puis, les neuf mois accomplis, Jésus naît dans une étable, est enveloppé de langes dans une crèche, et n'a que le souffle des animaux pour réchauffer ses membres glacés par le froid de la nuit d'hiver. Il peut dire avec son prophète : « *Le bœuf connaît son maître, et l'âne l'étable de celui qui le nourrit; mais Israel ne m'a pas connu.* » Auprès de l'enfant est couchée la mère, qui par cette attitude témoigne de sa maternité glorieuse, bien que, restée vierge après l'enfantement comme après la conception, elle n'ait pas subi la malédiction primitive : *Tu enfanteras dans la douleur*.

Mais que fait Joseph assis vis-à-vis de Marie et montrant un livre ouvert pendant qu'un ange descendant du ciel appelle son attention en lui touchant l'épaule? Devons-nous voir ici l'ordre du départ pour l'Egypte, ou plutôt ne s'agit-il pas du doute amer si poétiquement décrit dans l'évangile apocryphe qui porte le nom de S. Jacques. « C'était le six du mois, Joseph venait de visiter ses biens ; il rentre chez lui, et s'aperçoit que Marie est enceinte. Il se jette alors le visage contre terre et verse d'abondantes larmes. De quel œil oserai-je regarder le Seigneur mon Dieu? Que lui dirai-je en faveur de la jeune fille que j'ai reçue vierge du temple du Seigneur et que je n'ai pas su garder? Qui donc m'a trompé? Qui a commis le mal dans ma demeure?... Le malheur d'Adam s'est-il renouvelé? Le serpent a-t-il de nouveau séduit Eve?... Et Joseph se lève, il s'approche de Marie : O toi, s'écrie-t-il, la protégée du ciel, as-tu donc pu te rendre coupable? As-tu pu oublier le Seigneur ton Dieu, toi qui fus élevée dans le temple? Toi qui recevais tes aliments de la main des anges, est-il vrai que tu sois tombée? — Mais elle, elle fondait en larmes, et disait : Je suis sans tache, et n'ai point connu d'homme... Joseph était dans la stupeur, et se disait intérieurement : Que ferai-je d'elle? Si je cache son péché, j'outrage la loi du Seigneur ; si je la dénonce aux enfans d'Israel, je crains de livrer à un tribunal de mort le sang de l'innocence. Que ferai-je donc? Je la renverrai en secret. La nuit vint, et voilà que l'ange du Seigneur lui apparaît en songe, et lui dit : N'hésite pas à recevoir cette vierge, ce qui est né en elle vient du Saint-Esprit. » [1]

---

[1] *Codex apocryph. N. T.*, t. 1. p. 224.

Ici le livre apocryphe n'a fait que délayer le récit divin ; mais dans la scène suivante, placée sur le versant en retour (Pl. III, fig. C.), l'évangile est remplacé par une légende populaire, qui n'est appuyée ni sur l'Écriture ni sur la tradition commune des Pères. On voit le nouveau-né lavé dans un bassin par deux femmes, l'une debout et l'autre assise. La première verse l'eau sur l'enfant, que la seconde tient des deux mains, et celle-ci a le bras droit en écharpe. Que veut dire cette écharpe? Le protévangile va nous l'apprendre. Joseph, après avoir introduit la Vierge dans la grotte solitaire, s'en allait à la recherche d'une accoucheuse lorsqu'il est abordé par une femme qui descendait des montagnes. La conversation suivante s'établit entre eux : « Où vas-tu, homme? — Je cherche une sage-femme juive. — Es-tu enfant d'Israel? — Je le suis. — Et quelle est celle qui devient mère dans la grotte? — Celle qui m'a été fiancée. — N'est-elle pas ta femme? — Elle ne l'est pas : c'est Marie, qui a été élevée dans le temple, et a conçu par la vertu de l'Esprit saint. — Cela est-il vrai? — Viens et vois. » L'accoucheuse accompagne Joseph, et s'arrête devant la grotte qu'environnait une nuée lumineuse. Mon âme est aujourd'hui glorifiée, s'écrie-t-elle, car mes yeux ont vu de merveilleuses choses. Soudain la nuée pénétra dans la grotte, et y jeta un éclat tel que les yeux ne sauraient le supporter ; mais cette lumière s'affaiblissant peu à peu permit d'apercevoir le petit enfant qui suçait le lait de sa mère. Et la sage-femme s'écria de nouveau : Voilà pour moi un grand jour, où j'ai été témoin d'un grand spectacle. A sa sortie de la grotte elle rencontre Salomé, et lui fait part de la maternité miraculeuse de la Vierge restée vierge : mais Salomé se refuse à croire une telle merveille tant qu'elle ne s'en sera pas assurée par elle-même. Peu après son incrédulité est cruellement punie : « Malheur à moi, s'écrie-t-elle, impie et perfide, qui ai tenté le Dieu vivant. Je sens que ma main, atteinte par le feu, tombe desséchée. » Elle se prosterne devant Dieu, et s'écrie : « Dieu de nos pères, souvenez-vous de moi ; car je suis du sang d'Abraham, d'Isaac et de Jacob. Ne me livrez pas aux enfants d'Israel ; mais rendez-moi à mes parents : car vous savez, Seigneur, que j'accomplissais en votre nom les œuvres de ma profession. » Et l'ange du Seigneur lui apparut, et lui dit : « Salomé, Salomé, le Seigneur a exaucé ta prière. Présente ta main à l'enfant, et porte-le : il sera ton salut et ta joie. » Salomé s'approcha de l'enfant, et le prit dans ses bras en disant : « Je l'adorerai, car le grand roi est né dans Israel. Elle fut aussitôt guérie. » [1]

Dans le mystère précédent, celui qui avait été *l'attente des nations* reposait sur la paille

---

[1] *Protev. Jac.*, c. xix. L'histoire *de la Nativité et de l'Enfance*, c. xiii, raconte le même fait avec de légères variantes. La compagne de Salomé s'appelle Zélémi, et elles sont matrones l'une et l'autre. Il n'est au contraire question que d'une seule femme dans l'évangile arabe de l'Enfance (c. iii) ; et peut-être en effet le nom de Zélémi n'est-il qu'une corruption de celui de Salomé.

Le docte Thilo rend aux Pères de l'Église cette justice qu'à l'exception de S. Zénon de Vérone ils ont rejeté avec mépris la légende des accoucheuses. « *Nulla ibi obstetrix*, s'écrie S. Jérome, *nulla muliercularum sedulitas intercessit*.

Ipsa (Maria) pannis involvit infantem, ipsa et mater et obstetrix fuit... Quæ sententia et aprocryphorum deliramenta convincit. » (Ed. Vallars, t. ii, p. 1, col. 214.)

Mais de ce que cette légende remonte jusqu'à l'époque de Clément d'Alexandrie, et de ce qu'elle figure dans une littérature où le gnosticisme semble faire sentir son influence, M. Thilo conclut un peu vite que le dogme si souvent défini de la virginité perpétuelle de Marie a été emprunté par l'Église catholique au gnosticisme, son ennemi dès le berceau. L'art au contraire adopta la légende comme un témoignage de la virginité de Marie ; et le peuple s'y attacha au point de confondre entre deux animaux; il est temps que les hommes accourent aux pieds de leur maître. Au Dieu pauvre il faudra pour premiers courtisans des pauvres; au Seigneur de toutes choses il faudra les hommages des rois. Dans un médaillon du toit en retour, deux anges descendent du ciel, et tiennent une tablette où on lit : *Gloria in excelsis.* Un troisième est debout devant les trois bergers, et porte un long phylactère, où se trouve écrit : *Annuncio vobis gaudium magnum.* Les trois bergers s'apprêtent à obéir à la voix des anges, et derrière eux les trois rois, guidés par l'étoile, viennent offrir leurs présents à l'enfant assis sur les genoux de sa mère. Enfin le Fils de Dieu, reconnu des grands et des petits parmi les hommes, est solennellement consacré à son Père dans le mystère de la Présentation. Le vieillard Siméon reçoit Jésus des mains de Marie, tandis que Joseph apporte les tourterelles ou les colombes exigées par la loi pour la rançon du premier né.

C'est ici le lieu de mentionner une observation relative à la disposition générale. Il ne paraît pas douteux que les statues ont été dérangées : celle de la sainte Vierge devait probablement se trouver au dessous des mystères de l'enfance, et celle de notre Seigneur entre S. Pierre et S. Paul, au dessous des mystères de la Passion.

La vie publique de Jésus-Christ commence à son baptême. (Pl. I.) Un ange tient sa tunique pendant qu'il est plongé dans le Jourdain; au moment où le précurseur verse l'eau, l'Esprit saint descend, et la voix du Père proclame le Fils bien aimé dans lequel reposent ses complaisances.

Avant de donner ses enseignements, Jésus nous offre ses exemples. Assis sur le rocher du désert où il s'est préparé à la tentation par la prière et le jeûne, il repousse Satan trois fois confondu.

En annonçant sa doctrine le Sauveur a formé douze apôtres, qui la porteront par tout le monde. Sur le point de se séparer, le maître et les disciples célèbrent le banquet par lequel le sacrifice de la croix se perpétuera jusqu'à la fin des temps; et tandis que le bien-aimé re-

---

sainte Anastasie avec l'accoucheuse, parcequ'il trouvait une commémoraison de cette martyre dans la messe de Noël. Cette opinion avait tellement pris faveur parmi le peuple, qui y voyait la preuve palpable d'une glorieuse prérogative de la sainte Vierge, que le grave Baronius crut devoir la réfuter dans ses notes sur le Martyrologe romain.

Mais si le peuple exagère souvent l'importance des légendes et les agrandit volontiers, les savants, par compensation, négligent trop parfois ce genre de documents. Ainsi, pour le fait qui nous occupe, l'oubli de cette narration apocryphe a fourvoyé le savant Aringhi dans l'explication d'une peinture des catacombes, sur le sens de laquelle il était à peine possible de se méprendre. Une même paroi dans le cimetière de Saint-Jules (*Roma subterranea,* 1659, t. II, p. 164, 165) réunit les peintures de la Visitation, de l'enfant Jésus dans la crèche, de la sainte Vierge tenant son divin Fils sur ses genoux, et celui pris pour un martyre était surabondamment indiquée par l'inscription *SALOMEV...* tracée près de la femme assise. des deux femmes qui baignent le nouveau-né (à peu près exactement comme sur la châsse d'Aix-la-Chapelle). Il est évident que tout cet ensemble est consacré aux détails du mystère de l'Incarnation. Mais Aringhi ou ses dessinateurs ont tellement pris le change sur la dernière scène qu'ils ont donné de la barbe aux deux matrones, bien que la longueur seule de leurs robes suffît pour faire reconnaître des femmes. D'Agincourt (*Peinture,* Pl. XII, fig. 18; texte, p. 10), sur la foi de ses prédécesseurs, y a vu la représentation d'un martyre; et, marquant plus fortement qu'Aringhi le sein de l'enfant, il a intitulé cette peinture : *Martyre d'une Sainte.* Puis il ajoute, par une malencontreuse observation qui semblait devoir lui dessiller les yeux, que « c'est le seul sujet de ce genre qu'on ait rencontré « dans les catacombes. » Or, quand le groupe même des sujets rapprochés sur cette muraille n'aurait pas suffi à montrer qu'ils formaient une série continue, la signification de celui qu'Aringhi pose sur le sein de Jésus, un traître du nombre des douze se dispose à vendre son maître.

Les deux bas-reliefs cachés à la vue et le suivant reproduisent de la manière ordinaire la trahison de Judas dans le jardin, la flagellation et le crucifiement. Il n'est besoin d'explication que pour les deux dernières scènes, celle de la descente de croix et de la sépulture.

Quand la foi fait connaître qu'un fait appartient au dépôt de la révélation, la vraie piété est avide d'en recueillir les leçons et d'en savourer les fruits; et c'est un droit comme un besoin pour elle de s'aider des traditions ou même des simples vraisemblances pour se représenter le mystère où Dieu lui parle. Ainsi procédera l'art chrétien digne d'un tel nom. Se faisant l'auxiliaire de la piété, dont il est le produit, il s'efforcera de s'élever à l'idéal des âmes contemplatives, il travaillera à l'exprimer dans ses ouvrages, et à le communiquer par eux aux imaginations moins heureuses; il contribuera enfin à le conserver de siècle en siècle au moyen de formules à la fois nobles et populaires, où le convenu ne devra point paralyser la liberté de l'invention, mais aussi où la liberté de l'invention évitera de dévoyer les esprits en trompant leurs souvenirs et leur attente. Cette union féconde de la prière et de l'art religieux, union dont l'absence explique la déplorable impuissance de certaines écoles, régnait au moyen âge; et c'était pour le plus grand bien de l'art et de la prière. Nous en avons sous les yeux un touchant exemple.

Que nous apprend l'Évangile de la déposition de la croix? Peu de chose; c'est à dire que Joseph d'Arimathie obtint de Pilate le corps du Sauveur, qu'il le reçut du centurion, et que Nicodème se joignit au noble décurion pour rendre les derniers devoirs à leur divin maître. Sur ce fait évangélique consultons maintenant les hommes de prière, et comparons leur tableau à celui des hommes de l'art : n'est-ce pas la même inspiration? la même délicatesse de sentiment? la même mise en scène? J'ouvre en face du bas-relief *les Méditations* attribuées à S. Bonaventure, où l'auteur s'adresse ainsi à l'âme chrétienne : « Considère maintenant avec soin et lentement comment Jésus est déposé. On élève deux échelles contre les bras de la croix à leur extrémité. Joseph monte sur celle qui est placée à droite du Sauveur, et s'efforce d'arracher le clou de la main. Il a bien de la peine à réussir; car le clou épais et long est profondément enfoncé dans le bois, et il ne paraît pas qu'on puisse l'arracher sans presser cruellement la main du Seigneur. Le clou enlevé, Jean fait signe à Joseph de le lui remettre pour empêcher que Notre-Dame ne l'aperçoive. Nicodème arrache ensuite le clou de la main gauche, et le donne également à Jean. Alors Nicodème descend et se dispose à enlever le clou du pied, tandis que Joseph soutient le corps du Seigneur. Heureux Joseph, qui mérita de l'embrasser ainsi! La main droite de Jésus restait suspendue; Notre-Dame la soulève avec respect, la rapproche de ses regards, la contemple et l'embrasse en l'inondant de larmes, et en poussant de douloureux soupirs [1]. » Quel est le plus éloquent de l'écrivain ou de l'artiste? Le manque d'espace n'a pas

---

[1] S. Bonav., *Medit. de Vita Christi.*

permis à ce dernier de représenter les échelles comme on les voit ailleurs, par exemple dans la verrière de la passion à Bourges; mais ne retrouvez-vous pas dans le bas-relief les traits les plus touchants du récit? Joseph et Nicodème arrachant les clous pour les remettre au disciple bien aimé; et ce dernier, le jeune S. Jean, caché derrière la croix pour les recevoir sans être vu de Marie, afin de la préserver d'un nouveau déchirement, Joseph tenant le divin corps embrassé du côté de la plaie du cœur, et l'inconsolable mère versant sur la main déchirée ses intarissables larmes.

La dernière scène est remarquable par le nombre des personnages. Nous venons de voir trois bergers et trois rois autour de la crèche, et nous retrouvons trois disciples autour du tombeau. Pourquoi trois quand l'Évangile n'en cite que deux : Joseph d'Arimathie, qui s'est procuré le linceul et donne le sépulcre vierge; et Nicodème, qui vient d'apporter le mélange de myrrhe et d'aloès? Ici encore l'artiste chrétien a voulu ajouter au fait évangélique le charme des traditions populaires. A défaut des traditions n'eût-il pas trouvé dans son cœur que le disciple demeuré seul d'entre les douze au pied de la croix était resté jusque dans le sépulcre le modèle de l'amitié constante? S'il paraît étrange que le fils adoptif de Marie soit séparé d'elle en un pareil moment, peut-être faudrait-il penser que l'artiste suppose la sainte Vierge présente, mais qu'il évite la difficulté d'exprimer l'excès de sa douleur. D'autres n'ont pas reculé devant le problème, et l'ont même résolu avec assez de délicatesse, comme on le voit dans les deux scènes (Pl. III, *fig*. B. D.) que nous empruntons à Gori [1]. Dans l'une Marie reste à quelques pas du sépulcre abîmée dans cette affliction que les Pères ont comparée à un océan sans bornes; et dans l'autre, se livrant à une dernière effusion de tendresse, elle presse contre ses lèvres le visage ensanglanté de son divin Fils.

La série des mystères s'arrête au Saint-Sépulcre. La pensée de l'artiste reste fixée sur le monument qui avait fait dire à Isaïe : « Son tombeau sera glorieux; » oracle que l'Europe entière venait de réaliser avec un immense enthousiasme, et qui devait exalter les âmes plus que partout ailleurs auprès des états de Godefroy de Bouillon, au moment surtout où Baudoin de Flandre venait d'être couronné empereur de Constantinople.

J'ai dit en commençant que la magnifique châsse de Notre-Dame était cachée dans une armoire ainsi que celle de Charlemagne. Comment se défendre d'exprimer ici des vœux au nom de la religion, au nom de l'art, au nom de tous ceux qui aiment les choses dignes et grandes, pour qu'une plus noble place leur soit un jour accordée. Le tombeau, le corps de Charlemagne dans une armoire! En vérité n'est-ce pas oublier étrangement ce que nous devons à son génie, nous tous qui mettons son nom au dessus du nom de tous nos rois? Dans un siècle où l'on s'honore de rendre une tardive justice aux vieilles gloires, tous les peuples de l'Europe ne devraient-ils pas associer leurs efforts pour élever au père de la civilisation

---

[1] *Thesaurus Dipt.*, t. III. La *fig*. B. (*pag*. 294) appartient à un ivoire du Vatican; et la *fig*. D (*pag*. 296), à un ivoire du monastère de Murano, communiqué par le savant Costadoni.

moderne un mausolée digne de lui, digne de l'homme qui n'a eu pour rivaux de gloire que les Alexandre, les César, les Napoléon, et qui les a surpassés tous en joignant à la couronne de la puissance et du génie l'auréole de la sainteté?

La châsse de Charlemagne était autrefois exposée derrière l'autel du chapitre au fond du chœur, et celle de la sainte Vierge derrière l'autel du pèlerinage, à l'endroit où le chœur s'unit à la rotonde. Que l'une et l'autre châsse reprennent enfin leurs places anciennes, la place que leur assignent également et les simples lois du goût et les plus hautes des convenances.

Qu'autour des deux monuments reparaissent dans leur antique pompe ceux qui les entouraient jadis. Qu'au dessus de l'autel de la sainte Vierge s'épanouisse de nouveau un ciborium en rapport avec le chœur; que le chœur lui-même, un des plus beaux produits de l'architecture du quatorzième siècle, revoie la religieuse lumière de ses vitraux peints, qui feront resplendir davantage l'or et les pierreries des châsses; que les plaques d'or, faussement attribuées au trône impérial, s'assemblent d'après l'ancien arrangement facile à rétablir pour former devant l'autel un *antependium* égal au moins en richesse à celui que Bâle vient d'aliéner; que sur la table de l'autel on voie briller encore l'évangéliaire de Charlemagne, les dons des empereurs allemands, des rois de France et de Hongrie; que l'ambon éblouissant de S. Henri, suspendu aujourd'hui au dessus d'une porte, redevienne la chaire de l'Evangile; que la majestueuse couronne de lumières donnée par Frédéric Ier et Béatrix retrouve ses statuettes d'argent, ses cristaux, ses lumières; et que de ses feux colorés elle éclaire comme autrefois les chapiteaux de Ravenne et de Rome, les chancels et les portes de bronze décrits par Eginhard; alors quelle cathédrale sera comparable à celle d'Aix-la-Chapelle?

Arthur MARTIN.

IVOIRES SCULPTÉS

DU LIVRE DE PRIÈRES DE CHARLES-LE-CHAUVE.

(PLANCHES X ET XI.)

I.

LE MANUSCRIT.

Le livre que revêtent ces précieux ivoires (Bibl. R., ancien fonds, 1152) a souffert bien des passe-droits, car il a rencontré plus d'une fois les regards d'hommes habiles sans que l'on parût faire une attention suffisante aux remarquables ciselures qui le recouvrent. Que les Bénédictins auteurs du *Nouveau traité de Diplomatique* (t. III, p. 131 et suiv.) aient passé sous silence cette riche couverture, cela se comprend, puisqu'ils ne citaient le manuscrit que comme échantillon de *l'écriture capitale rustique* à l'âge carlovingien; mais comment un *Roxburgher* de la force de M. Dibdin a-t-il pu croire qu'il avait décrit de pareils monuments quand il écrivait (*Voyage bibliographique en France*, t. III. p. 128) : *La couverture du premier côté* (c'est notre Pl. XI) *est enrichie d'une sculpture en ivoire d'un travail achevé, qui se compose de petites figures d'hommes et d'animaux*, etc. *Ce morceau est entouré de pierres de diverses couleurs, ovales et carrées. L'autre côté de la couverture* (c'est notre Pl. X) *est également garni d'ivoire sculpté, mais sans pierres*[1]. Sept lignes ajoutées à ces deux phrases complètent pour le bibliophile anglais toute la notice du psautier (*Liber precum*) de Charles-le-Chauve, intérieur et extérieur, histoire et description.

M. G. F. Waagen, appréciateur plus grave et tout autrement connaisseur en fait d'art et d'antiquités, ne parle même pas de ce volume dans sa revue des ivoires de Paris[2]. Ne l'aurait-il pas connu? ou bien aurait-il jugé que cela ne méritait pas une mention, si courte qu'on la fît? L'une et l'autre supposition semblent difficiles à admettre; mais, pour ce cas ou pour d'autres, le silence des observateurs s'expliquerait mieux peut-être par l'embarras qu'on aura éprouvé

---

[1] Il n'y a guère que vingt-huit pierres environ de ce côté; mais pourtant elles y sont, bien que la plus grande partie de la bordure soit en filigrane sur ce plat. On peut en juger par une portion de cette garniture qui a été gravée dans les *Monuments français inédits* de Willemin (t. I, pl. 7). — Cf. J., Labarte, *Collection Debruge Duménil*, p. 217.

[2] *Kunstwerke und Künstler in England und Paris*, t. III, p. 697-704.

lorsqu'il fallait se prononcer sur les sujets des deux bas-reliefs si l'on prétendait les désigner autrement que par leur numéro et une phrase vague jusqu'à être insignifiante. Les plus avisés auront pris le sage parti de se taire, conformément au vieux précepte : *Mieux vaut le silence que des paroles vides de sens.*

Toutefois ce parti, qui pouvait être réellement le plus sage pour un amateur obligé de parcourir assez rapidement plusieurs objets très divers, nous est interdit à nous qui prétendons les examiner un à un pour en rendre compte à loisir. L'époque carlovingienne, tout importante qu'elle est dans l'histoire, ne nous a guère laissé, en fait d'art, d'autres monuments bien authentiques et bien complets que des livres; singulière distinction que le temps a faite parmi les œuvres d'un âge si puissant à certains égards! Et parmi les princes de cette race c'est de Charles-le-Chauve et de son temps qu'il nous est resté le plus de livres dont la provenance soit incontestable. L'étude de ces manuscrits, à Paris et à Munich surtout, fera l'objet de quelques notices, où l'histoire de l'art trouvera des matériaux longtemps négligés, mais qui ne méritaient point de l'être. Commençons aujourd'hui par celui dont la plus grande valeur est surtout dans la reliure.

Ce volume est l'un de ceux que le chapitre de Metz donna fort gracieusement à Colbert, comme l'atteste une note de Baluze[1] écrite au *recto* de la première miniature; aussi l'étui porte-t-il encore les armes du ministre. C'est un petit in-4° assez bien conservé, haut de vingt-quatre centimètres sur dix-sept large. Le texte se compose du psautier, des cantiques, du *Pater*, du symbole des Apôtres, de l'*hymnus Angelicus*, du symbole (*fides*) de S. Athanase, et des litanies des saints. Cette dernière partie fournit un moyen de fixer assez exactement l'époque précise où fut exécuté le manuscrit. Une seconde note écrite à la suite de celle de Baluze[2] fait remarquer avant les Bénédictins, si je ne me trompe, que la prière pour Hermentrude intercalée dans les litanies suppose que la copie a été faite entre le mariage de cette princesse (14 décembre 842) et sa mort (6 octobre 869). Mais on pouvait pousser encore plus loin l'approximation si l'on eût pris la peine de lire les deux lignes qui viennent après celle où l'impératrice est nommée. Transcrivons six des prières qui se suivent dans ces litanies, pour qu'on en juge plus aisément[3].

. . . .
Ut pacem nobis dones, Te rogamus audi nos.
Ut apostolicum nostrum in sancta religione conservare digneris, Te rogamus, etc.
Ut mihi Karolo, a te regi coronato, vitam et prosperitatem atque victoriam dones, Te rogamus.

---

[1] « Hunc librum precum Karoli Calvi, regis Francorum, diu « in cathedrali ecclesia metensi servatum, canonici metenses « bibliothecæ colbertinæ donarunt, anno Christi 1674. Steph. « Baluzius. »

[2] « Scriptus est codex iste inter annum 842 quo, decembr. « 14 die, Hirmindrudim, de qua fol. ult. *recto* in litaniis, uxo- « rem duxit Carolus Calvus rex, et annum 869 quo 6 octobr. « die obiit eadem Hirmindrudis. »

[3] Je ne parle point des noms de saints qui figurent dans ces litanies, et de l'ordre qu'on y a suivi; l'examen liturgique de ce livre mériterait attention, mais n'est point ce que je me propose.

Ut Hirmindrudim conjugem nostram conservare digneris, Te rogamus.
Ut nos ad gaudia æterna perducere digneris, Te rogamus.
Ut liberos nostros conservare digneris, Te rogamus, etc.

On voit que dès lors le Chauve (comme dit Mézerai) était non seulement marié, mais père de plusieurs enfants (au moins deux); ce qui a bien l'air de nous conduire jusque vers 846. Que si, en outre, il était vrai, comme le disent les auteurs du *Nouveau traité de Diplomatique*, que le choix des capitules et des répons intercalés dans le psautier annonçât une affectation d'insister sur les *dogmes de la grâce et de la charité*, il y aurait lieu d'y soupçonner un effet des doctrines de Gotteschalk; et l'on pourrait reculer la date au moins vers 850. Mais j'avoue que cette affectation ne me paraît pas du tout évidente; et sans les préoccupations théologiques qui obsédaient quelques membres de la congrégation de Saint-Maur, il semble qu'on n'eût pas songé à signaler un fait aussi peu saillant que celui-là.

Je ne garantirais pas davantage l'absence totale de fautes d'orthographe [1], ni que toutes les leçons (capitules) soient tirées des épîtres des Apôtres [2]; c'est trop dire, et rendre fausse par sa forme absolue une énonciation qui eût été vraie si l'on y avait admis quelque restriction.

Le volume est tout entier écrit en lettres d'or; et dans les pages les moins ornées les titres et les grandes capitales sont tracés sur une bande de pourpre (ou violacée) qui court communément le long de la marge et pénètre horizontalement au milieu du texte lorsqu'elle doit servir à tracer une ligne. C'est ainsi que se reconnaît sans peine la signature exprimée à la fin par ce vers :

« HIC CALAMUS FACTO LIVTHARDI FINE QUIEVIT. »

Les divers groupes de psaumes que séparent les capitules et les répons commencent par une lettre ornée où se montre un goût plutôt noble qu'élégant; mais, outre ce que les Bénédictins ont dit de la calligraphie de Luthard, toutes les phrases du monde n'équivaudraient pas à un coup d'œil jeté sur le texte, et l'on peut s'en former une idée exacte par le *fac-simile* de la première page des psaumes qui a été publié dans la *Paléographie universelle* de M. Silvestre.

Trois grandes miniatures occupant chacune une page entière, mais inférieures à celles qu'offrent généralement les beaux manuscrits de Charles-le-Chauve, précèdent le psautier et composent tout ce que ce volume offre de peintures. C'est d'abord, au *verso* du premier feuillet,

---

[1] Nouveau traité de diplom., *l. cit.*, p. 132. Cet éloge demanderait au moins une exception pour le titre *Lætaniæ*, ent ête des litanies des saints.

[2] Nouveau traité de diplom., *l. cit.* Voici, sans chercher bien loin, de quoi infirmer cette assertion dans le premier de tous; c'est celui qui vient après le psaume *Judica me, Domine*.

« *Lectio.* Sana me, Domine, et sanabor; salvum me fac,
« et salvus ero; quoniam laus mea tu es Domine, Deus, meus.
« Tu autem, Domine, miserere nostri. »

David avec les quatre compagnons que lui adjoignent souvent les monuments de cet âge. La page est divisée en deux lignes : sur la première, David joue d'une espèce de lyre carrée qui rappelle assez disgracieusement la φόρμιγξ que l'antiquité donnait soit à Apollon *citharède*, soit à Erato. A sa droite et à sa gauche, Asaph et Eman dansent : l'un retenant de chaque main les extrémités d'une draperie qui flotte en se recourbant au dessus de sa tête, et l'autre agitant de chaque main une paire de castagnettes ou de crotales. Sur la ligne inférieure, Ethan et Idithun, debout comme tous les précédents, tiennent l'un une sorte de mandore allongée (ce me semble), l'autre une trompette. Chacun de ces personnages est nommé en toutes lettres sur la page même ; et le sujet d'ailleurs est encore indiqué par ce vers :

« QUATUOR HI SOCII COMITANTUR IN ORDINE DAVID. »

La seconde miniature est consacrée au portrait de Charles-le-Chauve [1], qui y paraît sur son trône, mais sans tout l'appareil que nous verrons dans d'autres représentations du même prince. La pompe a été réservée au rubricateur, qui n'a point dérogé à la phraséologie de panégyriste dont s'abreuvaient à longs traits les pâles descendants de Charlemagne, peu soucieux de mériter ces éloges enflés, mais très flattés, à ce qu'il paraît, de les obtenir. Voici cette inscription louangeuse :

« CUM SEDEAT CAROLUS MAGNO COMITATUS HONORE,
« EST JOSIÆ SIMILIS, PARQUE THEODOSIO. »

Enfin c'est S. Jérôme, revêtu d'une sorte de chasuble de couleur cendrée, et assis comme pour écrire sa traduction des psaumes. Ce qu'il y a de plus curieux dans cette page, c'est que le saint, ayant à sa gauche un guéridon qui porte son livre, est obligé d'étendre la main à l'autre extrémité vers la droite pour tremper son *calamus* dans l'encrier que soutient un meuble assez semblable au premier [2]. L'inscription, en vers comme de coutume, est :

« NOBILIS INTERPRES HIERONYMUS ATQUE SACERDOS
« NOBILITER POLLENS TRANSCRIPSIT JURA DAVIDIS. »

Voilà tout ce que l'intérieur du livre obtiendra de nous ; c'est de l'extérieur que nous avons à parler.

---

[1] Montfaucon l'a fait graver, comme on savait le faire alors, dans ses *Monuments de la monarchie française*, t. I ; cette peinture a été passablement reproduite par Willemin, *l. cit.* ; puis dans l'*Univers pittoresque* de MM. Firmin Didot. (*France*, pl. 173.)

[2] Si c'eût été là vraiment l'ameublement d'un *Scriptorium* au neuvième siècle, les successeurs des copistes qui avaient travaillé pour les carlovingiens auraient été bien avisés d'y apporter plus d'une modification. Mais, comme à cette même époque nous voyons déjà des écrivains qui ont leur cornet à encre implanté dans un petit trou de la table sur laquelle ils travaillent, il est probable que le peintre de notre psautier n'a imaginé cette bizarrerie que pour obliger son S. Jérôme à se présenter de face au spectateur avec un grand geste qui développât les plis de la chasuble (supposé que ce soit une chasuble).

II.

PLAT DE LA COUVERTURE INFÉRIEURE.

(PLANCHE X.)

Malgré une certaine gaucherie d'exécution dans plusieurs détails, ce petit bas-relief a un caractère de mise en scène si franc et si vif qu'il est impossible de n'y pas reconnaître une véritable puissance. Le dialogue entre les deux hommes placés chacun devant un édifice est évidemment le sujet principal de toute l'action. L'occupation et la situation reculée de la femme qui se tient derrière l'un des interlocuteurs annoncent qu'elle est simple témoin de la conversation, sans y prendre nulle part autrement que par la pensée; et son regard fait juger tout d'abord que les discours ne sont point sans intérêt pour elle.

De quoi s'agit-il cependant? Le cadavre étendu aux pieds de ces trois personnages ne paraît pas plus les occuper que si personne ne l'avait aperçu; et quant à cette scène pastorale, ce semble, qui remplit le bas du tableau, on serait assez porté à la considérer comme une représentation entièrement distincte si la séparation trop légère qui divise les deux bandes du bas-relief sans les isoler ne donnait lieu de chercher dans cette zone inférieure un complément de l'autre.

De tout cela naît bien une certaine complication; mais si peu confuse néanmoins que le seul parcours des objets rassemblés par l'artiste aura déjà fait reconnaître à plus d'un de nos lecteurs le fait historique que se proposait le ciseleur du moyen âge. Suivons le récit qui le guidait[1], et voyons comme il a su retracer aux yeux ce qui semblait ne pouvoir être rendu que par la parole.

« ... Nathan fut envoyé par le Seigneur à David; et, se présentant devant le roi, il lui dit:
« Deux hommes vivaient dans un même endroit; l'un riche, et l'autre pauvre. Le riche avait
« des brebis et des bœufs en quantité; le pauvre, lui, n'avait pour toute fortune qu'une petite
« brebis qu'il avait achetée et nourrie, et qui avait grandi dans la maison avec les enfants de
« cet homme, mangeant à son pain, buvant à sa coupe, et reposant dans ses bras; en sorte que
« ce lui était comme une fille.

« Or un hôte étant descendu chez le riche, celui-ci, pour fêter le nouveau venu, ne se soucia
« point de diminuer le nombre de ses brebis et de ses bœufs; il prit la brebis de l'homme
« pauvre, et en fit un repas à l'étranger.

« Alors, transporté d'indignation contre cet homme, David dit avec colère à Nathan : Vive
« Dieu! C'est un homme à tuer que celui qui a fait cela. Il rendra la brebis au quadruple pour
« s'être conduit ainsi, et avoir manqué de cœur.

[1] II *Reg.*, xii. Cf. II *Reg.*, xi.

« Et Nathan dit à David : C'est toi qui es cet homme. Voici ce que dit le Seigneur Dieu
« d'Israel : Je t'ai sacré roi sur Israel, et je t'ai arraché aux mains de Saül, et je t'ai donné la
« maison de ton maître, et ses femmes ont été à toi, et je t'ai donné la maison d'Israel et de
« Juda; et si c'est peu j'ajouterai bien d'autres choses encore.

« Comment donc as-tu méprisé la parole du Seigneur pour faire le mal en ma présence? Tu
« as frappé du glaive Urie de Het, pour faire de sa femme ta femme; tu l'as tué par l'épée des
« fils d'Ammon, etc., etc. »

Tout le monde reconnaîtra maintenant sans peine les moindres détails de la représentation. David, sur le seuil de son palais, a reçu le prophète, qui paraît sortir du temple; le geste du roi, qui exprime à la fois la surprise et une interpellation [1], semble annoncer qu'il vient d'interrompre Nathan pour savoir quel est le coupable, et qu'il prête l'oreille à la réponse. L'instant précis dont l'artiste a fait choix pour introduire le spectateur dans cet entretien est, si je ne me trompe, celui où Nathan va prononcer le terrible *Tu es ille vir*. L'homme de Dieu indique déjà de la main droite qu'il reprend la parole [1]; et ses bras qui s'ouvrent, ainsi que sa tête renversée en arrière, annoncent la réponse menaçante qui est sur ses lèvres.

L'œil de Bethsabée commence à suivre avec une sorte d'inquiétude cette conversation, qui la touche de si près sans qu'elle l'ait bien comprise. Les deux époux n'ont l'air ni assez confus ni assez effrayés pour que le souvenir d'Urie ait été évoqué formellement; la parabole a fixé leur attention, et le cadavre n'est encore présent que pour l'envoyé du Seigneur.

C'est assurément un indice de tact assez délicat dans notre artiste que d'avoir su s'arrêter au moment où l'intérêt est si vivement excité, sans se laisser entraîner à peindre l'effet de la réprimande où toute l'expression eût été comme poussée à bout. Le calme que réclame la sculpture est ainsi respecté, et l'esprit ne perd rien toutefois de ce qui est le plus émouvant, parceque l'ombre d'Urie, encore voilée pour les coupables, apparaît d'avance aux témoins étrangers, comme prête à se dresser sous la main du prophète. Mais tandis que ce foudre gronde pour ainsi dire sur la tête des adultères, n'est-ce pas une habile conception de nous les montrer savourant avec un calme de bonne conscience les douceurs d'une intimité dont le crime doit être inconnu à toute la terre, et étalant sans défiance tous les dehors d'une légitime union devant celui que le Ciel envoie pour en dévoiler l'odieux secret? Si l'on fait même attention à la direction des pieds de Bethsabée, on s'apercevra qu'elle s'était mise peu à peu, quoique assez lentement, en devoir de laisser David seul avec Nathan; ou bien qu'ayant accompagné le roi, qui venait au devant de l'homme inspiré, elle se tenait détournée et occupée de travaux domestiques avec les airs de discrétion d'une grave matrone, lorsque l'intérêt croissant de l'entretien et l'accent animé des paroles ont attiré ses regards vers les interlocu-

---

[1] On a fait remarquer bien avant moi, d'après les auteurs latins, que le geste souvent désigné dans les monuments chrétiens sous le nom de *bénédiction latine*, est, à très peu de chose près, celui des orateurs annonçant qu'ils prenaient la parole. Cf. Apul., *Metam.*, II (ed. Bip. p. 39). — Q. Visconti, *Mus. P. Cl.*, t. IV, tav. 11.

teurs. Tout cela prépare avec une habileté remarquable le moment violent que l'artiste a su s'interdire, confiant au spectateur la recherche de ce que pouvait être ce dernier éclat dont tous les éléments sont rassemblés et commencent, pour ainsi parler, à prendre feu.

On appréciera d'autant mieux tout ce qu'il y a de convenances morales et artistiques observées et mises en œuvre dans cette composition d'un âge de décadence, si l'on fait attention à la manière dont ce même fait a été représenté tout récemment sur les portes de bronze de la Madeleine à Paris. J'écarte en ce moment tout ce qui pourrait être dit sur le choix général du sujet adopté pour cette partie de l'ornementation dans le plus somptueux édifice religieux que le gouvernement de la France ait élevé au dix-neuvième siècle. C'est une question à réserver entière, et à traiter de plus haut; il ne s'agit ici que de comparer une scène du vantail gauche au bas-relief que nous étudions, et d'examiner ce que l'un des maîtres aurait pu apprendre de l'autre. Nul doute que pour le maniement de la matière, l'habileté de l'œil ou de la main, et tout ce qui se recueille dans l'atelier, l'artiste français du dix-neuvième siècle ne l'emporte, en somme, de beaucoup sur le ciseleur italien du neuvième ou huitième siècle. La cire et le bronze de notre contemporain obéissent à un regard et à des doigts dont l'éducation pratique est plus avancée sans contredit : on y remarque un choix des formes et une sûreté d'exécution qui annonce un homme dont les études d'académie sont faites, et qui maîtrise le technique de son art. Le sculpteur du moyen âge au contraire, cela est évident, est un écolier beaucoup moins fait : le nu n'a pas pris assez de place dans ses études préparatoires ; la vérité et la noblesse des poses, le choix et même la simple imitation des formes glissent sous sa main vers l'*à-peu-près* ou vers la *charge*; et l'on peut parier à coup sûr que, placé devant un modèle près de notre compatriote moderne, il n'aurait pas eu les honneurs du concours. Mais si l'art n'est pas tout entier dans le coup de crayon, de ciseau ou d'ébauchoir; si l'étude de la figure et le maniement de la matière ne complètent pas tout ce qui fait l'artiste, il reste encore au moins un sujet d'examen, la composition. Prenons-la dans le sens le plus élevé : le choix des situations et l'observation des convenances, c'est à dire les mœurs, la poésie et le drame. Il est douteux alors que le ciseleur du neuvième siècle ait le dessous; et par une singularité qui n'est point rare au moyen âge, vaincu comme écolier, il prend complétement sa revanche comme maître. Est-ce sérieusement que pour les portes de la Madeleine on s'est arrêté à la pensée de représenter Nathan reçu par David et Bethsabée qui sont côte à côte sur leur lit, médiocrement vêtus (et le moins nu est David)? Bethsabée se voile le visage de ses deux mains ; — est-ce confusion ou pudeur? — Mais bon nombre de Vénus antiques sont plus pudiques que cela ; et la pudeur devrait être plus impérieuse que la confusion. Cependant le prophète, que cette réception n'a point effarouché, s'est avancé jusqu'au pied du lit près de l'endroit où gît le nouveau né; et là, étendant le bras droit et l'index presque sur la tête des époux, il semble vouloir les chasser immédiatement du palais. Or si Nathan a été reçu de la sorte par les adultères, il n'a pas pu tenir le discours calme et voilé que rapporte l'Écriture; et alors nous abandonnons l'histoire sainte dans un endroit où elle est très formelle et où il était tout particulièrement difficile de lui rien substituer qui valût mieux. Mais dans aucune supposition le prophète n'a pu venir jusqu'au pied de ce lit; si lui, envoyé de Dieu pour faire descendre le repentir dans le cœur des coupables, il a été reçu par eux comme on ne reçoit personne, il a dû éclater dès l'entrée de l'appartement, et se tenir là sans passer outre. Il aura pu alors lancer sur eux avec indignation des menaces qui, dans l'Écriture [1], sont bien plutôt des prophéties que des malédictions; mais même en s'imposant cette convenance morale si simple, encore sortait-on de la donnée historique, qui était admirable, pour se jeter sur un écueil que les seules convenances de l'art devaient interdire : celui de hasarder un *maximum* d'action qui touche (pour le moins) au théâtral, et qui court grand risque de passer pour exagéré dans l'esprit des spectateurs au lieu de leur ouvrir une voie où ils courront pour vous devancer. Ainsi, parceque vous avez voulu ne laisser rien à peindre et triompher comme par un coup d'éclat, la foule, que vous deviez entraîner et pousser en avant, recule; vous avez craint que quelqu'un rêvât un trait au-delà des vôtres, et presque tout le monde trouvera que vous avez été trop loin. De fait, Nathan, dont toute la mission est si délicate et si belle dans le *livre des Rois*, la plupart des gens ici le tiendront pour dur et farouche; et moi qui ne demanderais pas mieux que de revendiquer pour mon pays une belle œuvre d'art aussi invulnérable à la critique qu'il est possible, je ne puis me défendre de soupçonner que l'idée d'intolérance religieuse et de zèle hautain s'est glissée pour quelque chose (aussi imperceptiblement que l'on voudra) dans la composition de cette scène.

Je ne veux point enfler la louange de mon artiste du moyen âge; je me suis relâché au contraire, sur ce qui regarde l'habileté en fait de technique, à des concessions que les vrais connaisseurs trouveront exagérées, je le pense; et j'ajoute que son plus grand mérite de composition lui vient d'avoir bien lu son chapitre de la Bible. Mais il en avait saisi l'ensemble et le fond en homme heureusement doué pour l'art. On a déjà vu comme, de la part de David et de Bethsabée, se prépare une surprise d'autant plus saisissante que tout se passe avec un abandon et un naturel de tous les jours. On se croit à l'abri des soupçons du dehors; et la nouvelle union semble si convenablement voilée dans ses causes que le prophète est accueilli comme en famille à un entretien bienveillant. Sa parabole détournée prend alors un air de récit tout simple qui n'éveille aucun soupçon d'arrière-pensée; en sorte que David prononcera son propre arrêt sans nulle méfiance, et sans pouvoir en parer le coup lorsque le déguisement cessera. Il est vrai qu'en entrant si bien dans l'esprit de son sujet la représentation devenait aussi équivoque que le sont les commencements de l'entretien lui-même, et que, pour sortir de l'indéterminé, il fallait pouvoir recourir à cet artifice de peindre les paroles en même temps qu'une action. Une sévérité plus ou moins respectable interdirait peut-être aux artistes

---

[1] II *Reg.*, xII, 10, 12, 13-15.

modernes l'emploi d'une telle ressource ; mais, sans en appeler aux époques classiques de l'art, il semble qu'on a été plus d'une fois romantique avec moins de bonheur et de motifs. Classique ou non, cette composition n'est pas d'un maître médiocre, et annonce une école où l'on peut puiser des enseignements utiles si l'on sait ne pas s'arrêter à une certaine écorce d'exécution maladroite; car, encore une fois, on peut avoir beaucoup de ce qui fait le maître capable tout en restant fort au dessous de ce qui fait l'élève habile; et, redisons-le bien des fois pour ceux qui font semblant de le croire impossible, le moyen âge (sans parler des morceaux où il est tout à fait supérieur) a produit un très grand nombre d'œuvres qui résolvent à divers degrés cet étrange problème : « Avec une main inexpérimentée faire jaillir de la matière une pensée « supérieure (élevée, délicate ou profonde). » Aujourd'hui, surtout en fait d'art religieux, on dirait généralement que nous nous sommes posé la question inverse : « Maîtriser la matière « de telle sorte qu'on la plie à tout, excepté à communiquer une impression haute. »

Prétendons-nous dans ce parallèle blâmer les études préparatoires? Non ; mais nous prétendons demander qu'on les relève d'abord, puis qu'on les franchisse, et qu'on ne s'arrête pas au maniement de l'outil ou au pastiche des formes et des poses; mais nous prétendons dire que si la forme et la pensée devaient être destinées à ne pas s'unir, la pensée impatiente qui se fait jour sans attendre la forme vaut mieux décidément.

Laissons au lecteur le soin de remarquer avec quelle vérité fine de sentiments ont été représentées l'affection inquiète du pauvre pour sa petite brebis, et l'indécision avare du riche qui dans tout son troupeau ne réussit pas à s'arrêter sur une seule tête de bétail dont il consente à se défaire. Nous ajouterons seulement quelques observations historiques qui termineront cette appréciation du bas-relief.

Ce qui me donne lieu de penser que l'on a voulu représenter le temple (ou tabernacle) derrière Nathan, c'est, outre la forme de voûte donnée au toit de cet édifice, le voile qui est suspendu à la porte. Sans chercher bien loin les traces anciennes de cet usage que l'Italie conserve encore, et dont parlent souvent les écrivains ecclésiastiques, il peut suffire de renvoyer aux témoignages rassemblés par l'éditeur piémontais du cardinal Bona [1]. Abstraction faite même des costumes, le tabernacle et le palais indiquaient tout d'abord un envoyé de Dieu et un prince, pour fixer le vrai sens de la scène. Le prophète est vêtu, si je ne me trompe, d'une aube, comme l'étaient souvent les prêtres, même dans la vie civile, à l'époque de ce monument [2]; et cette coutume, avec les modifications énormes que les siècles ont fait subir à tant d'autres vêtements, subsiste jusque aujourd'hui chez certains chanoines réguliers pour qui l'aube portée tout le jour est devenue d'abord un rochet, puis enfin s'est changée en un simple

---

[1] Rer. liturgic. libr., t. II, p. 339, sq.
[2] En 889 Riculf, évêque de Soissons, défendait à ses prêtres de porter à l'autel l'aube dont ils étaient revêtus pendant le reste de la journée. « Prohibemus ut nemo (presbyterorum) « illa alba utatur in sacris mysteriis qua in quotidiano vel exte- « riori usu induitur. » Léon IV vers le même temps faisait la même prohibition : « Nullus in alba qua in suo usu utitur « præsumat missas cantare. » Cf. Muratori, Antiquit. ital., diss. xxv. — Thomass., V. et N. Eccl. discipl., P. I, libr. II, c. 45, n°17; et cap. 48, n° 3. — Bona, ed. cit., t. II, p. 223.

cordon blanc porté à peu près en sautoir [1]. La ceinture, déjà prescrite pour la liturgie, pouvait bien n'être pas regardée comme indispensable hors de l'église, puisque nous voyons ici Bethsabée également vêtue d'une large robe entièrement flottante ; et nous retrouverons ce même costume dans d'autres monuments où il paraît avoir été employé comme indice de majesté et de noblesse. Nathan est le seul personnage qui ait les pieds nus ; c'est un signe généralement adopté par les artistes chrétiens pour désigner Dieu ou ses envoyés ; langage symbolique qui exprimait l'exclusion de toute pensée basse, la promptitude de l'obéissance, mais surtout le mépris de toute crainte humaine [2]. Sa longue chevelure indique peut-être un homme consacré au Seigneur, à la manière des Nazaréens [3] ; car nul autre ici n'a les cheveux flottant sur les épaules.

Le costume de David a quelque chose de simple et de distingué qui fait honneur à l'artiste et à la contrée où il travaillait. Ce personnage suffirait, selon moi, pour faire juger que notre bas-relief n'est point un ouvrage grec, mais un travail de la Basse-Italie, à n'en juger que par le mélange d'usages nouveaux et de goût antique qui s'y unissent ; et cela est de beaucoup meilleure grâce qu'aucun des costumes de diptyques dont je me souviens. La broderie n'y paraît qu'avec une extrême sobriété, et le roi est le seul qui en porte. Seul aussi il porte des haut-de-chausses et cette espèce de bas ou de guêtres où je proposerais de reconnaître les *tubrugi* lombards dont la définition n'est pas très précise chez les savants qui ont tâché d'expliquer ce mot barbare.

Les deux hommes de la zone inférieure paraissent chaussés de *heuses* ou *tzanchæ* (*tzangæ*, etc.). N'aura-t-on pas voulu désigner ainsi des campagnards ? Du moins quelques siècles auparavant nous trouvons les *tzangæ*, comme les braies, exclues de la capitale de l'empire [4]. Il est assez remarquable, du reste, que le pauvre soit distingué uniquement par le menton et la lèvre entièrement rasés et par le simple bouton de sa chlamyde ; tandis que sur l'épaule du riche, ainsi que sur celle de David, on voit une fibule oblongue qui rapproche les deux extrémités de la chlamyde sans les réunir. Chez le pauvre au contraire il semble que ce doive être un bouton à deux têtes qui retient les deux parties du vêtement superposées en cet endroit. Nous voyons vers ce même temps chez les Lombards et chez les Goths d'Espagne [5] la barbe rasée en

---

[1] Par exemple à Saint-Maurice et au Saint-Bernard. Quant aux chanoinesses proprement dites, plusieurs ont conservé le rochet sans aucune altération.

[2] Ambros., *in., Luc.* x, 4 (t. 1, 1423, sq.). — Cyrill. Alexandr., *De ador, in sp.,* libr. xiv (t. 1, P. 1, p. 511). — Dionys., *De cæl. hier.,* xv (ed. Corder., t. i, 196, et 217), etc. Cf. Exod., iii, 5. — Jos., v, 15. — Is., xx, 2. Certains enthousiastes en avaient été jusqu'à conclure qu'on ne pouvait être vraiment chrétien si l'on ne marchait les pieds déchaussés ; et cette bizarre prétention avait formé une espèce de secte qui ne paraît pas avoir fait beaucoup de prosélytes, mais dont la folie a été inventoriée par S. Augustin (*De hæres.*, 68 ; t. viii, 21) parmi les inventions des hérétiques.

[3] Judic., xiii, 5 ; xvi, 17. — Num., vi, 5, 6, 13-18. Du reste il se pourrait que sa barbe touffue et sa chevelure tombante fussent un signe de vie pénitente et retirée. Cf. Theodor. Stud., *ad Procop.* Epist. ii, 187 (Sirmond. opp., *Venet.,* t. v, 472). — Gregor. Turon., *Hist. Francor,* viii, 20.

[4] Cod. Theod., libr. xiv, tit. x, 2, 3. Justinien s'était relâché de ce rigorisme inutile, et la coutume avait sans doute triomphé de la loi. Cependant l'ancienne prescription constate une *étiquette* qui pouvait avoir été respectée par les artistes, comme signe de convention.

[5] Jul. Tolet., *Hist. Wambæ* (ap. Duchesne, *Hist. Francor. Scriptt.*, t. 1, 831). — De Vita, *Antiquitt. benev.* t. II, 4.

signe de dégradation pour les princes; et si le cadavre d'Urie est représenté ici sans barbe, ce peut être une manière d'indiquer qu'il a péri à la fleur de l'âge ; mais d'ailleurs les gens de guerre sont communément peints sans barbe dans les miniatures du livre de Josué qu'a publiées d'Agincourt [1], et qu'il regarde comme exécutées vers le septième siècle ou le huitième.

Bethsabée, vêtue avec une modestie exemplaire, semble vouloir dérober à tout le monde et se faire oublier à elle-même, s'il était possible, de quelle manière elle est devenue l'épouse de David. Elle s'occupe non pas précisément à filer, ce qui pourrait passer pour une tâche quelque peu servile, mais à doubler le fil, préparé d'avance, pour l'amener au point que demandera le dernier travail. Les pelotons, déposés dans une sorte de réseau ou de cabas suspendu à son poignet gauche, se dévident entre ses doigts pour passer à la main droite, qui les tord et les roule autour du fuseau.

Le toit du palais a été victime d'un essai de perspective assez malheureux qui annonce une école peu avancée ; mais une des pentes rappelle le mélange de tuiles courbes et plates qui alternent dans les monuments romains de l'antiquité.

Nous n'avons pas besoin de faire remarquer la richesse élégante de l'ornement qui encadre tout le sujet : nos lecteurs auront souvent l'occasion de reconnaître bien mieux encore avec quelle richesse et quelle fécondité se traitaient au moyen âge la sculpture et la peinture d'ornementation.

Avant de terminer je dois faire quelque mention d'un récit apocryphe fort ancien, puisqu'il est répété dans un livre attribué à S. Epiphane [2], et d'après lequel Nathan aurait été envoyé à David dès l'instant même où ce prince couvait encore dans son cœur ses desseins sur Bethsabée. Le prophète, qui habitait hors de Jérusalem, s'était mis en marche immédiatement pour se présenter devant le roi avant le soir ; mais Bélial traversa ce projet du saint homme par la ruse que voici : il eut soin que le prophète rencontrât un cadavre sur la voie publique, et la nuit survint pendant qu'il s'occupait de l'ensevelir ; puis l'homme de Dieu, ayant connu qu'il n'arriverait plus à temps, avait considéré sa mission comme désormais inutile, et s'en était retourné dans sa maison. La mort d'Urie vint aggraver la faute du prince ; et Nathan revenu, quoique un peu tard, obtint du moins le repentir du coupable. Il suffit, je pense, d'exposer cette anecdote pour qu'on voie qu'elle n'est pas le sujet du bas-relief en ivoire ; mais j'ai cru qu'il ne fallait pas avoir l'air de l'ignorer ou de la supprimer à dessein.

---

[1] Hist. de l'art, t. v, pl. xxviij svv. C'était peut-être un emprunt fait à la belle époque de Trajan.

[2] Epiph., *De prophet.* (ed. Pétau, t. II, 135, sq.)

III.

PLAT DE LA COUVERTURE SUPÉRIEURE DU MÊME VOLUME.

(PLANCHE XI.)

En donnant le pas à l'ivoire de Nathan et de David, nous avons commencé par le côté le plus facile de notre tâche; voici le moment où elle se complique, et où nous ne pouvons plus prétendre à une évidence si simple. Les personnages se multiplient, et le spectacle se partage en un plus grand nombre de scènes; cependant l'unité s'y fait en même temps un peu mieux sentir, en sorte qu'on n'hésitera guère à reconnaître une seule grande action dans tout ce tableau. Mais quelle est cette action? Là commence l'embarras et s'ouvrent des voies diverses.

Comme nous nous préparions à donner l'explication de ce bas-relief, nous avons dû à la bienveillance de M. le comte Auguste de Bastard la communication d'un aperçu tout différent du nôtre, et dont l'ingénieuse simplicité semblait devoir nous condamner au silence. Nous n'avons point le droit d'exposer une interprétation que son auteur destine peut-être à figurer parmi ses belles études sur l'élite des manuscrits du moyen âge; mais elle répond avec un si rare bonheur à la plupart des questions que peuvent faire naître les détails complexes de ce monument qu'elle aurait bien pu nous paraître sans réplique si elle fût née dans notre esprit. Toutefois, soit prédilection pour la première solution qui s'était présentée à nous, soit que la même direction générale de nos pensées qui avait déterminé d'abord notre choix nous y ait fait persister comme dans une ligne conforme au langage que nous semble tenir ordinairement l'art de ces hautes époques, nous avons admiré la sagacité de cet habile interprète sans être ébranlés le moins du monde dans nos convictions antérieures. Nous ne pouvons pas songer à combattre d'avance une opinion qui nous a été confiée avec un abandon plein de courtoisie; mais nous publions la nôtre sans trop redouter des débats où l'une et l'autre seraient traitées contradictoirement.

L'aspect général fait assez juger dès le premier coup d'œil que le centre de la composition est dans la seconde zone, où se voit une espèce de lit près duquel deux anges semblent faire la garde, tandis que deux lions le menacent en s'apprêtant à bondir.

Au sommet, c'est évidemment notre Seigneur sur les nuages, dans la *gloire* que paraissent soutenir deux anges; et autour de lui se tiennent six personnages que je crois pouvoir prendre pour des apôtres, mais qui presque tous élèvent les yeux vers un point plus élevé.

Une rangée d'hommes armés se pressent avec un air d'inquiétude vers le milieu du tableau, et semblent demander ou recevoir des ordres [1].

---

[1] Deux piques paraissent avoir été brisées au sommet, et se terminaient sans doute par un fer de lance comme les trois autres qui sont demeurées entières. Tout annonce ici un groupe de guerriers.

Enfin ce sont des ouvriers qui, occupés à fouir la terre, ont été renversés par une cause dont on ne se rend pas compte au premier coup d'œil.

Pour ne point recourir à l'artifice d'un tâtonnement affecté, voici franchement le mot de cette énigme tel qu'il nous a frappé dès l'abord, et nous adopterons en l'exposant au lecteur la même marche à peu près que nous avons suivie seuls quand nous cherchions s'il répondait à tout.

Deux des guerriers qui occupent la troisième ligne (ou zone) sont déchaussés comme les anges et les apôtres. Ce symbole de mission divine, dont il a été dit un mot à propos de Nathan, donne lieu de penser qu'il ne s'agit point ici de soldats ordinaires; et rien ne s'oppose à ce qu'on les prenne pour des saints, puisque le nimbe n'a été donné dans ce monument qu'à Jésus-Christ et aux anges, sans que l'on puisse le moins du monde douter si ce sont, ou non, des saints qui accompagnent Jésus-Christ sur les nuages. Il peut n'être pas inutile en outre de faire observer que ces deux saints guerriers sont les seuls de toute la ligne qui tiennent la lance droite et comme au port d'armes. Ces seuls indices acquerront quelque valeur si nous appelons un autre monument à l'aide de celui-ci:

Dans un manuscrit grec du neuvième siècle, qui est à la bibliothèque du Roi [1], le feuillet 410 [2] est consacré à plusieurs miniatures en partie gâtées par le frottement. L'une, qui représente deux saints (évêques, ce semble) profondément inclinés devant un autel, a pour légende [3]: *Le Saint [Évêque Basile] priant contre Julien*. Dans une autre, un saint, monté sur un cheval lancé au galop, perce d'un coup de lance l'empereur Julien l'apostat; et l'inscription dit [4]: *Julien tué par S. Merc[ure]*.

Le souvenir de ces miniatures s'était présenté à mon esprit en remarquant ces envoyés célestes armés de lances, et m'avait fait soupçonner que les ouvriers terrassés au milieu de leur travail sous les pieds des saints pouvaient bien être là par allusion aux tentatives infructueuses de Julien l'apostat pour relever le temple de Jérusalem. Cependant, à vrai dire, c'était là une lueur plutôt qu'une lumière; et s'il eût fallu achever l'explication du bas-relief sans autre guide que des conjectures appuyées sur ce peu de documents, je l'aurais abandonnée à des interprètes plus heureux. Mais les historiens grecs de l'Église complètent, à bien peu de chose près, tout ce qui peut conduire ce simple aperçu jusqu'à une espèce de certitude.

Jean Malalas [5], après avoir raconté, d'après les mémoires d'Eutychianus, qui avait servi sous l'Apostat, que Julien fut blessé à mort d'un coup de lance par un inconnu revêtu d'une cuirasse [6], ajoute ce que voici : « Dans la même nuit le saint évêque Basile, évêque de Césarée en Cappadoce, vit en songe les cieux ouverts; et le Sauveur Jésus-Christ, du haut de son trône,

---

[1] Mss. grecs, 510, in-folio; S. Grégoire de Naziance.
[2] En face du discours οὗτος μὲν δὴ.... ὁ πρῶτος.
[3] Ο ΑΓΙΟΣ ΕΠ............ΙΟΣ ΕΥΧΟΜΕΝΟΣ ΚΑΤΑ ΙΟΥΑΙΑΝΟΝ.
[4] ΙΟΥΛΙΑΝΟΣ [Σ]ΦΑΖΟΜΕΝΟΣ ΥΠΟ ΤΟΥ ΑΓΙΟΥ ΜΕΡΚ.....

[5] Hist. chron. libr. XIII, *Julian.* (ed. Venet., P. II, p. 10).
[6] Certaines circonstances de ce récit, d'après Malalas lui-même (p. 11), ne s'accordent point avec la narration d'Eutrope, qui avait fait partie de l'expédition où périt Julien. La comparaison des diverses manières dont ce fait a été rapporté n'a que faire avec le travail que je me propose en ce moment. Pour

disait en élevant la voix : *Mercure, va tuer l'empereur Julien, l'ennemi de ceux qui portent mon nom.* Or S. Mercure, qui se tenait devant le Seigneur, était distingué par une armure étincelante; et sur ce commandement il disparut aussitôt. Puis, quand il reparut devant le Seigneur, il s'écria : *L'empereur Julien est tué, comme vous l'avez ordonné, Seigneur.*

« Effrayé de ce grand cri, l'évêque Basile se réveilla en sursaut..... et lorsque le matin il descendit à l'église pour l'office divin, il raconta à tout le clergé la vision mystérieuse qu'il avait eue, et que l'empereur Julien avait été tué cette nuit-là même; et tous le conjurèrent de garder le silence, et de ne faire à personne un tel récit. »

Mais voici quelque chose de bien plus approprié à notre monument. Sozomène[1], après s'être exposé véhémentement à passer pour un fauteur de la doctrine du tyrannicide en rapportant sans aucune marque d'horreur l'imputation de Libanius, qui attribuait aux chrétiens la mort de son héros, termine comme il suit : « ..... Ce qui est à l'abri de toute contestation, c'est que la vengeance du Ciel a dirigé ce coup; nous en avons la preuve dans une vision céleste qui fut manifestée à un serviteur de Julien. On rapporte que cet homme, se rendant auprès de Julien, qui était alors en Perse, s'arrêta en un lieu placé sur la voie publique; et, faute d'autre abri, se coucha dans une église qui se trouvait là. Soit en songe, soit dans l'état de veille, il vit plusieurs apôtres et prophètes réunis qui se plaignaient des outrages faits à l'Église par l'empereur, et délibéraient sur le parti à prendre. Ils s'étaient consultés longtemps, et semblaient indécis encore, lorsque deux personnages se levant tout à coup dirent aux autres d'être sans crainte, et quittèrent brusquement l'assemblée comme pour mettre fin au gouvernement de Julien. Celui qui avait été témoin de ce spectacle extraordinaire ne crut pas devoir continuer son voyage; mais, inquiet sur le résultat de sa vision, il prit de nouveau son repos dans le même lieu, et vit de nouveau cette asssemblée qui lui était apparue précédemment; puis tout d'un coup revinrent prendre place parmi les autres ces deux hommes qui étaient partis la nuit précédente comme pour une expédition contre Julien. Ils semblaient revenir d'un voyage, et annoncèrent aux autres que c'en était fait de l'ennemi..... Voilà ce qui m'a été rapporté du serviteur de Julien..... et l'événement prouva que ce n'était point une illusion, etc. »

Sozomène ne nomme point les deux vengeurs qui délivrèrent l'Église; mais, outre que S. Mercure est nettement désigné par d'autres récits, comme nous l'avons fait voir, l'interprétation de notre ivoire y fait déjà un grand pas, puisque nous avons trouvé l'assemblée des saints et la mission de deux d'entre eux pour mettre fin aux tribulations des fidèles.

Nicéphore Calliste nous conduira plus avant. Malgré la conformité de sa narration avec

---

l'explication du bas-relief, il importerait même assez peu que la vision de S. Basile fût un fait absolument apocryphe; il suffit que ce récit ait eu cours, et que, partant, il ait pu guider la main d'un artiste. Disons toutefois que l'on n'a pas donné des raisons bien concluantes pour écarter les nombreux témoignages qui nous l'ont transmis sous plusieurs formes. La critique du dix-septième siècle a eu ses excès, comme la confiance des âges précédents avait eu les siens; et entre ces diverses exagérations il est encore permis d'hésiter sur bien des points.

[1] Hist. eccl., libr. vi, cap. 2 (ed. H. Vales., p. 637, sq.).

celle de Sozomène, je la reproduirai sans balancer, parceque, si je ne m'abuse, il suivait la narration primitive qu'avait tronquée son prédécesseur. Nicéphore me paraît beaucoup plus précis en divers points; et pour n'en citer qu'un seul, malgré son peu d'importance apparente, au lieu de rapporter comme faite à Julien lui-même [1] la réponse de ce chrétien qui annonça que *le fils du charpentier était occupé à fabriquer un cercueil*, il dit [2], avec Théodoret [3], que ce fut Libanius qui s'attira cette riposte prophétique par une plaisanterie païenne bien propre à faire voir que les rhéteurs et les sophistes, lorsque la haine de la vérité les saisit, oublient souvent jusqu'à cette coquetterie du bon goût qui semblerait être leur préoccupation principale aux yeux d'un observateur ordinaire.

Voici les fragments du récit de Nicéphore [4] qui se rapportent à notre sujet. «... Calliste [5] lui-même, qui a chanté Julien en vers héroïques,... dit qu'il est mort frappé par un génie;... et, tout poète qu'il est, il peut bien avoir dit vrai en cela... Quant à nous, une tradition constante nous fait tenir pour certain que Julien a succombé sous un coup de la vengeance divine; et les livres nous apprennent que l'exécuteur de ce décret céleste fut le célèbre et grand martyr Mercure[6]. »

« Nous en avons la preuve dans une vision..... L'un des amis et des serviteurs familiers de Julien, se hâtant d'aller rejoindre son maître, qui faisait la guerre aux Perses, se trouva conduit en un lieu où, n'ayant point d'autre retraite, il lui fallut prendre son repos dans l'église. Là, plutôt en vision qu'en songe, comme il l'affirmait, il lui sembla que beaucoup d'hommes se rassemblaient près de lui, — c'étaient des chœurs d'apôtres, de prophètes et de martyrs, — plaignant l'Église de ce que lui faisait souffrir le prince; et se demandant les uns aux autres ce qu'il y avait à faire. Après une assez longue durée de cette délibération et de cette incertitude, il en vit deux se lever; — c'étaient Artème et Mercure, dit-on, — qui recommandèrent aux autres d'avoir confiance, et sortirent en hâte de cette réunion céleste comme pour aller anéantir le pouvoir de Julien. Le spectateur de cette vision, beaucoup moins empressé de poursuivre sa route qu'inquiet sur le résultat de ce qu'il avait vu, interrompit son voyage; et, comme il s'abandonnait de nouveau au sommeil dans cette église, il vit une seconde fois cette même réunion. Ceux qui, la nuit précédente, avaient quitté précipitamment l'assemblée avec l'air d'aller combattre Julien rentrèrent se hâtant d'annoncer aux autres que l'Apostat avait péri, etc., etc. »

Une autre vision de Didyme [7], qui aperçut deux cavaliers traversant les airs et annonçant que Julien venait d'être tué, constate également la persuasion générale des chrétiens au sujet de la part que deux envoyés du Ciel avaient eue dans cette délivrance de l'Église.

---

[1] Cf. Sozomen., *l. cit.*, p. 638.
[2] Eccl. hist., x, 35 (ed. Fr. Du duc, t. II, 83).
[3] Theodor., *Eccl. hist.*, III, 23 (ed. H. Vales., p. 145).
[4] Eccl. hist., x, 34, 35 (t. II, p. 81, sqq.).
[5] Ce Calliste avait servi parmi les gardes de l'Apostat. Cf. Socrat., *Hist. eccl.*, III, 21 (ed. H. Val., p. 195).
[6] S. Mercure est du nombre des saints illustres que les Grecs appellent μεγαλομάρτυρες
[7] Cf. Niceph., *l. cit.* (p. 82). — Sozom., *t. cit.* (p. 638). — Pallad., *Hist. lausiac.*, c. 4 (ed. Rosweyde, p. 711).

Mais maintenant leurs noms nous sont connus, et l'assemblée même dont ils faisaient partie nous est montrée aussi conforme à notre monument qu'il était possible de le désirer. Le service que nous rend Nicéphore rejaillit sur lui-même, si je ne me trompe, parceque la sculpture qui nous occupe étant assurément antérieure à l'époque de cet historien (quatorzième siècle), la conformité de ces deux documents établit une forte présomption pour l'antiquité des pièces que consultait le protégé d'Andronic Paléologue, et pour sa fidélité à nous les reproduire.

Avant d'appliquer ces témoignages historiques, qui sont bien suffisants, il ne sera pas inutile de mentionner une autre forme qu'a prise la première narration rapportée par J. Malalas, et qui cette fois ne repose plus sur le témoignage un peu suspect d'Amphiloque [1], mais sur celui d'Helladius, autre biographe de S. Basile. C'est S. Jean Damascène qui nous l'a transmise [2] en ces termes : « Nous trouvons dans la vie du bienheureux Basile, écrite par Helladius, son disciple et son successeur à la dignité épiscopale, que le saint, priant devant un tableau de la Reine du ciel, où était peinte aussi l'image de S. Mercure l'illustre martyr [3], demandait instamment la mort de l'apostat Julien, ce tyran impie. Et le secret de la Providence lui fut révélé dans ce tableau; car il y vit disparaître un instant le martyr, qui reparut bientôt ayant sa lance teinte de sang. » Cette forme, que rien ne rappelle dans la couverture du livre de Charles-le-Chauve, a eu du crédit au moyen âge dans l'Église latine [4], et on l'a jugée digne de figurer parmi les peintures de Sainte-Marie-Majeure à Rome [5].

---

[1] Cf. Baert, *Pseudo-Amphiloch. censura* (AA. SS. *Jun.*, t. II, 944; 946, sqq.).
Dom Garnier passe fort rapidement sur cette critique (Basil. Opp., t. III, p. lxiii, lvij), sans doute par suite du dédain un peu exagéré que les études spéciales des Bénédictins français leur avaient inspiré pour tout ce qui sentait de près ou de loin l'apocryphe. Glycas avait aperçu déjà quelques-unes des difficultés que l'on a fait valoir contre la vie de S. Basile attribuée à Amphiloque, et qui pourraient bien décréditer la forme actuelle de cette narration plutôt que le fond lui-même. Du reste dans le récit de la vision, tel que le donne Glycas (*Annal.*, p. IV, ed. Paris., p. 253, sq. ; Bonn., p. 471, sq.), il est facile de voir qu'il suivait (peut-être sans s'en apercevoir) moins Amphiloque qu'Helladius, dont se réclame aussi S. Jean Damascène.

[2] J. Damasc., *De imagin.* or. 1 (ed. Lequien, t. I, 327).

[3] S. Mercure avait été mis à mort dans la ville de Césarée en Cappadoce, patrie et siége épiscopal de S. Basile.

[4] L'ordre donné par la Mère de Dieu à S. Mercure est indiqué comme un fait connu de tout le monde, dans l'un des sermons attribués à Fulbert de Chartres (Bibl. PP., XVIII, 39); mais Jean de Salisbury raconte ce prodige avec beaucoup plus de détails dans son *Policraticus*, livre VIII, ch. XXI (Bibl. PP., XIV, 400), mêlant du reste les deux narrations d'Helladius et du Pseudo-Amphiloque. Je ne citerai qu'Honorius d'Autun (*Specul. Ecclesiæ*, De S. Basilio; 1331, fol. 35), parceque son livre est extrêmement rare en France. Voici comme il s'exprime dans son espèce de prose poétique :

« . . . .
. . . .
Hujus (Basilii) tempore, Julianus summo regni apice fultus,
Christum abnegans ad diabolicos se transtulit cultus;
Plurimis christianis bona sua proscripsit,
Ipsosque diversis suppliciis addixit.
Qui, quum exercitum contra hostes duceret
Et se civitatem Basilii, prostrato hoste, subversurum diceret;
   Basilio vigilante et orante cum omni populo
      In sanctæ Mariæ oratorio,
Idem Julianus, dum custodia militum vallatur,
Jussu Deigenetricis a quodam martyre Mercurio perforatur;
Et sic civitas Basilii ab instanti periculo liberatur. »

M. le comte de L'Escalopier, auquel je dois la communication de l'exemplaire du *Speculum* qui m'a servi pour cet extrait, veut bien me permettre d'indiquer un passage assez semblable dans un ouvrage beaucoup plus rare encore; c'est le *Mitrale* de Sichardus, dont il prépare en ce moment l'édition *princeps*. Là, dans un chapitre qui paraît du reste avoir été interpolé, on fait honneur de cette merveille à S. Cyriaque (*Mitrale*, libr. IX, c. 22, *De sancta Cruce*); mais il est facile de reconnaître que c'est un simple remaniement de la narration attribuée à Amphiloque.

[5] Cf. Ag. Valentini, *Basilica Liberiana*, tav. 27.

IV.

DÉTAILS DE LA PLANCHE XI.

Sans recourir à d'autres autorités [1], nous sommes désormais en mesure de résoudre à peu près toutes les questions que peut faire naître l'ivoire dont il s'agissait de trouver l'explication. Au pied du tableau, ces ouvriers terrassés servent comme de légende à tout le sujet, ainsi que nous le disions précédemment, en indiquant assez clairement qu'il s'agit de Julien. On rappelait ainsi et la colère de Dieu manifestée contre lui dès son vivant, et la plus audacieuse de ses tentatives contre l'Évangile. La réponse du Ciel à ce défi solennel de l'Apostat est un fait si éclatant, et dont se sont tirés si mal ceux qui ont prétendu le pallier dans l'histoire, que le lecteur le moins au fait des annales de l'Église doit en savoir assez pour nous dispenser d'insister sur ce point. Le triomphe prématuré des Juifs, qui s'étaient réunis de toutes parts pour relever leur temple, et s'étaient même munis d'instruments de travail faits en métaux précieux, pour que tout sentît le triomphe et la joie dans leur entreprise; les prodiges plus que palpables qui confondirent cet espoir, et qui sont avoués par les rabbins comme par les idolâtres; tout cela résistera aux interprétations et aux euphémismes des sceptiques passés, présents et futurs [2].

Au sommet on reconnaîtra sans peine, près de Jésus-Christ, des prophètes et des apôtres; ou même, si l'on veut, les prophètes et les apôtres. Les monuments des époques les plus sévères nous montrent fréquemment trois ou quatre personnes représentant une armée, une assemblée de peuple, etc.; et la nudité des pieds convient presque également aux uns et aux autres, aussi bien qu'aux anges, tandis qu'elle ne convient point aux simples martyrs s'ils ne sont mis spécialement en scène comme désignés du Ciel pour une mission bien connue.

Je pense donc que la rangée de guerriers qui se presse vers le milieu du bas-relief complète la description du conseil céleste dont parlait Nicéphore, et représente le *chœur des martyrs*. Ils paraissent sous les armes, soit à cause du symbolisme martial dont l'idée primitive, si bien appliquée à ceux qui ont versé leur sang pour la cause de Dieu, est formellement exprimée par l'Écriture et par la liturgie en maint endroit, soit parceque pour une œuvre de

---

[1] Bien que mon but soit ici d'expliquer un monument plutôt que d'entrer dans un travail de critique historique sur la réalité des faits racontés à l'artiste par la tradition populaire, j'aurais été heureux de pouvoir pénétrer plus avant à l'aide d'une antique légende inédite de S. Mercure, qui paraît avoir été entre les mains des anciens Bollandistes. Mais si ce n'est autre chose que celle qui se trouve aujourd'hui à la bibliothèque royale de Bruxelles parmi les débris des collections hagiographiques qu'avaient rassemblées ces savants, il faudra que leurs continuateurs travaillent sur d'autres données pour sonder les fondements du récit que suivait notre ciseleur. Je ne préviendrai donc point ces travaux, content d'avoir simplement interprété l'ivoire de Charles-le-Chauve; et peut-être mes lecteurs n'en veulent-ils pas davantage.

[2] Qu'il suffise pour le moment de renvoyer les lecteurs aux courtes, mais solides observations que ce fait a suggérées à M. Édouard Dumont dans son *Histoire romaine* (2ᵉ édition, t. III, p. 607, 611).

vengeance, à laquelle d'ailleurs deux soldats chrétiens furent envoyés, il convenait de convoquer surtout ceux des martyrs qui avaient confessé la foi dans la profession des armes. Sans prétendre produire une entière conviction sur tous les détails, je me hasarderai même à tenter une désignation précise pour la plupart de ceux qui forment cette glorieuse cohorte. Entre les deux principaux, que leurs pieds nus font distinguer comme les exécuteurs de la volonté divine, j'appellerais *Artème*, celui qui est le plus près du centre : martyrisé sous Julien, il ne lui convient pas mal de paraître comme guide de l'entreprise, et sa barbe plus épaisse, ses traits plus rudes sont assez appropriés à l'âge d'un chef militaire qui avait commandé les garnisons de l'Égypte. S. Mercure, à sa gauche, a quelque chose de plus jeune ; et le ménologe du Vatican ne lui donne qu'une barbe naissante [1]; d'autant que, d'après ses Actes [2], il n'était guère âgé que de vingt-cinq ans lorsque Dèce le fit mettre à mort pour n'avoir pas voulu sacrifier aux idoles. Il n'est pas indigne de remarque, peut-être, qu'une distinction assez semblable ait été observée par Baglioni dans la fresque de Sainte-Marie-Majeure. Un vieux guerrier à la barbe touffue est assis en avant sur la nuée, et paraît indiquer où doivent porter les coups ; tandis que, placé en arrière, S. Mercure, imberbe, vient de lancer le trait qui a percé l'empereur, et semble tout prêt à redoubler s'il le faut.

Je proposerais de voir dans le vieillard dont la lance est aujourd'hui brisée, à droite de S. Artème, une autre victime des persécutions de Julien, S. Eusignius : arrêté à sa cent dixième année, il périt pour avoir rappelé à l'Apostat la foi de Constantin, sous qui ce généreux vétéran avait porté les armes. Un tel homme méritait bien sans doute de figurer au centre d'une assemblée comme celle qu'il s'agissait de décrire. Deux autres tiennent une poignée de flèches : attribut trop distinct, si je ne me fais illusion, pour ne pas désigner des personnages reconnaissables à ce trait. Celui qui est barbu, à gauche de S. Mercure, enjambant sur le cadre, pourrait bien être S. Théodore Στρατηλάτης, dont le grade (comme l'indique son surnom de *général d'armée*) suppose un âge assez avancé, et qui est en effet représenté avec une longue barbe dans le beau triptyque publié par Paciaudi [3]. Avant d'être décapité il avait été percé de flèches, comme le répète plusieurs fois son office dans les Ménées (8 juin). L'autre martyr imberbe qui porte le même attribut, à droite du vieillard que nous avons nommé Eusignius, est probablement S. Sébastien, dont le genre de supplice est connu de tout le monde. Commandant d'une cohorte dans les gardes prétoriennes, il devait être dans cette vigueur de l'âge que les Romains ont désigné par le mot *juvenis*, et que l'art grec caractérise souvent par l'absence de la barbe. Si l'on pouvait en appeler à un document beaucoup trop récent pour ces hautes époques, nous citerions le *Guide de la peinture*, publié par M. Didron, où il est dit [4] que S. Sébastien doit être peint jeune et sans barbe.

---

[1] xxv novembr.; t. I, 212. Cf. *ibid.*, p. 130.
[2] Ap. Martène, *Collect.* t. VI, 745.
[3] De cultu S. Johann. Bapt., p. 230.
[4] *Guide de la peinture*, p. 391. L'âge de cet intéressant

Ce dernier saint, né dans les Gaules d'une famille milanaise, et martyrisé à Rome sous Dioclétien, ne figure jamais, que je sache, dans les monuments où les artistes grecs ont prétendu retracer seulement des saints d'élite pour ainsi dire, et il est tout simple qu'en pareil cas ils aient fait choix de ceux qui étaient les plus honorés dans leur Église; mais je ne pense pas me tromper en attribuant notre ciselure à la Basse-Italie, d'autant que S. Mercure était particulièrement révéré à Bénévent[1], où l'on se glorifiait de posséder son corps, et où les princes lombards l'honoraient comme un de leurs principaux protecteurs. Si ce n'était s'écarter du but de ces pages, et risquer d'ailleurs de n'atteindre que des probabilités, toujours sujettes à quelques contestations, diverses considérations pourraient être appelées à l'appui de la provenance que j'indique; mais il s'agit d'autre chose. Poursuivons.

Je serai tout le premier à reconnaître qu'il ne me reste plus de désignations bien concluantes à faire valoir pour les trois saints laissés jusqu'à présent sans nom. En conséquence il est peut-être sage de proposer d'un seul coup une conjecture qui en finisse avec ces derniers personnages. Un assez beau bas-relief grec, dont il a été publié des moulages par M. Micheli, représente précisément S. Démétrius l'épée à la main, entre S. Nestor et S. Procope, armés de lances, et tous les trois sans barbe. Moyennant cela, toute la revue serait terminée. Du reste il faut avouer qu'en supposant Bénévent pour le lieu où aurait été exécuté notre monument, nous devons d'autant moins espérer une interprétation certaine jusque dans les moindres détails, parceque là se rencontraient l'art et les prédilections de la Grèce et de la chrétienté latine.

C'est sans doute par une sorte de variété mêlée à une apparente symétrie que le ciseleur a partagé en deux divisions, à droite et à gauche, les guerriers barbus et ceux qui sont imberbes. Mais cela ne doit pas recéler grand mystère.

Resterait à rendre raison du groupe qui forme la seconde zone; et là, si la description de l'historien nous abandonne à des tâtonnements, du moins nous ne serons pas en contradiction avec son texte. Ce qu'il laissait à l'artiste, celui-ci s'en est emparé en homme qui ne se croit pas simple traducteur, ou qui n'accepte cette tâche qu'en réservant les droits de celui qui doit parler aux yeux.

Non seulement les guerriers élèvent leurs regards, et l'on pourrait dire qu'ils les portent vers l'enfant que les lions menacent; mais les apôtres même et les prophètes, quoique rangés autour de Jésus-Christ, portent évidemment les yeux au-delà du cadre de la scène. L'artiste a-t-il voulu par là étendre l'espace hors des limites de son bas-relief, et nous faire deviner

---

manuel, — question extrêmement importante, — sans parler des additions postérieures que la rédaction primitive a pu recevoir chemin faisant, le rend plus curieux comme objet de comparaison que comme autorité, quand il s'agit de monuments qui remontent à des temps reculés; d'autant plus qu'il n'est pas même toujours d'accord avec les belles fresques grecques dont M. Papéty nous a fait connaître quelques détails au salon de 1847.

[1] Cf. Martène, *loc. cit.*, 751 — 756. — De Vita, *Antiquit. benev.*, t. II, 104, sqq.

d'autres groupes échelonnés au dessus du dernier? ou bien prétendait-il nous les montrer implorant le secours du Très-Haut en se tournant vers son trône suprême? Il n'importe; et ce pourrait bien n'être qu'un geste de désolation et d'angoisse, d'autant que la présence du Sauveur rend improbable l'idée de porter des vœux ailleurs. Nous avons vu dans Nicéphore, ou plutôt dans l'auteur ancien qu'il transcrivait, que les chœurs des apôtres, des prophètes et des martyrs s'entretenaient avec inquiétude des périls qui menaçaient les fidèles sous la domination du Persécuteur. La réunion des saints n'offrait pas une grande difficulté à celui qui voulait la peindre; mais, pour ne point tomber dans le vague et l'indécis, il fallait trouver le moyen de nous faire quasi entendre leur parole en fixant le sujet de leur entretien. Nous avons vu le même maître, ou son école, résoudre habilement un problème semblable dans la visite de Nathan à David ; il ne restera pas ici au dessous de lui-même. Pour montrer les dangers de l'Église qui préoccupent la cour céleste il s'est avisé d'un artifice dont l'Écriture lui fournissait l'idée première [1], mais dont il use avec une liberté pleine de mouvement et de vie, s'inspirant de cette ressource biblique sans s'y asservir, parceque son sujet était analogue à celui de S. Jean sans être absolument le même. La femme de l'Apocalypse, que guette le dragon pour dévorer le fils qu'elle va mettre au monde, c'est l'Église, selon la plupart des commentateurs. Elle enfante avec douleur le peuple des élus auquel l'empire de la terre est réservé, mais qui ne doit y parvenir qu'à travers mille piéges de l'ennemi. Ce nouveau peuple de Dieu, autre Jésus-Christ [2], pour ainsi dire, et que l'Ecriture appelle souvent le corps du Sauveur, est représenté ici de même que dans les fresques de Saint-Savin [3], de telle façon qu'on le prendrait aisément au premier coup d'œil pour le Fils de Dieu; mais sa tête n'est point couronnée du nimbe même le plus simple, c'est l'enfant adoptif et non pas le Fils éternel. Il a été cependant porté sur le trône [4] de Dieu, ainsi que le dit l'Apocalypse, comme à un abri souverain; et quelle que soit sa faiblesse jusqu'à ce qu'il ait atteint la plénitude de l'âge parfait [5], le sceptre des nations lui est réservé. C'est ce que semble indiquer l'espèce de férule portée près de sa main enfantine par l'archange qui le protège et le soutient.

Je n'hésite pas à prendre pour un archange le personnage qui sert de gardien et comme de père nourricier à l'enfant. Ni les pieds nus ni la robe courte ne peuvent convenir à la femme de l'Apocalypse, quoique les ailes pussent absolument lui appartenir [6]. Mais dans la vision de S. Jean, les ailes d'aigle ne sont données à la mère que pour fuir dans la solitude après que

---

[1] Apoc., xii, 1-17. « Et signum magnum apparuit in cœlo : mulier..... et in utero habens, clamabat parturiens..... Et ecce draco magnus..... et draco stetit ante mulierem quæ erat paritura; ut, cum peperisset, filium ejus devoraret.

« Et peperit filium masculum qui recturus erat omnes gentes in virga ferrea: et raptus est filius ejus ad Deum et ad thronum ejus..... Et factum est prælium magnum in cœlo : Michael et angeli ejus præliabantur cum dracone.... etc. »

[2] Col. i, 24.-I Cor., x, 17; xii, 27, etc., etc.

[3] Peintures de l'église de Saint-Savin (pl. iii) expliquées par M. Mérimée.

[4] Ce trône a ici la forme d'un lit, comme pour marquer plutôt le repos que la gloire, peut-être. Et de fait, dans le texte de l'Apocalypse il est moins question de glorification que de protection. Du reste cette espèce de lit se rencontre parfois en manière de trône. Cf. Buonarruoti, *Osservazioni sopra alcuni frammenti... di vetro*, p. 105, sg.

[5] Eph., iv, 13.   [6] Apoc., *l. cit.*, 4, 13, 14.

son fils, abrité sur le trône de Dieu, a déjà lutté contre l'enfer. Cet archange donc, soit comme défenseur spécial du peuple chrétien, soit comme occupant ici un rang distingué entre les esprits célestes, doit être S. Michel, lequel d'ailleurs était un des grands patrons de la nation lombarde et de Bénévent en particulier [1].

Deux lions rugissent de chaque côté du trône, et l'on dirait qu'ils sont contenus par la présence de l'ange; mais leur attitude annonce qu'ils se préparent à bondir pour dévorer l'enfant, et qu'ils n'attendent qu'un instant favorable à leur dessein. Dans le texte de S. Jean, il s'agit surtout d'un dragon monstrueux; mais outre que ce monstre menace surtout la femme [2], la description qu'en fait l'Écriture n'a pas empêché S. Méthodius [3] de lui donner une tête de lion et un corps de chimère. D'ailleurs, au chapitre suivant de l'Apocalypse, le dragon remet sa puissance à la Bête, qui est un mélange du léopard, de l'ours et du lion. Ces mélanges allaient mal au style sévère de notre artiste, lequel après tout s'inspirait de la vision prophétique sans avoir à la retracer minutieusement puisqu'il ne peignait point le grand fait aperçu dans le ciel par l'Évangéliste. Le choix du lion lui était encore indiqué par le langage presque unanime des Pères, qui voient communément dans cet animal, lorsque les livres saints le mentionnent comme bête féroce, un symbole de la persécution et des attaques violentes contre les serviteurs de Dieu [4]. On pourrait absolument recourir encore à une vision de S. Julien Sabas [5], auquel la persécution de Julien fut montrée sous l'emblème d'un sanglier farouche dévastant le champ du Seigneur; mais ce ne serait qu'à condition d'admettre une transformation de l'animal qui serait beaucoup moins justifiée. Ce que nous avons proposé d'abord est pour le moins aussi satisfaisant.

Ce doivent être S. Gabriel et S. Raphael qui se tiennent près du trône, portant l'un et l'autre un étendard, et qui paraissent convier les martyrs à défendre le peuple de Dieu. La réunion des trois grands archanges se rencontre très fréquemment dans les scènes les plus imposantes des anciens monuments chrétiens. Je n'en rappelle qu'un, et uniquement parceque j'ignore si l'on a donné le véritable sens de l'inscription qui l'accompagne. C'est le beau rétable d'or donné par S. Henri II à la cathédrale de Bâle, et que l'on a pu voir assez longtemps à Paris chez celui qui l'avait acquis après le triste marché passé par les Bâlois en 1836 au sujet de l'ancien trésor de leur chapitre catholique. Les cinq grandes figures en pied sont celles de notre Seigneur, qu'adorent S. Henri et sainte Cunégonde, sa femme, des trois archanges qui représentent la hiérarchie céleste, et de S. Benoît, dont l'empereur avait éprouvé la protection en Italie [6]. Des deux vers en grandes capitales qui courent au dessus et au dessous des arceaux,

---

[1] Antiquit. benev., t. II, 74, sqq.
[2] Apoc., l. cit., 4, 13, 18.
[3] Method., Conviv. virg. (Paris., p. 114).
[4] Aussi S. Hippolyte compare-t-il l'antechrist au lion, pour n'en citer qu'un exemple. Cf. Hippol., De Antichr., 6, 14 (ed. Fabric., t. I, p. 7,9) ; et Id. (?) De consumm. mundi, 19, 20 (ibid., t. I, append., p. 13).
[5] Theodoret., H. eccl., III, 24 (ed. H. Val., p. 145). Cf. Ps. LXXIX, 14.
[6] Tosti, Storia della badia di Monte Cassino, t. I, p. 251.

le second est une prière adressée à notre Seigneur [1]; mais le premier n'est vraiment qu'une énumération des cinq personnages principaux, pliée au rhythme de l'hexamètre :

« QUIS SICUT HEL, FORTIS, MEDICUS, SOTER, BENEDICTUS, »

c'est à dire : S. Michel (*Michael, quis ut Deus!*), S. Gabriel (*fortitudo Dei*), S. Raphael (*medicina Dei*), le Sauveur (Σωτήρ), S. Benoît [2]. Si le versificateur n'a pas placé, comme l'orfèvre, Jésus-Christ au centre, c'est qu'il aura cru devoir nommer les trois grands archanges l'un après l'autre sans interruption.

Mais, pour revenir à l'ivoire de Charles-le-Chauve, le moment choisi par l'artiste est, à mon avis, celui où les deux vengeurs reçoivent du Fils de Dieu l'ordre de partir, ou s'offrent pour leur mission. Tous paraissent se présenter, mais ceux-ci dressent leur lance et se tiennent plus militairement sous les armes qu'aucun autre. Ce même tact que nous avons remarqué dans le bas-relief de David commandait de saisir un point de l'action où il restât quelque chose à percer pour l'esprit du spectateur, et qui ne poussât point les expressions comme à outrance. Si c'eût été l'instant du retour de S. Mercure et de S. Artème, la joie des saints à la grande nouvelle risquait d'être jugée trop calme ou trop violente. Ici au contraire c'est l'inquiétude et l'empressement respectueux, passions bien plus convenables à la sévérité de la sculpture. D'ailleurs les lions prêts à s'élancer annoncent que le danger dure encore ; c'était réunir à la fois l'intérêt d'un péril menaçant et la majesté d'une assemblée d'autant plus solennelle qu'il s'agit de la cour céleste.

V.

RÉSUMÉ.

Après avoir étudié à part chacun des bas-reliefs qui servent de couverture au livre de prières de Charles-le-Chauve, ce serait fermer les yeux sur un fait digne de remarque que de ne pas les considérer un instant réunis. Ce n'était assurément pas un courtisan que celui qui choisissait de pareils sujets pour en faire la décoration la plus saillante d'un livre destiné à un empereur. Un roi adultère et un prince persécuteur, l'un réprimandé dans son palais par un prophète, l'autre frappé par la colère du Ciel au milieu de ses armées ; ce sont des tableaux qui ne sentent point du tout la flatterie. S. Ambroise [3] dit en expliquant l'un de ces faits : « David a péché, les rois le font comme lui ; mais, ce que les rois ne font pas, il a fait pénitence, il a gémi et pleuré, etc. » Si donc quelqu'un pouvait imaginer que des leçons comme celle de nos ivoires ne se donnaient qu'à des princes débonnaires, il pourrait déjà trouver de quoi se dé-

---

[1] Prospice terrigenas, clemens Mediator, usias (οὐσίας).
[2] Cf. J. Labarte, *Collection Debruge*, p. 180, sv.
[3] Apolog. David, cap. 4 (Ambr. opp., t. I, 681).

tromper dans les paroles du grand évêque qui arrêta Théodose sur le seuil de l'église de Milan; mais, en se rapprochant même du moyen âge, on trouverait une parole franche aussi jusqu'à la rudesse dans la formule d'examen de conscience qu'Alcuin avait rédigée pour Charlemagne [1], d'après un autre livre de Charles-le-Chauve, qui est conservé dans le trésor du roi de Bavière. Ceux qui ont cru pouvoir reprocher à l'Église d'avoir pris parti pour le despotisme ont montré peu de bonne foi ou peu de discernement. S'ils eussent cherché le vrai avec un esprit droit, ils auraient dû comprendre que, chargée de maintenir dans le monde les grands principes de l'ordre et du droit, elle s'est trouvée par là même condamnée à contrebalancer les passions dominantes, et par conséquent à toujours faire opposition au plus fort. Durant les premiers siècles de nos sociétés modernes, lorsque tout semblait prêt à plier sous la fantaisie brutale des puissants, elle a dû revendiquer les droits du faible, arborer les principes que la force prétendait fouler aux pieds, et répéter bien haut que la loi d'en haut ne connaissait point de distinction entre le pauvre et le riche. Lorsque le sang des martyrs et les dévouements de mille confesseurs eurent établi cette doctrine de l'égalité des hommes devant Dieu, un temps est arrivé où la force s'est trouvée passer insensiblement du côté des peuples, lorsque ceux-ci, à force de désapprendre l'ancienne idolâtrie pour le pouvoir, se sont pris du désir de le briser; revirement naturel de la faiblesse, qui ne connaît que la servilité et les lâches complaisances, ou l'enivrement du succès. De la responsabilité égale des hommes en présence du souverain juge, on a prétendu conclure au renversement de toute distinction sociale; alors, protectrice des intérêts justement acquis, comme de toute vérité supérieure, l'Église a semblé tourner au parti des rois contre les faibles qu'elle avait jadis couverts de sa personne. Mais c'est que la force avait changé de côté, et que le danger de la tyrannie tournait avec la puissance qui s'était transportée ailleurs. L'observateur superficiel pouvait s'y méprendre; mais au fond l'Église demeurait toujours à son poste, faisant face du côté nouveau d'où venait l'attaque. Aujourd'hui que les forces semblent se balancer çà et là, en ce sens que l'exagération et la faiblesse sont également de part et d'autre, le rôle du médiateur variera selon les circonstances; mais toujours dans l'avenir, comme dans le passé, on retrouvera l'institution de Jésus-Christ bravant la popularité comme la faveur; portant aussi haut que possible le dra-

---

[1] Enchiridion precationum Caroli Calvi, cap. v. Confessio quam Alchuinus composuit Karolo imperatori. «.... Tu enim, misericors Deus, ad operandum mihi animæ meæ salutem, membra singula humanis usibus apta dedisti; sed ego, miserrimus omnium et peccator, te æternæ salutis auctorem contempsi, et æterna mihi inimico incendia præparanti suadenti consensi...... Genua mea ad fornicationem potius quam ad adorationem flexi. In femoribus... meis supra modum in omnibus me immundiciis contaminare non metui..... Venter meus et viscera omnia crapula sunt jugiter et ebrietate distenta. In renibus et lumbis illusione diabolica ac flamma libidinis turpissimo ardeo desiderio.... Brachia illecebrosis jugiter amplexibus præbui.... Os meum nefario pollutum est osculo..., Quid igitur dicam de oculis, qui omnibus me fecerunt obnoxium? omnemque sensum cordis mei averterunt; quibus in omni consensi libidine, etc., etc. » Cf. Alcuin. Opp., ed. Froben, t. II, p. 1, p. 63, sq.

J'omets certains détails que notre siècle (si chaste) trouverait scandaleux et offensifs pour des oreilles pures. O innocence du dix-neuvième siècle! qu'un examen de conscience effarouche. La postérité le soupçonnera-t-elle? Disons-le donc pour qu'elle le sache.

peau du droit contre la brutalité, et de la justice contre la violence. Elle l'a fait pour le dogme évangélique durant trois siècles, au prix de torrents de sang ; et quand les idoles du paganisme glissèrent dans le sang chrétien pour ne plus se relever, il y eut encore des vies et des biens qui payèrent longtemps la défaite de la morale païenne, plus difficile à renverser que les autels idolâtres. Ainsi en a-t-il été, ainsi en sera-t-il toujours, parceque Dieu pousse toujours au sacrifice, tandis que le monde pousse toujours à l'abus, c'est à dire à écraser le vaincu et à élargir la sphère d'activité de celui qui triomphe.

CHARLES CAHIER.

RECHERCHES

SUR

L'ORIGINE DU TYPE DES MONNAIES CHARTRAINES.

(PLANCHES XII ET XIII.)

I.

ÉTAT DE LA QUESTION.

En me livrant à de nouvelles recherches sur le type chartrain, je suis loin de vouloir critiquer la monographie que mon père en a faite; après l'accueil du public et le prix de l'Institut, l'éloge même n'est plus permis. L'édifice est bâti maintenant, et ceux qui l'orneront de quelques documents inédits, de quelques pièces nouvelles ne changeront rien au plan et au mérite de l'architecte.

Mon dessein dans ce mémoire est d'étudier une question restée indécise au milieu des affirmations opposées des numismatistes les plus distingués. Quelle est l'origine du type chartrain? Mon père, après avoir renoncé à sa première explication, avait adopté celle du savant M. Lelewel; mais dans le cours de son travail il a rencontré de si fréquentes contradictions, qu'il a fini dans son supplément par déclarer la chose incertaine, et par s'éloigner même de l'opinion généralement reçue. C'est cette opinion que je combattrai d'abord; je m'efforcerai de prouver ensuite que l'explication à laquelle mon père avait renoncé plutôt par modestie que par conviction est la seule satisfaisante, la seule acceptable. Heureux si, après avoir débarrassé la science d'une erreur, je puis atteindre un résultat que je désire par affection et par reconnaissance.

Le type chartrain est assurément le type monétaire le plus bizarre et le plus difficile à expliquer; il a une chronologie et un territoire sans rapport avec les faits numismatiques ordinaires, et sa forme est une énigme si obscure qu'on a pu tout y voir : une lettre arabe ou phénicienne, un caractère juif ou runique, des armoiries, la faucille pour cueillir le gui sacré, un étendard, un plan de fortification, la chemise ou le voile de la Vierge, un instrument de torture, une tête humaine enfin. Cette nomenclature prouve seule qu'il n'y a nulle part évidence. L'imagination s'est amusée avec un peu de science sans avoir même l'intention de convaincre, et si l'opinion de M. Lelewel a fini par réunir plus de partisans c'est qu'elle était appuyée de son nom et de quelques preuves apparentes.

Il est donc généralement admis maintenant que le type chartrain est une tête humaine dont les traits hiératiques nous sont venus de l'antiquité la plus reculée : « Cette figure, dit M. Lelewel, n'est aucunement le produit de la maladresse, de la barbarie, de l'ignorance des graveurs ; mais elle offre des traits auxquels on était obligé de se conformer. Nous avons trouvé, ajoute-t-il, dans sa formation des traces d'une tête diadémée mérovingienne; mais cette tête de Chartres offre tous les traits de la tête gauloise, au front déprimé, aux joues pendantes, ridée et tirant la langue... On a pu donner différentes interprétations à cette tête, on a pu la qualifier de tête épiscopale, de tête du diocèse, de saint ou de sainte ; mais son origine gauloise n'en est pas moins patente. »

Examinons une opinion si nettement formulée ; à défaut d'autres preuves la possession vaut titre.

Pour nous aussi il est évident qu'on rencontre des pièces chartraines où l'intention a été de figurer une tête humaine; mais cette tête barbare est-elle le point de départ ou la dégénérescence accidentelle du type? Voilà toute la question.

D'abord on peut nier son origine gauloise. Quoique les têtes informes de toutes ces époques et de tous les pays puissent bien avoir un air de famille entre elles, la tête gauloise citée par M. Lelewel n'a aucune ressemblance avec la tête chartraine. La pièce où elle se voit n'appartient pas au pays chartrain; on ne l'a pas même trouvée en France, c'est par l'Allemagne et l'Angleterre que nous la connaissons.

Le tiers de sou d'or mérovingien qui servirait d'intermédiaire n'a aucun point de contact avec les deux extrêmes qu'il veut unir. Chartres pendant la première et la seconde race a toujours suivi les variations monétaires du reste de la France. Les antiquaires du moyen âge enfin n'ont jamais pu remonter dix siècles pour adopter un type celtique. Les formes hiératiques se conservent et se transmettent par les croyances ; les Romains avaient succédé aux Druides, et les évêques aux proconsuls. Il faut donc renoncer à cette mystérieuse descendance, et chercher à l'époque même de l'apparition du type chartrain les preuves de l'antériorité de la tête.

II.

LE TYPE PRIMITIF N'EST PAS UNE TÊTE.

Voici les raisons chronologiques, topographiques et artistiques qui démontrent que la tête chartraine est une dégénérescence d'un type primitif.

1° Pour les premières monnaies baronales, plus le titre et le poids sont élevés, plus les pièces sont anciennes; cette loi numismatique est incontestable jusqu'à S. Louis. Dès lors les plus anciennes chartraines sont des pièces où il est impossible de voir une tête humaine.

Leur titre est d'une pureté remarquable, et leur poids surpasse de plusieurs grains le poids des pièces à tête, qui contiennent toutes de l'alliage.

2° Il est reconnu que le territoire du type que nous étudions a pour limites le diocèse de Chartres. Chartres doit donc en être le centre et le point de départ. A aucune époque on n'y trouva de pièce à tête humaine : l'espoir d'en rencontrer un jour ne peut être donné comme preuve; nous nous engageons d'ailleurs à démontrer qu'aucune pièce de Chartres, de Châteaudun et du Perche ne peut présenter l'apparence d'une tête. Quoique les pièces à tête touchent aux plus anciennes chartraines par leur style et par la forme des lettres, leur petit nombre et les localités qui les frappèrent indiquent qu'elles sont le produit d'un monnayage transitoire et secondaire.

3° A l'époque où ces pièces ont été fabriquées les graveurs savaient faire une tête, et Chartres était précisément le foyer d'une grande activité artistique. Sa cathédrale allait devenir une des merveilles inimitables du moyen âge. La sculpture surtout se préparait à l'embellir de statues où la beauté de l'exécution le dispute à la grandeur du style; et les monétaires cependant auraient imaginé pour marquer leurs monnaies une tête si informe et si barbare que M. Lelewel n'a pu trouver rien de semblable parmi les gauloises et les mérovingiennes les plus grossières. Si on examine les baronales contemporaines, on ne trouvera pas dans les plus petites localités des têtes aussi mal faites; les têtes royales ou épiscopales de Bourges, de Laon, de Meaux, de Senlis, par exemple, les vierges de Verdun ou de Clermont, Saint-Maurice de Vienne, Saint-Maiol de Souvigny, Jules César de Sancerre sont des chefs-d'œuvre auprès de la tête chartraine. La tête de S. Valérien de Tournus peut seule s'en rapprocher. Tous ces types d'ailleurs sont entourés de légendes, et pour rencontrer des têtes qui occupent seules le champ d'une pièce il faut remonter jusqu'aux mérovingiennes du Gévaudan, qui sont probablement des imitations antiques.

Ainsi nous pouvons conclure pour l'honneur de notre art monétaire qu'une tête n'est point le type primitif des monnaies chartraines, mais seulement que, par caprice ou par d'autres motifs, on y a composé un profil avec des éléments hétérogènes, c'est à dire avec d'autres choses qu'un nez, une bouche, des yeux et des oreilles. En niant une tête véritable nous ne faisons tort à l'iconographie de personne; M. Lelewel nous avait donné à choisir entre un Dieu, une ville, un évêque, un saint, un roi, un chef gaulois ou normand. Les artistes peuvent s'inspirer ailleurs.

Il nous semble avoir réfuté suffisamment l'opinion généralement admise sur l'origine du type chartrain; nous aurions pu le faire plus longuement, mais nous suppléerons bientôt à ce que nous avons évité de dire. Si quelque lecteur n'était pas convaincu, qu'il nous accorde au moins le doute méthodique de Descartes. Faisons table rase du passé pour commencer un examen nouveau.

III.

ANALYSE DU TYPE CHARTRAIN.

Vouloir décrire complétement le type chartrain serait préjuger la question; je renvoie donc aux dessins qui accompagnent ce mémoire. On y verra, malgré toutes les différences locales, un système de figures semblables, un même principe de formes, une identité de composition. Si avec cette idée générale on cherche quels pays adoptèrent ce type particulier, on reconnaîtra que Chartres, Blois, Vendôme, Le Perche et quelques petites villes dépendantes et voisines de ces contrées le mirent sur leurs monnaies. Son territoire est donc l'ancien pays des Carnutes, dont le diocèse de Chartres conserva les limites.

La date de son apparition est la même que celle des autres monnaies baronales. Nous avons vu qu'il était impossible d'établir le moindre rapport entre le type chartrain et les monnaies mérovingiennes et carlovingiennes de Chartres. Son origine tient donc à cette organisation sociale qui sortit de la décadence de la seconde race ; c'est un type local placé en vertu d'une concession ou d'une usurpation sur des monnaies qui n'émanaient pas directement du souverain.

Comment se formèrent les types locaux? Les types locaux étaient : 1° une imitation ou une dégénérescence d'un type ancien et royal, comme à Provins, à Nevers, etc. ; 2° un monogramme particulier ou un signe féodal, comme à Angers, au Mans, à Dijon, etc. ; 3° un type religieux nouveau, une croix d'une forme particulière, la tête d'un saint, un édifice sacré, comme à Tours, à Meaux, à Lyon, etc. Entre ces trois sortes de types il n'y a pas à hésiter. Nous ne pouvons rattacher le type chartrain à aucun type royal ; nous ne pouvons y voir un type féodal puisqu'il est adopté par des seigneurs différents et souvent en guerre, par les comtes de Blois et les comtes d'Anjou, par exemple, ces deux races ennemies dont la rivalité est si curieuse à suivre dans l'histoire. Force est à nous de reconnaître que le type chartrain est un type religieux, c'est la seule raison de son unité, de sa généralité, de sa durée, de son territoire.

Le type chartrain étant un type religieux, c'est au centre du diocèse, c'est à Chartres même que nous devons commencer à l'étudier, d'autant plus que le type particulier de Chartres n'a jamais varié, qu'on le retrouve quelquefois sur les pièces des autres localités, et qu'il s'est perpétué jusqu'à nos jours dans les armoiries du chef-lieu d'Eure-et-Loire.

Pour procéder toujours avec méthode et conscience, nous allons analyser le type de Chartres, et le décomposer comme nos fonctions de dessinateur et de graveur nous ont donné le loisir de le faire. Les pièces principales sont une espèce d'équerre, un demi-cercle allongé qui s'y rattache, une sorte de couronne crénelée et trois pointes réunies. Les pièces accessoires sont des besants, des croisettes et des fleurs de lis, elles varient continuellement, se trouvent sur les monnaies de tous les pays, de toutes les époques, et sont par conséquent distinctes du type chartrain.

Le signe le plus important est évidemment celui du centre; il se compose de l'équerre et du demi-cercle allongé; sa position est déterminée par les besants, les croisettes et les fleurs de lis qui l'accompagnent; l'équerre est dressée comme une potence à laquelle pend un objet quelconque. De là les explications de quelques auteurs, qui ont vu dans le type chartrain un signe de justice féodale, un instrument de torture, un gibet avec sa corde; d'autres y ont vu une bannière : examinons cette opinion, qui est certainement plus raisonnable.

Ce qui porte quelque chose est la pièce la plus invariable du type chartrain; on la retrouve partout, à Chartres, à Châteaudun, à Blois, à Vendôme; elle est aussi la même dans le Perche, seulement elle y est exceptionnellement tournée de gauche à droite; y peut-on voir le support d'une bannière? La hampe d'un drapeau, d'un guidon est ordinairement droite, et l'étoffe qu'elle porte y tombe et la couvre lorsque le mouvement ou le souffle du vent ne la déploie pas. Quand l'étendard porte un signe d'union et de ralliement, un symbole que tous doivent voir et doivent suivre, il est naturel de chercher le moyen de tenir l'étoffe développée. Ainsi sur les monnaies de Constantin nous retrouvons l'étendard qui portait le signe de sa victoire, une barre transversale croise le support principal et tient développée cette bannière, qui avait le pas sur les autres enseignes romaines. Nos bannières du moyen âge en furent des imitations, et nous en voyons le système continué dans nos pavillons de marine; la forme des bannières à potence est plus rare; nous en trouvons cependant des raisons et des exemples. Lorsque la bannière était d'une étoffe précieuse ou portait des deux côtés des images vénérées, il était utile d'isoler la bannière de la hampe afin que tous pussent la voir et que le frottement ne la détériorât pas promptement. Pour les reliques, pour les vêtements sacrés qu'on portait à la tête des armées, cette disposition devait être surtout prise; nous en voyons des traces dans les bannières potencées que les confréries et les corporations portent en Italie et dans le midi de la France. M. Pernot, qui a publié un beau travail sur les drapeaux et les étendards de la monarchie française, nous a signalé des enseignes qu'on tenait développées au moyen d'une tige de fer fixée à angle droit; les drapeaux des districts révolutionnaires entre autres avaient à leur sommet une flèche horizontale qui partait du bâton principal. L'économie a fait inventer aux autorités de nos villages un autre moyen de maintenir un drapeau étendu, c'est de fabriquer en fer blanc ces girouettes politiques qui se trouvent dans bien des localités.

Le support accepté, peut-on reconnaître une bannière dans ce demi-cercle allongé qui s'y rattache? Parmi les types monétaires du moyen âge se trouvent des bannières et des guidons. Sur les pièces de S. Médard de Soissons on voit une main tenant un drapeau terminé par trois pointes, et le carré de l'étoffe est indiqué par une ligne semblable à celle que nous trouvons dans le type chartrain. Plus tard les *agnels* présentent la petite banderole de la croix pareillement circonscrite; ces lignes marquent une superficie, un espace. Nous expliquerons bientôt la forme et la raison de la bande qui pend à notre support; nous voulons seulement prouver ici que rien ne s'oppose à ce que le signe principal du type soit pris pour une bannière.

Quelle est cette bannière, qui ne pouvait être, nous l'avons prouvé, ni royale ni féodale, mais seulement religieuse?

IV.

BANNIÈRE CHARTRAINE.

Quand on nomme Chartres, un souvenir s'offre sur-le-champ à tous les esprits; on se rappelle Notre-Dame de Chartres, ce sanctuaire privilégié qui prétend remonter jusqu'aux Druides, et qui fut certainement un des lieux les plus vénérés pendant le moyen âge; c'est là que nous devons chercher d'abord l'explication de notre type.

Le fait le plus glorieux à Notre-Dame de Chartres est précisément contemporain de l'apparition du type. Au commencement du dixième siècle, Rollon avec ses hommes du nord ravage la France et vient assiéger la capitale du pays chartrain; la ville va succomber lorsque l'évêque Gantelme, prenant pour bannière les reliques célèbres de la Vierge, sort à la tête des assiégés, culbute l'ennemi et délivre les habitants. Voici les textes principaux qui racontent cette victoire inespérée.

Un religieux de la célèbre abbaye de Saint-Père de Chartres, dans le cartulaire du onzième siècle qui porte le nom d'*Aganon*, et qui est conservé dans la bibliothèque publique de la ville, raconte que l'évêque Gantelme, miraculeusement averti du siége qui le menaçait, *praesul, venturam obsidionem divino relatu praenoscens,* avait obtenu les secours du comte de Poitiers, du duc de Bourgogne et de deux autres puissants seigneurs de France; le jour où ces auxiliaires réunis devaient attaquer les barbares, il fait préparer de grand matin une sortie, et arbore comme signal du combat sur la porte de la ville la tunique intérieure de la Vierge [1].

Dans l'*Histoire des Normands* [2] on lit que, pendant le combat de Rollon contre les troupes auxiliaires, l'évêque *portant le voile de la Vierge* attaqua tout à coup l'ennemi par derrière.

---

[1] Trahens itaque interiorem tunicam Dei genetricis Mariae, super portam quae nova vocatur obtutibus paganorum obtulit, portasque urbis aperuit et christianos fidenter praeliare jubet.

[2] Cum quo congressus, cum suis atrociter esistebat quousque Antelmus, episcopus, ex civitate cum armis inopinato prosiliens sanctaeque Dei genetricis Mariae supparum praeferens, a tergo eum (Roilonem) invasit caedendo.

Dudon[1] nous le montre rempli d'une sainte ardeur par la célébration de la messe, la croix et la tunique de la Vierge dans les mains; entraînant au combat son peuple et son clergé.

Enfin un poète qui, au commencement du onzième siècle, écrivait en vers latins les miracles de Notre-Dame de Chartres raconte la défaite des Normands, et l'attribue à l'intervention des reliques de la Vierge; son ouvrage est perdu maintenant, mais il a été mis en vers français par Jehan Le Marcheant vers 1262. Voici quelques passages de ce manuscrit dont MM. Herisson et d'Ozeral publièrent des fragments.

COMMENT LA CITÉ DE CHARTRES FUT DÉLIVRÉE DE SES ANEMIS PAR LA SAINTE CHEMISE DE CHARTRES.

Li livres ci empres devise
Que par celle seinte chemise
Qui à Chartres est enchassée
Un miracle de renomée
Avint dont ferei mencion
En l'an de l'inquarnacion

Nocentiesme VIII aus meins par conte
Un challes,[2] si com l'escrit conte
Ert roi de France et dou païs
Qui ert fils au roi Loïs
Qui Baules[3] estoit seurnomés.

Roul (Rollon) vient assiéger Chartres, et les habitants n'ont plus d'espérance.

Fors ou secors de la Pucelle
Qui dame de Chartres s'apelle

Ils possèdent en effet la chemise de la sainte Vierge.

Jadis dedens Constentinoble
Précieus don en fist et noble
A Chartres un grant roi de France
Challes-le-Chaut ot non d'enfance...
Li chartrain la chemise pristrent
Sus les murs au quarneaus la mistrent

En leu d'enseigne et de bennière;
Quant la virent la gent aversiere
Si la pristrent moult a despire
Et entre le à chufler et rire
Quarreaus i trestent et saetes
Et d'ars turquois et darbalestes.

Mais Dieu les punit en les frappant d'aveuglement; les Chartrains s'en aperçoivent,

Si s'apareillent de issir hors
Et garnissent d'armes leur cors
Vestent haubers et lacent hiaumes
Avec leurs ésvesque Gousceaumes

Qui portoit la seinte chemise
Por défense et por garantise
Avecques une autre bannière
Qui du voile de la Vierge y ere.

Ici, comme on le voit, le narrateur en sa qualité de poète augmente le miracle; le secours extérieur est supprimé, les assiégeants sont aveuglés; mais la conclusion est toujours la même; la voici d'après le bon Sébastien Rouillard. « Et lors, comme si la Vierge eût combattu près de cette saincte bannière en troupe des légions des anges et archanges,

---

[1] (L. 1, de Gestis Normannorum.) Subito episcopus (Wantelmus) quasi missam celebrationis infulatus, *baculansque* crucem atque tunicam sacrosanctæ Mariæ virginis in manibus, *prosequente* clero cum crucibus, francisque aciebus constipatus, exiliens de civitate paganorum terga telis verberat et mucronibus.

[2] Charles-le-Simple.

[3] Louis-le-Bègue.

prit une telle frayeur et espoueste à Raoul et les siens, qu'ils tournèrent visage en forme d'aveugles stupides et insensés, se jetèrent précipitamment les uns sur les autres en déroute et désordre si bellement que les prés de la porte Drouoise esquels ils avaient posé leur champ en ont tousiours du depuis retenu le nom de prèz des réculés. » (Parthenie, f. 190 v.)

Nous avons multiplié les citations des textes relatifs à ce fait, non seulement pour en constater l'importance dans l'histoire, mais encore pour en tirer bientôt des conclusions sur la forme des reliques et du type chartrain lui-même.

V.

CÉLÉBRITÉ DES RELIQUES DE CHARTRES.

Depuis cet événement, Notre-Dame de Chartres fut en grande vénération dans le monde entier; les pélerins y affluèrent de toutes parts, et lorsqu'en 1020 une incendie détruisit l'église, sous l'épiscopat de Fulbert, on sait avec quelle ardeur, avec quel concours et quelle générosité les populations bâtirent la magnifique cathédrale que nous admirons encore. Notre-Dame de Chartres et ses reliques étaient la gloire et la richesse du pays; tous les avaient en grande dévotion; les rois, les princes et le peuple invoquaient Notre-Dame de Chartres, et c'était au cri de Notre-Dame de Chartres que les comtes de Vendôme commençaient la bataille [1].

Les reliques devant lesquelles avaient fui Rollon et ses odieuses phalanges (*odiosas Normanorum abegit phalanges*) avaient été déposées dans une châsse précieuse, comme autrefois la manne et les tables de la loi dans l'arche d'alliance, et des siècles s'écoulèrent sans que l'œil d'un mortel pût en contempler la sainteté. La châsse était montrée au peuple dans les grands jours de l'Église, et c'est elle seulement que le roi d'Angleterre obtint de voir, à l'occasion de la paix signée à Bretigny en 1360. Le salut de la France fut alors attribué à Notre-Dame de Chartres. L'implacable Edouard, geôlier du roi Jean, voulait asservir toute la France; les négociations étaient inutiles « Mais, dit Froissard, il avint à lui et à tous ses gens un grand miracle, lui étant devant Chartres, qui moult humilia et brisa son courage. Car pendant que ces traiteurs français allaient et préchaient ledit roi et son conseil et encore nulle réponse agréable n'en avaient, un temps et un effondre et un orage si grand et si horrible descendit du ciel en l'ost du roi d'Angleterre que il sembla

---

[1] Il existe aux archives de Chartres un *vidimus* de la relation d'un fait qui prouve combien la relique de Notre-Dame de Chartres était célèbre par tous les pays. Le comte de Soissons, fait prisonnier par les Turcs en 1390 à la bataille de Nicopolis, était emmené par eux et cruellement traité; il se souvint de la relique de Chartres, et promit à la Vierge six cents florins d'or à la couronne s'il était délivré. La troupe qui le conduisait fut aussitôt attaquée, vaincue, et le prince délivré.

bien proprement que le siècle dût finir : car il cheait de l'air des pierres si grosses qu'elles tuaient hommes et chevaux, et en furent les plus hardis ébahis, et adonc regarda le roi d'Angleterre devers l'église Notre-Dame de Chartres, et se rendit et voua à Notre-Dame dévotement et promit si comme il dit et confessa depuis que il s'accorderait à la paix. »

La châsse soigneusement fermée et scellée n'était ouverte pour personne, et aucun moyen n'avait été ménagé pour laisser entrevoir les reliques qu'elle renfermait. En 1679 quelques pierreries s'en détachèrent, et par un petit trou qui se fit on introduisit une baguette d'or « et on sentit, dit Souchet dans son histoire encore manuscrite, les vestements qui remplissent la sainte châsse d'un bon demi-pied; l'on sentit qu'il y avait aussi parmi quelque chose de solide; l'on ne voulut pas attirer à soi les vestements dans la crainte de les déchirer, et l'on reboucha le trou avec de la cire. »

Trois ans plus tard d'autres trous se formèrent, et un chanoine, à l'aide d'un cierge allumé, regarda dans l'intérieur. « L'on vit alors, dit Souchet, fort à clair dans la sainte châsse, et l'on apperceut de l'estoffe comme droguet rayé blanchastre; au milieu de la châsse il y a sur le linge un petit paquet de linge noué autour d'une boëte ronde d'argent ou d'autre métal de la grosseur d'un pouce et demi de diamètre, etc. » (V. *Trésor de Notre-Dame de Chartres*, par Aug. de Santeul, p. 54.)

La révolution française fit cesser le mystère, et vint révéler enfin ce qu'il importe tant de connaître puisque c'est dans cette châsse que nous prétendons trouver l'explication du type chartrain. Nous allons, les procès-verbaux authentiques à la main, assister à l'inventaire de ces reliques si longuement vénérées par des personnes qui ne les avaient jamais vues.

VI.

INVENTAIRE DES RELIQUES DE CHARTRES.

Au mois de décembre 1793, des commissaires délégués par la ville de Chartres se rendirent à la sacristie de la cathédrale, et se firent remettre avec les autres objets précieux du trésor la châsse contenant le vêtement de la Vierge. M. l'abbé Jumentier, ci-devant curé de Saint-Hilaire de Chartres, assisté d'un autre ecclésiastique, en fit l'ouverture en présence de cinquante personnes au moins, et il retira d'une petite châsse d'argent le *précieux voile* appelé la *sainte chemise*. Cette antique relique, qui consistait en deux voiles, dont l'un servait d'enveloppe à l'autre, fut présentée à tous les assistants. Sur la réquisition des commissaires, il fut dressé un procès-verbal contenant la désignation des deux voiles, la nature de l'étoffe, leur longueur, leur largeur et la description des animaux et des oiseaux qui bordaient celui qui servait d'enveloppe : quelques personnes en demandèrent et obtinrent des fragments; mais « il fut arrêté que ce qui restait des deux voiles serait envoyé à M. l'abbé Barthélemy, célèbre antiquaire, orientaliste et membre de l'Académie des sciences et belles-lettres de Paris, pour le soumettre à son jugement et à ses observations, sans l'informer sur son origine, sa qualité et son mérite. Les commissaires reçurent pour réponse que c'était une étoffe de soie qui devait avoir plus de mille ans et semblable à celle qui servait de voile aux femmes dans les pays orientaux. Ce n'était donc pas ce que l'on nomme de nos jours une chemise, comme on l'avait cru constamment. »

Tous ces détails sont extraits du procès-verbal de Mgr de Lubersac, ancien évêque de Chartres, constatant la reconnaissance et l'état de la relique dite la chemise de la très sainte Vierge, conservée dans l'église de Notre-Dame de Chartres, en date du 8 mars 1820; cette pièce a été communiquée à mon père par M. Herisson, juge au tribunal civil de Chartres.

Lors de l'ouverture de la châsse par les commissaires de la république, on y trouva un procès-verbal dressé le 18 mars 1712 par Charles-François de Mérinville, évêque de Chartres. Ce prélat avait ouvert la châsse dans la crainte que les vers, le temps ou l'humidité ne détruisissent complétement les vêtements sacrés, et cela en présence de témoins respectables [1].

Nous n'avons point à discuter l'authenticité de ces reliques, et à prouver que, si on vénérait de semblables vêtements de la Vierge dans d'autres églises, « Notre-Dame n'estoit si souffreteuse et dénuée de moyens qu'elle n'eust des chemises pour changer et se tenir blanchement et nettement. » (V. *Dissertation sur la chemise de la Vierge*, par Souchet.) Ces étoffes précieuses auraient pu servir aussi à son ensevelissement, comme le raconte la Légende dorée; ou n'avoir été que l'ornement de quelques statues primitives de la Vierge, comme ces voiles dont on entoure encore la madone de Notre-Dame de Lorette, et qu'on découpe ensuite pour donner aux fidèles des souvenirs de leur pieux pélerinage. Ce qu'il s'agit de constater ici, c'est la date de la donation des reliques à Chartres; c'est leur exhibition à l'époque du siège des Normands; c'est enfin leur forme véritable, très mal indiquée par le mot chemise. Voici les conclusions que nous croyons pouvoir rigoureusement tirer des textes anciens que nous avons cités, des procès-verbaux dressés au dix-huitième siècle, et de l'examen du célèbre antiquaire Barthélemy.

1° Les reliques de la Vierge vinrent de Constantinople en France vers le commencement de la seconde race, et furent données à Chartres par Charles-le-Chauve en 876.

2° Lorsque les Normands assiégèrent Chartres, en 911, les reliques furent arborées par l'évêque, et le peuple leur attribua la défaite des ennemis et la délivrance de la ville.

3° Les vêtements sacrés n'avaient aucun rapport avec les nôtres, et consistaient en bandes

---

[1] In ea invenimus, *dit le procès-verbal*, sindonem seu linteum, lineis distinctum, in quo animalium florumque figuræ filis intertextis depictæ sunt, cujus extremitates segmentis multicoloribus variogatæ terminantur limbo imaginibus animalium ex filis aureis decoro cum fimbria serica rubra; quæquidem sidon obducebat aliud linteum tenuissimum et perantiquum ex tela pariter serica, vetustate et humore detritum et aliquibus in locis conclsum, longum circiter quatuor ulnis cum dimidia, cujus duæ extremitates filatim dissolutæ.

d'étoffes orientales beaucoup plus longues que larges; le mot *supparum* l'indique dans les textes anciens; le procès-verbal de 1712 constate quatre aunes et demie de longueur, et Willemin, qui en a mesuré, dessiné, publié un fragment (*Monuments inédits,* p. 16), ne déclare que dix-huit pouces de largeur.

Ces trois points accordés, il est facile d'établir maintenant des rapports entre les reliques de Chartres et le type que nous voulons expliquer.

VII.

EXPLICATION DU TYPE PAR LES RELIQUES DE CHARTRES.

L'apparition du type chartrain date de cette époque désastreuse où les descendants de Charlemagne perdent leur puissance et sont incapables de défendre le territoire. L'unité souveraine n'existe plus, et chaque localité résiste isolément aux attaques des barbares. Dans beaucoup de villes, les évêques, par une usurpation légitime, se mettent à la tête des affaires, et sauvent leurs peuples menacés. A Chartres, Gantelme négocie des secours, et ranime le courage des habitants en leur donnant pour bannière les reliques vénérées de la Vierge; cette bannière devient par conséquent le symbole de leur gloire et de leur délivrance. Que mettrait-on sur la monnaie locale si ce n'était ce signe?

De quelle manière cette longue bande d'étoffe fut-elle arborée sur les créneaux de la ville, comme le raconte Jehan Le Marcheant? Est-ce en la forme des drapeaux ordinaires? Cette bande de quatre aunes et demie était trop longue pour flotter tout entière; elle aurait en tombant atteint le bas de la muraille; il fallait mieux la fixer par ses deux extrémités à une espèce de potence pour la montrer à la fois aux regards des assiégeants et des assiégés; c'est précisément ce qu'on voit comme pièce principale dans le type chartain. Le demi-cercle qui s'attache à l'équerre relevée ressemble aux bandes d'étoffes dont on orne la façade de nos magasins, et nous pouvons conclure dès maintenant que notre explication a des preuves complètes dans les monuments et dans l'histoire; nous espérons, en continuant l'examen du type, pousser notre démonstration jusqu'à l'évidence.

Près du support invariable du type se trouve un signe qui semble l'accompagner. Sur les monnaies de Chartres et du Perche ce signe se compose de trois pointes renversées et réunies par le haut; sur les monnaies de Blois et de Vendôme ces trois pointes sont remplacées par trois barres; sur les monnaies de Châteaudun enfin, au lieu des pointes et des barres, se voit un M gothique. Malgré leurs différences ces signes ont évidemment la même valeur, et nous proposons d'y voir l'initiale de *Maria.*

En effet, si on examine attentivement les lettres bizarres des plus anciennes chartraines, on sera frappé de leur style cunéiforme; les A surtout se composent de trois pointes assemblées de manière à figurer un T renversé; les L et les V sont aussi d'une composition fort extraordinaire, et rentreraient parfaitement dans un alphabet où se trouverait l'initiale que nous proposons; les trois barres des monnaies de Blois et de Vendôme sont des variétés locales pour différencier les monnayages; elles ont des rapports avec les M de l'écriture cursive, et sur quelques pièces de Vendôme elles sont accompagnées d'un S comme la lettre gothique de Châteaudun.

Enfin sur les pièces de Châteaudun il n'y a plus d'objections possibles; les trois pointes de Chartres redressées sont réunies par deux cercles, et deviennent un M monétaire qu'on retrouve sur plusieurs monnaies baronales, sur les pièces d'Issoudun et de Meaux par exemple.

La croix de pièces de Châteaudun est quelquefois cantonnée de deux sigles, dont tout le monde connaît la signification. S.S. accompagnant la croix veut dire *Signum Salutis*; au revers de la croix est le signe chartrain accompagné d'un M; pour compléter la valeur de cette lettre, le graveur a mis un S; comment ne pas expliquer ces deux autres sigles M S par ces mots *Mariæ Signum*. M. Lelewel lui-même dit que S sur ces monnaies se rapporte au type. Nous connaissons d'ailleurs déjà S D V, *Signum Dei Vivi*; à Grenoble $\frac{A|\omega}{D|S}$ *alpha* et *omega Dei signum?* a Sancerre, S C, *signum Cæsaris*. Sur quelques monnaies de Châteaudun le graveur n'a mis que la pièce principale du type chartrain; il l'a surmontée d'un S et l'a entourée pour la symétrie de deux M, ce qu'on peut traduire par *signum Mariæ matris*, ou *signum Mariæ magnæ*.

Cette explication paraît décisive sur l'origine du type chartrain. Reste encore une pièce importante à examiner, c'est le cercle allongé et frangé que les numismatistes ont pris pour une couronne: une couronne serait plus favorable que contraire à notre système, car dans sa position elle accompagnerait mieux la relique que si elle dominait le support; mais nous préférons voir dans cette figure l'autre vêtement dont parlent les deux inventaires de la châsse et le texte de Jehan Le Marcheant: souvenons-nous que l'évêque portait la sainte chemise,

« Avecques une autre bannière
« Qui du voile de la Vierge y ere. »

Le procès-verbal de 1712 prouve que ces deux objets se ressemblaient beaucoup; les pointes qui ornent celui dont nous nous occupons maintenant représentent sans doute les franges; peut-être leur nombre a-t-il quelque valeur symbolique? Cette figure secondaire est si bien l'ornement dont parle notre auteur qu'on la voit fixée à la potence sur les monnaies de Vendôme, et y devenir la pièce principale comme à Blois, à Saint-Aignan. Le mot *supparum* de la chronique (*Gall. christ.*, l. 7, 1108) me paraît convenir à cette relique, qui était le voile caractéristique des vierges et des religieuses en Orient.

Ainsi, pour résumer ce que nous venons de dire sur le type chartrain et sur les monnaies de Chartres en particulier, notre conviction est que les figures généralement prises pour la dégénérescence d'une tête représentent les célèbres reliques de Notre-Dame de Chartres et l'initiale de *Maria*.

VIII.

VARIÉTÉS DU TYPE CHARTRAIN.

Nous allons maintenant examiner les types secondaires de Châteaudun, du Perche, de Blois et de Vendôme. Nous y trouverons la confirmation continuelle de notre système.

Le type des monnaies de Châteaudun est celui qui se rapproche le plus du type des monnaies de Chartres; il n'en diffère d'abord que par les lettres M et S, dont nous venons de voir l'importance; cette identité de type prouve la même origine. En effet l'histoire constate la suprématie de l'évêque de Chartres et la suzeraineté des comtes de Blois sur Châteaudun (*Monnaies chartr.*, p. 121.) Dès l'année 573, Promotus est nommé évêque de Châteaudun ; mais Papole, évêque de Chartres, obtient du concile de Paris la nullité de cette nomination, et Châteaudun reste dans la dépendance de Chartres. En 1024, Fulbert, évêque de Chartres, ayant à se plaindre de son diocésain, Geoffroi Ier, vicomte de Châteaudun, s'adresse à Eudes II, comte de Blois, suzerain de Geoffroi, afin d'obtenir satisfaction. Si le type chartrain n'était pas un type religieux, les monnaies de Châteaudun se seraient plutôt rapprochées des monnaies de Blois que des monnaies de Chartres, puisque c'était de ce côté qu'il y avait plus de droit et de puissance.

Les variétés du type de Châteaudun nous fournissent encore quelques remarques précieuses. Sur les pièces les plus anciennes surtout la bannière est très longue et se distingue parfaitement de son support. La seconde pièce, qui ressemble à une couronne, est quelquefois supprimée ou se voit sans les pointes qui ordinairement l'accompagnent, ce qui prouve que cette décoration n'y est pas essentielle. Enfin, lorsque les monnaies cessent d'être anonymes, les vicomtes de Châteaudun modifient le type en réunissant sur le même support les deux reliques que nous savons être de même forme et de même nature; ainsi les monnaies de Geoffroi ne sont plus des énigmes pour nous.

Le Perche est le pays le moins intéressant pour le type chartrain ; ses monnaies sont peu variées et peu nombreuses. Sa dépendance de Chartres pour le spirituel et sa communauté de seigneurs avec Châteaudun expliquent l'adoption du même type. Ses différents monétaires méritent cependant d'être signalés; la bannière est tournée de gauche à droite, au lieu d'être de droite à gauche, comme sur les autres monnaies chartraines ; la couronne est souvent remplacée par une sorte de pieu également frangé, et les trois pointes primitives remplacent la lettre M de Châteaudun, et montrent qu'elles y ont la même valeur ; on y remarque quelquefois une croisette fichée d'une pointe qui se trouve sur le curieux monétaire de Chartres ayant un monogramme et un oiseau.

Blois et Vendôme offrent la principale variété du type chartrain ; leurs monnaies sont très distinctes de toutes celles que nous avons examinées jusqu'à présent. Au lieu de ces longues bandes circulaires qui se voient à Chartres, à Châteaudun et dans Le Perche, on ne trouve attaché au support invariable qu'un ornement portant une frange comme la couronne et marqué à l'intérieur par des pointes ou des barres transversales ; ce type particulier appartient évidemment au même système de représentation que le type primitif de Chartres. Quelle est son origine et sa signification ? il faut reconnaître encore sur ces pièces un type religieux plutôt qu'un type féodal. La bannière des comtes de Blois est parfaitement connue ; nous la voyons au commencement du treizième siècle sur les vitraux mêmes de Chartres ; elle est d'*azur chargée de croix treffées, à la cotice d'or chargée d'une autre cotice d'argent, brochant sur le tout*. Il n'y a donc là aucun rapport avec le type de leurs monnaies. D'ailleurs les remarques que nous avons faites sur ces différences de types de monnaies de Blois et de Châteaudun peuvent s'appliquer en sens contraire à la ressemblance des monnaies de Blois et des monnaies de Vendôme ; les vicomtes de Châteaudun reconnaissent pour suzerains les comtes de Blois, et ne copient pas cependant leurs monnaies parceque le type est religieux, et pour la même raison aussi les comtes de Vendôme et les comtes de Blois ont un type commun, quoique rivaux et souvent en guerre. Les comtes de Vendôme descendaient de la maison d'Anjou, dont nous avons déjà signalé l'inimitié avec la race de Thibault-le-Tricheur. Un même type pour Blois et Vendôme venait de Chartres, leur seul point de rencontre ; ce type a donc nécessairement la même origine que celui des monnaies déjà observées. Mais d'où vient la différence ? plus celui qui possédait le droit de battre monnaie était puissant, et plus il était naturel qu'il se distinguât par un type particulier ; c'est ce que firent les comtes de Blois, tout en conservant sur les espèces le souvenir des reliques précieuses qui avaient sauvé de l'invasion normande le territoire qu'ils possédaient.

Nous avons vu jusqu'ici sur les monnaies chartraines la pièce principale qui s'attache au support, accostée d'une autre pièce circulaire que nous avons dit être le voile de la Vierge ; cette pièce pend exceptionnellement au support chartrain sur quelques pièces de Vendôme, et y explique ce changement de type. Ainsi, au lieu du suaire ou chemise de Chartres, Blois et Vendôme auraient pris pour bannière le voile de la Vierge, et l'auraient figuré d'une autre façon afin de distinguer leur monnayage. C'est bien encore une bande d'étoffe avec la même garniture de pointe, mais historiée, rayée par des barres horizontales ; cette bannière rappelle les vêtements et les ornements que portent les personnages des monnaies byzantines.

Entre le support et la bannière de Blois et de Vendôme se trouve un signe que nous n'avons pas encore observé; d'un besant ou d'un annelet pendent en s'écartant deux petites bandes; ce signe serait-il une représentation abrégée de la relique servant de pièce principale à Chartres, ou bien le dessin d'un autre objet également sacré; cette dernière explication nous semble préférable. En effet, tous les fidèles vénéraient dans la châsse qui s'ouvrit en 1712, après six cents ans de mystère, la ceinture de la Vierge; Sébastien Rouillard, dans son curieux ouvrage, en parle expressément, et rapporte une inscription grecque qui confirmait cette croyance. « L'autre tableau d'or, dit-il, qui porte cette inscription grecque :

ΑΠΟ ΤΗΣ ΤΙΜΙΑΣ ΖΩΝΗΣ ΤΗΣ ΘΕΟΤΟΚΟΥ.

c'est à dire de la vénérable zone ou ceinture de la mère de Dieu, me fait croire qu'il y en ait aussi quelques fragments et que le tout ait esté apporté de ladite ville de Constantinople et peut-estre qu'il n'y ha point d'inconvénient de croire que la Vierge n'ait eu plusieurs voiles ou ceintures, pour laisser autant de gages aux fidèles de son amour vers eux. »

L'auteur parle des autres ceintures de Bruges, de Rome, de la chapelle du Vivier en Brie, d'Aix en Allemagne, et il ajoute : « Je ne doute pas que ce soit celle qui de présent est en l'église de Chartres et qui aurait esté baillée à icelle avec la saincte chemise par ledit Charles le Chauve, lequel y aurait fait transporter l'une et l'autre de ladite ville d'Aix en Allemagne. » [1]

D'après le témoignage de Nicéphore (liv. xxiv, ch. 49), cette relique avait fait presque oublier toutes les autres lorsqu'elle était à Constantinople. « L'emperière Pulcherie, l'ayant fait apporter de Hierusalem par une extrême dévotion, fit bastir à Constantinople une excellente église au chalopratée ou de la ferronnerie, la mit dedans et y apporta tant de respect et révérence qu'il n'y eut de là en avant presque lieu en ville tant fréquenté que celui-là des prières du peuple...... »

Le procès-verbal de Mgr de Mérinville dit que la châsse renfermait aussi une ceinture de cuir ayant une boucle d'ivoire et un ardillon de fer : *Inclusam etiam in eadem capsa reperimus zonam ex corio coloris fusci cum fibula eburnea cujus clavus ex ferro*. Parmi les débris d'étoffes et de reliques que le temps avait presque réduits en poussière on trouva, il est vrai, cette inscription : *Cingulum sancti Leobini*. Ceinture de Saint-Léobin. Mais si cette ceinture était la seule renfermée dans la châsse, on peut supposer une erreur populaire, très compréhensible à cette époque. La ceinture montrée aux fidèles avec les reliques de la Vierge aurait changé promptement d'origine et augmenté par sa nouvelle attribution la célébrité du trésor chartrain.

---

[1] Il existe une légende charmante sur la ceinture de la Vierge conservée à la cathédrale de Prato ; elle a été peinte dans une chapelle de l'église par Agnolo Gaddi. (Voir l'ouvrage de M. Rio sur la peinture en Italie, p. 80.)

L'explication du signe particulier à Blois et à Vendôme par la ceinture de la Vierge aurait peut-être besoin d'autres preuves ; mais nous la proposons en attendant qu'on en donne une meilleure.

Les plus anciennes pièces de Blois sont celles dont le style se rapproche le plus du style des anciennes pièces de Chartres ; les plus modernes sont celles qui cessent d'être anonymes. Ces dernières sont les plus favorables à notre système ; la position du type est clairement indiquée par la fleur de lis qui l'accompagne ; le support est très distinct de la bannière, et les extrémités en sont terminées par des annelets comme sur la base du chatel tournois.

Entre ces deux époques du monnayage blesois se placent les pièces qui ont donné quelque apparence de vérité au système de M. Lelewel. On doit comprendre maintenant pourquoi nous avons dit en le réfutant que la tête humaine ne pouvait jamais se rencontrer à Chartres, à Châteaudun et dans le Perche. En effet, le graveur n'a donné au type chartrain l'apparence d'un profil qu'au moyen d'un signe spécial à Blois et à Vendôme. La bannière en s'arquant trace les contours supérieurs d'une tête, et la termine par une espèce de couronne. Son support indique la ligne du front et du nez d'une manière plus droite, mais moins heureuse certainement que dans les profils grecs ; les trois barres qui remplacent les trois pointes de Chartres et la lettre de Châteaudun figurent tant bien que mal les lèvres et le menton ; un besant fait l'œil, et la pièce que nous supposons être la ceinture de la Vierge, avec les deux branches qui vont rejoindre les trois barres et la bannière, limite par le bas cette étrange composition.

Il doit être incontestable désormais que la tête informe prise par M. Lelewel pour le type primitif de Chartres n'en est que la dégénérescence : il faut remarquer d'ailleurs que si ces pièces sont assez anciennes par leur style elles sont plus modernes par leur titre ; leur alliage contient si peu d'argent qu'on serait tenté d'y voir l'œuvre de quelques faussaires si leur petit nombre et l'endroit où elles ont été frappées n'expliquaient suffisamment la pauvreté de ces espèces. On ne connaissait, je crois, qu'une ou deux pièces à tête quand la découverte de Bourré nous en a procuré quelques autres ; elles sont signées du nom de Blois, de Saint-Aignan ; mais il est très probable qu'elles sont toutes sorties du même atelier monétaire, de l'atelier de Saint-Aignan, par exemple, et que leur émission a été fort peu considérable.

Lors même que ce type local et transitoire eût été plus durable et plus étendu, M. Lelewel et les partisans de son système chartrain ne pourraient pas s'en prévaloir pour le donner comme type primitif, puisque la numismatique féodale nous offre plusieurs exemples de types anciens tellement déformés qu'il faut toute une suite d'observations pour en découvrir l'origine. Ainsi M. Duchalais a retrouvé le nom d'Eudes, ODO, dans le type de Provins, et tout le monde reconnaît les restes du monogramme de Foulques dans la clef d'Anjou et les débris du mot REX dans la faucille, la croix, les barres et les points de Nevers.

Il nous reste maintenant à examiner les monnaies de Vendôme : c'est la localité où le type chartrain présente plus de variétés et fournit par conséquent plus d'observations.

Vendôme, comme nous l'avons déjà dit, dépendait du diocèse de Chartres ; Geoffroi Jourdain, comte de Vendôme en 1085, est excommunié par l'évêque de Chartres, et forcé, pour obtenir pardon, d'aller se présenter pieds nus au chapitre de la Trinité de Vendôme, dont il avait maltraité l'abbé [1].

Les comtes de Vendôme avaient quelquefois pour cri de guerre *Saint-Georges! Vendôme!* mais plus généralement le cri *Notre-Dame de Chartres!* Ce fait suffit pour expliquer l'adoption du type chartrain à Vendôme.

Les plus anciennes pièces de Vendôme se rapprochent beaucoup des anciennes pièces de Blois, et nous avons vu que c'est en passant par leur commune métropole que ces deux villes rivales se sont ainsi rencontrées. Une des pièces de Vendôme offre quelque rapport avec la tête chartraine; mais en l'examinant dans le médailler de mon père j'ai reconnu qu'il y avait une simple tendance complaisamment exagérée par le dessinateur et le graveur des *Monnaies chartraines*. C'est accidentellement que le signe bifurqué touche aux trois barres qui accompagnent la bannière.

Le type vendomois se distingue promptement du type de Blois par la forme et les pièces accessoires. Au dessous des trois barres se retrouve la lettre S que nous avons étudiée et expliquée aux monnaies de Châteaudun. La bannière, au lieu d'être rayée de barres transversales, est marquée d'une suite de points qui rappellent encore mieux les étoffes des monnaies byzantines. La pièce à deux bandes qui tombent en s'écartant prend des formes carrées, et ressemble à un V sans être toutefois l'initiale de Vendôme, comme le croit M. Lelewel, puisque sa position incontestable est d'être renversée.

IX.

CONJECTURES SUR QUELQUES PIÈCES DE VENDOME.

Viennent ensuite des variations très remarquables qui s'expliquent par la rivalité de plus en plus prononcée des comtes de Blois et des comtes d'Anjou, et par la nécessité de différencier leurs monnaies. Le type retourne d'abord à sa forme primitive. Le voile de la vierge qui accompagne le signe principal sur la monnaie de Chartres pend au support et donne une précieuse indication que nous avons déjà signalée; le centre du type est orné d'une rosace dont nous examinerons bientôt la valeur. Enfin à cette époque où tous les seigneurs, jouissant du droit de monnayage, s'appliquaient dans leur intérêt à singer les monnaies royales, le type vendo-

---

[1] Après quoi, ayant mis quatre deniers sur sa tête, il les porta sur le maître autel avec un couteau, afin que la postérité soit instruite du fait. (*Monnaies chartr.*, p. 85.

mois adopte une forme carrée qui le rapproche du châtel-tournois. Nous avons déjà vu quelque chose de semblable à Châteaudun sur les pièces de Geoffroi, où les reliques de Chartres pendent aux deux extrémités d'une barre horizontale. Nous croyons qu'il faut voir dans le même sens les types des monnaies de Bouchard et de Jean de Vendôme, lorsque cette position est indiquée par un signe quelconque. Il n'y a aucun doute à avoir sur l'obole de Bouchard V, publiée par Duby et dessinée plus exactement dans les *Monnaies chartraines*. La direction du type est marquée par celle des fleurs de lis; l'ouverture du signe spécial à Blois et à Vendôme la démontre aussi d'une manière incontestable ; elle est toujours tournée vers le bas, jamais vers le haut. La croix de la légende doit être dans la partie supérieure, et nous la voyons quelquefois liée par un trait au type qu'elle surmonte. Enfin l'étoile de Vendôme n'est jamais en bas, et peut servir encore à déterminer le véritable sens du type.

D'après ces règles nous retournerons quelques pièces qu'on avait jusqu'à présent renversées. Celle de Bouchard, par exemple, représente très bien en la redressant nos bandes sacrées supportées au centre par une hampe. L'échancrure qu'on y remarque a la même valeur que l'ouverture annulaire qui se trouve au milieu du type sur l'obole citée plus haut. Quelle explication faut-il donner de cette forme ? En voici une que je propose sous bénéfice d'inventaire.

Il existe dans l'église un vêtement toujours reconnu pour être *l'habit de la Vierge*. C'est une longue bande d'étoffe ouverte au centre pour laisser passer la tête, et descendant comme un voile des deux côtés du corps. Aussi ce vêtement est-il devenu un symbole de pureté. Presque tous les moines de l'Orient le portaient, et nous le voyons adopté par nos ordres religieux du moyen âge. Il prit le nom de scapulaire, parcequ'il servait à couvrir et à garantir les épaules pendant le travail. Dans la vie de S. Dominique on trouve la vision du bienheureux Réginald d'Orléans, auquel la sainte Vierge prescrit d'ajouter à l'habit des chanoines réguliers de S. Augustin le scapulaire comme étant son vêtement, sa livrée spéciale. Le bienheureux Stok reçoit aussi miraculeusement le scapulaire de la sainte Vierge, et le popularise parmi les fidèles au moyen d'une dévotion particulière qui subsiste encore. Cette apparition est représentée d'une manière très remarquable dans la chapelle de l'ancienne maison des Carmes de la rue de Vaugirard, sur un des pendentifs du dôme. En visitant cette chapelle j'ai été frappé du rapport qui existe entre cette bande dont la Vierge va revêtir le religieux agenouillé et l'objet de notre obole de Bouchard, et j'ai cru qu'après avoir prouvé l'origine religieuse du type chartrain je pouvais, sans paraître trop rêveur et trop bizarre, proposer de voir dans cette variété de Vendôme la représentation exacte du vêtement spécial de la Vierge.

Les autres types semblables à la base du châtel renversé viennent des variétés que nous venons de décrire. Leur forme a sa cause dans l'imitation des monnaies royales : c'est à quoi tendaient tous les seigneurs de cette époque.

Que nos lecteurs nous permettent encore une explication; si nous nous trompons, que d'autres disent mieux, et nous nous réjouirons d'en être la cause. Les types de Vendôme offrent quelques signes accessoires qui semblent n'être pas sans valeur. Une étoile s'y montre souvent, et mon père a proposé d'y voir un souvenir de la Trinité de Vendôme dont la place fut indiquée par une étoile à Geoffroi Martel et à Agnès, sa femme; on y rencontre aussi un ornement à six branches terminées par des points; j'en ignore la valeur, et je ferai seulement remarquer que cet objet se trouve sur les monnaies des princes croisés, sur les monnaies de Tripoli entre autres; mais la chose la plus importante est assurément une espèce de rosace qui occupe toujours le centre du type; elle conserve cette place d'honneur dans toutes les variétés que nous venons d'examiner; c'est encore là une énigme qui nous permet de risquer une conjecture. La représentation des reliques locales étant l'origine du type chartrain, pourquoi ne pas admettre que Vendôme a placé sur ses monnaies la relique qui faisait sa gloire, comme les vêtements de la Vierge faisaient celle de la métropole? Personne n'allait à Chartres sans visiter aussi la sainte larme de Vendôme; le fils de Foulques Nerra en avait fait présent à l'abbaye de la Trinité, et l'histoire de cette donation a été magnifiquement sculptée sur une des portes de l'église. L'authenticité de la relique a été combattue au dix-septième siècle par Thiers; mais cette attaque lui a procuré un illustre défenseur dans la personne de dom Mabillon. Nous n'avons pas à juger la querelle; il nous suffit de rappeler ici une des plus belles légendes du moyen âge. Quoi de plus touchant que cette larme de l'amitié répandue par notre Seigneur devant le tombeau de Lazare, et recueillie par un ange, pour que cette relique précieuse fût le symbole de l'affection la plus pure qui puisse unir les hommes. Pendant des siècles on a eu le bonheur de croire à cette larme divine, et cette croyance a consolé bien des chagrins, soulagé bien des douleurs. Pourquoi cette relique vénérée n'aurait-elle pas été figurée sur les monnaies de Vendôme, dont elle était l'honneur et la richesse? Ne serait-ce pas cette rose qui s'étale au milieu du type comme un diamant, et qu'on ne trouve dans aucune des localités que nous avons étudiées? Nous abandonnons cette explication à la critique de nos lecteurs.

Nous voici parvenu au terme de notre travail, et nous espérons n'avoir pas fait un roman numismatique. Nous nous sommes efforcé de procéder toujours avec ordre et méthode; c'est en analysant le type chartrain, en étudiant ses variétés, et en cherchant ses causes dans l'histoire, que nous sommes arrivé insensiblement à une conviction véritable, et que nous proposons de voir définitivement dans cette figure singulière, non pas une tête humaine, mais la représentation des reliques qui sauvèrent Chartres au dixième siècle, et qui furent célèbres dans toute la chrétienté, pendant tout le moyen âge. Si nous n'avons pas persuadé, nos efforts ne seront cependant pas stériles; ils feront naître d'utiles contradictions, et donneront peut-être l'idée d'étudier dans les histoires locales l'origine de quelques autres types monétaires jusqu'ici trop négligés. L'explication des planches que nous joignons à ce mémoire résumera rapidement tout ce qu'il contient.

X.

EXPLICATION DES PLANCHES JOINTES A CE MÉMOIRE.

(PLANCHE XII.)

Nous avons divisé nos dessins en deux planches, comme le type chartrain se divise en deux systèmes : Chartres, Châteaudun, le Perche d'un côté; Blois et Vendôme de l'autre. Nous avons placé en tête trois monnaies de la première et de la seconde race, afin de montrer qu'il n'y a aucune filiation entre ces types royaux et le type chartrain. (Pl. 12.)

(A) Denier d'argent mérovingien. D'un côté CARNOTAS, un oiseau tenant un objet globuleux à son bec; au revers, un monogramme qui me semble être celui de Chartres; la combinaison du haut pourrait figurer un M. *Maria carnotensis?* La petite croix fichée doit être remarquée parcequ'elle est semblable à celle qu'on voit sur les monnaies du Perche.

(B) Un des premiers deniers de la seconde race. Personnage nimbé, tenant deux croix avec les lettres CARN. Chartres? Au revers R. F. *Rex Francorum?* abréviation qui se trouve sur les pièces de Pépin et de Charlemagne. J'aime mieux voir dans cette pièce une monnaie de ce dernier prince qu'une médaille de dévotion dont la légende serait *Crux Adoranda Redemit nos :* que voudrait dire alors *Rex Francorum?* D'ailleurs le système d'interprétation du père Hardouin, qui dans toutes les lettres d'une légende voyait des initiales de mots, donne des résultats si arbitraires qu'il faut rarement s'en servir en numismatique. Le type religieux de cette monnaie de Chartres est à remarquer.

(C) Beau denier de Eudes. Dans le champ son nom, ODO, entouré de croisettes et de barres, avec cette légende GRATIA DI REX. et au revers CARNOTIS CIVITAS. I.

Au dessous de ces monnaies, nous donnons l'analyse du type chartrain primitif : son support invariable; la pièce principale qui y pend; celle qui l'accompagne avec ou sans pointes; ces deux objets réunis sur quelques pièces de Châteaudun; les trois pointes renversées; les lettres M et S de Châteaudun; enfin quelques pièces accessoires par ordre d'ancienneté.

(D) Le type chartrain; au revers CARTIS CIVITAS; c'est la pièce chartraine la plus ancienne par son style, son poids et son titre.

(E) Pièce remarquable par la forme des lettres T. V. A., qui se ressemblent et peuvent être rapprochées des trois pointes où nous avons vu l'initiale de *Maria*.

(F) Une croisette remplace les trois pointes, et le style est plus moderne.

(G) La fleur de lis succède à la croix, et indique des alliances royales.

(H) Les pièces cessent d'être anonymes; au revers on lit K' COM. CARTIS CIVIS. obole de Charles de Valois, qui fut fils, frère, père et oncle de rois (1293-1329). Le titre et le style de cette obole peut faire croire qu'elle est postérieure à l'ordonnance de 1315, qui réformait les monnaies.

(I) Denier frappé à Blois avec le type de Chartres, BLISICASTRO. Le prince qui la frappait était à la fois comte de Blois et comte de Chartres; c'est probablement Jean de Chatillon, qui fut comte de Blois (1241-1279), et comte de Chartres (1269-1279).

Cette pièce prouve l'origine chartraine du type que nous étudions. Le type de Chartres est copié dans des villes dont Chartres n'adopte jamais au contraire les variétés.

(J) Pièce ancienne de Châteaudun, DVNIS. AST III. La forme bizarre des dernières lettres, la singulière orthographe du nom sont à signaler.

(K) Type chartrain avec les croissants des comtes de Châteaudun; la croix est cantonnée des lettres S. S., *Signum salutis*.

(L) Le signe principal de Chartres occupe seul le champ; il est entouré des lettres S. M. M., *Signum Mariæ*, *Matris*, ou *Signum Mariæ Magnæ*.

(M) La bannière est tournée à droite comme sur ces monnaies du Perche, dont les seigneurs étaient les mêmes que ceux de Châteaudun.

(N) Sous Geoffroi IV, vicomte de Châteaudun (1215-1235). Un même support réunit les deux bannières de Chartres.

(O) Le type chartrain est remplacé par le croissant armorial de Geoffroi.

(P) Style ancien des monnaies du Perche. Le type est tourné à droite, la couronne est sans pointe; à l'opposé une espèce de piquet.

(Q) Le piquet est frangé comme la couronne. On trouverait peut-être l'explication de ce signe dans l'histoire religieuse du Perche.

(R) Denier percheron signé de l'initiale d'un prince, I? COMES PERTICI. M. Lecointre-Dupont, qui le possède, l'attribue à Jacques de Château-Gonthier (1226?-1257).

(PLANCHE XIII.)

La seconde planche nous montre les variétés de Blois et de Vendôme. Le type chartrain s'y différencie complétement. Le support reste le même, mais la bannière devient une bande ornée à Blois par des barres transversales, et par des points à Vendôme. La seconde pièce de Chartres remplace quelquefois cette bannière à Vendôme, et nous en donne la valeur. Puis vient le carré ouvert par le bas et entaillé dans le centre. Les pointes de Chartres sont remplacées par trois barres accompagnées de la lettre S à Vendôme. Un nouveau signe, partant d'un besant ou d'un annelet, se divise en deux et présente une forme carrée à Vendôme. Enfin, pour différents monétaires spéciaux, nous remarquons principalement les rosaces dont nous avons parlé.

(A) Type ancien de Blois, BLESIS CASTRO.

(B) Denier qui marque la transition entre le premier et le suivant ; le signe bifurqué va rejoindre les trois barres.

(C) La tête est formée par l'arrondissement de la bannière et la jonction du signe local.

(D) Monnaie moins ancienne ; le type revient à sa forme primitive.

(E) Le style devient plus moderne et les fleurs de lis royales y paraissent.

(F) Les monnaies de Blois cessent d'être anonymes, H. COM. BLESENSIS. Hugues II (de Chatillon), comte de Blois (1292-1307).

(G) Le type est accompagné de la légende GVIDO COMES. Gui I⁺ de Chatillon fut le dernier comte de Blois qui frappa monnaies (1307-1342) ; il vendit son droit de battre monnaie à Philippe de Valois en 1320, pour la somme de 15,000 livres tournois.

(H) Monnaie de Saint-Aignan, offrant le type combiné de manière à former un profil. SANCTIAI-NANO. Saint-Aignan était dans la dépendance des comtes de Blois, qui avaient droit de monnayage dans tout leur domaine ; la présence du type chartrain sur les monnaies frappées dans cette ville est facile à comprendre. Tous les deniers de Saint-Aignan se ressemblent par leur style et par leur titre ; leur fabrication a été peu considérable et de courte durée.

(I) Denier de Celles-sur-Cher [1]. Cette ville était un fief du comté de Blois. Thibault II le donna à Humbaud III dit le Tortu, seigneur de Vierzon. Cette dépendance et son voisinage de Saint-Aignan explique l'adoption du profil chartrain : le titre de notre pièce est très bas. Sa légende, ROB'. DE. CELL'. la donne à Robert I⁺, seigneur de Mehun et de Celles (1178-1189).

(J) Monnaie ancienne de Vendôme ; type semblable à celui de Blois, au revers VNESASTO.

(K) Obole de Vendôme, les croisettes remplacent les besants. La lettre S accompagne les trois barres ; le signe inférieur est à trois branches ; au revers VINDOCIMOCASTO.

(L) Les points remplacent les barres transversales sur la bannière.

(M) La rosace et la fleur de lis indiquent une date plus récente.

(N) La pièce accessoire de Chartres pend au support.

(O) Monnaie anonyme de Vendôme sans le type chartrain avec la rosace ; au dessus se trouve une croix particulière avec les deux sigles S S., *Signum salutis*.

(P) Obole de Bouchard V (1249-1271), bande supportée par une tige et surmontée d'une étoile, BOCARD. COMES ; et au revers VIDOCINENSIS.

(Q) Obole du même prince ; la bande a des rapports avec le scapulaire monastique ; les fleurs de lis qui l'accompagnent rendent sa position incontestable.

(R) Obole de Jean V (1271-1315), VINDOCINI. au revers IOHANCOMES. Le type surmonté d'une croix prend la forme de la base du châtel renversé, afin de se rapprocher des monnaies royales.

---

[1] Le nom de cette ville doit s'écrire par un C et non par un S : son origine vient des celles ou cellules bâties par les disciples de S. Eusice, mort vers 543 (*cellæ sancti Eusicii*). Childebert au retour de son heureuse campagne contre Alamaric accorda au saint ermite, qui lui avait promis la victoire, quinze livres d'or et la liberté de plusieurs prisonniers qui s'attachèrent à Eusice et l'aidèrent à construire son monastère (*Mon. chart., p.* 155).

(S) Le type chartrain disparaît complétement, la rosace du centre est dominée par une croisette qui s'y rattache par un trait, IOH S. COMES; au revers VIDOCINENSIS.

Nous aurions pu suivre le type dans les localités éloignées, où des alliances de famille et la dévotion des seigneurs l'ont fait adopter; mais nous ne voulons pas dépasser les limites d'un mémoire, et nous renvoyons nos lecteurs à la *Monographie du type chartrain*, à laquelle nous reconnaissons devoir surtout notre érudition.

E. CARTIER.

QUELQUES CONJECTURES

SUR

LE SYMBOLISME EXTÉRIEUR DES ÉGLISES, A PROPOS D'UNE ÉTYMOLOGIE BIBLIQUE DU MOT *MAGOT*.

I.

LES MAGOTS SUR LES TOITS DES ÉGLISES.

Si les études grammaticales n'étaient tombées en une extrême défaveur, il y aurait de curieuses investigations à faire sur un bon nombre d'étymologies dont la trace peut conduire à des résultats qui vaudraient bien ceux d'autres recherches plus en crédit. Les mots qui ont pris droit de prescription à diverses époques sont parfois comme ces médailles longtemps traitées en simples signes d'échange par des mains distraites, puis écartées comme pièces de rebut par des observateurs un peu plus sévères (et un peu moins avisés) que le commun des hommes ; mais qui enfin sous le regard de la sagacité savante se transforment un jour en monument hors de prix. Elles deviennent tout d'un coup la preuve de quelque grand fait longtemps oublié ou traité de chimère, et l'histoire est obligée d'ouvrir ses rangs pour faire place aux événements qu'elles révèlent après des siècles d'étourderie ou d'injustice. Seulement, ce que les monuments numismatiques éclairent le moins,—la connaissance des mœurs, des passions et des préoccupations humaines, — l'étude critique des langues serait particulièrement propre à le mettre en lumière si on y portait un esprit d'observation attentive et soutenue par les autres appuis que présente l'histoire. Que d'iniquités triomphantes, par exemple, que de conspirations couronnées par le succès, mais réprouvées par la droiture, ont pris pied dans le langage en attendant le stigmate infamant qu'un scrutateur sévère aurait à leur infliger ! Il est telle expression qui est vraiment une tache pour le siècle où elle a prescrit, et qui nous rend complices de la légèreté ou des préjugés aveugles de nos prédécesseurs, tant qu'une main ferme n'aura pas au moins qualifié ses titres primitifs. Ne faisons-nous pas encore tous les jours acte d'incurie ou de désaveu pour une véritable gloire nationale lorsque dans le verbe *lambiner* nous continuons l'œuvre de dénigrement et de persiflage commencée il y a trois siècles par les envieux de Lambin, l'honneur de l'érudition et de la philologie française? Si je n'avais à me récuser, n'en pourrais-je pas dire autant du mot *escobarderie*, entre autres, d'où un étranger morose pourrait chercher à conclure que la satire a pour notre patrie des entraînements contre lesquels la vérité est impuissante?

Mais laissons les passions mauvaises de certaines époques, héritage accepté plus ou moins à la légère par leurs successeurs, et montrons que de nobles et pieux souvenirs sont aussi déposés dans des expressions qui nous trouvent trop inattentifs. J'en prendrai quelques-uns au hasard pour arriver bientôt à celui qui est l'occasion de cet article. Les mots *ladre* (ladrerie, etc.,) et *Hôtel-Dieu* ne rappellent-ils pas le temps où les plaies diverses de l'humanité étaient voilées et comme ennoblies par une charité délicate, où le lépreux était l'homme éprouvé par l'affliction comme S. Lazare (S. Ladre, disaient nos pères), où l'abri commun du pauvre était le palais de Dieu, où la femme de mauvaise vie elle-même, dès qu'elle renonçait à ses désordres, se réhabilitait par le nom de *madelonnette* ou de *repentie*. Point d'affliction alors, point de dégradation même (dès que la volonté n'y avait plus de part), qui ne trouvât un certain baume à ses douleurs dans les touchants égards d'une société compatissante malgré sa rudesse. Les mots assez peu académiques, mais très populaires, de *kermesse*, de *ducasse*, de *bénichon*, qui désignent dans diverses provinces la grande fête de chaque village, ne témoignent-ils pas que toutes ces grandes joies ont eu leur point de départ au jour où la messe a été pour la première fois célébrée solennellement en chacun de ces lieux [1]? En sorte que l'Allemagne luthérienne, dans le nom de ses grandes foires commerciales [2], proclame encore, sans y songer, que, pour les fondateurs de ces rendez-vous, la célébration du saint sacrifice catholique était le vrai signal et comme l'unique ouverture légale d'une fête.

Il ne nous faut point céder à des prédilections philologiques qui pourraient ne guère émouvoir un bon nombre de nos lecteurs; venons-en donc à la seule étymologie qu'annonçait notre titre, et qui doit nous conduire à un autre genre de recherches. Ici nous sommes sur le terrain du moyen âge, quoi qu'on en puisse penser à cause des *magots de la Chine* : alliance de mots qui porterait à croire que l'importation des paravents, des porcelaines, des figurines et autres fantaisies chinoises fixe l'époque la plus reculée de ce mot parmi nous. Mais, sans chercher fort loin, Joinville montre qu'il faut admettre une date bien autrement ancienne, quand il parle des *peuples de Got et Magot qui devaient venir en la fin du monde avecques l'Antecrist, quand il viendra pour tout destruire*[3]. Cette seule phrase nous apprend plusieurs choses sur le mot que nous poursuivons : elle établit, outre son ancien usage dans notre langue, son origine biblique très reconnaissable. Il est évident que c'est là le *Gog* et le *Magog* de l'Ecriture sainte [4]; indication très vague, si l'on veut, et que les commentateurs n'ont pas réussi à bien préciser, mais qui n'en était que plus chère à l'imagination de nos aïeux parcequ'ils avaient toute liberté d'y lire mille choses curieuses au gré de leur fantaisie [5]. L'unique chose qui

---

[1] *Kirchness* (ou en flamand *kermess*, *kerremesse* et *karmiss*), *kirmess*, *kirchweih*, dédicace, bénédiction.

[2] Ostermesse, Michaelismesse, etc., c'est à dire littéralement : *Messe de Pâques, messe de S. Michel*, etc.

[3] Histoire de S. Louis (*ap.* Petitot, collect. des *Mémoir.*, 1re série, t. II, p. 333).

[4] Ezech., xxxviii, 2 ; xxxix, 6. — Apoc., xx, 7, etc. Maintenant quelle relation peut-il y avoir entre cette origine palpable et le même mot employé également par nos pères pour désigner une bourse, un trésor ? Ce n'est point mon affaire pour le moment; et je me garderai d'autant plus de quitter une position inattaquable que la philologie m'est ici uniquement comme un pont pour arriver à une question de monumentalisme.

[5] Si l'on trouvait bizarre la substitution des Goths au Gog d'Ezéchiel et de S. Jean, la justice voudrait que le moyen âge n'en portât pas toute la responsabilité. S. Ambroise (*De fide*, libr. II, cap. 16; opp. t. II, 495) avait hasardé cette traduction, qui a trouvé des imitateurs, mais que des docteurs non moins graves ont critiquée ou modifiée. (Cf. Corn., v. d. st., *in Ezechiel.*, l. cit.) Quoi qu'il en soit, un grand nombre

se puisse conclure bien certainement de l'ensemble des textes où ces mots mystérieux sont répétés, c'est qu'ils désignent les auxiliaires de Satan contre Jésus-Christ. Ces auxiliaires sont-ils des peuples, et quels peuples? Ou bien ne sont-ils que les ministres subalternes de Lucifer? Là les opinions se partagent; et peu nous importe, quant à notre sujet actuel, puisque après tout ce sont les serviteurs quelconques du Prince des ténèbres. Ce qui nous importe un peu plus, c'est l'observation souvent faite au moyen âge par les commentateurs de l'Écriture; savoir que, décomposé dans sa signification hébraïque, *Magog* signifie *du toit*[1]. Quelle que soit la valeur exégétique de cette décomposition grammaticale, elle se prêtait assez bien à l'idée qui travaillait les architectes chrétiens, la représentation de l'Église chrétienne dans les formes du temple qui servait à réunir ses enfants; ou autrement : l'exacte traduction en langage architectural du double sens (moral et matériel) que renferme le mot *église* pour les peuples chrétiens. Rapprochée d'un texte où S. Paul parle du démon sous le nom de *Prince de l'Air*[2], cette acception hébraïque de *Magog* conduisit à peupler de monstres fantastiques les cheneaux et les galeries aériennes des églises. Là ces magots grimaçants du haut des toits ou des clochetons figurèrent les légions de l'Ennemi du salut qui planent sur la tête du fidèle pour l'écarter du droit chemin, et contre lesquelles il n'est de vrai refuge ou de remède que dans l'Eglise[3]. Ainsi s'explique en même temps pourquoi la statue de S. Michel, ou d'un ange quelconque, se voyait fréquemment soit sur le chevet, soit sur quelque pignon principal des églises. Il était là comme pour contenir les légions infernales, et rassurer le fidèle contre l'appareil de cette armée ennemie qui ne peut nuire au chrétien s'il ne donne lui-même les mains à sa ruine.

Que la laideur ait été prise par les temps chrétiens comme symbole de la dégradation morale, et qu'à ce titre les démons aient constamment été figurés avec des formes repoussantes, c'est ce que tout le monde sait, c'est ce que l'étude de l'âme humaine nous montre comme un sentiment profond de notre nature : aussi les langues classiques confondaient-elles sous un seul mot[4], comme nous, l'expression de la difformité et celle du vice. C'est de la sorte que,

---

d'interprètes ont vu dans Gog et Magog les nations septentrionales de l'Asie (ou plutôt les populations qui habitaient vers la mer Noire et la mer Caspienne) et de cette partie de l'Europe qui a longtemps été considérée comme contrée asiatique (les bords du Volga), y compris les peuples sortis de ces régions.

[1] Cf. Gloss. *in Ezech.*, et *Apocal.*, l. cit. — Ambros. Autp. *in Apocal.*, lib. IX (Bibl. PP. t. XIII, 623, sq.) — Radulph. *in Levitic.*, libr. XVIII, 1 (*Ibid.* XVIII, 217, sq.), etc.
Citons au moins les paroles d'un interprète qui appartient aux premières années du XII° siècle. Brun. Astens. *in Apoc.* XX. (Opp., Rom. 1791., t. II, 360) : « Per Gog et Magog quidam Gothos, quidam vero Getas et Massagetas intelligere voluerunt... Nos autem secundum nominum interpretationem, salva fide, ista exponamus. Gog enim interpretatur *tectum*; Magog vero, *de tecto*. Sed quid *tectum*, nisi peccatores in quibus vitia et maligni spiritus teguntur et habitant? Quid vero *de tecto*, nisi eadem vitia spiritusque immundi? Etc. »

[2] Eph. II, 2.

[3] Nous signalons avec plaisir le pressentiment qu'exprimait hardiment à ce sujet l'habile directeur de la *Revue générale d'Architecture*, M. César Daly, au moment où nous préparions l'impression de notre travail. « ..... Dans les édifices du « moyen âge, dit-il (*Revue*, t. VII, 56), les gargouilles devien-« nent d'horribles monstres. Est-il à supposer que les artistes « prédicateurs du moyen âge aient créé ces formes repous-« santes sans y attacher aucune signification? Etc., » L'érudition, qui atteint péniblement ses résultats à travers des sentiers difficiles, doit néanmoins éprouver de la joie plutôt que de la jalousie lorsque l'intuition conduit de prime saut au même terme un esprit plus heureux. La diversité des voies suivies est alors une forte présomption pour l'exactitude du résultat qui s'est trouvé au point de leur rencontre.

[4] Αἰσχρός, et *turpis*; et chez nous, *vilain* ou *laid*.

Magog ayant été pris comme indication des suppôts de l'enfer, magot a bientôt signifié un être difforme et plus ou moins repoussant. Pourquoi ces magots ont pullulé sur les toits des églises, nous l'avons dit ; quant à savoir si aujourd'hui il serait expédient de livrer aux *Magots* du moyen âge dans une église nouvellement construite toutes les places qui leur eussent été dévolues au treizième siècle, ce n'est pas précisément la question. Imaginer quelque chose de mieux, ce sera un progrès ; mais ce n'en serait pas un de quitter l'ancienne pragmatique parcequ'on n'en connaîtrait point les raisons, ou parceque, les appréciant mal, on les jugerait puériles. Quoi qu'on puisse penser de la forme que revêtait cette leçon, le fond est une de ces vérités que l'Écriture et la liturgie répètent chaque jour au chrétien pour l'exciter à se tenir sans cesse sur ses gardes [1] ; savoir que tout nous est piége hors de la voie tracée par l'Église, et que les œuvres même de Dieu peuvent être tournées en armes contre nous entre les mains de l'ennemi si nous ne cherchons dans les secours de la Grâce une défense quotidienne contre les périls que recèle la nature elle-même. L'art alors,— noble mission, depuis bien oubliée,— se proposait d'être pour l'humanité le contrepoids de cette pente qui nous entraîne à oublier le monde supérieur dans la fascination de ce qui frappe nos sens ; comme l'Église, il visait à faire des choses visibles un marchepied pour élever l'homme à l'invisible. Que les artistes futurs inventent des moyens meilleurs ou plus appropriés aux esprits sur lesquels ils ont à agir, rien de mieux ; mais quant au but de leurs prédécesseurs, qu'ils sachent que l'art ne peut y renoncer sans s'amoindrir et déchoir.

Passons plus avant.

Si un symbolisme grave et appuyé par l'Écriture sainte a régi sur les toits même des églises des détails presque imperceptibles, où l'on consentirait assez volontiers à ne voir que les fantaisies d'une ornementation capricieuse, que faudra-t-il penser des grands membres de l'édifice lui-même et de la destination affectée à chacun d'eux ? C'est bien ici que l'arbitraire a dû être écarté. Les esprits mûrs se le persuadent par un irrésistible instinct ; et si l'on est animé de la foi qui a remué ces montagnes, on pressent avant toute démonstration que certaines lois réglaient le soulèvement et la configuration de leurs diverses parties. Déterminer ces lois, c'est l'affaire de l'étude ; mais affirmer *a priori* qu'il en existait, c'est le cri d'un sentiment chrétien qui entend les hommes et les choses du temps passé. Aussi monseigneur l'évêque de Strasbourg, ayant à déterminer le choix de sujets pour les vitraux destinés au transsept méridional de sa cathédrale, faisait-il récemment à l'un de nous l'honneur de lui demander quelles peintures devaient ou pouvaient prendre place en ce lieu. C'était avoir bien aperçu que, dans les grandes œuvres de nos aïeux, le soin de coordonner les détails accompagnait la force de faire

---

[1] L'office divin, surtout celui du soir, et les diverses formules d'exorcisme ou de prières qu'emploie l'Église dans la Dédicace montrent bien que l'art et la liturgie marchaient comme du même pas dans le soin de rappeler au chrétien la guerre qu'il lui faut soutenir, et pour laquelle il doit demeurer constamment sous les armes.

mouvoir les masses ; et que les représentations les plus saintes y obéissaient à une distribution choisie d'avance pour tout l'ensemble. De notre côté, quelque honorable que nous fût une consultation si précise et si importante, elle ne nous troubla point comme une commission périlleuse déférée à l'improviste : nous nous étions adressé à nous-même cette question et d'autres semblables depuis longtemps ; en sorte que nous crûmes pouvoir désigner pour cet endroit, sans balancer, le triomphe de Jésus-Christ.

Pourquoi cela, et comment l'entendons-nous? On va le voir à l'aide du même prophète qui nous a fourni l'explication des magots suspendus ou perchés au sommet des églises gothiques.

II.

ORIENTATION NORMALE D'UNE ÉGLISE.

Quand Ezéchiel raconte [1] sa mystérieuse vision du temple nouveau et de la cité nouvelle, où tant d'interprètes ont vu l'Eglise et la chrétienté, il est ramené à plusieurs reprises devant les diverses portes de l'édifice par son guide ; et à chacune d'elles on lui fait observer les détails de la construction. Nous n'avons point à le suivre dans l'énumération qu'il fait des proportions et des formes adoptées pour chaque partie, mais l'accord presque unanime des plus grands commentateurs sur le symbolisme des portails mérite d'être signalé. Il est hors de doute que le moyen âge y avait puisé des lois qui se reconnaissent dans un bon nombre de ses constructions les plus graves.

Faisons observer avant tout que l'orientation du temple de Jérusalem était précisément l'inverse de celle qui a été généralement adoptée par le christianisme [2]. Aussi faut-il supposer que le moyen âge, dans ses emprunts faits à cet endroit d'Ézéchiel, a transporté les caractères

---

[1] Ezech., XL-XLVIII.

[2] Exod., XXXVIII, 13,15, 9-12 ; XXVII, 9, 11-13 ; XXVI, 35. — Levit., XVI, 14. — II Paralip., IV, 10. — Ezech., *loc. cit.* ; etc. Cf. II Paralip., XXIX, 6. — Ezech., XI, 1 ; etc. Josèphe (*Antiq.* l. III, cap. VI, n. 3 ; ed. Havercamp, p. 132) dit que le soleil levant dardait ses rayons par la porte principale jusqu'au sanctuaire. Dans nos églises, au contraire, tout correspond à une orientation antique dont les traces ont été conservées par le langage populaire de diverses contrées. Tourné vers l'autel, le chrétien est censé avoir l'orient devant ses yeux, l'occident derrière lui, le midi à sa droite, et le nord à sa gauche ; or ce point de vue du monde a été comme consacré dans l'Egypte, l'Inde et les pays du nord de l'Europe. Cf. Lobeck, *Aglaoph.*, p. 916, sqq. ; 914. — Fr. Wilford (*Asiatik researches*, t. VIII, 275, svv.), *on the sacred isles*...P. 1, ch. I, n. 2. — Bed. (?), *in numer.* XIII, sub fin, (Opp. ed. Basil., t. IV, 178). — Hildegard. *Liber div. op.* ; P. 1, vis. II, n. 28 ; et vis. V, n. 97, (ap. Mansi, *Baluzii Miscell.*, t. II, p. 348, 389).

Certaines variantes sont bien moins une contradiction qu'une confirmation de ce même principe. Au lieu de marquer les points cardinaux d'après la situation de l'homme qui regarderait l'orient, on a personnifié le monde ; ou du moins on a considéré Dieu comme se manifestant dans le monde à l'homme qui l'adore. L'orient est demeuré la face de Dieu, mais la droite a désigné le nord, le sud n'a plus correspondu qu'à la gauche ; et l'occident s'est trouvé pour ainsi dire mis en dehors du monde divin. Cf. Lobeck, *l. cit.* — Plutarch., *de Isid. et Osir.*, 32, (ed. Hutten, t. IX, 145). — J. Toll., *Insign. itiner. ital.*, p. 161, not. 16, etc. — Origen., *in Ezechiel.* homil. I, n. 14 (ed. Delarue, t. III, 361). — Petr. Chrysol., *serm.* XX, De sed. tempest. — Etc.

De même dans la langue liturgique, en divers temps, la gauche et la droite ont été employées avec des significations absolument opposées, selon que le point de départ était pris de la droite du crucifix ou de celle des fidèles ; mais aujourd'hui ce dernier sens a prévalu.

de la porte orientale à celle qui dans nos églises est tournée vers l'occident. Il semblerait que, pour s'accommoder à cette transposition, l'on aura porté le point d'orientation en dehors, sur le parvis, au lieu de le supposer pris au dedans de l'édifice. De la sorte seulement il devenait possible de considérer la porte occidentale comme conduisant vers l'orient celui qui franchissait le seuil ; et, à l'aide de cette hypothèse, il est facile d'expliquer comment les attributs de la porte orientale auront passé à celle qui ouvrait précisément sur le côté opposé, sans qu'aucun des autres points ait eu à subir un renversement semblable.

C'est là, j'en conviens, une espèce de *postulatum* ; mais, outre qu'il est l'unique moyen d'appliquer complétement aux grandes basiliques d'autrefois les détails symboliques adoptés pour l'Église par les principaux interprètes de l'antique vision, et qui ne se déroberaient à la poursuite que par cet endroit, il est encore appuyé par les paroles de S. Grégoire-le-Grand. Or le langage de ce docteur a une valeur tout particulièrement importante en ce qui regarde Ezéchiel, parceque son commentaire, avec celui de S. Jérôme, avait servi de base à l'explication suivie par la *Glose* pour le récit du prophète[1]. Selon lui la porte orientale est Jésus-Christ même, que l'Écriture appelle l'*Orient*, et qui nous guide vers la vraie lumière[2].

D'ailleurs, comme tout ce symbolisme des portails, ainsi qu'on le verra, se rapporte à l'action de Dieu amenant dans l'Église par diverses voies les diverses classes d'hommes, les hommes appelés de l'occident ne sont guidés vers elle que par le jour de l'Évangile ; et la porte qui s'ouvre pour eux doit montrer comme une aurore de cette lumière complète dont le siége est dans le sanctuaire pour y rayonner sur tous ceux que la cité divine a reçus dans son sein, quel qu'ait été leur point de départ.

Aussi, pour celui qui voudra y faire bien attention, il s'agirait plutôt d'excuser sur ce point le langage des commentateurs que de justifier notre emprunt ; car un seul des noms qu'ils emploient s'écarte de ceux que nous devons adopter, tandis que toutes leurs pensées sont d'accord avec celles que nous exposerons. On dirait que, les yeux fixés sur le symbolisme chrétien, ils en ont suivi la trace sans se laisser distraire par un mot d'un autre ordre ; et qu'ainsi la porte orientale du temple juif est devenue le thème d'un développement tout à fait approprié aux portails occidentaux de nos églises ; ou bien, sollicités d'un côté par le mot an-

---

[1] Il faut savoir que la *Glose* était le commentaire classique de l'Écriture sainte durant le moyen âge, et ce n'était pas sans raison. Mais il s'agit surtout du fait, qui est hors de doute.

[2] Greg. M., in *Ezech.*, libr. II, homil. 3 (ed. Gallicioli, t. V, 25) : « Quis alius portæ hujus (*orientalis*) appellatione signatur, nisi ipse Dominus ac Redemptor noster, qui nobis janua factus est regni cœlestis ? sicut ipse ait (Joann., XIV, 6) : *Nemo venit ad Patrem nisi per me.....* Et in Evangelio ipse testatur Joann., X., 1, 2), dicens: *Qui non intrat per ostium... ille fur est et latro*. Et paulo post dicit (v. 9) : *Ego sum ostium.....* Ipse enim in suis membris est qui intrat, ipse caput ad quod intrantia membra perveniunt. Quod Ezechiel propheta multipliciter insinuat, qui virum venisse dicit ad portam, et quæ eadem porta sit ostendit dicens (Ezech., XI., 6) : *Quæ respiciebat ad viam orientalem*. Ipse etenim nobis est via, qui dixit (Joann., XIV, 6) : *Ego sum via, veritas et vita*. Ipse etiam orientalis via, de quo scriptum est (Zachar., VI, 12) : *Ecce vir, oriens nomen ejus*. Porta ergo viam orientalem respicit quia illum signat qui nobis iter ad ortum fecit luminis. » — Id. in *Ezech.* (XL., 44) libr. II, homil 10, (t. V, 118). Cf. Hraban. Maur, in *Ezechiel.* (XL., 44) libr. XVI (Opp. ed. Colvener, t. IV, 335).

cien, et de l'autre par la chose moderne, ils oscillent entre l'un et l'autre, de façon à décourager celui qui n'aurait pas compris la cause de leurs fluctuations.

Rien de plus ordinaire dans les paroles et dans les actes des premiers chrétiens que d'attribuer l'orient au *soleil de justice* [1]; c'est le règne même de Dieu, le trône de sa gloire; et loin qu'il puisse y avoir d'appel adressé aux hommes qui sont censés résider en ce lieu privilégié, c'est à ce rendez-vous au contraire que la voix divine attire et convie tous ceux qui avaient pris pour demeure un autre point de l'horizon. C'est donc sans contredit au peuple de l'occident, aux habitants de la région ténébreuse et infidèle, que convient l'appel parti de la porte nommée orientale par les interprètes d'Ézéchiel. Mais on le reconnaîtra surtout par l'ensemble de leur langage; car lorsqu'ils hésitent ou semblent se couper dans leurs dépositions, il sera aisé de voir que tout leur embarras a sa source dans l'expression juive d'où il s'agissait de faire sortir un sens chrétien.

III.

PORTES (ET ROSES) OCCIDENTALE ET SEPTENTRIONALE.

Du côté de l'occident, contrée de l'ombre, du sommeil et de l'ignorance des choses divines, l'Église doit faire luire le flambeau de l'Évangile et de la foi; il faut qu'elle y fasse retentir bien haut le signal du réveil et qu'elle arbore les fanaux de ralliement pour le voyageur [2] égaré par les ténèbres. De là, dans la sculpture, ce Christ législateur qui siége sur la principale porte

---

[1] Lactant., *Divin. instit.*, II, 10 (ed. Lenglet, t. I, 154, sq). « ..... Ipsius quoque terræ binas partes contrarias inter se divisasque constituit (*Deus*), scilicet orientem occidentemque; ex quibus oriens Deo accensetur: quia ipse luminis fons et illustrator est rerum, et quod oriri nos faciat ad vitam sempiternam. Occidens autem conturbatæ illi pravæque menti adscribitur; quod lumen abscondat, quod tenebras semper inducat, et quod homines faciat occidere atque interire peccatis. Nam sicut lux orientis est, in luce autem vitæ ratio versatur; sic occidentis tenebræ sunt, in tenebris autem et mors et interitus continetur..... Dies, quem primus oriens subministrat, Dei sit necesse est, ut omnia quæcumque meliora sunt; nox autem, quam occidens extremus indicit, ejus scilicet quem Dei esse æmulum diximus.

« Quæ duo, etiam in hoc præscius futurorum, Deus fecit ut ex iis et veræ religionis et falsarum superstitionum imago quædam ostenderetur. Nam sicut sol, qui oritur in diem, licet sit unus (unde solem esse appellatum Cicero vult videri, quod obscuratis sideribus solus appareat,) tamen quia verum ac perfectæ plenitudinis numen est, et calore potissimo et fulgore clarissimo illustrat omnia; ita in Deo, licet sit unus, et majestas et virtus et claritudo perfecta est. Nox autem, quam pravo illi antitheo dicimus attributam, ejus ipsius multas et varias religiones per similitudinem demonstrat. Quamvis enim stellæ innumerabiles micare ac radiare videantur; tamen, quia non sunt plena ac solida lumina, nec caloris præferunt quidquam nec tenebras multitudine sua vincunt, etc. »

Hieronym., *in Amos* (VI, 15), libr. III (ed. Martian. 1431). « ..... In mysteriis primum renunciamus ei qui in occidente est, nobisque moritur cum peccatis; et sic, versi ad orientem, pactum inimus cum sole justitiæ, et ei servituros nos esse promittimus, etc. » — It. Hieronym., *in Ezech.* (XXVII, 9), libr. VIII (ibid., 882).

Cf. Luc., I, 78, 79.—Eph., VI, 12.—Etc.—Origen., *De orat.*, 32 (t. I, 270, sq),—Clem. Alexandr., *Cohort ad gent.* (Venet, 1757, p. 88).— Joann. Damasc., *de fid. orthod.*, IV, 12 (t. I. 265, sq.). — Etc.

[2] Ce n'est pas ici le lieu de s'étendre sur le sens profond de ce mot *peregrinus* appliqué à l'homme qui chemine hors des sentiers du salut. Il sert comme de base à l'admirable développement que recevait jadis la belle parabole du *Samaritain*, d'après l'enseignement commun des Pères. De si grandes choses ne s'exposent point en quelques lignes, et nous ne pouvons que renvoyer aux détails déjà bien resserrés que nous lui avons consacrés en expliquant les *Vitraux de Bourges* (n. 106-127. p. 191-219).

au douzième siècle; et, dans l'architecture, ces tours majestueuses qui portent au loin dans les airs la grande voix des cloches d'airain [1]. J'appelle *Christ législateur* cette figure souvent si imposante de notre Seigneur assis ordinairement dans une ellipse ou dans une sorte d'amande, et tenant de sa main gauche un livre, en même temps que de la droite il bénit ou annonce qu'il va parler. Autour de lui sont placés, dans un ordre constant, les symboles des quatre évangélistes; et cette simple scène occupe d'ordinaire à elle seule le tympan du portail principal, ou du moins en forme le centre quand elle admet quelques accessoires.

Cette face de l'édifice doit donc rappeler les notions fondamentales de l'enseignement chrétien, et surtout présenter à nos regards celui qui est *la voie, la vérité et la vie*; celui qui est l'unique entrée à la science divine et à la gloire qui en est le terme [2]; celui qui est l'auteur et le consommateur de notre foi, le souverain médiateur entre l'homme et le Ciel. Je sais qu'il y a eu des variations de ce thème, j'en indiquerai une entre autres bientôt, parcequ'elle a pris le dessus au commencement du treizième siècle; mais quant aux déviations qui plus tard ont percé çà et là, je ne balance pas à les déclarer nouvelles et de mauvais aloi, quelque grâce que l'architecte et le sculpteur aient su mettre au service de cet abaissement. Ainsi, lorsqu'à la cathédrale de Sens le tympan de la porte centrale a été remanié vers la fin du treizième siècle pour recevoir le patron de l'Eglise, l'habileté de l'artiste ne saurait faire oublier que son talent s'est mis au service d'une véritable altération. Ce que le dogme a de plus grave ne devait point être déplacé par une simple dévotion locale; le centre du portail occidental n'admet rien d'inférieur à Jésus-Christ. Cette pensée dogmatique, qui doit dominer toute autre, n'est pas seulement grande et de parfaite convenance; on peut dire qu'elle est de rigueur, et les époques vraiment inspirées n'y dérogent point.

Bien que le symbolisme ait parfois confondu le septentrion avec l'occident, comme le midi avec l'est [3], lorsqu'il s'agissait simplement de marquer la lutte entre les ténèbres

---

[1] On sait sans doute que le clocher reculé jusque sur l'intersection de la grande nef et des transsepts appartient uniquement aux églises monastiques, capitulaires ou collégiales. La cloche suspendue près du chœur ne s'adresse qu'au clergé; celles du peuple accompagnent et dominent le portail, le portail occidental surtout. Tour ou flèche, c'est de là seulement que s'appelle le laïque.

[2] Joann., xiv, 6; x, 9. — Hebr., xii, 2; I Tim., ii, 5.
Hieronym., *in Ezech.*, (xlii, 9, 12) libr. xiii (t. iii, 1008, sq.). « In capite autem ejusdem viæ, hoc est orientalis, quæ patet ingredientibus, ostium est quod nisi apertum fuerit ab eo qui dicit: *Ego sum ostium*, et qui habet *clavem David* (Apoc., iii, 7); ad vestibulum sanctorum... non possumus pervenire. » Id., *in Ezech.*, xlvi, 12 (ibid., 1049). «... Portam quæ respicit ad orientem, illam videlicet portam de qua scriptum est (Ps. cxvii, 20): *Hæc porta Domini, justi intrabunt per eam*; et unde oritur sol justitiæ. »
Id., *in Ezech.*, xl, 28 (p. 990). « Via, juxta Septuaginta, in hoc tantum habetur loco (*porta orientalis*); in septentrionali et australi plaga omnino tacita est, ut possimus intelligere in orientali tantum porta illam intelligendam viam quæ dicit: *Ego sum via, veritas et vita*, etc. » — Cf. Hieronym. *in Ezech.* (xliv, 1, sqq.), libr. xiii (p. 1022, sq.).
Gregor. M., *in Ezech.* (xl, 13) libr. ii, Homil. 5 (ibid., p. 49, 52). « Sæpe jam diximus portam fidem, et per eamdem fidem ipsum Dominum ac Redemptorem nostrum mediatorem Dei et hominum Jesum Christum posse signari; quia per fidem quæ in eo est, introitus ad vitam patet. Sed etiam scripturam sacram, quæ nobis eamdem ipsam fidem in Redemptoris nostri intellectum aperit, non immerito portam accipimus..... In cognitione vero omnipotentis Dei primum ostium nostrum fides est; secundum vero species illius, ad quam per fidem ambulando pervenimus. In hac etenim vita hanc ingredimur, ut ad illam postmodum perducamur. *Ostium* ergo *contra ostium* est, quia per aditum fidei aperitur aditus visionis Dei, etc....»

[3] Lactant, *l. cit.* «... Sicut lux orientis est, in luce autem

et la lumière, l'erreur et la vérité, la mort et la vie; un sens spécial est communément appliqué à chacun de ces diverses points, et les caractérise par une nuance bien tranchée quand on les énumère tous quatre. L'occident alors désigne particulièrement les ténèbres, et conséquemment l'ignorance; le nord est la région des frimas et des orages, c'est à dire des passions et de l'endurcissement dans le péché [1]. A l'homme qui habitait la contrée ténébreuse il n'a fallu que la lumière; c'est l'aveugle qui sans doute s'estimera trop heureux de voir luire le jour. Quant à celui qui s'est laissé asservir par le prince de l'Aquilon, souvent il aimera ses chaînes; il faut que la crainte ou l'espoir fassent naître en son cœur le désaveu du passé. C'est ainsi que S. Augustin voit revenir du septentrion l'enfant prodigue [2] quand il reprend la route du toit paternel. Les commentateurs d'Ezéchiel ne parlent pas autrement [3]; et c'est aussi le langage des vieux architectes lorsqu'ils faisaient

---

vitæ ratio versatur; sic occidentis tenebræ sunt, in tenebris autem et mors et interitus continetur. Deinde alteras partes eadem ratione dimensus est (*Deus*), meridiem ac septentrionem; quæ partes illis duabus societate junguntur. Ea enim quæ est solis calore flagrantior, proxima est et cohæret orienti. At illa quæ frigoribus et perpetuo gelu torpet, ejusdem est cujus extremus occasus. Nam sicut contrariæ sunt lumini tenebræ, ita frigus calori. Ut igitur calor lumini est proximus, sic meridies orienti; ut frigus tenebris, ita plaga est septentrionalis occasui... In his quoque duabus partibus, meridiana et septentrionali, figura vitæ et mortis continetur : quia vita in calore est, mors in frigore. »

Brun. Astensis, *in Apocal.* (xxi, 13) libr. vii. (Opp. ed. cit. t. ii, 364) «..... Possumus... dicere quod orientis et austri portæ in prosperis, aquilonis vero et occasus in adversis aperiantur. »

Cf. Vitraux de Bourges, n. 51 et 95 (p. 94-96; et p. 173, not. 1).

[1] Augustin., *De grat. N. T.* (ep. 140) 55-57 (t. ii, 442).

«... Diabolus igitur et angeli ejus a luce atque fervore caritatis aversi, et nimis in superbiam invidiamque progressi, velut glaciali duritia torpuerunt. Et ideo per figuram tanquam in aquilone ponuntur; unde quum generi humano diabolus incubaret, ventura gratia Salvatoris dicitur in Cantico canticorum (iv, 16): *Exsurge, Aquilo; et veni, Auster, perfla hortum meum, et fluent aromata.* Exsurge, qui irruisti, qui subditis incumbis, qui possessos premis; exsurge ut a tuo pondere relevati erigantur quorum animas premendo curvasti. *Et veni, Auster,* inquit, Spiritum invocans gratiæ flantem de meridie velut a parte fervida et luminosa, ut fluant aromata. Unde Apostolus dicit (II Cor., ii, 15) : *Christi bonus odor sumus in omni loco.* Hinc etiam dicitur in quodam psalmo (cxxv, 4) : *Converte, Domine, captivitatem nostram sicut torrens in Austro,* captivitatem scilicet qua sub diabolo tanquam sub Aquilone tenebantur, ubi abundante iniquitate friguerant et quodam modo congelaverant. Hinc enim et Evangelium dicit (Matth., xxiv, 12) : *Quoniam abundabit iniquitas, refrigescet caritas multorum.* At vero flante Austro glacies resolvitur et torrentes fluunt; id est peccatis remissis, populi ad Christum caritate concurrunt, etc. » —Id., *in Ps.* xlvii,3 (t. iv, 416, sq.).

Hieronym., *in Jerem.* (iii, 12, 18) libr. i (t. ii, 543, sq.).

«... Ad Aquilonem autem et contra Babylonem atque Assyrios sermo dirigitur..... quod quidem ad hæreticos et in Ecclesia negligentes dici potest, qui quotidie per ecclesiasticos viros ad pœnitentiam provocantur; et quibus proprie aptari potest : *Et vocem meam non audistis* (Jer., iii, 13). Omnis autem hæreticus habitat in Aquilone et calorem fidei perdidit, nec audire potest illud Apostoli (Rom., xii, 11) : *Spiritu ferventes.........Et venient simul de terra Aquilonis...* Hoc proprie in Christi adventu quando de duodecim simul tribubus Evangelio crediderunt: relinquentes terram Aquilonis, durissimi frigoris, et a diaboli imperio recedentes. »

Cf. Origen. *in Exod.*, homil. ix, 4 (t. ii, 164); et *in Ezech.*, homil. i, 14 (t. iii, 361). — Etc.

[2] August., *in Ps.* xlvii, 3 (t. iv, 417). « Contrarius solet esse Aquilo Sion : Sion quippe in meridie, Aquilo contra meridiem. Quis est iste Aquilo ? nisi qui dixit (Is., xiv, 13, 14) : *Ponam sedem meam ad Aquilonem, et ero similis Altissimo... Latera ergo Aquilonis,* qui diabolo cohærebant; unde venit et iste filius de quo modo audiebamus (Luc.,xv, 32,) quia mortuus erat et revixit, perierat et inventus est. Proficiscendo enim in regionem longinquam, etiam ad Aquilonem pervenerat; et ibi, sicut audistis, uni ex principibus regionis illius adhæserat. Factus est ergo latus Aquilonis, adhærendo principi illius regionis; sed quia *civitas regis magni* et ex latere Aquilonis colligitur, reversus ad se, dixit; *Surgam, et ibo ad patrem meum,* etc. »

[3] On remarquera dans quelques textes dont nous allons donner des extraits que la porte orientale d'Ezéchiel (occidentale de l'église) paraît désigner l'innocence; c'est que l'ignorance après tout est moins coupable que malheureuse, et plus digne de pitié que de blâme. Mais d'ailleurs il est bon d'avoir présent à l'esprit ce que nous avons dit sur les hésitations causées par le croisement de deux symbolismes qui différaient sur ce point seul.

Hieronym., *in Ezech.* (xli 11) libr. xii, (t. iii, 999). « *Et ostium,* inquit, *lateris ad orationem contra viam Aquilonis* a quo exardescunt mala super omnem terram, et quem Dominus abacturum se a nobis pollicetur, dicens (Joel., ii, 20): *Et eum qui ab Aquilone est abigam a vobis.* »

sculpter au nord le jugement dernier ou la roue de fortune, comme à Bâle, à Beauvais, à Reims. Ils montrent ainsi et la vanité des fascinations qui entraînent le cœur de l'homme loin de Dieu, et l'effroi du réveil qui attend le pécheur après les jours d'ivresse. Lorsque plus tard on modifia ce programme si bien conçu, ce fut encore par une suite de ces grandes pensées que l'on consacra le portail septentrional à celle qui est le refuge des pécheurs et la mère de miséricorde, ou à des saints qui avaient eu besoin de repentir pour être proposés comme modèles. C'était encore le fanal du retour signalant les plages funestes où le navigateur imprudent court se briser si on ne l'éclaire. Toujours, soit qu'on lui montre les périls de sa course, soit qu'on lui fasse apercevoir la facilité de l'abri, c'est un cri de rappel qu'on lui adresse, et une invitation à se jeter dans le port.

Des époques trop souvent insoucieuses du haut enseignement qui avait régné sur l'art du douzième siècle ont pourtant quelquefois montré que ce fil mystérieux n'échappait pas à toutes les mains. Ainsi, à Fribourg en Brisgau, une porte du nord, qui date de 1354, représente très à propos la révolte de l'ange, punie sans retour, et le péché du premier homme auquel le remède de la pénitence a été laissé, grâce à l'expiation de la grande victime. C'était, en des jours de déviation, conserver merveilleusement la route des anciens guides. L'architecte de Saint-Jean de Lyon n'avait pas mieux choisi lorsqu'il faisait peindre dans la rose du transsept nord les anges rebelles précipités dans l'abîme, et l'Eglise qui a reçu le pouvoir de combler les vides du ciel par l'introduction de l'homme dans la cour céleste [1]. De part et d'autre l'homme coupable voit à quel servage fatal le péché le conduit, mais en même temps les ressources de la clémence divine lui apprennent qu'il peut rompre ses fers pour retrouver la dignité d'enfant de Dieu.

C'est encore d'après les motifs exposés précédemment que les fonts baptismaux ont le plus souvent été placés au nord-ouest dans les églises [2], et peut-être doit-on au même symbolisme

---

Gregor. M., *in Ezech.* (xL, 19) libr. II, homil. vi (t. v, 71). « ..... Quamvis intelligi per orientem et aquilonem etiam justi et peccatores possint. Oriens quippe non immerito justi nominantur, qui, sicut in luce fidei nati sunt, in innocentia perstiterunt. Per aquilonem vero recte peccatores accipimus ; qui, mentis frigore dilapsi, sub peccati sui umbra torpuerunt. » — Id., *in Ezech.* (xL, 22) libr. II, hom. 7 (t. v, 75). « Omnes qui per hoc quod Deo in conversatione nati sunt, in innocentia perstiterunt, portam ad orientem habent ; quia eis cœlestis regni aditus patet a lumine quod acceperunt. Et omnes qui, in peccatis postmodum lapsi, torporis sui frigore sunt depressi, secundum per pœnitentiam redeunt, ad amorem cœlestis patriæ recalescunt, portam ad Aquilonem habent ; quia eis, etiam post peccati sui frigus, cœlestis regni aditus per misericordiam patet. » — Id., *in Ezech.* (xL, 28), ibid. (p. 77). « Quid est ergo quod porta interior recto itinere posita contra portam Orientis et Aquilonis ostenditur ? nisi hoc quod aperte datur intelligi quia sive judaico et gentili populo, seu justis et peccatoribus, sed post peccata conversis, æque aditus regni cœlestis aperitur.

Larga est enim misericordia Creatoris nostri, etc. » — Id., *in Ezech.* (xL, 44), ibid., homil. 10 (ibid., p. 117) : « Ipsa quoque orientalis porta respicere dicitur ad viam aquilonis ; quia nobis per fidem quidem omnia in baptismate peccata laxantur, sed tamen dum adhuc hic vivimus, etiam post fidem sæpius ad peccata declinamus, etc. »

Hieronym., *in Ezech.* (xLvi, 9) libr. xiv (t. iii, 1048). « Præcipitur populo terræ ut si ingreditur per portam Aquilonis ut adoret, egrediatur per viam portæ meridianæ..... qui vero ingreditur per viam portæ meridianæ, egrediatur per viam portæ Aquilonis..... Per portam Aquilonis ingreditur qui peccata dimittit, et egreditur per portam meridianam qui virtutes sequitur. Et e contrario si justus lapsus fuerit in peccatis, ingreditur quidem per portam meridianam, sed egreditur per viam portæ Aquilonis. »

[1] Vitr. de Bourges, *Etude* xx, fig. A; et *Texte*, n. 115, (p. 203).
[2] Cf. J. Kreuser, *Kælner Dombriefe* (Berlin, 1844), p. 38, 366. — *Bulletin monumental*, t. xiii, 405 (article de M. l'abbé Godard Saint-Jean).

l'ancienne confession encastrée au nord dans des constructions plus récentes à Saint-Michel de Ratisbonne. Cependant, et il est bon de le dire pour éviter des objections sans valeur, il semble être arrivé plus d'une fois que des sculptures, ou même des portes entières comprises dans un édifice plus récent qu'elles, n'y ont pas conservé leur destination primitive : soit que l'orientation générale eût été altérée dans le plan postérieur; soit que, tout en appréciant les œuvres antérieures, l'époque de la reconstruction n'ait point cru devoir leur donner le pas sur ses propres travaux.

IV.

MODIFICATION INTRODUITE VERS LE TREIZIÈME SIÈCLE.

Rarement au douzième siècle, mais fréquemment au treizième, le jugement dernier domine le portail de l'ouest. Sans prétendre discuter tous les faits qui ne cadrent pas d'une façon précise avec les données que nous exposons, il est juste cependant de chercher à expliquer cette mutation qui se montre dans des monuments du premier ordre. C'est avec le douzième siècle seulement que commencent à disparaître dans nos contrées les traces du catéchuménat. L'établissement des paroisses rurales, qui date surtout de cette époque, fit étendre aux simples prêtres l'exercice ordinaire de plusieurs fonctions que l'usage avait longtemps réservées à l'évêque et aux dignitaires des chapitres. Jusque là, par exemple, bien que le baptême des adultes fût devenu extrêmement rare depuis longtemps, divers rites antiques avaient conservé aux églises mères quelque chose de l'ancienne solennité qui accompagnait ce sacrement. Mais avec ces vestiges de l'antiquité s'éteignirent peu à peu les formes qu'ils avaient imprimées à l'architecture. Les fonts perdirent bientôt l'importance monumentale qu'ils avaient reçue précédemment; et l'entrée de l'homme dans l'Église, se confondant désormais avec son entrée dans la vie, l'*infidélité* ne fut plus qu'une monstruosité inouïe, ou du moins fort lointaine, qui équivalait à l'état barbare [1].

Une conséquence toute simple de ce mouvement dans les pensées était que le langage ancien du symbolisme affecté au portail occidental cessât insensiblement d'être intelligible, à

---

[1] Les derniers païens que la France ait vus sur son sol, les Normands, venaient de se fondre dans la nation en même temps que dans l'Église, renonçant à leur férocité en même temps qu'à leurs superstitions ; et décidément qui n'était pas chrétien était hors de la loi. Le mahométisme d'ailleurs avait accoutumé la chrétienté à considérer un infidèle comme un ennemi plutôt que comme un esprit égaré, comme un homme à tuer plutôt qu'à convertir. Aux yeux de la société d'alors, et ce n'était pas sans quelque fondement, quiconque n'était pas chrétien ne voulait pas l'être ; c'était moins un aveugle qu'un cœur endurci, et partant un ennemi du genre humain autant que de lui-même. Son erreur n'était donc plus seulement justiciable de Dieu, mais aussi de la société dont il troublait le concert. Aujourd'hui que nous redescendons vers l'état où se trouvaient les esprits au quatrième siècle, il redevient nécessaire de remettre au souverain juge le discernement de ce qui est erreur et de ce qui est révolte ; la société n'étant plus l'Église il lui faudra de plus en plus renoncer à blâmer bien des faux pas qu'elle n'avait pas assez éclairés pour les rendre inexcusables. L'aveuglement et l'infidélité sont redevenus un droit social ; et Jésus-Christ législateur devra reprendre sa place dans nos parvis, quel que soit le type architectural, pour peu que l'on préfère la raison à l'archéologie, la vie à l'imitation, l'utile à la copie.

force de n'avoir presque plus d'objet appréciable. Au point qu'avait atteint la chrétienté, où était dès lors l'homme à qui s'adressait le Fils de Dieu pour dire : *Je suis la voie, la vérité et la vie?* ou bien : *Je suis la porte, celui qui entrera par moi sera sauvé;* ou encore : *Je suis l'alpha et l'oméga, le principe et le terme* [1]. Évidemment depuis que les temps avaient marché, ces principes étaient si bien passés dans la substance des nations qu'ils étaient entrés dans le droit public et faisaient partie du sens commun ; en sorte que les intimer avec un air d'autorité solennelle, c'eût été supposer qu'ils pussent être l'objet d'un doute; chose réellement absurde alors. Le respect pour ces maximes fondamentales en soi, mais devenues presque superflues, leur fit revêtir une formule abrégée et presque vague dans le trumeau central de la principale porte où Jésus-Christ parut bénissant et protégeant les siens. Mais il n'était plus question alors de publier la nécessité de croire à l'Évangile : l'affaire importante était de rappeler au chrétien que les œuvres doivent accompagner la foi, et qu'une croyance stérile égale le fidèle au païen.

Bref, ces grands *motifs* de la prédication (et par conséquent de l'art) ne devaient plus s'adresser à l'infidèle, mais au pécheur. La signification primitive de la face occidentale devait donc disparaître, et le nord envahit tout le côté partagé autrefois entre les deux formes des ténèbres. Cela nous montre, ce qu'il est bon de remarquer, que le symbolisme a su suivre les besoins des âmes et se modifier avec eux. Si donc nous pénétrons dans son esprit, nous saurons le faire revivre sans le calquer; il y a plus : se borner au calque de ses formes, ce serait bien réellement le tuer. Le moulage ne reproduit point la vie, et la momification est incompatible avec elle. Dans les constructions nouvelles il nous faut des formes parlantes, et non pas de mortes copies ; de l'art vivant, et non pas de l'archéologie toute pure.

A Chartres, où le jugement dernier occupe le portail méridional, je serais plus embarrassé d'en rendre raison [2]. Du reste il n'est pas un homme sensé qui exige qu'une théorie réponde absolument à tous les faits pris un à un : c'est déjà beaucoup qu'elle puisse faire face au plus grand nombre. Les exceptions peuvent dépendre d'une combinaison particulière qui, dans les œuvres de l'homme, se dérobent parfois aux investigations les plus laborieuses et aux conjectures les mieux fondées. Néanmoins, entre autres explications plus ou moins plausibles, je proposerais d'y voir une sorte de protestation faite par le clergé lui-même contre les désordres qui avaient atteint plusieurs de ses membres durant le siècle où l'église précédente avait été consumée par le feu [3]. Cette raison est au moins probable, et elle est certainement possible. Je n'en propose point d'autres, parcequ'il s'agit ici d'établir les faits généraux quoi qu'il en puisse être de quelques dérogations.

---

[1] Joann., xiv, 6; x, 9. — Apoc., i, 8 ; xxi, 6 ; xxii,13.

[2] Je ne parle pas de la *roue de fortune* qui domine également, à la cathédrale d'Amiens, le portail méridional. C'est là une pièce de rapport introduite par une époque où les grandes lois du symbolisme s'effaçaient chaque jour davantage.

[3] Le cloître du chapitre était devant cette porte, et peut-être ce voisinage aura-t-il suggéré quelque pensée comme celle qu'exprime S. Jérôme (*in Ezech.*, xliii, 8 ; t. iii, 1014) : « Quid prodest habitationis vicinia, et medius inter cellulam nostram et altare Domini paries ; quum in his quæ secreto

V.

PORTE (ET ROSE) MÉRIDIONALE.

Il est presque sans exemple que les écrivains ecclésiastiques aient appliqué au midi un sens qui autorise à le prendre en mauvaise part [1] : ce qui, avec la liberté que s'accordent communément les mystiques, ne laisse pas d'avoir un certain poids, car l'unanimité n'est point chose commune en fait d'interprétation symbolique. Aussi la porte méridionale du temple d'Ezéchiel est-elle constamment regardée par les constructeurs comme désignant les hommes avancés dans la vertu et dans la science divine [2]. En conséquence les portails méridionaux ont

---

facimus, et quæ turpe est etiam dicere, contaminetur et polluatur nomen Domini? Ego hoc arbitror quod non polluat nomen Domini nisi ille qui visus est nomini ejus credere et illius censeri vocabulo, etc. » Cf. Ezech. *l. c.*, 10, 11. — Levit., xxi, 1, 6.

J'ai déjà fait remarquer ailleurs (*Vitraux de Bourges.*, n. 96; p. 173, 174) que le clergé du moyen âge ne prétendait point du tout dissimuler les fautes des siens, et qu'il en faisait justice sans nul mystère. L'Église d'Yves de Chartres et de Fulbert ne pouvait se piquer d'une délicatesse inopportune; ces grands évêques lui avaient appris à mettre le doigt sur les véritables plaies, et à chercher la régularité des mœurs sans prendre souci d'une vaine susceptibilité qui farde le mal au lieu de le guérir.

[1] Eucher., *Formul. spirit.* (Bibl. PP., vi, 828 H). « Auster, calor fidei ; in psalmo (cxxv, 4) : *Sicut torrens in austro.* Est et Spiritus sanctus, ut ibi (Cant., iv, 16) : *Surge, Aquilo ; et veni, Auster ;* id est recede, diabole, et veni, Spiritus alme. »

Hieronym., *in Eccles.*; xi, 5; (t. ii, 778, sq.). «... Quod autem sequitur : *Et si ceciderit lignum ad Austrum aut ad Aquilonem, in locum ubi ceciderit lignum ibi erit ;* illud de Abacuc (iii, 3) sumamus exemplum in quo scribitur : *Deus de Theman veniet,* quodalii interpretes ediderunt : *Deus ab austro veniet.* Et quantum ego æstimo, semper in bonam partem Auster accipitur. Unde et in Cantico canticorum dicitur : *Exsurge, Aquilo,* hoc est recede et abi ; *et veni, Auster.* Lignum igitur quod in hac vita corruerit et conditione mortalitatis fuerit incisum, aut peccavit ante dum staret, et in boreæ parte postea ponitur ; aut si dignos Austro fructus attulerit, in plaga jacebit australi..... Hoc idem significat et illud quod scriptum est in Isaïa (xliii, 6) : *Dicam Aquiloni, adduc ; et Africo, noli prohibere.* Nunquam enim Austro et orientali vento præcipitur ut adducant, quia apud alias plagas esse eos oportet quia ad Orientem et Austrum postea deducantur. Aquilo igitur ad austrum adducit, et Africus ad orientem habitatores suos. Nec enim possunt proficere si in pristinis sedibus perseverent. »

Cf. Greg. M. *in Ezech.* (xl, 2) libr. ii, homil. i, 6 (t. v, 8). — Gerloh. Reichersp. *in Ps.* lxxvii, 26, sq. (ap. D. Pez, *Thesaur.*, t. v, 1592) ; et *in Habac.*, iii, 3, 9 (ibid. 2185, 2190). — Etc.

Hieronym., *in Ezech.* (xl, 45). libr. xii (t. iii, 993). « Notandum quod sacerdotes quibus custodiæ templi delegatæ sunt, habitant in gazophylacio quod respicit ad viam meridianam, in qua lux plenissima est. Hi autem qui excubant ad ministerium altaris in quo offeruntur victimæ pro peccato, in gazophylacio sunt quod respicit viam Aquilonis : eos qui ab Aquilone veniunt, et offerunt victimas pro peccatis, suscipere et salvare cupientes. »

Gregor. M., *in Ezech.* (xl, 24, 26) libr. ii, homil. vii, 13 (t. v, 79). « Notandum nobis est quia in spiritali ædificio aliter aditus ad orientem, alius ad aquilonem, atque alius ad austrum patet. Sicut enim aquilonis frigore peccatores, ita per australem viam ferventes spiritu designantur : qui calore Sancti Spiritus accensi, velut in meridiana luce virtutibus excrescunt. Pateat itaque porta ad orientem, ut hi qui sacramenta fidei bene inchoaverunt, vitiorum profunditate demersi sunt, ad gaudia secreta perveniant. Pateat porta ad aquilonem, ut hi qui post inchoationem caloris et luminis in peccatorum suorum frigore et obscuritate dilapsi sunt, per compunctionem pœnitentiæ ad veniam redeant, et quæ sit internæ retributionis vera lætitia cognoscant. Pateat porta ad meridiem, ut hi qui sanctis desideriis in virtutibus fervent, per spiritalem intellectum quotidie interni gaudii mysteria penetrent. »

Id., *in Ezechiel.* (xl, 45) libr. ii, homil. x, 14 (t. v, 120, sqq). «... Sacerdotes majoris ordinis qui excubant in custodiis templi, solam meridianam viam respiciunt ; quoniam solis studiis spiritalibus occupati, semper his quæ amoris Dei sunt sollicite intendunt. Sacerdotes autem minoris ordinis qui discutiendis peccatis delinquentium præsunt, etiam ad aquilonis viam oculos reflectunt ut in mente peccantium quæ sint torporis frigora videant... Respiciunt etiam cum magnis sacerdotibus ad meridianam viam : quia, quantum ad semetipsos est, fervent igne caritatis et succensi sunt flammis amoris Dei. Sed, quia peccata delinquentium crebro corrigunt, etiam ad aquilonis viam oculos reducunt. » — Etc.

Ce dernier texte et celui de S. Jérôme qui commençait cette note pourraient servir à expliquer pourquoi la sacristie a été souvent placée au Nord. Cf. Kreuser, *l. cit.*, 45.

Hieronym., *in Ezech.* (xlii, 9, 12) libr. xiii (t. iii, 1008, sq.). « Per orientem quippe, Aquilonis frigora restinguentes, pervenimus ad Austrum in quo sponsus recubat in meridie (Cant., i, 6) et in pleno versatur lumine. »

été consacrés soit à des saints, martyrs ou docteurs (et parmi les docteurs je comprends les prédicateurs de la foi), soit surtout à de larges compositions où notre Seigneur paraît comme l'objet principal et le centre de la Révélation. Dès lors le Christ législateur a pu passer quelquefois à ce portail : non plus seulement comme simple initiation à la foi, mais comme introduction aux profondeurs de la science théologique, en s'entourant du cortège des hommes inspirés par qui l'Esprit saint a proclamé les mystères de l'alliance.

Appuyons ceci par un mot sur les immenses verrières qui forment comme l'appendice des portails, car elles en suivent fidèlement la pensée toutes les fois qu'elles sont de la même époque.

Ce sont principalement les grandes roses du midi qui ont déployé ce majestueux appareil. Là, sur les vastes surfaces livrées au peintre verrier, s'est déployé, sous des formes diverses et merveilleusement riches de fond, ce que j'appellerai le *Règne de Jésus-Christ*, ou si l'on veut le *triomphe de l'Évangile*, pour employer une expression qui a surtout pris faveur du quatorzième au seizième siècle. A Strasbourg, le Fils de Dieu y apparaît comme pontife suprême, environné des vertus, consommant par son sacrifice toutes les oblations de la loi ancienne, et sanctifiant les élus par l'efficacité de son sacerdoce éternel. A Lyon [1], c'est le nouvel Adam réparant la chute de l'ancien ; relevant l'humanité au dessus même de l'état que le péché lui avait fait perdre ; et rendant au monde par l'Esprit saint une fécondité plus précieuse que la première. A Chartres, c'est la loi de grâce portée par les prophètes comme sur une base puissante ; et le Rédempteur exalté par le concert de tous les livres de l'ancien et du nouveau Testament, sous la figure biblique des vingt-quatre vieillards qui adorent l'Agneau en présence des quatre animaux évangéliques [2].

On voit qu'il est ici question presque toujours d'une sorte d'enseignement supérieur qui ne s'adresse plus précisément au peuple ; c'est pour le clergé que sont faites ces représentations mystérieuses, aussi est-ce ordinairement au midi que s'élève l'évêché ou le cloître des chanoines. Et comme, selon la remarque de S. Jérôme [3], le midi et l'orient n'ont rien à ap-

---

[1] Cf. Vitr. de Bourges, *Etude* xx, fig. C ; et n° 116 (p. 203-206).

[2] Le pieux et docte Rupert explique cette figure, à propos de la porte méridionale du temple d'Ezéchiel, absolument comme s'il avait voulu se faire l'interprète des artistes de nos cathédrales, Rup. *in Ezech.* (xl, 44) libr. ii (Opp. ed. colon., t. i, 671). « *Et extra portam interiorem gazophylacia cantorum in atrio interiori quod erat in latere portæ respicientis ad Aquilonem ; et facies eorum contra viam australem*..... Cantores hujus atrii Lex et prophetæ sunt, id est omnis scriptura veteris Testamenti, libri xxiv ; quos, sub numero viginti quatuor seniorum, Apocalypsis Joannis (iv, 4) inducit adorantes Agnum..... ; *stantibus coram quatuor animalibus oculatis ante et retro, id est in præteritum et in futurum respicientibus, et indefessa voce clamantibus : Sanctus,* sanctus, sanctus Dominus omnipotens, qui erat, et qui est, et qui venturus est. Horum profecto cantorum.......... facies, facies, inquam, una, id est intentio consona, contra viam australem ex latere portæ orientalis : tendit enim in veram plenitudinem lucis, in adventum veri Orientis Christi Filii Dei ; quæ videlicet porta respiciebat ad viam Aquilonis, ut revocaret eos quos abduxerat Aquilo diabolus, et aberrare fecerat ab oriente veri et æterni solis.

« Illud tamen prætereundum non est quod singula portarum hujus (id est interioris) atrii vestibula ad atrium exterius respicere dicuntur ; ut videlicet eorum qui ante Legem, et eorum qui sub Lege fuerunt sancti et justi, una fuisse fides, una exspectatio vel spes intelligatur. »

[3] Hieronym. *in Eccles.*, xi, 3 (t. ii, 778, sq.) ci-dessus p. 86, note 1.

porter au Seigneur, puisqu'ils sont le lieu même de sa résidence et son règne, les constructions méridionales destinées à l'évêque ou au chapitre (ou aux moines) étaient constamment reliées à l'église, comme pour confondre les deux constructions en une seule maison de Dieu. Il s'agit si bien du clergé dans les grandes pages tracées au sud que très rarement y voit-on figurer la Mère de Dieu comme sujet principal véritablement ancien. On s'y proposait de rappeler le ministère et la science ecclésiastiques avant tout, si je ne me trompe. Car lorsque de graves docteurs parlent des trois principales portes du Temple comme figurant la foi, l'espérance et la charité[1], ces paroles ne peuvent être admises que comme une formule réduite du langage que nous leur avons entendu tenir ailleurs à plusieurs reprises. Or c'est aux ecclésiastiques surtout qu'ils appliquent les détails donnés par le prophète sur la porte du midi[2].

La très sainte Vierge ne semble donc prendre place convenablement qu'au portail du nord, pour inviter le pécheur au retour; ou à l'un des portails secondaires d'occident avec le principal patron du lieu, comme étant après Dieu l'objet le plus élevé que la foi présente à nos hommages. Que si, dans certaines églises qui lui étaient consacrées, on a cru pouvoir la placer au portail principal (durant les siècles qui peuvent servir de modèle), elle n'y a jamais été représentée que subordonnée à son fils, c'est à dire couronnée par lui ou lui servant de trône en le portant soit sur ses genoux, soit entre ses bras.

Mais le but de ces considérations n'est pas d'outrepasser certaines lignes générales qui dominent en quelque sorte toutes les autres. Arrêtons-nous à ces premiers aperçus jusqu'à ce que le temps ait préparé non seulement les monumentalistes, mais le public lui-même à descendre sans crainte comme sans témérité dans des explications plus minutieuses et plus étranges.

VI.

INDICATIONS POUR DES ÉTUDES ULTÉRIEURES.

Ceux qui, impatients d'arriver jusqu'aux moindres traits de ces grands tableaux pour rendre raison de tout par une théorie parfaitement adéquate, voudront pousser cette étude près de ses dernières limites, devront accepter des conditions sans lesquelles un travail opiniâtre

---

[1] Gregor. M., in Ezech. (XL, 45), libr. II, homil. x, 7 (t. v, 117). « Meminit caritas vestra quod superiori locutione, per portam Orientis fidem ; per Aquilonis, spem ; per Austri autem, caritatem diximus designari. »
Id., in Ezech. (XL, 24-26), libr. II, homil. VII, 13 (ibid. 80).
« Sancta Ecclesia..., ut ad secreta gaudia pertingat, tres solummodo portas habet : videlicet fidem, spem, atque caritatem ; unam ad orientem, aliam ad aquilonem, tertiam ad meridiem. Porta quippe ad orientem est fides, quia per ipsam lux vera nascitur in mente. Porta ad aquilonem, spes ; quia unusquisque in peccatis positus, si de via desperaverit, misericordiam funditus perdit. Unde necesse est ut qui per suam iniquitatem exstinctus est per spem misericordiæ reviviscat. Porta ad meridiem, caritas ; quia igne amoris ardet. In meridiana etenim parte sol in altum ducitur, quia per caritatem lumen fidei in Dei et proximi dilectione sublevatur. »
Cf. Hraban. Maur., in Ezech., libr. XV (Opp. t. IV, 326).

[2] Greg. M., in Ezech. (XL, 38), libr. II, homil. VIII, 14 (t. v, 93). « Gazophylacia superius diximus corda doctorum quæ scientiæ divitias servant. » — Id., in Ezech. (XL, 17), libr. II, homil. VI, 1, 2, 4, etc. (t. v, 60, sq.) « Quid itaque per gazophylacia designatur ? nisi, ut supra diximus, corda doctorum sapientiæ atque scientiæ divitiis plena ? etc. »
Cf. Ezech., XL, 45.

n'aurait que peu de valeur. Il ne sera pas inutile d'en indiquer quelques-unes, parceque le zèle et l'activité ne sont pas ce qui manque : la bonne volonté se montre de toutes parts sans que les résultats définitifs soient proportionnés à la dépense de forces. Ce qui fait souvent défaut, c'est le choix des moyens propres à déterminer la conviction. Il arrive ainsi trop fréquemment que des aperçus ingénieux se multiplient sans rien établir qui soit décisif, en sorte que la récolte est inférieure aux semailles. Beaucoup d'essais sur le moyen âge s'élèvent et se croisent à la manière des feux d'artifice qui frappent l'ouïe et les regards pour s'éteindre bientôt avec la solennité qui les a produits; et peu de chose survit à l'éclat momentané dont s'était entourée leur apparition, de quelques vifs transports qu'elle ait été saluée. D'autant plus que, dût cette assertion encourir le blâme de bien des amateurs, les travaux rédigés pour être lus en public sont rarement propres à faire avancer la science. La nécessité de plaire à un auditoire plus curieux qu'instruit et plus avide de variété que de profondeur réduit presque inévitablement l'écrivain à écourter les preuves pour insister sur les résultats de ses études; en sorte qu'on s'aliène les censeurs compétents et les seuls suffrages solides afin de conquérir une majorité sans valeur. Sans doute des vues accueillies avec faveur par une assemblée de gens du monde peuvent valoir mieux que leur succès; et il est même quelques esprits d'élite qui réalisent souvent ce tour de force d'unir la grâce à une véritable érudition ; mais combien s'y trompent, qui, parmi les applaudissements d'un auditoire complaisant, pourraient reconnaître certains visages assombris dont l'indifférence blesserait plus le triomphateur que ne l'enivre l'enthousiasme de cent autres! Car les recherches laborieuses n'ont qu'un petit nombre de juges; mais c'est ce petit nombre qui prend à la longue le dessus et décide de la durée. Or ces *hommes du métier* n'acceptent des conclusions que sur pièces produites ; à défaut de ces pièces, ils tiennent à peu près comme non avenues les sentences les plus péremptoirement prononcées. Si donc il peut être utile d'entretenir par des lectures publiques le zèle des amateurs et du monde qui écoute, il serait bon aussi de modifier un peu son langage quand on l'adresse au monde qui lit. Les documents réduits ou supprimés pour une séance pourraient reparaître et prendre de l'espace chez l'imprimeur ; faute de quoi l'on mérite ou du moins l'on risque de s'entendre dire :

« Quodcumque ostendis mihi sic, incredulus odi. »

Dans l'ordre de faits qui nous occupe en ce moment, c'est à dire sur le symbolisme, quels moyens de preuve devra-t-on s'imposer? Des textes, évidemment, beaucoup plus que des considérations ou des hypothèses, pour spécieuses qu'elles puissent être. La pensée d'un auteur ne saurait avoir de meilleur interprète que lui-même ; conséquemment l'intention d'une société doit être cherchée dans ses paroles bien plutôt que dans les tâtonnements d'un esprit formé à toute autre école. Il n'est personne qui ne voie que les siècles du moyen âge différaient énormément du nôtre; que leurs préoccupations et leur enthousiasme n'étaient point pour ce qui nous agite ou nous fixe. Dans cette dissemblance il faut savoir nous récuser, et renvoyer bien des fois ces hommes étranges du passé pardevant leurs pairs. Où trouverons-nous des témoignages admissibles pour leur cause si ce n'est parmi leurs contemporains, ou chez les prédécesseurs à l'école desquels ils s'étaient formés?

Que si nous tenons à une expertise concluante, un texte quelconque ne nous satisfera point : nous exigerons que l'écrivain soit d'un rang à avoir pu faire prévaloir ses doctrines ou à représenter celles de l'âge et de la contrée dont il s'agit. Mais en outre, comme le mysticisme est extrêmement libre dans ses allures, et qu'un Père même de l'Église ne fait point loi pour un autre en ce genre, il est clair que l'accord d'un monument avec le dire d'un auteur ecclésiastique distingué peut être tout à fait fortuit et fondé sur de pures apparences. Le hasard ou l'adresse d'un compilateur peut faire toute la merveille de ce rapprochement, sans que nul soit tenu d'y reconnaître une parenté réelle. Il conviendra donc de réunir sur chaque point un certain nombre de témoignages dont l'accord puisse établir que les idées adoptées par l'interprète moderne étaient bien réellement dominantes autour de l'artiste, et faisaient partie du domaine commun où devait puiser celui-ci. La nécessité de citations nombreuses pourra disparaître lorsque les lecteurs seront plus familiarisés avec la littérature ecclésiastique ; mais quant à ceux qui ouvrent la route, c'est à dire pendant plusieurs années encore, l'abondance des documents peut seule faire accepter de leur main des pensées trop nouvelles, et par conséquent trop singulières pour notre public.

A qui ne reculerait point devant les difficultés de la route si elles doivent lui assurer la possession du but, nous indiquerons une condition nouvelle à remplir. Que la comparaison des textes soit appuyée et corroborée par celle des monuments. Nul monumentaliste n'ignore qu'un fait isolé peut souvent se prêter à des interprétations bien diverses ; mais rapproché d'un autre fait qui soit parti de la même source sans avoir pris absolument la même direction, il en reçoit et lui communique presque toujours une lumière irrésistible. Les deux monuments s'éclairent l'un l'autre, leurs diversités se complètent réciproquement ; et l'on pourrait dire que ce qu'ils ont de différent est aussi fécond que leurs ressemblances. C'est par là que se fixe ce que l'un et l'autre auraient eu de vague et d'indécis s'ils fussent restés séparés. L'étude de l'antiquité profane s'est avancée mille fois par ce genre de parallèles qui ont tranché plus d'une discussion longtemps demeurée pendante. Cette expérience ne doit pas être perdue pour nous, si nous tenons à ne produire que des solutions ayant force de chose jugée. Or tout autre résultat ressemble trop à un simple passetemps pour justifier l'emploi des heures qu'il aurait coûtées.

Charles CAHIER.

CHANDELIERS EN CUIVRE

TIRÉS

DES CABINETS DE MM. CARRAND, DUGUÉ, DESMOTTES ET SAUVAGEOT,

DE PARIS.

En publiant et en essayant d'expliquer les cinq chandeliers des planches XIV, XV, XVI et XVII, monuments restés jusqu'à présent, si je ne me trompe, sans dessinateur et sans interprète, je viens surtout appeler l'attention des esprits sur un ordre de problèmes que la science ne peut pas dédaigner plus longtemps. Chose étrange ! tandis que la noble curiosité du savoir pousse tant d'hommes distingués à remonter aux premiers souvenirs de l'histoire, et à explorer les contrées lointaines dans l'espoir d'y découvrir quelques débris du passé resté jusqu'ici inconnu ou inexpliqué, il se rencontre que de nombreux monuments européens, des produits de notre ère chrétienne, des œuvres de notre race comme de notre sol sont devenus pour nous des énigmes presque impénétrables. A peine sortis du moyen âge, nous nous voyons en mille rencontres aussi impuissants à comprendre ses ouvrages qu'à retrouver dans l'alphabet mystérieux d'une langue ignorée les secrets des plus vieilles civilisations du monde. Ou plutôt, par un merveilleux effort de patience et de génie, la science recommence à lire les hiéroglyphes de la terre des Pharaons, elle épèle en ce moment avec un bonheur inespéré les caractères cunéiformes de Ninive, et il lui arrive tous les jours de rester muette devant des représentations dont le sens devait être populaire il n'y a que quelques siècles.

Un des principaux buts de ces mélanges est de recueillir quelques expressions de ce langage oublié, d'offrir au contrôle des savants quelques essais d'interprétation en rapprochant des monuments figurés les monuments écrits, les traditions et les croyances contemporaines, ou bien de solliciter humblement des lumières en avouant notre ignorance. Dussions-nous ne pas rencontrer les solutions, nous aurions encore à nous féliciter d'avoir soulevé les difficultés si nos efforts nous valaient des émules plus habiles et plus heureux.

Ici, au reste, tous ceux qui aiment à rencontrer dans les objets d'art l'originalité unie à l'élégance, aussi bien que ceux qui éprouvent avant tout le besoin de découvrir l'inconnu, nous sauront gré, je l'espère, de leur faire connaître les bronzes qui vont faire l'objet de ce mémoire.

I.

PROVENANCE ET CARACTÈRE DES CINQ MONUMENTS

Nous devons la communication du premier chandelier (Pl. XIV et XV, B.) à M. Carrand [1], qui l'a trouvé dans le midi de la France. On y reconnaîtra, à défaut de la science anatomique et du fini des détails, un bonheur d'invention que l'art d'Herculanum n'a pas toujours surpassé. Ici la facilité du mouvement ne s'approche-t-elle pas de la grâce? L'attitude du dragon mordant sa proie manque-t-elle de naturel et de puissance? Et tandis que, saisis par un drame pathétique, vous voyez la victime souffrir avec une virile fermeté, ne remarquez-vous pas un heureux contraste dans ces rinceaux fleuris qui ombragent la scène et dans la joyeuse fleur qui épanouit vers la lumière sa large et riche corolle?

Les deux chandeliers suivants (Pl. XV, A. C. et XVI.) font partie du cabinet de M. Dugué, et proviennent le premier de la Basse-Bretagne, le second de la Belgique. Le quatrième (Pl. XVII, A, B.) a été rencontré dans les environs de Gênes, par M. Delange, marchand de curiosités à Paris, et appartient aujourd'hui au cabinet de M. Desmottes. Enfin le dernier (Pl. XVII, C, D, E.) est tiré d'une collection qui jouit depuis longtemps d'une célébrité européenne, celle de M. Sauvageot. Nous devons à l'amitié de ces archéologues l'avantage de grouper des monuments inédits destinés au même usage, remarquables par la même étrangeté, reconnaissables à un même air de famille, et que l'on dirait, sinon exécutés par la même école, du moins inspirés par les mêmes idées. Si le premier accuse un art plus avancé ou une main plus habile, tous gardent l'empreinte d'un talent plein de verve et non dépourvu de grâce. On s'aperçoit au premier aspect que de véritables artistes ont passé par là.

Mais ces artistes à quel siècle appartenaient-ils? Quel sens attachaient-ils à ces bizarres scènes qui ont entre elles des rapports trop suivis pour n'être que de simples caprices d'imagination? Et le sujet représenté qu'a-t-il de commun avec la destination du meuble? Questions difficiles sur lesquelles je n'ose me flatter d'apporter une complète lumière, bien que mes conjectures me paraissent fondées.

---

[1] Qu'il nous soit permis de témoigner ici à M. Carrand une reconnaissance que lui doivent avec nous les personnes qui partagent nos goûts et suivent nos études. Lorsque, au commencement de ce siècle, l'art grec, remis en honneur à la fin du dernier, se voyait seul en possession de l'estime des savants et de la vogue du monde, en même temps qu'Alexandre Lenoir formait son musée des Petits-Augustins et que Willemin publiait ses Monuments Français, M. Carrand consacrait déjà son temps et sa fortune à la recherche des débris les plus curieux et les moins compris des hautes époques de notre histoire. Doué de cet instinct supérieur qui fait pressentir les prochaines tendances des esprits, il sut arrêter ses choix de préférence sur les produits de l'art ogival et de l'art roman; et c'est ainsi qu'il s'est formé une collection d'autant plus précieuse qu'elle est composée de monuments plus rares, expression d'un art plus sérieux. On en pourra jusqu'à un certain point juger dans ce recueil, où nous nous proposons de publier plusieurs de ces objets, en particulier : une colombe-tabernacle de toute beauté; des crosses en ivoire du plus grand style et surtout le célèbre flabellum de l'abbaye de Tournus, dont les dessins de Mabillon et de Juénin ne peuvent donner une juste idée.

Et d'abord nos monuments sont-ils le produit de notre sol? Voilà ce que refuse d'admettre, quant au premier, l'habile antiquaire qui le possède. A ses yeux ce bronze n'est rien moins qu'un ouvrage oriental, et avant d'enrichir une collection parisienne il a dû figurer dans quelque pagode ou dans quelque palais des Indes. N'y a-t-il pas en effet quelque chose d'exotique dans la coiffure du personnage, dans l'espèce de nasal du monstre et dans la forme des pétales de la fleur? Enfin la fleur dans son ensemble est-ce une fleur romane? N'y doit-on pas reconnaître le lotus indien? — J'avoue que j'hésite à partager cette opinion; car si quelques détails surprennent par leur anomalie, d'autres, en plus grand nombre, présentent une complète identité de formes avec ce que nous connaissons de l'art roman, et peut-être nous est-il resté trop peu de meubles des temps antérieurs à l'époque ogivale pour que nous devions être surpris de ne pas tout retrouver dans nos souvenirs.

Un moyen de jeter quelque jour sur cette question d'origine serait de découvrir à quelle famille de fables appartiennent les diverses scènes. Sur la Pl. XIV, un homme tranquillement assis sur un dragon semble avoir volontairement avancé la main droite que le monstre dévore, tandis que de l'autre il tient élevée une plante d'où sort la lumière. Sur la Pl. XVI, nous retrouvons le même dragon, la même plante, un personnage pareil au premier et probablement le même événement : seulement les deux ennemis s'observent, et le dragon porte au cou une appendice trop élevée pour servir de quatrième support et affectant la forme d'une poignée. Sur la Pl. XV, A. C., le héros manque ; mais l'on retrouve la fleur et le dragon, et celui-ci s'occupe à dévorer les rinceaux de la tige qu'il supporte. A son tour le dragon a presque disparu sur la Pl. XVII, A. B. : on n'en voit plus que la tête, qui dévore non plus les rinceaux, mais la racine même de la plante. Cette tête termine la queue d'un monstre hybride que l'on dirait formé de la tête d'un reptile, du cou d'un lion, des pattes d'un coq et du corps d'un poisson. La cinquième scène, Pl. XVII, C. D. E., ne se rattache plus aux autres que par la plante mystérieuse et sa fleur épanouie : un cheval fantastique remplace le dragon, et au lieu du héros figure une femme. Que veut dire tout ceci?

II.

LA MAIN COUPÉE PAR LE DRAGON. TYR ET FENRIS.

La principale des circonstances qui appellent l'attention sur ces divers groupes est celle d'une main dévorée par un dragon. (Pl. XIV et XV, B.) Or le fait d'une main divine coupée par un monstre tient une grande place dans les traditions de l'Edda : notre monument n'y ferait-il pas allusion? Pour en juger, rapprochons de nos sculptures les traits de la mythologie, et si, à côté de frappants rapports, nous rencontrons de saillantes différences, examinons jusqu'à quel point le désaccord est réel.

D'après l'Edda en prose recueilli par Snorri-Sturlason (1178-1241), Tyr est le quatrième des douze Ases compagnons d'Odin. Après Odin, le dieu du jour, il ne cède le pas qu'à Thor, le dieu de l'air, et à Njoerd, le dieu des mers. « Il est le plus hardi et le plus brave des Ases : c'est lui surtout qui dans les combats décide de la victoire. De là vient l'usage d'appeler *Tyhraustr* (fort comme Tyr) celui dont la valeur est sans égale et qui est incapable de fuir devant l'ennemi. La sagesse de Tyr n'est pas moins célèbre que sa vaillance ; c'est pourquoi l'on nomme *Tyspakr* (sage comme Tyr) ceux qui se rendent illustres par leurs lumières. Parmi les faits qui signalent son courage on célèbre surtout celui-ci : lorsque les Ases essayèrent d'engager le loup Fenris à se laisser attacher avec la chaîne *Gleipner* (dévoratrice?) Fenris refusa de les laisser faire à moins que Tyr, leur servant de caution, ne consentît à enfoncer la main droite dans sa gueule. Et comme, cela fait, les Ases ne voulurent pas délier le loup, celui-ci arracha d'un coup de dent la main de Tyr à l'endroit qui a retenu depuis lors le nom d'*Ulflidr* (le joint du loup). Voilà pourquoi Tyr est manchot. Ce qui n'empêche pas que son caractère ne soit aucunement celui d'un conciliateur. » [1]

---

[1] Finn Magnussen, Priscæ myth. Lexicon, Havniæ, 1828 ; V. Tyr.

L'événement si fatal à Tyr est raconté plus en détail dans le même Edda à l'occasion du dernier des Ases, de Loki, l'Ahriman des Scandinaves.

Loki « le détracteur des dieux, l'auteur des perfidies et de tout ce qui déshonore les dieux et les hommes » eut, dans la région des géants, de la géante *Angerboda* (Messagère de malheur) trois enfants dignes des auteurs de leurs jours : le loup *Fenris* (l'Abîme?) le serpent *Jormungandr* (Celui qui noue la terre, ou le serpent océanique qui entoure le continent) et *Hel*, la mort. Effrayés de tout ce que la jeune famille de Loki promettait de calamités aux cieux et à la terre, les dieux l'enlevèrent. Jormungandr fut précipité dans l'Océan, Hel fut jetée dans les enfers, Fenris seul fut conservé, mais gardé à vue par les Ases, et parmi ceux-ci il n'y avait que Tyr qui eût le courage de s'approcher du loup pour lui apporter sa nourriture.

« Cependant Fenris grandissait vite, et les Ases se rappelaient que d'après les oracles il devait un jour leur devenir funeste : ils formèrent donc le dessein de le lier avec une puissante chaîne nommée *Læding* (qui s'insinue et agit sans paraître), et l'engagèrent, en la lui présentant, à faire l'essai de sa force. La chaîne parut peu redoutable à Fenris ; il laissa faire les Ases, et n'eut qu'à étendre les jambes pour faire éclater *Læding*. Les dieux préparèrent une nouvelle chaîne deux fois plus forte que la première, et l'appelèrent *Droma* (serrant fort.). Ils engagèrent de nouveau Fenris à tenter l'épreuve en lui parlant de la gloire d'un double triomphe. Le loup aperçut que, si la nouvelle chaîne était plus solide, sa propre vigueur s'était accrue ; il se rappela qu'il faut savoir braver le danger quand on veut devenir célèbre et se laissa encore enchaîner. Puis il secoue ses membres, fait toucher la chaîne à terre, et la brisant d'un violent coup de jarret il fait voler ses fragments en éclats. Ainsi triompha-t-il de Droma. C'est de là qu'est venue l'expression : faire éclater *Læding* et faire sauter *Droma*, pour indiquer une difficulté vaincue par un suprême effort. »

Les Ases craignirent de ne pouvoir réussir à enchaîner Fenris : c'est pourquoi le Père de l'univers dépêcha le messager de Freyer (le soleil), appelé Skirner (celui qui amène la sérénité), vers certains Dvergues (génies des éléments? nains, forgerons?) habitants du monde inférieur des Alfes noirs (les mauvais génies), avec l'ordre de leur faire fabriquer la chaîne appelée *Gleipnir* (engloutissante?) Six ingrédients devaient entrer dans la composition de cette chaîne : du bruit d'un chat qui s'élance, de la barbe de femme, des racines de rocher, des nerfs d'ours, de l'esprit de poisson et de la salive (ou du lait) d'oiseau. » (L'interlocuteur a soin d'avertir que ces images sont symboliques. Que ne nous a-t-il laissé la clef de l'énigme?) « La chaîne était unie et souple comme un ruban de soie... Dès que les Ases l'eurent entre les mains, après de vifs remerciements au messager, ils invitèrent Fenris à les accompagner dans une petite île nommée *Lyngui* (île de bruyère ou de la couleuvre) située dans le lac Ansvartnir (le lac noir de la douleur). Là il lui montrèrent le ruban qu'il s'agissait de rompre, en lui avouant que ce ruban se trouverait plus solide qu'il ne paraissait l'être. Je le vois si mince, répondit le loup, qu'il n'y aura aucun mérite à le briser à moins que ce ne soit un lien magique, et dans ce cas il ne me conviendrait pas d'essayer sa force. Les Ases lui opposèrent qu'évidemment un si mince ruban de soie ne saurait lui résister, à lui qui avait pu briser des chaînes de fer ; qu'autrement les dieux n'ayant plus à le craindre se hâteraient de le délier. Je crois fermement, reprit le loup, que si je ne pouvais me suffire à moi-même ce ne serais délivré par vous que bien tard... Néanmoins, pour que vous ne puissiez pas m'accuser de lâcheté, je vous laisserai faire pourvu que, pendant l'essai, l'un de vous consente à tenir sa main dans ma bouche. Les Ases se regardaient les uns les autres... Enfin Tyr se décida à fournir la caution voulue, et Fenris est enchaîné. Aussitôt après le loup essaie de se déli-

Bien qu'à la place d'un loup nous voyions un dragon dans le bronze de M. Carrand, n'est-ce pas le groupe de Tyr et de Fenris que nous avons sous les yeux? Cette opinion ne paraîtra sans doute pas invraisemblable à ceux qui savent combien sont faciles ou plutôt inévitables les transformations des mythes populaires que l'écriture n'a pas fixés. Le fait principal donné, faudrait-il s'étonner si le rôle d'un agent infernal était confié à un autre agent de la même nature, expression symbolique du même événement avec un autre nom et sous une autre forme, simple variante d'une même idée?

Essayons donc de découvrir l'idée cachée sous le mythe, pour mieux apprécier la vraisemblance de notre hypothèse; et voyons quel était le rôle du dieu Tyr dans la mythologie du nord?

Il est certain que dans les derniers temps du paganisme Tyr réunissait les caractères de la Minerve et du Mars des Romains. Les Scaldes vantent la sagesse de ses conseils aussi bien que sa vaillance guerrière. Son attribut était aussi une lance; il donnait aussi son nom à la planète rougeâtre que l'on dirait teinte du sang des batailles. Le signe graphique de cette planète est précisément le T runique, qui se prononce Tys, génitif de Tyr. Les yeux aux regards

vrer; mais la chaîne résiste, et plus il s'épuise en furieux efforts, plus les nœuds le serrent étroitement. Alors les Ases de rire aux éclats, excepté Tyr, qui resta privé de sa main. Quand les Ases furent certains que Fenris ne pourrait rompre le lien, ils prirent la chaîne attachée au ruban, elle s'appelait Gelgia (pernicieuse ou bonne pour pendre), et ils la firent passer à travers une pierre nommée *Gioll* (ou *Giavll*, brillante, sonore, ou plutôt brûlante?), prenant soin d'enfoncer l'extrémité à une grande profondeur sous terre. Ils firent plus, ils poussèrent contre elle un énorme rocher nommé *Tuiti* (Tveit, champ; ou tveita, hache?) qui la fit pénétrer plus avant et servit de pieu pour la retenir. Cependant Fenris ouvrait une gueule effroyable, il se débattait avec rage, essayant de mordre les dieux; mais ceux-ci lui traversèrent la gueule avec un glaive dont la poignée s'arrêta contre la mâchoire inférieure, et dont la pointe se fixa dans la mâchoire supérieure, de sorte que son palais transpercé resta ouvert. (Un poète de la Norwège païenne au dixième siècle appelle une épée : le soutien des lèvres de Fenris. Magnussen, l. c.) Il fait entendre depuis d'horribles hurlements, et laisse suinter de ses lèvres une liqueur visqueuse qui est, dit-on, la source du fleuve *Von* (ou van, c'est à dire : espérance, espérance de la délivrance future? De là le nom de Vanargandr donné à Fenris : le loup de l'espérance). Il restera dans cette situation jusqu'aux crépuscule des dieux.

Magnussen ajoute au texte connu la version suivante d'un Ms. Danois : « Dans l'île de *Lyngui* se trouve une colline du nom de *Siglitnir* (toujours resplendissante), où est fiché l'épieu qui s'appelle *Tuiti*. L'ouverture qui traverse l'épieu est appelée *Ginul* (beauté) et la chaîne qui passe par l'ouverture de l'épieu *Hraeda* (l'objet d'effroi). Gelgia est le nom du pal qui retient la chaîne contre l'épieu... Deux fleuves s'épanchent de la gueule du loup, l'un est *Vil* (angoisse de l'âme), l'autre

est *Von* (espérance). C'est ainsi que l'eau est appelée l'écume de Fenris. Ses lèvres garnies de poil se nomment *Giolnar* (vent violent?) »

Qu'on veuille bien me pardonner la longueur de cette citation; les détails qui ne se rattachent pas visiblement à notre monument ne laissent pas que d'ajouter à l'intelligence du mythe, et nous aurons d'ailleurs l'occasion d'y renvoyer plus tard.

L'incident de la main coupée raconté deux fois dans l'Edda en prose reparaît dans l'Edda poétique, que l'on croit recueilli par le prêtre Semund, mort en 1133. Dans un poème intitulé *Lokasenna* (les Médisances de Loki), le Lucien des Scandinaves raille avec une impitoyable verve les dieux défaillants du Valhalla après les avoir mis tous en scène autour d'une table où le vin favorise l'impertinente franchise du dieu du mal. Tyr venait de célébrer Frey, le dieu du jour.

« Loki dit :

Tais-toi, Tyr, tu n'as jamais su
Réconcilier deux adversaires :
Parlerai-je de ta main droite
Que t'a enlevée Fenris !

Tyr dit :

Je regrette ma main, et toi, tu regrettes Hrodurs-Vitnir (loup dévorant, Fenris.)

Notre perte est douloureuse à l'un et à l'autre :
Le loup n'est pas bien non plus dans ses fers,
Il attendra jusqu'au crépuscule des grandeurs.

Je me sers de la traduction de M. Bergmann. (*Poemes Islandais*, Paris, 1838, p. 385.)

de feu s'appellent encore en Danemark des yeux de Tyr; et enfin le jour que le midi de l'Europe a consacré à **Mars**, le nord l'a dédié à Tyr.

Mais cette signification est-elle unique? Est-elle même la plus ancienne? D'habiles mythologues ne le pensent pas, et voient dans Tyr un de ces dieux lunaires qui ont tenu une si large place dans les superstitions des peuples indo-germaniques et scandinaves.

Pour appuyer cette conjecture on a remarqué que le nom de Tyr, qui exprime l'idée de *Dieu*, de *splendeur*, rend aussi celle du *taureau*. Or les cornes de taureau étant le symbole le plus naturel et ayant été le signe ordinaire du croissant de la lune, ne faudrait-il pas voir Tyr dans certaines représentations du taureau appartenant aux antiquités du nord? On expliquerait ainsi le taureau d'airain sur lequel les Cimbres prononçaient leurs serments; le bœuf à tête d'homme ciselé sur une corne d'or du musée de Drontheim; la statuette en airain d'un homme aux cornes de taureau trouvée dans un tombeau danois; la tête de taureau en or découverte dans le tombeau de Childéric; celle que le roi des Hérules et des Vandales, Antar, avait fait, dit-on, représenter sur son étendard; celle qui est entrée plus tard dans les armes du Mecklembourg et de la Poméranie. [1]

Mais, sans entrer sur ce point dans de longues discussions où les objections ne feraient pas défaut [2], je me bornerai à rapprocher les mythes correspondants du dieu et de la planète.

Aux peuples tombés, par l'oubli d'une partie des traditions primitives, dans la simplicité d'une seconde enfance, il fallait une explication quelconque des phénomènes de la nature exerçant le plus d'influence sur la vie. Ils durent donc interroger l'imagination, à défaut de la science, sur la constante succession de la lumière et des ténèbres, de la chaleur et du froid. Le perpétuel antagonisme du jour et de la nuit, de l'été et de l'hiver rappela d'autant plus naturellement l'idée de combat que la connaissance des bons et des mauvais anges, dont le genre humain n'a jamais entièrement perdu le souvenir, permettait à la pensée d'animer toute la nature; et l'on se représenta les esprits bienfaisants sous les plus beaux traits de la race humaine, et les mauvais sous la forme des animaux les plus redoutés. Ainsi, pour ne pas sortir du sujet qui nous occupe, les deux astres qui mesurent les années et les mois devinrent des barques ou des coursiers et des chars lancés dans les airs et guidés par des génies. Et pourquoi ceux-ci poursuivent-ils sans relâche leur course rapide? Sinon parcequ'ils ont à fuir les monstres ennemis de la nature. Les phases mensuelles pour la lune, les frimas de l'hiver pour le soleil, les éclipses pour l'un et pour l'autre ne sont autre chose que les rencontres où les loups, les dragons, les géants remportent sur leurs ennemis célestes une passagère victoire. Comme toutes les mythologies lentement formées d'éléments appartenant à diverses races doivent nécessairement fourmiller de variantes, pour ne pas dire de contradictions, on doit

---

[1] Magnussen, *l. c.* V. Tyr.
[2] *Rel. des Gaulois*, t. 1, p. p. *Mémoires des Antiquités de France*, t. VII, p. 23. Les mythologues sur le taureau solaire, Bacchus, l'Océan, etc.

s'attendre à trouver les mêmes faits revêtus de formes diverses, les mêmes êtres indiqués par différents noms; et reconnaître l'identité des choses sous la différence des enveloppes sera l'œuvre de la critique.

Ces principes posés, ne suffirait-il pas de considérer de près la légende de la lune et de Tyr pour soupçonner qu'il s'agit ici du même agent mythologique envisagé à des époques plus ou moins éloignées et par des esprits plus ou moins poétiques?

D'après l'Edda en prose, deux enfants, frère et sœur, avaient mérité par l'éclat de leur beauté d'être nommés, le premier *Lunus* et la seconde *Sol*. Enlevés à la terre par les dieux jaloux, ils avaient été chargés par Odin de diriger dans leur cours les chars des astres dont ils portaient les noms.

« *Sol* court si vite, qu'elle ne saurait accélérer sa course, ses jours fussent-ils menacés. — Il n'en faut pas être surpris : c'est qu'en effet son ennemi est proche, et le seul moyen de se sauver est une course rapide. — Quelle est la cause de son effroi? — Deux loups. L'un des deux, Skœll (le Menaçant), suit Sol; l'autre la précède. Celui-ci, nommé Hati (le Persécuteur), fils de Hrodvitur (Fenris), poursuit Lunus, et réussira un jour. — D'où viennent ces loups? — A l'orient de Midgard (le monde habité par les humains), dans la forêt de Jarnvid (forêt de fer placée à l'entrée du monde infernal), habite une géante (être puissant et malfaisant). La vieille géante a eu beaucoup de fils, tous géants sous la forme de loups. Skœll et Hati proviennent de cette race. Le plus terrible d'entre eux est Monegarm (Dévorateur de la lune) [1]. La vie des mourants lui sert de nourriture : un jour il engloutira Lunus et inondera de son sang le ciel et la terre. » Et plus loin, à l'occasion de la fin du monde : « Alors pour le malheur des hommes, le loup qui poursuit Sol l'avalera; le second loup saisira Lunus et causera aussi de grands désastres : les étoiles tomberont, la terre tremblera, etc. [2]

Revenons maintenant à la légende de Tyr. Avant de voir un fils de Fenris poursuivre Lunus pour le mordre nous avions vu Fenris dévorer la main de Tyr, et voici que, par une coïncidence toute semblable, le sort de Tyr au dernier jour est le même que celui de Lunus, le meurtrier porte le même nom. [3] « Garmur (le Dévorateur), le chien attaché au roc proéminent, brisera sa chaîne; il produira un affreux malheur; combattant contre Tyr, il le tuera en périssant lui-même. »

---

[1] Lunus s'appelle aussi Mani ou Mone.

[2] Magnussen, *l. c.* Cette légende de l'Edda en prose résume des traditions et des textes antiques dont quelques-uns se retrouvent dans l'Edda poétique. Ainsi dans le célèbre chant de la Voluspa, que l'on croit être du huitième ou du neuvième siècle, la prophétesse Vala s'écrie :

A l'Orient elle était assise, cette vieille, dans Jarnvid,
Et elle y nourrissait la postérité de Fenris.
Il sera le plus redoutable de tous celui
Qui, sous la forme d'un monstre, engloutira la lune;
Il se gorge de la vie des hommes lâches,
Il rougit de gouttes rouges la demeure des grandeurs (dieux),
Les rayons du soleil s'éclipsent dans l'été suivant.

(Bergmann, *l. c.*, p. 201.)

Cette dernière image se transforme en un combat dans un autre chant de l'Edda poétique, le Vafthrudnismal ; et, pour le soleil et pour la lune, s'éteindre, c'est être dévoré.

« Comment Sol pourra-t-elle revenir dans le ciel désert
Quand Fenris l'aura saisie?

(*Ibid.*, p. 277.)

[3] Magn., *l. c.* V Garm.

Ces rapprochements reçoivent une nouvelle force de ceux qui se rencontrent dans les légendes parallèles du soleil et d'Odin. Si, comme nous l'avons vu, Sol est dans sa course accompagnée de deux loups, le Menaçant et le Persécuteur, deux loups accompagnent également Odin:[1] « Tout ce qui est servi sur sa table il le donne à deux loups nommés Géri (le Vorace), et Fréki (le Féroce). Odin n'éprouve aucun besoin de nourriture; le vin lui sert d'aliment et de breuvage. » Et comme Sol est dévorée au dernier jour par Fenris ou Skœll, le même Fenris dévore au même instant Odin.[2] « Toutes les chaînes seront brisées, Fenris se sentira libre... il s'avancera la gueule béante. Sa mâchoire supérieure frappera la voûte du ciel; sa mâchoire inférieure pressera la terre. Si l'espace ne faisait pas défaut, il ouvrirait une gueule plus large encore. Le feu s'échappe de ses yeux et de ses narines... Fenris avalera Odin. »[3]

Encore une fois il est difficile de supposer qu'une telle similitude d'événements soit purement accidentelle; ou plutôt elle ne l'est pas pour Odin, que l'on s'accorde à confondre, à plusieurs égards, avec le soleil; comment le serait-elle pour Tyr? Ainsi qu'en attribuant au même Fenris la perte du soleil et la mort d'Odin, les Eddas semblent reconnaître leur identité, elles semblent également avouer celle de Tyr et de Lunus en leur donnant pour meurtrier le même monstre Garmur.

Cette hypothèse admise, le fait si étrange de la main coupée s'explique d'une manière naturelle et n'est plus qu'une expression poétique des phases lunaires. Dans sa course précipitée le dieu que les Scaldes appelaient le *Soleil de la nuit* fuit les ténèbres qui le poursuivent; esprit de *splendeur*, il essaie de se soustraire aux morsures du *Persécuteur*, du *Dévorateur*, de *l'Abîme*. Et, moins heureux que sa sœur, la reine du jour, il se laisse atteindre par la dent ennemie qui lui arrache une partie de lui-même. Toutefois le monstre est enchaîné, et ne peut que mutiler pendant le cours des années solaires l'astre nocturne qui s'est dévoué pour tous les autres. L'abîme ne triomphera qu'au terme d'une plus longue période, à la fin des millénaires qui doivent mesurer la vie des dieux et compléter l'année du monde.

Voici donc comment je propose d'interpréter les deux premiers chandeliers. Sur celui de M. Carrand (Pl. XIV) Tyr est au moment de perdre la main. Sur celui de M. Dugué (Pl. XVI) la mutilation est accomplie, et le monstre a reçu le châtiment de son attentat. Son gosier est transpercé, et quelqu'un des Ases vient, le sourire sur les lèvres, insulter à sa rage impuissante. On avouera que pour des meubles destinés à remplir dans l'intérieur des habitations les fonctions de la lune au ciel, le choix du sujet ne manquait ni d'à-propos ni de beauté poétique.

---

[1] Magnussen, *l. c.* V Géri.
[2] *Ibid., l. c.* V Fenris.
[3] Ainsi lit-on dans la Voluspa (Bergm.; *l. c.* p. 203 et 205):
Garmur hurle affreusement devant Guypahall.
Les chaînes vont se briser; Fréki (Fenris) s'échappera...
Alors l'affliction de Hllne (la Terre) se renouvelle
Quand Odin part pour combattre le loup;...
Bientôt le héros chéri de Frigg (femme d'Odin) succombera.
Et dans le Vasthrudnismal, *Ibid.*, p. 279.
Le loup engloutira le père du monde.

III.

POURQUOI UN DRAGON AU LIEU D'UN LOUP? — NIDOGGR.

Si l'on me demandait pourquoi sur nos monuments le loup des textes est remplacé par un dragon, je pourrais répondre qu'il ne faut peut-être pas tenir à se rendre compte de tous les détails dans des œuvres d'art où la fantaisie de l'imagination peut n'avoir pas renoncé à tous ses droits; mais n'éludons pas la difficulté. Pour peu que l'on se soit occupé de la poésie scandinave, on doit savoir que le mot *loup* est un nom générique exprimant par une métaphore populaire tout agent destructeur grandement redouté, et à ce titre l'image du loup pouvait être remplacée par celle du dragon sans modification du sens et sans méprise possible [1]. Ajoutons que quand ces deux noms ne se seraient pas échangés indifféremment dans le langage mythologique d'un même peuple, il est certain qu'ils ont indiqué des êtres semblables chez des peuples divers. Depuis la Gaule et l'Italie jusqu'aux Indes c'est un dragon au lieu d'un loup qui poursuit la lune. En Arménie c'était un dragon que combattait Tiranes (Tyr?), appelé par Moïse de Korène « le fils du ciel et de la terre, le vainqueur des dragons. »

Au reste, sans quitter les traditions du nord nous trouvons parmi les représentants du mal un monstre dont la figure répond exactement à celle de nos monuments. Je veux parler du dragon Nidoggr.

Selon l'Edda, il est un arbre immense remplissant l'univers, ou plutôt qui est l'univers lui-même. Ses branches touffues protégent la terre, et pendant que sa tête s'élève au dessus des cieux, ses racines s'enfoncent jusqu'aux dernières profondeurs des abîmes : tel est l'arbre de vie, l'arbre du monde, la colonne de la création, le frêne Igdrasill (attirant la rosée?). A l'extrémité de sa dernière racine, au fond de la région infernale, se tient le dragon ailé Nidoggr, dont l'unique occupation, durant la longue nuit du gouffre, est de ronger les racines de l'arbre et de dévorer les cadavres des méchants, en attendant le jour suprême appelé le *Crépuscule des dieux*, où, s'élançant de l'abîme avec les autres monstres de ténèbres, il viendra prendre sa part du divin carnage.

Nidoggr signifie : celui qui mord dans les ténèbres, ou même — et cette étymologie est celle du savant Magnussen — celui qui forme par sa morsure les phases lunaires. C'est dire assez qu'à ses yeux Nidoggr est identique à Fenris; qu'il ne diffère que par les fonctions des loups Skoel et Hati, Géri et Fréki, Garmur et Monegarmur, les perpétuels ennemis des astres

---

[1] Nous avons vu le nom de Garmur donné à un *loup* et à un *chien*, et les fils de Fenris appelés indifféremment des *loups* et des *géants*. Ainsi, dans l'*Inglinga Saga*, le feu est-il nommé le loup dévorant des maisons. Ainsi encore, dans l'*Hervarar Saga*, les ténèbres s'avancent comme un monstre menaçant, *loup* ou *dragon*, qui parcourt la terre, absorbe les eaux, engloutit les bois et provoque le soleil au combat.

de lumière, et qu'enfin, comme tous les derniers monstres et comme les êtres correspondants des mythologies orientales, il est l'expression de l'être mauvais qui préside aux ténèbres de la nuit, de l'hiver et de l'abîme.

On trouvera peut-être une confirmation de ces conjectures dans les noms de dragon, de loup et de serpent que la Voluspa semble donner indifféremment à Nidoggr [1].

> Là, Nidoggr suçait les corps des trépassés,
> Le loup déchirait les hommes...
> Voici venir le noir dragon volant
> La couleuvre s'élevant au dessus de Nidafioll (monts des ténèbres) :
> Nidoggr étend ses ailes...

Ajoutons qu'en supposant étroitement unies les légendes du loup Fenris et du dragon Nidoggr nous ne faisons que décrire plus complétement le chandelier de M. Dugué (Pl. XVI) ; où, par une singulière rencontre, on peut voir réunies les trois formes que nous venons d'indiquer d'après la Voluspa. A une tête de couleuvre et à un corps de dragon se trouve jointe une tête de loup. Je dois dire que cette dernière tête n'est liée au reste que par un soudage ; mais son faire permet de supposer qu'elle appartenait au travail primitif.

IV.

LES RINCEAUX ET LA FLEUR. — IGDRASILL.

En essayant de déterminer le nom des personnages et des dragons de nos monuments, je ne me suis pas flatté de rendre le doute impossible : ma réserve doit être plus grande encore au sujet de la joyeuse fleur qui couronne toutes ces scènes. Ce n'est pas que le dieu Tyr n'ait eu ses plantes de choix ; mais il est impossible qu'aucune des fleurs qui portent encore son nom ait servi de type à celles de nos cinq monuments. Parmi ces fleurs nous trouvons la violette [2], remarquable par l'éperon de sa base ; l'aconit *tue-loup*[3], dont la corolle est couverte d'une.

---

[1] Bergmann, *l. c.*, p. 201 et 207.

[2] La violette s'appelle en Islande *Tys-fiola*, *Tirsjola*, comme on l'appelait dans la vieille Rome *viola Martis*. Est-ce à cause de son éperon, ou parcequ'elle fleurit au mois de mars, ou pour ces deux motifs réunis ? Cette dernière opinion paraîtra d'autant moins invraisemblable qu'une espèce non odorante de la famille des cistées violacées porte le nom de Violette du chien, *viola canina* ; en Danemarck *Hunda-fjola*, en Norvège *Hunde-fiol*, en Allemagne *Hunds-viol* ; expression où il est permis de voir un souvenir du chien Garmur.

[3] L'aconit tue-loup, (*Aconitum lycoctonum*) de la famille des renonculacées, est connue en Norvège sous le nom de *Tyrihjatm*, casque de Tyr, et en Danemarck sous celui de *Troldhat*, *Troldkeringhat*, chapeau du diable. D'autres noms correspondent à celui de *Tue-loup*. On le nomme en danois *Ulvebane*, *Ulvedod*, *Ulveurt* ; en anglais, *Wolfbane*, *Libbardsbane*, *Wolfwort* ; en allemand, *Wolfskraut*. Evidente allusion au poison violent de ses baies qui servent à empoisonner les loups et les flèches. D'après les poètes latins, l'aconit était né de l'écume du chien Cerbère, qui a plus d'un rapport avec le monstre infernal, loup, chien, ou dragon de la mythologie du nord. Et c'est au nord, c'est à la Scythie, patrie des races septentrionales, que la magie empruntait son aconit le plus mortel.

> Hujus in exitium miscet Medea quod olim
> Attulerat secum Scythicis aconiton ab oris.
>
> (Ovid.)

Une des espèces d'aconit plus vénéneuses, *l'actœa*, est devenue au moyen âge la fleur de S. Christophe.

sorte de casque; et le bois gentil [1], qui a pour fruit des baies rouges pressées en grappe contre la tige comme les anneaux d'une chaîne enflammée. Rien assurément de semblable dans la plante aux riches rinceaux et au calice en entonnoir que nous avons sous les yeux. Je proposerais donc, pour compléter l'interprétation précédente, de voir ici une fleur de convention, image fantastique de cet arbre du monde dont nous venons de parler. Et si en effet les dragons rappellent Nidoggr aussi bien que Fenris, l'arbre par excellence (l'arbre du monde) n'est-il pas dans la pensée inséparable de Nidoggr?

Que voyons-nous sur nos monuments? Sur le petit chandelier de M. Dugué (Pl. XV, B. C.) le dragon dresse la tête pour ronger l'un des rinceaux de la plante, et sur celui de M. Desmottes (Pl. XVII, A. B.) la tête de dragon placée à la queue dévore la plante par sa racine ou sa tige, comme pour se venger de son impuissance à souiller la fleur et à étouffer la lumière. Ne dirait-on pas une traduction littérale de ces passages de l'Edda en prose [2] « Igdrasill est le plus grand et le plus beau des arbres... Il est soutenu par trois racines qui se prolongent au loin... La troisième descend jusqu'à Nifleim (le monde des ténèbres), où Nidoggr la ronge par l'extrémité auprès du puits Hvergelmer (l'abîme primitif)... Le frêne Igdrasill endure plus de maux qu'on ne saurait l'imaginer. Le cerf mord ses branches et Nidoggr ronge ses racines. »

Sur presque tous nos monuments la plante, à mesure qu'elle s'élève, déploie ses rameaux avec une sorte d'exubérance de vie. La Voluspa peint-elle autrement l'arbre du monde [3].

> Je me souviens des neuf mondes, des neuf forêts,
> Du grand arbre du milieu, sur la terre ici-bas.....
> Je connais un frêne, on le nomme Igdrasill,
> Arbre chevelu, humecté par un nuage brillant,
> D'où naît la rosée qui tombe dans les vallons;
> Il s'élève toujours vert au dessus de la fontaine d'Urd.

Ce luxe de végétation est expliqué dans l'Edda en prose [4]. Les trois nornes (parques) qui disposent de la vie des hommes, Urd (le passé), Verdandi (le présent) et Skuld (l'avenir) arrosent tous les matins les branches d'Igdrasill pour les empêcher de se flétrir.

Le personnage assis sur le dos du dragon dans le chandelier de M. Carrand (Pl. XIV), celui qui est assis sur le tronc de l'arbre dans le grand chandelier de M. Dugué (Pl. XVI) et la femme qui porte la plante sur le chandelier de M. Sauvageot (Pl. XVII, C.) se tiennent à l'abri des rinceaux et de la fleur. Or l'artiste pouvait-il rendre plus exactement ces mots de l'Edda en prose [5] : « Quelle est la plus digne, la plus sainte place aux yeux des dieux?— C'est auprès du frêne Igdrasill. Les dieux s'y assemblent tous les jours... Igdrasill est le plus grand, le plus magnifique de tous les arbres ; ses rameaux s'étendent sur l'univers et s'élèvent au des-

---

[1] Le bois gentil, *Daphne mezereum*, de la famille des Tyméléés, est appelé en Norvège *Tyrved*, *Tyved*, *Tysbast*, le fruit de Tyr, la chaîne de Tyr. Cette dernière expression fait allusion à Fenris non moins qu'au dieu manchot, et cette allusion n'est pas moins motivée par la violence du poison des baies que par la forme de leur grappe. Six de ces baies, d'après Linnée, suffisent pour tuer un loup.
[2] Magn., *l. c.*, Igdrasill.
[3] Bergmann, *l. c.*, p. 187, 191.
[4] Magn., *l. c.*, Igd. — [5] *Ibid*.

sus du ciel. La troisième racine d'Igdrasill parvient au ciel, où elle ombrage une fontaine très sainte, la fontaine d'Urd. Les dieux se réunissent près de cette fontaine pour tenir leur cour de justice »[1]. Nous avons déjà dit qu'une autre source, le puits Hvergelmer, s'ouvrait au pied d'une autre racine du même arbre. Ces deux sources, l'une aux cieux, l'autre aux enfers; l'une fréquentée par les esprits de lumière, l'autre par les esprits de ténèbres; l'une source de vie, l'autre source de mort, ne seraient-elles pas exprimées sur le grand chandelier de M. Dugué (Pl. XVI) par les deux ouvertures pratiquées des deux côtés de la tige sur le dos du monstre. Toujours est-il que ces ouvertures ne paraissent pas motivées par la pensée de détacher les ailes.

Enfin sur les cinq monuments la plante se termine par une fleur gracieusement épanouie au sein de laquelle le pistil devait faire rayonner la lumière et la vie.

Et l'Edda, en nous montrant Igdrasill s'élevant par de là les cieux, ne confond-elle pas sa cime avec le firmament? N'insinue-t-elle pas que les astres de lumière sont comme de radieuses fleurs sur sa verte parure?

Si ces rapprochements sont fondés, s'il est vrai que j'aie découvert la pensée exprimée par nos monuments, nous avons devant les yeux, dans des cadres si peu étendus, un assez large développement des croyances cosmogoniques du nord de l'Europe; une sorte de synthèse poétique où se joignent les hauteurs suprêmes et les derniers abîmes de la création; où se rencontrent pour se combattre les puissances, éternellement ennemies, du bien et du mal; où se concentre en quelque sorte le drame de la vie du monde, drame dont on contemple le nœud et dont on pressent le dénouement. Le jour approche où le mal triomphera. Tyr, qui est ici mutilé, sera englouti par le monstre, et Igdrasill, qui est ici rongé par la racine, sera tout entier dévoré par le feu [2] :

« Le cor sonne fortement l'alarme...
Alors tremble le frêne élevé d'Igdrasill
Ce vieil arbre frissonne...
... L'arbre du milieu s'embrase
Aux sons éclatants du cor bruyant...
Les ombres frémissent sur les routes de l'enfer,
Jusqu'à ce que l'ardeur de Surtur (le dieu du feu) ait consumé l'arbre.

Mais le triomphe du mal ne saurait être éternel. Fenris n'est ici qu'enchaîné; il sera tué un jour [3] :

« Il vient le vaillant fils du père des combats,
Vidarr, pour lutter contre le monstre terrible :
Il laisse dans la gueule du rejeton de Hvédung (le géant père d'Angurbodi?)
L'acier plongé jusqu'au cœur. Ainsi le père est vengé.

Et l'arbre où les étoiles fleurissent renaîtra de ses cendres pour servir aux Ases ressuscités d'ombrage éternellement paisible [4] :

« Les Ases se retrouvent dans la plaine d'Idi (de l'air)
Sous l'arbre du monde ils siégent en juges puissants.

---

[1] Magn., l. c., Igd.
[2] Bergmann, l. c., Voluspa, p.
[3] Ibid.
[4] Ibid.

V.

LE MONSTRE HYBRIDE. — LA FEMME A CHEVAL.

Les conjectures que nous venons d'offrir au sujet de la plante et de sa fleur nous amènent et peut-être nous autorisent à en présenter quelques autres sur le monstre hybride du chandelier de M. Desmottes (Pl. XVII, A. B.) et sur la femme à cheval du chandelier de M. Sauvageot. (*Ibid.*, C. D. E.) S'il est vrai que la plante, partout la même, soit l'image de l'arbre du monde, il est naturel de demander aux mêmes sources mythologiques l'explication des deux derniers accessoires et d'examiner s'ils n'offriraient pas de simples variantes du même antagonisme entre la lumière et les ténèbres. En suivant cette pensée tout me paraît s'éclaircir.

Le monstre de la planche XVII étant composé de plusieurs animaux, il nous faudrait trouver dans chacune de ses parties l'expression d'un agent des ténèbres ou du mal, c'est précisément ce qui a lieu. La tête inférieure rappelle Nidoggr ou Fenris, le corps de poisson le serpent Jormungandr, et les pattes le coq noir des enfers.

Jormungandr (le serpent terrestre, c'est à dire qui entoure la terre), était frère de Fenris et de Hel, de l'abîme et de la mort, et comme eux n'avait reçu le jour de Loki, le dieu du mal, que pour combattre et terrasser les Ases à la fin du monde. Jeté au fond des mers il ceint le continent de l'immense anneau de son corps en attendant l'heure où il arrosera du sang des dieux le tronc de l'arbre du monde : car l'antique poésie aussi bien que notre monument rapproche les deux images : écoutons la Vala [1] :

> Jormungandr se roule dans sa rage de géant
> Le serpent soulève les flots.....
> Voici venir l'illustre fils de Flodune (Thor, fils de la terre),
> Le défenseur de Midgard le frappe dans sa colère.
> Les héros vont tous ensanglanter la colonne du monde (Igdrasill).
> Il recule de neuf pas le fils de Fiorgune (autre nom de la terre)
> Mordu par la couleuvre intrépide de rage.

A côté du dragon ou loup souterrain, ennemi des dieux de la lumière (Odin et Tyr), et auprès du serpent océanique ennemi de Thor, le dieu de l'air, méritait de figurer le coq infernal. D'après la mythologie du nord il y avait trois principaux mondes, celui du ciel, celui de la terre et celui des enfers, et dans chacun de ces mondes, subdivisés en trois autres, un coq servait de héraut. Au ciel, le coq Gullin-Kambi (à la crête dorée) annonçait aux dieux et aux héros l'heure des divines fêtes. Sur la terre le coq rouge Fialar réveillait les hommes pour les

---

[1] Bergmann, *l. c.* Voluspa, p. 203.

travaux et les combats, et le troisième, d'un brun sombre, chantait aux monstres des enfers l'approche, non plus de l'aurore, mais du *crépuscule des dieux*, c'est à dire du triomphe final et momentané des ténèbres[1].

> Dans Gagalvid (le bois des Oiseaux), chantait
> Le beau coq pourpré qui est nommé Fialar.
> Auprès des Ases chantait Gullin-Kambi,
> Il réveille les héros chez le Père des combattants ;
> Mais un autre coq chantait au dessous de la terre,
> Un coq d'un rouge noir, dans la demeure de Hel.

On avouera qu'à part la forme de la tête, son attitude et son expression ont un singulier rapport avec les fonctions du héraut des enfers : car n'est-il pas évident que cette tête se dresse menaçante contre la lumière et que la gueule s'ouvre pour pousser un cri sinistre?

Comme cette tête de reptile appartient tout à la fois au coq et au serpent marin, lui aurait-on donné à dessein l'expression de l'un et la forme de l'autre? Quant à l'espèce de crinière de lion, je dois dire que la gravure en a exagéré les mèches et que le modelé élémentaire de l'original pourrait bien n'indiquer que la parure d'un coq.

Je me hâte d'en venir au chandelier de M. Sauvageot (Pl. XVII, C. D. E.). Ici plus de monstre odieux au dessous d'Igdrasill; dans la femme à cheval qui le remplace continuerons-nous donc de voir un contraste entre la lumière et les ténèbres? Du moins ce contraste se maintiendrait-il si les traditions du nord permettaient de voir dans cette femme la déesse de la nuit. Or ces traditions nous apprennent que si la nuit infernale était représentée par d'horribles monstres, la nuit terrestre revêtait une forme plus douce, et précisément celle d'une femme, et mieux encore celle d'une femme à cheval. Nott (celle qui amène les ténèbres), est, d'après l'Edda en prose[2], mère de la terre et du jour. Elle a eu Jord (la terre) de son époux Onar (le sommeil), et Dagr (le jour) de son dernier mari Dellingr (l'aurore).

« Alfadir (le père de l'univers, Odin) prit la nuit et le jour son fils, il leur donna deux chevaux et deux chars, et les transporta dans le ciel afin qu'ils fissent chacun en vingt-quatre heures le tour de la terre. La nuit s'avançant la première est traînée par le cheval Hrimfaxe (à la crinière garnie de givre), et chaque matin l'écume qui découle du mors de Hrimfaxe tombe en rosée sur la terre. »

Il n'est plus question de char, mais seulement d'un cheval dans l'Edda poétique[3].

> Quel est le nom du cheval qui amène de l'orient
> La nuit aux grandeurs bénignes?
> — Hrimfaxe est le nom du cheval qui apporte chaque fois
> La nuit aux grandeurs bénignes :
> Chaque matin il laisse tomber l'écume de son mors
> D'où provient la rosée dans les vallées.

---

[1] Bergmann, *l. c.* Voluspa, p. 201.
[2] Magn., *l. c.*, V. Nott.
[3] Bergmann, *l. c.* Vafthrudnismal, p. 265.

Hrimfaxe est ici à l'état de repos comme s'il venait d'achever sa course et d'atteindre l'occident. Nott détourne la tête vers l'orient, où le cheval Skinfaxe (à la crinière étincelante) va faire apparaître son fils, son brillant fils qu'une inflexible loi la contraint de fuir sans cesse. Mère de la terre aussi bien que du jour, c'est à dire source de la vie développée dans l'univers, elle porte l'arbre du monde.[1] En sa qualité de mère, au lieu de laisser flotter sa noire chevelure elle la couvre d'une mantille qui tombe élégamment derrière les épaules. La housse festonnée du cheval et les longues manches de la seconde robe témoignent de la dignité de la déesse. Ce sont bien là les manches princières qui indignaient notre grave chroniqueur Guibert de Nogent lorsqu'il s'écriait en rappelant la vertueuse jeunesse de sa mère[2] : « Hélas, depuis lors jusqu'à nos jours quelle déplorable ruine de la pudeur virginale! l'apparence même de la réserve a disparu dans les femmes mariées, tout respire en elles l'amour du plaisir. Leur démarche est provoquante, leurs habitudes ridicules. Leurs vêtements sont si éloignés de la simplicité antique que l'élargissement des manches, et la forme collante des tuniques témoigne de l'oubli de toute retenue. » Il ne faudrait pas pourtant conclure de ces paroles dites au douzième siècle que le onzième ait été ici sans reproche. Les statues entre autres du vieux portail de Chartres, qui nous donnent la toilette de cour contemporaine de notre bon roi Robert, font foi de l'étrange coquetterie qui consistait à faire traîner les manches jusqu'à terre. Descendues là, on trouva moyen de les allonger encore en les nouant comme celles de notre déesse; on fit plus. Ne pouvant désormais ajouter à leur hauteur on les fit gagner en profondeur et former par un évasement oblique une sorte de sac au dessous du nœud. Dans une note manuscrite adressée à M. Sauvageot, M. Pottier, le savant auteur du texte des Monuments français de Willemin, adopte à bon droit, au sujet de ces manches, le nom de manches à poches que leur a donné Spallart[3]; et il fait observer qu'essentiellement particulières au douzième siècle, elles se voient principalement sur les monuments anglais ou normands[4].

Et cette date et cette origine s'accordent pleinement avec les opinions que nous venons d'émettre. Nous avons cru voir sur nos chandeliers les mythes de Tyr, de Nott et d'Igdrasill, or ces croyances mieux conservées parmi les scandinaves[5] n'étaient pas étrangères aux races

---

[1] On sait que l'attribut ordinaire de la Terre était une plante. Si cette circonstance portait à voir ici dans la femme assise cette dernière déesse plutôt que la Nuit, Jord ou Frigga au lieu de Nott, la présence du cheval s'expliquerait de la même manière puisque les anciens aimaient à faire chevaucher toutes les asinies; et que la Terre en particulier, Frigga, avait, dans Gna, une messagère qu'elle envoyait porter à cheval ses ordres dans l'univers à travers les airs et l'océan, témoin ce passage de l'Edda en prose : « Les vents (les génies aériens) voyant Gna (la Sublime) traverser les airs à cheval, s'écrièrent : Qui vole de ce côté? Qui s'avance par ici, nageant dans l'atmosphère? — Gna leur répond : Si je suis emportée dans les airs, ce n'est pas moi qui le veux, c'est mon cheval Hofvarnir (celui qui lance des ruades). Magn., l. c., V. Gna.

[2] *De Vita sua*, Opp. t. 1, p. 467.
[3] *Tabl. Histor.*, t. v, pl. 8, 9, 60.
[4] Nous voyons dans Olaüs Magnus que cette mode était autrefois commune à tous les peuples du nord. *Longe aliter olim vestitus in septentrionalibus regnis et populis quam nunc est, formatus erat, præsertim in exteriori interiorique ornatu mulierum; latissimas habebunt manicas, sed has in medio cuneatas ac argenteis vel deauratis nodis quasi tenaculis clausas.* (Hist. Gent. sept., brev. l. xiv, c. 1, Leyde 1645.)
[5] On en peut juger, pour ce qui touche le dieu Tyr, par le grand nombre d'endroits qui portent son nom en Danemark, en Suède et en Norwège. C'est : *Tiis Soë*, lac de Tyr; *Tiis-Velde*, fontaine de Tyr; *Tybjerg*, montagne de Tyr; *Tysthing*

anglo-saxones et germaniques : témoin le nom de Tyr donné chez elles au mardi [1], et les superstitions relatives aux arbres sacrés [2].

Relativement aux quatre derniers monuments, je me bornerai à dire qu'ils doivent provenir de quelque contrée assez rapprochée de la patrie de l'Odinisme pour que les traditions des Eddas y fussent populaires, et trop peu éloignées du centre de la civilisation pour que l'art y fût trop barbare. Quant à l'époque du travail, malgré tout ce qu'on risque en précisant les dates, je déclare regarder le chandelier de M. Desmottes (Pl. XVII, A. B.) et surtout celui de M. Dugué (Pl. XVI), comme des produits du onzième siècle; siècle où la verve fougueuse des époques de renouvellement était encore mal servie par le goût qui sait choisir et l'habileté qui sait rendre. Au contraire dans le petit chandelier de M. Dugué (Pl. XV, B. C.), dans celui de M. Sauvageot peut-être (Pl. XVII, C. E. D.), mais surtout dans celui de M. Carrand (Pl. XIV), le sentiment du beau se fait évidemment jour; la simplicité et la fermeté des lignes, au milieu d'une composition pleine d'animation et de richesse, dénotent une force d'autant plus accessible aux conseils du goût qu'elle est plus maîtresse d'elle-même : je les crois du douzième siècle.

Arthur MARTIN.

---

ou *Tyrsthing*, marché de Tyr; *Tirsbek*, siége ou ruisseau de Tyr; *Tirsted*, demeure de Tyr; *Tybring*, colline de Tyr; *Tiislunde*, étang de Tyr, etc., etc.

[1] *Tisdag, thisdag, distag* en vieux allemand; *tysdei, dysendag* en frison; *tirsdœg, tyrsdœg, tivesdœg, tiserdœg* en anglo-Saxon; *tuesday* en anglais. On dit *distag* ou *zistag* à Saint-Gall. Quand Tacite raconte que les Germains adoraient Tuisco (De morib. Germ. II, ed. Lemaire) : *Celebrant carminibus antiquis... Tuisconem Deum, terra editum, et filium Mannum originem gentis conditoresque;* il n'est pas invraisemblable qu'il indique le dieu Tyr (*Tuis got*). C'est une ingénieuse et neuve observation de Magnussen. M. Naudet, dans son commentaire sur ce passage dans l'édition que je viens de citer, fait sentir qu'on ne doit pas demander à Tacite l'orthographe rigoureuse d'un nom appris par des oui-dire, et il ne paraît pas éloigné de reconnaître avec Gebauer le titre de *Dieu* dans la dernière syllabe. Quant à la première, il est plus naturel d'y voir Tyr (*Tis, Tues*) etc., que d'y chercher Thiud (race) comme on l'a fait jusqu'ici. J'ajoute que la parenté établie entre Tuisco et Mannus vient à l'appui de l'opinion qui nous a fait regarder Tyr comme un dieu lunaire puisqu'il paraît impossible de ne pas confondre le *Mannus* de Tacite avec le *Mani* des Runes.

[2] Il serait aisé de montrer dans ces arbres de mai si fêtés jadis parmi nous, et dans les arbres de Noel si fêtés encore en Allemagne de curieux souvenirs d'Igdrasill; mais ici les développements nécessaires nous entraîneraient trop loin et demanderaient un mémoire à part, qui nous conduirait du vieil arbre indo-germanique à nos jeunes arbres de liberté.

DIVERS MONUMENTS
D'ORFÉVRERIE RELIGIEUSE.

(PLANCHES XVIII, XIX, XX, XXI, XXII, XXIII).

> Arte tan noble comprehende
> Debaxo de su nobleza
> Los principes y los reyes.
> (CALDÉR., *El Alcayde de si mismo.*)[1]

Lorsque Caldéron pouvait se permettre, grâce aux priviléges généraux de la poésie et aux droits particuliers de l'hyperbole castillane, de comparer sur son théâtre ou plutôt de préférer la dignité de l'art des orfévres à la noblesse des princes et des rois, on était loin du temps où Jean de Garlande présentait les orfévres laïques de Paris comme d'humbles habitants du pont au Change confondus dans la foule des hommes de métier[2]. Est-ce à dire que depuis le onzième siècle où maître Jean écrivait son dictionnaire, jusqu'au dix-septième où vivait le grand Caldéron, l'orfévrerie n'ait poursuivi qu'une marche ascendante? Les admirateurs exclusifs de l'antiquité païenne et du reflet qu'elle eut au seizième siècle l'ont supposé jusqu'ici, et font encore de cette opinion un des axiomes de l'histoire des arts. Mais en cela comme en beaucoup d'autres choses l'étude plus impartiale et plus approfondie des monuments comparés semble appelée à modifier des jugements où la prévention n'a pas eu moins de part que l'enthousiasme. Telle est du moins la persuasion qu'ont fait naître en moi et les planches que je réunis dans ce volume et celles que je prépare pour les suivants.

Afin de se rendre compte de ce qu'il y a de vrai et de faux dans cette hypothèse d'un progrès continu de l'orfévrerie, il est indispensable d'établir une distinction entre celle qui a pour but de servir les modes et celle qui s'élève à l'honneur de rivaliser avec l'architecture, entre l'orfévrerie de luxe et l'orfévrerie religieuse. Leur destinée, si je ne m'abuse, a été aussi différente que leur but, et les progrès de l'une se sont développés presque en raison inverse de la marche suivie par l'autre.

---

[1] *Comedias*, etc., Madrid, 1761, t. x, p. 209.
[2] Géraud, Paris sous Philippe-le-Bel, 1837, append. n° XXVII, XXXVIII, XXXIX. Le dictionnaire de maître Jean paraît avoir été écrit à Paris vers 1080 ou 1098.

I.

DE L'ORFÉVRERIE DE LUXE ET DE L'ORFÉVRERIE RELIGIEUSE.

On conçoit d'abord qu'au moyen âge, comme à toutes les époques, la vanité humaine n'a pu manquer de demander à l'or et aux pierres précieuses un supplément de mérite ou d'attraits; et s'il est vrai que le goût de la simplicité diminue chez un peuple à mesure que le sentiment du vrai beau s'efface, si le désir de plaire tend à éblouir encore plus qu'à charmer aux époques de décadence aussi bien qu'aux époques d'enfance sociale, l'amour des riches parures dut signaler les siècles du bas-empire où eut lieu l'avénement des races modernes. Ainsi s'explique le faste excessif des costumes byzantins et l'empire de ces modes d'Orient qui furent si longtemps pour l'Europe occidentale le type de la vraie magnificence et du bon goût. A en juger d'après le petit nombre de monuments qui nous restent des hautes époques du moyen âge, l'orfévrerie de luxe avait pris d'assez grands développements sous les carlovingiens et dut pendant le dixième et le onzième siècle un nouvel élan au mouvement imprimé à tous les arts par l'empereur grec Basile à la fin du neuvième siècle. Il faut pourtant avouer que le caractère de cette bijouterie consistait moins dans la beauté des formes que dans la richesse des matériaux et quelquefois dans la délicatesse du travail. Au treizième siècle, les bijoux furent traités avec la grandeur de style que l'on pouvait attendre d'une époque où la sculpture d'ornementation fut peut-être la plus florissante de toutes les branches de l'art. Mais le treizième siècle fut un siècle profondément empreint de pensées graves. L'antique simplicité reparaît alors dans les vêtements et indique pour le faste personnel un mépris dont la bijouterie dut se ressentir. Sur les cent seize orfévres que le livre de la taille comptait à Paris en 1292 [1], plusieurs sans doute continuaient de fabriquer comme les orfévres laïques dont parlait Jean de Garlande deux siècles auparavant, des hanaps d'or et d'argent, des agrafes, des colliers, des épingles, des boucles et des anneaux ornés de pierres; mais on peut croire qu'un grand nombre s'occupait dès lors de l'ameublement des églises bien que les principaux ateliers d'orfévrerie religieuse fussent encore les monastères. Au contraire, à partir du quatorzième siècle, le luxe pénètre de plus en plus dans les mœurs, l'amour du fini et la science du dessin font de continuels progrès dans les arts : c'étaient autant d'éléments de succès pour la bijouterie qui eut son apogée à la renaissance. Il suffit de voir les bijoux des quatorzième et quinzième siècles ou de lire les inventaires des trésors des princes pour concevoir que la verve qui s'égarait si féconde en charmantes et folles fantaisies cherchait un nouvel idéal qu'elle devait tôt ou tard rencontrer. La réapparition de l'art antique fut pour la sève du moyen âge un nouveau principe fécondant trop en rapport avec l'affaiblissement des vieilles mœurs et le besoin croissant de tous les genres de jouis-

---

[1] Giraud, *l. c. Résumé histor.*

sances. Il en résulta un art nouveau presque aussi différent de l'art des anciens où il puisait son esprit que du moyen âge dont il conservait encore les traditions et la libre allure. Art plein d'originalité, de grâce et de fraîcheur, qui devait produire et qui produisit en effet dans l'orfévrerie des monuments aussi supérieurs que ceux de la sculpture et de la peinture. Pour en fournir la preuve ne suffit-il pas de nommer les Ghiberti et les Ghirlandaio, les Caradosso et les Cellini? C'est quand il est donné d'étudier les merveilleux ouvrages recueillis dans la résidence royale de Berlin, dans celle de Munich, au Belvédère de Vienne, dans les musées de Dresde ou dans notre galerie du Louvre [1] que l'on conçoit l'enthousiasme prêté par Caldéron à son infante Marguerite dans le *Geôlier de soi-même* lorsqu'elle aperçut *les bijoux les plus précieux que l'imagination put se figurer, que l'art put produire et que le désir put orner* [2]. Le grand poète avait pu voir en France, s'il est vrai qu'il ait séjourné à Paris sous la régence d'Anne d'Autriche, ce que Cellini et Ramel avaient fait sous François Ier, Briot sous Henri II, François Desjardins sous Charles IX, Delahaie sous Henri IV [3], et ce que le premier Claude Ballin avait fait sous Louis XIII et continuait de faire sous Louis XIV.

Nous conviendrons donc sans peine de la marche ascendante de la bijouterie ou de l'orfévrerie mondaine jusqu'à la renaissance; mais en dirons-nous autant de la grande orfévrerie, de l'orfévrerie religieuse? Il me semble au contraire qu'en vertu même de sa destination son avenir devait être tout autre. Appelée à orner les églises, elle devait naturellement subir les phases de l'architecture religieuse : or, selon nous, du treizième siècle jusqu'à la renaissance celle-ci n'a plus fait que déchoir. En effet l'architecture, étant de tous les arts du dessin celui où la vigueur des conceptions peut plus aisément se suffire, ses progrès sont à quelques égards indépendants de ceux des arts accessoires; et comme elle doit devancer la sculpture et la peinture lorsque pour celles-ci la science ne répond pas à l'inspiration, elle doit à son tour les suivre lorsque pour elle l'inspiration fait défaut à la science. Si le treizième siècle a été le plus beau moment de l'architecture religieuse au moyen âge c'est qu'il a été celui où la foi pénétra plus avant dans les mœurs et donna plus d'élan aux âmes. L'architecture était alors une reine dont tous les autres arts se reconnaissaient les vassaux. Tous les efforts tendaient vers un but commun; tout se fondait en un harmonieux ensemble et produisait ainsi le plus grand des effets, l'effet architectural résultant de tous les autres. Plus tard, les liens de l'unité se relâchent en même temps que le sentiment religieux s'affaiblit; le sculpteur et le peintre s'af-

---

[1] Je pourrais citer après toutes ces collections de princes souverains celle que M. Jules Labarte a hérité de M. Debruge Dumesnil et dont il vient de publier le catalogue avec une introduction historique pleine de science et de goût. Cette collection est surtout remarquable par la beauté, la variété et le prix de ses bijoux. L'orfévrerie religieuse y est aussi noblement représentée, ainsi que nos lecteurs en pourront juger d'après une châsse du treizième siècle que nous publierons dans ces Mélanges. Elle porte dans le catalogue le n° 943. (*Description des objets d'art de la collection Debruge*, Paris, Victor Didron, 1847.)

[2] Las joyas mas excelentes
Que la codicia imagina,
El arte pule, y guernece
El deseo, que son tales
Que el arte y codicia vencen.

[3] Jules Labarte, *l. c. De l'Orfévrerie*, p. 267.

franchissent de la tutelle de l'architecte, et voient dans leurs œuvres, au lieu d'un moyen, un but où ils concentrent toute l'énergie de leurs études et de leur talent. La sculpture et la peinture pouvaient y gagner sous plusieurs rapports ainsi que les arts qui en dépendent; mais l'architecture chrétienne devait y perdre, et il était inévitable qu'elle entraînât dans sa propre décadence la grande orfévrerie qu'elle inspire.

Voyez en effet combien les majestueuses proportions qui dominent dans les premières années du règne de S. Louis s'amaigrissent sous le règne de ses enfants; comme les lobes arrondis du quatorzième siècle dégénèrent en feuilles anguleuses à l'approche du quinzième, et comme la végétation encore vigoureuse du quinzième siècle se transforme au seizième en flammes onduleuses et vagues! Eh bien, des transformations tout à fait semblables s'opèrent dans la grande orfévrerie, ainsi qu'il est aisé de s'en rendre compte dans les rares trésors d'église échappés aux ravages des guerres et des modes. A Aix-la-Chapelle, par exemple, après avoir été frappé tout d'abord par la beauté des formes et la sage magnificence des châsses de Charlemagne et de Notre-Dame, dons présumés de Frédéric I*er* et de Frédéric II, on contemple encore avec bonheur les monuments du siècle suivant, remarquables par leurs pignons élancés et découpés à jour, leurs ogives semées de fleurs rayonnantes, leurs légers clochers octogones, leurs galeries de roses ou de trèfles, et leurs émaux translucides qui laissent briller sous leur eau colorée les reflets des plus fines ciselures. Le quinzième siècle se signale par un travail encore plus délicat peut-être; mais aussi par un dessin moins franc dans son ensemble, moins élégant dans ses formes et moins sage dans ses caprices. L'artiste, comme le littérateur des temps qui suivent les siècles de génie, s'efforce de cacher la stérilité des idées sous la profusion des ornements et supplée comme il peut les fortes pensées par les recherches de la coquetterie. Ainsi que l'architecture appelée *flamboyante* semble prendre à tâche d'imiter dans l'ornementation des grands édifices la délicatesse de l'orfévrerie, l'orfévrerie de la même époque semble prendre pour but de lutter de finesse dans le travail avec la glyptique; et vraiment l'œil a parfois quelque peine à suivre les mouvements si fantasques du feuillage si délié, et à se rendre compte dans tous leurs détails des moulures et des bas-reliefs ciselés la loupe à la main. Il y avait dans cet amour exagéré des choses fines une tendance fâcheuse à négliger la fermeté des lignes et la simplicité de conception nécessaire aux grands effets. C'est aussi par là que pèchent, à mon avis, les derniers travaux de l'orfévrerie ogivale. Dès lors pour apprécier l'art il faut aller l'étudier dans les salons plutôt que dans les églises; comme plus tard, à une époque qui a eu avec la Renaissance tant d'analogie sous le rapport des idées et des mœurs, comme sous l'arrière petit-fils de Louis XIV, c'est aussi dans les boudoirs plutôt qu'auprès des autels qu'il faut aller chercher les chefs-d'œuvre. La flamme n'est certes pas éteinte, seulement elle ne s'élance plus du même foyer et ne tend plus vers le même but. Le goût des jouissances a remplacé le sentiment des devoirs, et l'homme dévoue avec un amour effréné à la satisfaction de tous ses penchants terrestres les facultés qu'il ennoblissait en les consacrant à Dieu. Ce n'est pas sans doute que les grands orfévres de la renaissance n'aient exécuté de magnifiques travaux religieux : je veux seulement dire, qu'en général ils y développent la science du modelé, et l'habileté du ciselet plutôt que la beauté des lignes architecturales. Telle est en particulier l'impression que m'a laissée la vue des grands reliquaires de Cellini conservés à Munich dans la *Chapelle-Riche* du Palais-Royal.

Je ne sais si les morceaux d'art, réunis dans ce mémoire ou dans ce volume, justifieront suffisamment aux yeux du lecteur les réflexions précédentes. Rassemblés au hasard, ils sont loin, je le sens, de répondre exactement à chacune des phases que je viens d'indiquer : aussi avons-nous l'intention d'y suppléer largement plus tard. Tels qu'ils se rencontrent ici, ces monuments pourront au moins servir à rendre plus intelligible notre opinion sur la dégradation progressive de l'orfévrerie sacrée sous le rapport du style et du caractère religieux. En effet, en feuilletant nos planches depuis la XVIII° jusqu'à la XXIII°, on trouvera peut-être comme nous que l'art y suit une marche ascendante. Or serait-il vrai que pour avancer ainsi dans l'ordre du beau il faille reculer dans celui du temps ? C'est ce que nous allons vérifier en étudiant chaque objet à part.

II.

OSTENSOIR DE CHARLES QUINT [?] — AGNUS DEI DE CHARLEMAGNE[?] — DONS DU ROI DE HONGRIE, LOUIS LE-GRAND. — MONSTRANCES DE LA COLLECTION DE M. LE PRINCE SOLTIKOF, DE LA CATHÉDRALE DE REIMS ET DE L'ABBAYE D'OIGNIES.

(PLANCHE XVIII.)

OSTENSOIR DE CHARLES-QUINT (?)

Cette belle monstrance en vermeil passe pour avoir été donnée à Aix par Charles-Quint à l'occasion sans doute de son couronnement, qui eut lieu en 1520 dans l'église de Notre-Dame. Rien dans le style ne défend de s'en tenir à cette tradition locale et, supposé que l'absence de toute armoirie porte à suspendre le jugement sur cette origine, on n'en verra pas moins dans l'œuvre d'art un précieux spécimen de l'orfévrerie flamande ou allemande dans la première moitié du seizième siècle. A cette époque les innovations de l'Italie, accueillies en France depuis Louis XII, ne se glissaient encore qu'avec timidité dans les écoles du nord de l'Allemagne, et les suaves contours de la Renaissance s'associaient avec plus ou moins de bonheur aux montants effilés et aux rinceaux enchevêtrés de l'art ogival expirant.

Nous aurons ailleurs l'occasion de parler des diverses formes adoptées aux différents siècles pour les vases consacrés à la sainte Eucharistie. Les théologiens catholiques ont eu souvent l'occasion d'en faire mention en réunissant les témoignages de la tradition pour prouver aux protestants la perpétuité de l'adoration de Jésus-Christ dans le saint Sacrement : c'étaient des boîtes, des tours, des ciboires, des colombes, des monstrances. Les plus anciens de ces vases cachaient la sainte hostie aux regards ; mais, ainsi que depuis les premiers siècles on la montrait un moment découverte au peuple pendant le saint sacrifice, on commença à l'exposer sous le cristal des monstrances, en dehors du saint sacrifice, depuis l'institution de la Fête-Dieu. L'usage des expositions solennelles dans les églises et des processions triomphales au milieu des villes devait nécessairement avoir pour résultat de transformer la custode eucharistique et de donner une grande importance aux ostensoirs. Or il ne sera pas inutile de remarquer ici que ces expositions ne furent nulle part plus multipliées que dans le voisinage des lieux où la Fête-Dieu a pris naissance, et par conséquent auprès d'Aix-la-Chapelle. Dès le milieu du quinzième siècle (1452) le concile provincial de Cologne eut à modérer sur ce point les désirs de la piété populaire, et prescrivit que le saint Sacrement ne serait exposé ou porté en procession *à découvert dans des ostensoirs* que pendant l'octave de la fête et une autre fois dans l'année ; mais il ne paraît pas que cette recommandation sévère ait été longtemps observée, puisque dès le siècle suivant un célèbre archidiacre de Cologne, Jean Groper, se plaignait dans ses ouvrages théologiques des expositions presque journalières du saint Sacrement dans des ostensoirs. Un concile de Malines exprimait de semblables plaintes en 1570 [1].

Dans la monstrance de Charles-Quint la forme de soleil, inusitée au moyen âge, mais aujourd'hui dominante en France et en Italie, ne fait que commencer à se montrer. On voit l'astre apparaître sous les arcs de triomphe que ses rayons absorberont un jour. Deux scènes, l'Incarnation et la Résurrection, complètent le sens du symbole. Dans l'Incarnation le soleil de justice dont nous voyons l'image s'est levé pour le monde ; dans la Résurrection il s'est levé pour le ciel. L'Incarnation rappelle la présence réelle dans la sainte hostie du corps autrefois passible et immolé sur la croix, et la Résurrection sa gloire actuelle dans les cieux. La foi adore réunis les anéantissements et les grandeurs de celui qui est tout à la fois le fils de l'homme et le fils de Dieu ; et l'art répète en son langage les plus beaux des chants de l'Eglise à la gloire de l'Homme-Dieu. [2]

> Se nascens dedit socium,
> Convescens in edulium,
> Se moriens in pretium,
> Se regnans dat in præmium.

Dans l'image de la sainte Vierge placée au faîte, je ne verrais qu'un signe de la destination de l'ostensoir à l'église de Notre-Dame.

Nous reviendrons tout à l'heure sur les deux autres monuments de la même planche.

---

[1] Voyez Thiers, *Traité de l'Exposition du saint Sacrement*, Paris, 1673.
[2] Dans sa naissance il se fit notre frère,
Dans son banquet il devint notre pain,
Sur le calvaire il fut notre rançon.
Et dans la gloire il est notre bonheur.

(PLANCHE XIX.)

L'AGNUS DEI DE CHARLEMAGNE.

Il est aisé de voir que la monstrance D. E. F. recouvre un agnus Dei : or, d'après la tradition d'Aix, celui dont il s'agit ici ne serait rien moins qu'un don de S. Léon III à Charlemagne. Si cette tradition est trop vague pour inspirer une entière confiance, du moins ne repose-t-elle sur rien d'impossible. Sans m'étendre ici comme j'aimerais à le faire sur l'antiquité tout à fait primitive du symbole de l'agneau dans l'Église, celle des *Agnus Dei* en cire, bénits avec des cérémonies particulières par les souverains Pontifes dans la semaine sainte, et distribués par eux à la fin de la semaine de Pâques, remonte, d'après les plus graves critiques, aux premiers siècles du christianisme[1]. Dès lors avait lieu le samedi saint la bénédiction du cierge pascal, symbole de la résurrection. En consacrant le nouveau cierge on brisait l'ancien, et ses fragments marqués de l'empreinte de l'agneau se distribuaient au peuple en souvenir de la Pâque. On les remettait surtout aux nouveaux baptisés pour remplacer les bulles que les païens faisaient porter à leurs enfants, soit sous une forme obscène, pour éloigner d'eux les maléfices, selon Varron, soit sous la forme d'un cœur pour leur insinuer, selon Macrobe, le courage viril. Ainsi les nouveaux-nés de l'église, *quasi modo geniti infantes*, devaient-ils voir dans l'agneau de Dieu leur protecteur et leur modèle. Notre *Agnus Dei* en cire se trouvant invisible, nous ne pouvons parler que de l'agneau pascal de la ciselure, ouvrage du quinzième siècle. Ici, comme presque toujours depuis les temps carlovingiens, l'agneau pascal porte le nimbe divin, car il représente celui dont le précurseur disait : Voilà l'agneau de Dieu qui efface les péchés du monde. Il est debout, car s'il a été immolé, il a triomphé de la mort; il porte la tête élevée comme celle d'un vainqueur, et regarde derrière lui en marchant pour voir s'il est suivi de ceux qu'il aime; de la droite il tient son étendard : la croix, signe de ralliement et sauvegarde des élus; ainsi s'avance-t-il sous de joyeux ombrages, ceux des collines éternelles où il attendra les élus. On lit autour du médaillon :

AGNE DEI, MISERERE NOSTRI QUI CRIMINA TOLLIS.

La victoire retracée d'un côté par le symbole est exprimée de l'autre par le mystère, Jésus-Christ sort de sa tombe. De son corps transfiguré jaillissent, comme au Thabor, des rayons de gloire; ses yeux élevés vers le ciel indiquent son retour vers son père, et l'étendard qu'il soutient rappelle les droits de ses souffrances. En quittant la terre, il pense encore aux

---

[1] *Annales eccles.*, Baronii, ed Pagi, ad Ann. 58, N. LXXVI. — Bonardo, *Discorso intorno alla origine degli* *Agnus Dei*, Roma, 1586. — Baldassari, *Degli Agnus Dei pontifici*, Venezia, 1714, etc.

hommes et les bénit. Sur les bords du tombeau ouvert sont assis deux anges dans l'attitude de l'adoration; ce sont les anges qui vont dire aux saintes femmes : Il est ressuscité, il n'est plus ici. La légende est une parole de désir et d'espérance :

DOMINE JESU CHRISTE, REX GLORIÆ, DA NOBIS PACEM ET LÆTITIAM SEMPITERNAM.

Relativement à cette prière, je ferai observer que jusqu'au dixième siècle les invocations en usage dans la liturgie au moment de la communion se terminaient toujours par le mot *miserere*. Ce fut vers cette époque, au témoignage d'Innocent III [1] que les grandes calamités qui se succédèrent firent changer le dernier : *ayez pitié de nous*, en cette autre prière conservée depuis lors dans l'Église : *Donnez-nous la paix*. L'empire germanique au quinzième siècle n'eut que trop d'occasions de demander au ciel la *paix* terrestre en attendant la *joie éternelle*.

Le morceau d'orfévrerie que nous avons sous les yeux est évidemment antérieur au précédent, puisque la renaissance ne s'y fait pas sentir? Perd-il, demanderai-je, à se trouver en dehors de son influence? Pour appartenir uniquement à l'art ogival, ses proportions sont-elles moins heureuses et son ornementation moins élégante?

(PLANCHES XVIII ET XIX.)

DONS DE LOUIS-LE-GRAND DE HONGRIE[2].

La monstrance A. B. C. de la Pl. XIX ainsi que la monstrance G. H. et le chandelier A. B. de la Pl. XVIII portent dans leurs armoiries une date précise qui doit nous faire regretter leur trop peu d'importance sous le rapport de l'art. Ces armoiries sont celles de Louis-le-Grand, prince de la maison d'Anjou-Hongrie, né en 1326 et mort en 1382. Descendant du roi de France Louis VIII par la branche d'Anjou-Sicile, il avait pour armes de famille l'écu de France, qui était depuis la fin du douzième siècle, *d'azur aux fleurs de lis d'or sans nombre*. A l'époque de Louis de Hongrie, l'usage des trois fleurs de lis, *deux en chef, une en pointe*, commençait seulement à s'introduire en France dans les sceaux. Le plus ancien où elles se trouvent est un *petit sceau* de Charles V, à la date de 1364 [3]. La maison d'Anjou-Sicile *bordait de gueules* son champ d'azur ; mais la bordure, signe d'infériorité, est ici oubliée. Nous voyons l'écu de France, *parti* de celui de Hongrie. qui est *fascé d'argent et de gueules de huit pièces*. Ce fut en 1342 que Louis succéda à son père Charobert, reconnu roi de Hongrie en

---

[1] *De Mysterio missæ*, l. VI, c. 6.
[2] La planche XVIII publiée avant la confection de ce mémoire attribue ces dons à une reine de Hongrie. C'est une erreur occasionnée et par la forme des écussons losangés comme ceux des filles de France, et par les traditions d'Aix pleines de souvenirs de la reine Marie, fille de Louis-le-Grand et dernier rejeton de la maison d'Anjou-Hongrie. On attribue aussi à cette princesse une jolie broderie en soie et or que nous publierons dans ces *Mélanges*. Quant aux écus en losange, on les trouve sur les monnaies de Charobert.
[3] *Eléments de Paléographie*, par M. Natalis de Wailly, t. II, p. 351.

1310. Son cimier est une tête d'autruche tenant au bec un fer à cheval. On sait que telle était au moyen âge la manière ordinaire de représenter *l'oiseau qui mange du fer*. Ce cimier paraît avoir été adopté par Charobert : c'est du moins sous le règne de ce prince que la figure de l'autruche apparaît pour la première fois dans les monnaies hongroises où elle caractérise celles qui furent à cette époque frappées à Bude [1]. Les armes de Pologne, *de gueules à l'aigle d'argent becquée, membrée et couronnée d'or aux ailerons liés de même*, ne se voient que sur la monstrance G. H., Pl. XVIII. Louis fut élu par la diète polonaise en 1370, à la mort du roi Casimir son oncle; mais en devenant roi de Pologne il réserva ses plus vives sympathies pour les Hongrois, qui le payèrent de retour. Il reçut d'eux le surnom de Grand, mérité par les bienfaits d'une administration juste aussi bien que par l'éclat de ses nombreuses victoires. Religieux autant que brave, il voulut favoriser la piété qui entraînait ses peuples en pèlerinage à Notre-Dame d'Aix-la-Chapelle, et fonder dans cette église, en l'honneur des saints de la maison de Hongrie, une chapelle desservie par des prêtres hongrois. L'acte est daté de 1374 [2] ce doit être l'époque de nos monuments destinés sans doute à l'ornement de l'autel ainsi que quelques autres objets du trésor : aujourd'hui ces objets ne pourraient plus répondre au but primitif, car le dix-huitième siècle a passé par là et fait table rase de l'œuvre du quatorzième. Une large coupole italienne remplace les hauts fenêtrages et les arceaux en gerbes de la voûte ogivale. Cependant le souvenir de Louis-le-Grand se retrouve encore dans quelques inscriptions, dont l'une peut remonter à l'origine de la chapelle :

Hanc capellam

Dotavit et ornamentis pretiosis ditavit Ludovicus, rex Hungariæ, ipsamque ædificari procuravit, et consecrari in honorem beatæ Mariæ Virginis, sanctæque Annæ, sarcti Stephani regis Hungariæ, sancti Emerici filii ejus, ducis Sclavoniæ, sancti Ladislai regis Hungariæ, sanctæ Elisabethæ filiæ regis Hungariæ, sancti Henrici imperatoris Romanorum, sanctæ Cunigundæ uxoris et viduæ, et cæterorum sanctorum regum Hungariæ. Anno Domini M CCC LXXIV. IV augusti [3].

---

[1] Tabulæ numismaticæ Szechenyani. I vol. p. 67. Catalogus abbatis Schonvisneri.

[2] Cet acte a été publié par l'abbé Quix, (*Archæologische beschreibung der munster oder kronungskirche in Aachen*, 1818, p. 136.) Je n'en citerai que les principaux passages :
« Ludovicus dei gratia Hungariæ, Dalmatie, Croatie, Ramie, Bohemie, Gallicie, Lodomrie, Comanie, Bulgaricque rex princeps Salerentanus et honoris montis sancti Angeli Dominus, omnibus Christi fidelibus tam presentibus quam futuris presentium notitiam habituris, salutem. In omnium Salvatore, gloria et honore coronatos in terra principes coelestis altitudo consilii supra cuncta tenens imperium in excelsis; ideo ad regni gubernacula sublimavit, ut quanquam universis sibi subditis esse deceat liberales, circa curam tamen et decorum sancte Matris Ecclesie, quam altissimus ille Dominus, opifex futurorum bonorum sui sanguinis rosei cruore rubricavit, curam impendere debant potiorem..... Proinde ad universorum notitiam volumus pervenire, quod nos... Capellam nostram, quam ob spem et fiduciam nostram in fluentis desiderii nostri affectum, quos ad beatissimos Stephanum, Ladislaum reges ac Emericum ducem, piissimos progenitores nostros, sanctissimarum recordationem gerimus et habemus singulares,... Suo honore eorumdem SS. progenitorum nostrorum in civitate Aquensi circa capellam B. V. Ibidem constructam propriis necessariis sumptibus et expensis construi fecimus et fundari. Et pro duobus capellanis in eodem jugiter degendis ob reverentiam dictorum nostrorum progenitorum, quorum suffragantibus, meritis nobis usque ad hæc tempora victoriose triumphantibus cuncta prospera successerunt, et succedunt de præsenti confinique regni nostri, cui auctore Domino feliciter presidemus longe lateque diffusa et mirifice extitit dilatata, nec non pro nostra nostrorumque parentum salute, perpetuis redditibus et obventionibus dotavimus... Anno Domini M CCCLXXIV nonas mensis Januarii.

[3] Les inscriptions du dix-huitième siècle rappellent également le roi Louis : On lit d'une part :
Lapis fondamentalis sacelli basilici, quod a Ludovico I, rege Hungariæ circa annum MCCCLVII extructum subinde vetustate

Le vase en cristal G. H. de la Pl. XIX doit appartenir à la même époque.

On remarquera sur la monstrance G. H. de la Pl. XVIII une croix patriarcale, c'est à dire à cinq branches ; elle rappelle l'insigne privilége accordé par les papes à la Hongrie. Lorsque le duc Saint-Etienne eut triomphé de tous ses ennemis et converti son peuple à la foi chrétienne, il envoya l'abbé Astric auprès de Silvestre II pour lui demander le titre de roi. Silvestre fit plus que d'exaucer ce vœu ; en apprenant les nouvelles conquêtes de l'Évangile, il s'écria, dit-on : Moi, je suis l'apostolique ; mais Etienne mérite d'être appelé l'apôtre de Jésus-Christ, et je veux qu'il dispose des églises comme il le fait de ses peuples. Il envoya au nouveau roi, outre une couronne d'or, une croix pontificale en l'autorisant à la faire porter devant sa personne : privilége qui devait passer à ses successeurs. En effet, dans le couronnement des rois de Hongrie, après leur avoir donné la couronne dite du pape Silvestre, le sceptre et l'épée, on leur présentait la paix, en usage à la messe, et une croix d'or ornée de pierreries [1]. Cette croix, comme celle des souverains pontifes dans tous les temps, n'avait d'abord que trois branches ; mais dès le douzième siècle on voit la double traverse bysantine figurer dans les monnaies hongroises, sous le règne de Béla II, prince qui avait épousé la fille d'un seigneur grec.

(PLANCHE XX.)

MONSTRANCES DE M. LE PRINCE SOLTIKOF.

Nous quittons ici Aix-la-Chapelle pour entrer dans un cabinet où l'on trouve encore à admirer après avoir vu le trésor de la ville de Charlemagne. La galerie de M. le prince Soltikof présente une des plus précieuses collections particulières qu'il y ait en Europe en fait d'armes et de meubles sacrés. Grâce au sentiment qui fait trouver un surcroît de jouissances personnelles dans celles que l'on procure aux autres, il nous sera accordé d'y pénétrer souvent, et nous aimerons à mettre sous les yeux de nos lecteurs des monuments remarquables

---

fatiscens Hungari pro regina sua Maria Theresia, duce mareschallo comite Bathyano in Belgio contra Gallos belligerantes fundatores pietate excitati collata ope instaurarunt, positus anno MDCCXLVIII per generalem Emericum Norocz, sacra faciente R. D. Decano barone de Bierens A. J. J. Couven architecto dirigente.

Et ailleurs :

Fundata a Ludovico I, rege Hungariæ anno 1374.

Restauratio inchoata sub Francisco I, Romanorum imperatore, Consummata sub Josepho II, Romanorum imperatore anno 1767.

Capellam hanc

A Ludovici regis Hungariæ ære amplo erectam, a ruina, cui proximam cum dolore viderat Carolus S. R. I. princeps Batthyany, tunc Croatiæ prorex, Belgii vicaria potestate gubernator cæsarii et confœderatorum exercitus dux, ita vindicavit, ut tum cæsarearum majestatum munificentia, tum ejusdem principis, tum pontificum, optimatum, militumque Hungariæ liberalite restituta, comite ab Eltx moguntinæ ecclesiæ proposito, Peczwariensi abbate ad visitationem regio legato, Deo consecrata fuit. Anno Domini M DCCLXVII. XV septembris.

[1] Pray, S. J. Annales reg. hung. 1764 (T. I, l. 1, p. 7 sq.)

Voici en quels termes s'exprime Silvestre II dans sa lettre à S. Etienne : Et quia nobilitas tua Apostolorum gloriam æmulando, apostolicum munus, Christum prædicando, ejusque fidem propagando, gerere non est dedignata, nostrasque et sacerdotii vices supplere studuit, atque apostolorum principem præ cæteris singulariter honorare : idcirco et nos singulari insuper privilegio excellentiam tuam, tuorumque meritorum intuitu, hæredes ac successores tuos legitimos, qui sicut dictum est, electi atque a sede Apostolica approbati fuerint, nunc et perpetuis futuris temporibus condecorare cupientes ; ut postquam tu, et illi, corona, quam mittimus, rite juxta formulam legatis tuis traditam, coronatos, vel coronati extiteritis, crucem ante se, apostolatus insigne, gestare facere possis et valeas, atque illi possent valeantque.

qui n'ont pu se trouver réunis que par le concours d'un goût rare et d'une grande fortune. Si les trois monstrances de la Pl. XX n'appartiennent pas aux hautes époques, du moins elles en conservent d'heureux souvenirs. Les connaisseurs apprécieront l'originalité de la composition, la légèreté du jet et l'élégante simplicité des formes.

(PLANCHES XXI ET XXII.)

MONSTRANCES DE LA CATHÉDRALE DE REIMS.

Après avoir comparé jusqu'ici l'orfévrerie architecturale de la renaissance à celle des quinze et quatorzième siècles, nous comparerons dans ces deux planches l'art des quinze et quatorzième siècles à celui du treizième. Nous étions tout à l'heure dans la ville où l'Allemagne couronnait ses empereurs : nous entrons à présent dans celle où la France couronnait ses rois. Que n'a-t-elle su, l'illustre ville de Reims, conserver, comme l'a fait sa rivale, les merveilles d'art accumulées dans ses murs par la pieuse émulation des rois et des peuples ! [1] A peine quelques rares fragments de son ancienne orfévrerie se découvrent-ils aujourd'hui dans sa cathédrale et dans son musée comme pour rendre plus amers les regrets de l'archéologue. Ce sont des monuments mutilés que je produis dans ces deux planches [2]; mais qui ne sent à première vue que ces débris appartiennent à un de ces moments trop courts dans l'histoire des arts où une imagination pleine de sève était dirigée par une raison mûre, où les beautés de détail servaient surtout à faire ressortir les beautés d'ensemble, où la grâce s'alliait à la force, la sobriété à la magnificence, et la fantaisie à la sagesse. Ici nulle inscription, nul souvenir historique ne nous éclaire [3]; mais en avons-nous besoin pour reconnaître l'époque de ces morceaux exquis? Peuvent-ils appartenir à un autre siècle qu'à celui où le grand Libergier, dont il ne nous reste plus, hélas! que la tombe, faisait sortir de terre l'église de Saint-Nicaise, une des plus ravissantes fleurs d'architecture qui aient embelli le sol français? ou plutôt dans ces humbles débris ne retrouvez-vous pas le puissant génie qui dessinait, non la façade de la cathédrale, mais cette décoration extérieure de la nef et de l'apside qui n'a pas, que je sache, de rivale au monde? On n'a pu travailler de la sorte qu'entre la croisade de Philippe-Auguste et celle de S. Louis.

[1] L'excellent ouvrage de M. Prosper Tarbé (*Trésors des églises de Reims*, 1843) fait connaître par le dépouillement des anciens inventaires les richesses presque fabuleuses d'orfévrerie sacrée et les pertes à jamais regrettables de la ville de Reims.

[2] La rose et le pied réunis sur la pl. XXI n'étaient pas destinés à former un tout. Pour les assembler il a fallu défoncer, derrière le cristal du centre, un cuivre gravé représentant Jésus-Christ enseignant l'Évangile. J'ai cru devoir faire disparaître sur la rose un estampage placé au dix-septième siècle contre le biseau de l'exagone et sur la monstrance de la Pl. XXII- des ornements de même goût disgracieusement plaqués au dessous de l'arcade trilobée. Je leur ai substitué les deux colonnettes engagées sur lesquelles retombe l'arcade, et une statuette dessinée d'après le beau marbre de M. Michéli, donné, dit-on par S. Louis à l'abbaye de Royaumont.

[3] La monstrance de la Pl. XXII a été attribuée à l'évêque Samson, sans autre fondement que le rapport entre le nom de Samson et le sujet des deux scènes. Le raisonnement serait plus concluant si nous étions certains que les deux combats ne fussent pas ceux du jeune David. D'ailleurs l'évêque Samson était contemporain de Suger : or à en juger par le vase de S. Denys que nous conservons au Louvre, l'orfévrerie était à cette époque beaucoup moins avancée.

(PLANCHE XXIII.)

MONSTRANCE DE LA COTE DE S. PIERRE A NAMUR.

Si l'archéologue peut en mille circonstances suppléer les dates en comparant les styles, nul ne peut les rencontrer avec plus de plaisir puisqu'elles lui fournissent la contre-épreuve de ses principes. Le brillant morceau d'orfévrerie par lequel nous terminons ce mémoire a l'avantage d'être daté. On y lit sur un phylactère écrit en onciale cursive qu'il est l'ouvrage du frère Hugo, et que les reliques y ont été insérées en 1228 :

Reliqe iste fuerut hic recodite anno Domini M. CCXX oct. Frat Hugo vas istud opus est. Orate pro eo.

L'orfévre Hugo, qui a doublement bien mérité de l'avenir en faisant de belles choses et en signant ses œuvres, était moine d'Oignies, abbaye aujourd'hui détruite, mais dont le trésor a passé entre les mains des religieuses de Notre-Dame à Namur. C'est à M. Didron que revient l'honneur d'avoir le premier fait connaître en France le nom d'Hugo par la publication d'une lettre de M. Léon Cahier sur le trésor d'Oignies [1]. Orfévre lui-même aussi bien qu'archéologue, et auteur de la grande châsse ogivale d'Argenteuil, M. Léon Cahier pouvait mieux saisir que tout autre et mieux rendre le génie de l'art antique : notre planche a été gravée d'après son album et ses estampages.

On pourra d'abord être surpris de la forme étrange de la monstrance. Que veut dire ce croissant et cette tour en cristal flanquée de ses tourelles ? Cette tour est destinée à renfermer et à découvrir tout ensemble de saintes reliques enveloppées dans de riches soieries [2], et ce croissant ne protége rien moins qu'une côte de celui qui recueillit de la bouche du fils de Dieu cette parole glorieuse par excellence : Tu es Pierre, et sur cette pierre je bâtirai mon Église. Sur la face du croissant que notre gravure laisse invisible, on lit en lettres majuscules :

IN HOC VASE HABETUR COSTA PETRI APOSTOLI.

Il y avait dans l'importance d'un tel dépôt une sorte de menaçant défi pour le talent de l'artiste ; on jugera s'il est resté trop au dessous de sa tâche. Le monument est en argent doré ou niellé. Cette opposition de couleur et d'effet entre le nielle de l'argent et la ciselure de l'or est un caractère particulier des ouvrages d'Hugo. Ses rinceaux à jour ont aussi un faire qui lui est propre, et je doute que leur beauté ait été à la même époque surpassée quelque part. Ce n'est plus le mince filigrane bysantin dont nous avons vu de si beaux spécimens dans la châsse de Notre-Dame ; ce sont les plus somptueux rinceaux de l'architecture contemporaine transportés dans l'orfévrerie. L'œil en jouit à distance grâce à la netteté du dessin, et de près

---

[1] *Annales archeologiques*, t. V, p. 319.
[2] Les phylactères indiquent du sang de S. Etienne, une dent de S. Servais, une autre de S. Barnabé, quelque chose de S. Jacques apôtre, de S. Augustin et une parcelle du manteau de pourpre de Jésus-Christ.

il en jouit mieux encore grâce au fini du travail et à l'habileté du modelé. Les cristaux et les pierres précieuses diaprent de leurs couleurs une végétation riante, des groupes pleins d'animation y font circuler la vie; la lumière ruisselle, et les ombres fortement accentuées permettent à l'œil de ne rien perdre de tout ce qui brille. C'est ainsi que le véritable artiste trouve le secret de concentrer dans le cadre le plus étroit les divers éléments de beauté épars dans la nature.

Sur les huit côtes de la base la sainte Vierge est représentée quatre fois, et les quatre principaux protecteurs d'Oignies l'accompagnent. Ce sont S. Lambert de Liége, S. Servais de Maëstricht, S. Augustin, l'auteur de la règle des chanoines, et S. Nicolas, le patron de l'église du monastère.

Au dessous de ces saints personnages, dans les petits angles formés par les côtes, se voient des chiens arrêtant des lièvres, de même qu'au milieu des rinceaux supérieurs on voit des chasseurs donnant du cor, et des meutes poursuivant des lièvres et des cerfs. Ici le moyen pour l'archéologue de ne pas s'adresser cette question? Cela a-t-il un sens? l'artiste en dessinant par deux fois sur le même monument un sujet de chasse n'a-t-il obéi qu'au hasard de ses caprices? ou ce motif d'ornementation aurait-il quelque rapport, aujourd'hui oublié, avec la destination du vase? Au milieu de la petite guerre inoffensive que se livrent de nos jours dans les sociétés archéologiques les partisans et les adversaires plus ou moins ardents, plus ou moins absolus, du symbolisme dans l'art chrétien, on ne me saura pas mauvais gré d'essayer d'éclaircir le point qui s'offre à nous.

Je commencerai par avouer qu'à mes yeux les adversaires du symbolisme peuvent se trouver souvent dans le vrai en expliquant par des fantaisies ou des espiègleries d'artiste certaines représentations bizarres de l'époque romane ou ogivale. J'avouerai surtout que l'on s'est quelquefois trop aisément contenté dans le camp opposé de répondre à des négations gratuites par des assertions qui ne l'étaient pas moins. Tant que nous nous bornons à deviner les intentions d'après leur vraisemblance, exposés que nous sommes à prêter notre esprit aux choses, nous ne pouvons guère songer à former dans cette région presque inexplorée de la science ce que Leibnitz appelait si bien des établissements. Pour arriver à des résultats inattaquables il faut, outre la comparaison des monuments analogues, l'appui des textes antérieurs ou contemporains qui les expliquent; et comme les vues individuelles des écrivains aussi bien que celles des artistes peuvent donner le change à l'observateur, il est bon de comparer et d'apprécier les textes comme on fait les monuments, pour s'assurer qu'une idée a fait loi dans l'art.

Ici les monuments abondent. N'eussions-nous pas nos frises et nos chapiteaux romans où les scènes de chasseurs se retrouvent encore, nous apprendrions de S. Nil et de S. Bernard qu'elles étaient des sujets ordinaires de décoration pour les églises. Sans quitter l'atelier de l'orfévre d'Oignies, nous trouvons une autre partie de chasse ciselée sur une magnifique couverture d'Évangéliaire qui porte et le nom et le portrait d'Hugo [1]. Dans ces choix se cachait-il quelque mystère? ou bien étaient-ce là de simples souvenirs des sarcophages où les anciens aimaient à représenter leurs morts illustres renouvelant dans l'Élysée les délassements de la vie? Etait-ce une inspiration native des races belliqueuses du moyen âge dont les plaisirs les plus vifs étaient ceux qui rappelaient les dangers et les victoires de la guerre? Etait-ce un hommage destiné à flatter les grands pour qui la chasse était un privilége de leur noblesse aussi bien qu'un exercice de leur bravoure? assurément ces motifs n'ont rien d'invraisemblable; or, les admettre, c'est rejeter tout symbolisme. Il y a plus, si nous lisons dans leur contexte les passages où S. Nil et S. Bernard parlent des scènes de chasseurs représentées dans les églises ou les cloîtres, le moyen de supposer qu'ils y aient rien vu de symbolique? Avec quel mépris l'un et l'autre s'expriment:

« Vous me demandez, écrit S. Nil à Olympiodore [2], s'il est convenable... de charger les murs du sanctuaire de représentations où figurent des animaux de toute espèce : de sorte que l'on voie, sur la terre, *des filets tendus, des lièvres, des chèvres et d'autres bêtes cherchant leur salut dans la fuite; puis des chasseurs qui s'épuisent de fatigue pour les prendre, et les poursuivent sans relâche avec leurs chiens;* et ailleurs, sur le rivage, toutes sortes de poissons recueillis par des pêcheurs... Je répondrai que c'est une puérilité d'amuser ainsi les yeux des fidèles. »

S. Bernard se prononce avec encore plus de force, et confond dans son indignation les scènes de chasse avec les compositions les plus extravagantes. Il parle des édifices de l'ordre de Cluni. « Que signifient dans ces cloîtres où les frères vaquent à la lecture ces monstruosités ridicules, ces je ne sais quelles beautés difformes ou belles difformités? Que font là ces singes immondes? et ces lions féroces? et ces monstrueux centaures? et ces demi-hommes? et ces tigres tachetés? et ces soldats qui se battent? *et ces chasseurs qui donnent du cor?* Sous une tête, vous voyez plusieurs corps, et en revanche sur un corps vous voyez plusieurs têtes! Voilà à un quadrupède une queue de serpent, et voici à un poisson une tête de quadrupède? Ici c'est un cheval qui finit en chèvre, et là un animal à cornes qui finit en cheval! En somme c'est de toutes parts une telle variété, une telle étrangeté de formes, qu'on aime mieux faire la lecture sur les marbres que sur son livre et passer les jours à étudier de pareilles choses qu'à méditer la loi de Dieu! [3]

Que dire après de tels anathèmes? Oserons-nous bien prendre aujourd'hui au sérieux ce que des contemporains et des hommes tels qu'un S. Bernard traitaient avec un si profond mépris? Qu'on me pardonne tant de témérité et l'espoir que je conçois de persuader mon lecteur.

Je ne m'attacherai pas à faire remarquer que S. Nil et S. Bernard étaient tous les deux d'austères esprits, amants passionnés de la solitude et bien autrement préoccupés de la ré-

---

[1] Nous comptons la publier dans ces Mélanges.
[2] *Epist. ad Olymp.* (Max. Biblioth. P. P. t. XXVII, p. 323.)
[3] *Apol. ad Guillelm.* (Ed. Gaume, t. I, p. 1246.)

forme morale que des traditions d'école et des œuvres d'art; que S. Bernard en particulier exprime dans le même écrit par rapport aux magnificences de l'architecture et de l'orfévrerie un dédain que d'autres saints personnages du même temps ont été loin de partager; qu'enfin ces deux grands réformateurs des cinquième et douzième siècles eussent-ils entrevu dans nos représentations quelque chose de symbolique, il leur eut suffi pour les réprouver d'y trouver des leçons trop obscures pour les peuples ou trop dissipantes pour les moines. Quoi qu'il en soit de la question d'opportunité et de l'opinion de deux saints illustres, l'image des chasseurs avait-elle, oui ou non, un sens allégorique? Si ce n'est pour tous, du moins pour un grand nombre? Les textes sont là, les textes des auteurs les plus accrédités dans les écoles, et leur langage est formel. Oui; l'image des chasseurs avait un sens pour les écrivains; elle en avait donc un pour les artistes.

Ce sens était complexe, et le symbole se prenait en raison des circonstances soit en bonne soit en mauvaise part.

Pris en mauvaise part le chasseur était le démon et le maître de l'erreur et du vice.

L'auteur d'un sermon attribué à S. Augustin [1] dit, en parlant des infidèles convertis à l'Evangile : « Ils ont triomphé non d'un homme, mais du démon, le détestable chasseur qui poursuit le genre humain. »

« Les malins esprits, dit S. Pierre Damien [2] sont des chasseurs d'hommes; ils les poursuivent sans pitié pour les faire vivre selon la chair. »

S. Jérôme [3], le grand commentateur des Ecritures, explique de la même manière ces passages de David : *Le Seigneur me délivrera du filet des chasseurs... Mon âme est comme le passereau qui vient de s'échapper du filet des chasseurs. Le filet s'est brisé; nous nous sommes trouvés libres.*

« Quel est ce filet? s'écrie-t-il,... celui du démon. Vous voyez donc bien que le démon est un chasseur, un chasseur qui brûle de prendre nos âmes pour les perdre. Qu'ils sont nombreux et divers les filets de ce chasseur! L'avarice? filet du démon! La colère, la détraction? filets du démon! » Il y a plus : aux yeux de S. Jérôme, le chasseur dans le sens allégorique est toujours un agent du mal [4]. Parlant d'Ismael et d'Esaü, tous les deux chasseurs et types du peuple juif : « Autant que je puis me le rappeler, ajoute-t-il, jamais je n'ai vu le chasseur pris en bonne part. » Pourtant, et que l'illustre docteur me pardonne l'observation que j'ose émettre, lui-même semble apporter quelque restriction à cette sentence en citant, non sans quelque éloge, dans ses lettres critiques les vues symboliques de S. Hippolyte martyr [5]. Selon ce dernier « les produits de la chasse symbolisent les hommes sauvés de l'erreur et le juste enseignant la vérité devient un chasseur des âmes. »

Fallût-il renoncer sur ce dernier point à l'appui de S. Jérôme, les autorités ne nous feraient

---

[1] *Serm.*, LI. (Ed. Bened, t. v, p. 282 et 283.)
[2] *Op.* LII. (T. III, p. 804.)
[3] *In Psalter.*, (Ed. Martianey, t. II, p. 569.)
[4] *In Micha.* v. (T. III, p. 1534.)
[5] *Epist. Crit.* (T. II, p. 569.)

pas défaut pour établir que les chasseurs étaient pris aussi en bonne part, et signifiaient Jésus-Christ, ses apôtres et tous les propagateurs de la vérité et de la vertu.

Dans le même discours attribué à S. Augustin, où le démon est présenté sous l'image du chasseur des amphithéâtres, Jésus-Christ est appelé un chasseur qui prend dans ses filets les chasseurs eux-mêmes.

On sait que S. Isidore a été un des écrivains les plus feuilletés au moyen âge. Or, chose assez remarquable, ayant à expliquer dans un chapitre spécial la mission des apôtres, il a recours à deux grandes images, et ce sont précisément celles dont il était question dans la lettre de S. Nil : c'est à dire celle des chasseurs et celle des pêcheurs. [1] « Les apôtres sont envoyés prêcher. Parceque Jésus-Christ, apparaissant à des pêcheurs après sa résurrection les envoie prêcher aux gentils, il avait été dit par la bouche de Jérémie (c. XVI, v. 16.) : *J'enverrai des pêcheurs nombreux, dit le Seigneur, et ils les pêcheront*. Après la mention des pêcheurs suivent ces mots : *et j'enverrai des chasseurs, et ils les prendront à la chasse sur les montagnes et sur les collines et dans les cavernes des rochers*. Ce qui regarde spécialement la conversion des gentils, que les apôtres, établis pour prendre les âmes, ont pris en effet de toutes parts. » Et citant un peu plus bas ces paroles d'Isaïe... *J'enverrai de ceux qui seront sauvés vers les gentils sur les mers, en Afrique, en Libie, en Italie, en Grèce, dans les îles lointaines. Je les enverrai, une flèche à la main, vers ceux qui n'ont pas entendu parler de moi et n'ont pas vu ma gloire*. « Cette flèche, dit-il, est la parole rapide de la prédication. La mission des apôtres est ici spécialement prophétisée. »

Un autre auteur, qui a également joui d'une grande influence, Raban Maur, confirme les deux sens du symbole des chasseurs en les réunissant dans le même passage. [2] « Le chasseur est Jésus-Christ, d'après cette parole d'Isaïe dans les Septante (c. XXXI.) : *Voici qu'il vient pareil au lion ou au lionceau à la chasse*. — Les chasseurs sont les apôtres ou les autres prédicateurs, d'après cette parole de Jérémie (c. XVI, v. 16.) : *Je leur enverrai des chasseurs*, etc. — Le chasseur est aussi le démon, qui a pour figure Nembrod, ce géant qui fut, dit la Genèse, *chasseur devant le Seigneur*. — Enfin les chasseurs sont les méchants, d'après cette expression du prophète (Jérem., Thren., III) : *Mes ennemis en chassant m'ont pris comme un oiseau sans que je les eusse offensés*.

Je terminerai par un morceau inédit du célèbre manuscrit d'Herrade conservé à Strasbourg. Ecrit ou compilé dans le siècle qui a immédiatement précédé celui d'Hugo, on pourrait presque le prendre pour la source où l'orfèvre a puisé. Ce morceau, extrait d'un commentaire sur la Genèse, fait allusion à la chasse d'Esaü [3] « Nous offrons à Dieu les fruits de notre chasse

---

[1] *Contra Judœos*, l. I, c. LX. (Ed. Arevalo, t. VI, d. 57.)
[2] *De Universo*, l. VIII. (T. I, 132.) Que ce traité soit son ouvrage ou qu'antérieur à Raban il lui ait été attribué parcequ'il était répandu dans les écoles et paraissait digne de porter son nom, le poids du témoignage reste le même.

[3] Fol. 35, verso. In sermone cujusdam doctoris.
De venatione nostra Deo patri cibos offerimus, scilicet exemplo bone conversationis vel predicatione : quando mala pecora, id est malos homines ad pœnit. convertimus. Venatio ig't. christianorum conversio est peccatorum.

lorsque par le bon exemple ou la prédication nous convertissons les animaux méchants, c'est à dire les hommes pervers. La chasse des chrétiens est la conversion des pécheurs. Ceux-ci sont désignés par les lièvres, les chevreaux, les sangliers et les cerfs. Les lièvres signifient les incontinents. Les chevreaux figurent les orgueilleux... Les sangliers indiquent les riches... Les cerfs désignent les sages... Or ces quatre animaux nous les frappons de quatre traits, lorsque par l'exemple de la continence, de l'humilité, de la pauvreté volontaire et de la charité parfaite nous convertissons les quatre espèces d'hommes pécheurs en donnant la mort aux habitudes de leur vie passée. Nous les faisons poursuivre par nos chiens lorsque nous les effrayons par la voix des prédicateurs... C'est ainsi que nous les faisons tomber dans les filets de la foi, et que nous les amenons à la pratique de la sainte religion. »

N'est-il pas permis d'inférer de tous ces témoignages que l'image des chasseurs sur les monuments religieux n'a pas toujours été adoptée sans mystère, à une époque où les arts se développaient sous l'influence immédiate de la science ecclésiastique? Dans l'abbaye d'Oignies, où vivait Hugo, ne devait-il pas exister d'intimes rapports entre l'atelier de l'orfévre et la classe du scolastique? A la vue de scènes de chasseurs représentées par un pieux solitaire sur deux monuments si importants et si sacrés je n'aurais pu me défendre de supposer un motif grave; mais cette vraisemblance ne devient-elle pas une certitude quand on rapproche les monuments et les textes? D'après le sens allégorique reçu dans les écoles, les chasseurs représentaient Jésus-Christ enseignant son Évangile, et voilà sur un évangéliaire des scènes de chasseurs. Les chasseurs figuraient aussi les apôtres, et voilà de nouvelles scènes de chasseurs sur une insigne relique du chef des apôtres. Enfin les chasseurs et les chiens de chasse symbolisaient les prédicateurs, et voilà des chiens chassant des lièvres aux pieds des évêques successeurs des apôtres. Est-ce l'effet du hasard? Et le choix des animaux poursuivis est-il aussi l'effet du hasard? Hasard étrange, qui aurait précisément choisi pour la scène relative à S. Pierre des cerfs et des lièvres, c'est à dire les symboles reçus des deux plus grands obstacles qu'ait eu à vaincre la prédication apostolique : l'orgueil philosophique et la corruption des cœurs. Hasard plus étrange encore, qui aurait retranché dans la scène relative aux successeurs des apôtres l'image de l'incrédulité superbe et laissé celle de la licence, comme pour faire comprendre qu'après le triomphe alors universel de la foi, il restait encore à la prédication évangélique, il lui resterait toujours à combattre la mollesse des mœurs. ARTHUR MARTIN.

Hi designantur per lepores, per capreolos, per apros, per cervos. Lepores significant incontinentes qui dicuntur fere singulis anni mensibus concipere et parere.

Capreoli figurant elatos; duplici cornu scilicet : uno superbie, altero vane glorie munitos.

Apri signant divites ; dente cupiditatis et avaritie ceteros comprimentes; et tanquam setis pungentes; sic divitiis crescentibus contra Deum se erigentes.

Cervi designant sapientes : argumentorum multitudine, tanquam cornuum protectione se defendentes.

Hec itaque variorum animalium genera quatuor telis percutimus; quando per exemplum continentie, humilitatis, paupertatis voluntarie, caritatis perfecte; illa quatuor hominum genera convertimus, et a prioris vite consuetudine penitus occidimus.

Aliis enim sumus odor vite ad vitam; aliis odor mortis ad mortem. Canibus eos fugamus, quando voce predicatorum eos terremus. Sic nimirum hec animalia, vel verbis vel exemplis insequimur, cum canibus terremus, ad retia fidei et ad cultum sacre religionis deducimus.

LE LOUP ÉCOLIER.

(PLANCHE XXIV.)

I.

Les sculptures historiées du onzième siècle que reproduit cette planche ont été dessinées dans la cathédrale de Fribourg en Brisgau, où elles ornent un passage étroit qui mène du transept méridional aux bas-côtés du chœur. Les deux bandes font face l'une à l'autre en formant frise des deux côtés sous cette espèce de porte, où elles tenaient sans doute un langage utile aux contemporains du sculpteur ; mais il est douteux que leurs leçons se fassent entendre aux passants du dix-neuvième siècle. Un auteur français du treizième montre que la voix de ces pierres pouvait retentir encore aux oreilles du peuple après deux cents ans. Mettons à profit aujourd'hui ce document, tout postérieur qu'il est à l'œuvre du vieux statuaire. C'est Marie de France qui nous le donne dans son recueil de fables dont elle fait honneur à Esope ; mais peu nous importe qu'elle pèche par la critique sur une question relative à la science de l'antiquité grecque, si elle nous éclaire sur une pensée du moyen âge que nous aurions peine à retrouver sans ces vers. Je suivrai, pour le texte, le manuscrit de notre bibliothèque nationale, qui est coté 7615 (mss. franç., ancien fonds).

FABLE 80. — *D'un prestre et d'un lou.*

Uns prestres volt jadis aprendre
I lou a letres fere entendre.
A dist li prestres. — A dist li leus
Qui mult est fel et engingneux 1.
— B dist li prestres, di o moi 2.
— B dist li leus, la letre vol.
— C dist li prestres, di avant.
— C dist li leus. — Ai! dont tant 3,
Respont li prestres, or di por toi.
— Li leu respont : je ne sai coi.
— Di que te semble, si espel 4.
— Respont li leus, il dist : Aignel 5

Li prestres dist, que verté touche :
Tel ou 6 penser, tel en la bouche !
De plusors le voit l'en 7 souvent ;
Ce dont il pensent durement 8
Est par la bouche conneû.
Ainçois 9 que d'autre soit seû,
La bouche moustre le penser ;
Tout doit ele de li parler 10.

Une autre pièce du même recueil, et qui est la soixante-quatrième dans mon manuscrit. a été donnée par Roquefort comme le prologue de celle que je viens de citer. La voici, telle que je la trouve :

FABLE 64. — *Ci parole* 11 *de lous.*

Par viel esemple conte-ci
Que tuit li lous sont envielli
En cele pel ou il sont né ;
La remainent 12 tout leur aé 13,
Qui sus le leu mettroit bon mestre
Qui doctrinast a estre prestre,
Si seroit-il tous jours gris leus,
Fel et engrès 14, lais et hideus,

Nous n'avons pas à suivre aveuglément notre guide du treizième siècle. Il se peut que Marie de France, ou l'auteur qu'elle traduisait en rimes françaises, ait mis du sien dans la morale de la fable ; mais quant au fait, il est évident qu'on l'a emprunté à un fonds populaire où puisait aussi notre sculpteur. Cette interprétation fondamentale une fois ressaisie par nous autres gens du dix-neuvième siècle, le bas-relief peut à lui seul nous dire assez complétement la vraie pensée de son auteur. Explorons-en donc les détails un à un, au moyen de cette lueur que nous reflète le fabuliste du moyen âge.

Le début est incontestablement dans la leçon de de lecture : le prêtre (ou moine) assis sur un pliant 15, et armé du sceptre grammatical 16, présente au loup

---

1 Perfide (félon) et astucieux.
2 Avec moi.
3 Continue de la sorte.
4 Epelle ; en *anglais* spell.
5 Roquefort, qui a publié les *Poésies de Marie de France*, suit un texte qui n'est pas toujours préférable à celui du ms. 7615 ; mais quelques omissions de mon manuscrit sont suppléées par son édition. Ici (t. II, p. 345, 8v.), l'imprimé porte : « Respunt li lox : Aignel, aignel. »
6 Roquef. « Tel en pensié. »
7 On le voit.
8 Fortement.
9 Avant ; *italien* anzi.
10 J'ai corrigé ce vers d'après Roquefort. Mon manuscrit porte : « Tout doie ele du parler. »
11 On parle, *ou bien* L'auteur parle...
12 Persistent, restent ; *angl.* remain.
13 Age, vie, durée.
14 Méchant, peut-être ingrat (mauvais cœur).
15 C'est le pliant ou *faldistorium* (l'antique *Sella*) longtemps maintenu par la liturgie comme siège du célébrant. L'occasion se représentera bientôt d'en parler au long.
16 La verge est l'attribut officiel de la Grammaire durant tout le moyen âge dans la représentation des *arts libéraux*. Cf. Vitraux de Bourges, *Etude XVII* (abside d'Auxerre). — Annales de philosophie chrétienne, t. XIX (1859), page 52 (*Hortus deliciarum*). Nous nous proposons d'ailleurs d'en publier bien d'autres exemples dans ces *Mélanges*.

déjà encapuchonné un livre où ce triste écolier est censé suivre les lettres une à une, à l'aide d'un bâtonnet dont une extrémité se termine à peu près en pointe. Le singulier aspirant à la cléricature a déjà franchi avec l'aide de son maître les trois premiers caractères de l'alphabet, comme le montre une inscription gravée au dessus du livre, et qui est parfaitement d'accord avec les vers de Marie de France. Arrivé là, le professeur a cru pouvoir livrer son élève à lui-même ; et la nature l'a emporté sur l'éducation. L'agneau (ou le bélier) est beaucoup plus présent à l'esprit du loup que les lettres de son abécédaire, et lui fait déjà détourner la tête bien que sans quitter encore le livre.

Mais ce premier pas a bientôt conduit à un autre; aussi dans une seconde scène de ce petit drame, livre et bâtonnet ont disparu ; l'animal carnassier atteint d'un bond le bélier, qui avait cru pouvoir compter sur la conversion de son ennemi, et qui s'élance inutilement pour échapper à ce retour subit de voracité. Le pédagogue, fidèle à son rôle et à son insigne magistral, applique un coup de verge sur le dos du malappris ; et il faut que cette correction ne soit pas perdue, puisque le patient (accordant au moins quelque répit au bélier) tourne la tête vers son mentor soit pour gémir, soit pour le haranguer. Lequel des deux ? C'est ce qu'il serait bon d'éclaircir.

Quoi qu'il en soit, les choses ne se passent point ici d'une manière aussi abstraite que dans le livre de Marie de France. Le professeur ne se contente pas d'une simple réflexion philosophique qui lui fasse désespérer de sa tâche. L'étudiant n'est pas non plus uniquement entraîné par un écart d'imagination qui lui retrace les bois et les champs au milieu des soucis de l'école : il a bel et bien vu sa proie de prédilection, et il s'est précipité à sa poursuite. Si le sculpteur n'avait prétendu peindre qu'un entraînement de l'esprit, il pouvait nous montrer un agneau dans le lointain, et le loup portant ses regards de ce côté comme il le fait dans la première scène ; mais l'intention de l'artiste était différente, sans contredit.

Pourquoi encore cette troisième scène où une femme déchire la gueule d'un lion ? C'est là le symbole de la vertu de Force, au moyen âge, comme nous aurons occasion de le faire voir plus d'une fois dans la suite de ce recueil. Si je ne me trompe beaucoup, cette personnification de la Force chrétienne placée près de l'éducation du loup est destinée à nous enseigner que l'entraînement de l'habitude ou de la nature peut être tenu en bride et maîtrisé par le rude apprentissage de la vertu, et par cette vigueur surnaturelle que l'aide du Ciel sait faire naître dans le cœur du chrétien. S'il en est ainsi, — et j'avoue que cette explication me paraît fondée, — la scène où le loup reçoit les étrivières représenterait l'amendement de la bête cruelle sous la discipline de son sévère précepteur. Ce serait donc comme une traduction des divers passages de l'Écriture où la rigueur salutaire d'une éducation ferme et quelque peu raide est louée à maintes reprises[1]. Or dussé-je nuire beaucoup au moyen âge dans l'esprit de mes lecteurs par une telle déclaration, la vérité historique me force de reconnaître que l'éducation n'y était nullement doucereuse même dans les abbayes ; et que la verge y intervenait assez fréquemment.[2]

Les observations précédentes étant admises, quel sens donnerons-nous à la tête de bélier vue de face qui termine la bande supérieure ? J'imagine qu'elle représente le maladroit animal que nous venons de voir près de succomber à la dent du loup ; et qui maintenant, grâce à la transformation opérée dans son farouche ennemi, peut se tenir là en repos sans avoir plus rien à craindre[3]. De même ailleurs nous verrons l'enfant et l'animal domestique se jouer avec le serpent et le tigre.

II.

La bande inférieure demandera moins de détails, d'autant plus que nous aurons à développer comme ex professo, dans un traité spécial et à l'occasion de divers monuments, la question des animaux plus ou moins

---

[1] Prov. XXII, 15 : « Stultitia colligata est in corde pueri, et virga disciplinae fugabit eam. » Cf. Prov. X, 13 ; XIII, 20 ; XXIII, 13, 14 ; XXVI, 3 ; XXIX, 15. — Etc.

[2] C'était du moins le principe général, que l'application modifiait çà et là. Ainsi à Saint-Gall, la coutume de l'école autorisait les élèves de la classe supérieure à se racheter du fouet par l'improvisation d'un distique latin ; parmi les étudiants moins avancés, la commutation se réduisait à une strophe rimée ; et les commençants pouvaient en être quittes pour une phrase latine formulée sans hésiter, sur le cas présent. De cette manière, le code classique conservait l'austère physionomie que lui avaient imprimée peut-être les moines irlandais ; mais le droit coutumier adoucissait les rigueurs de la loi écrite. Cf. Ekkehard., de Casib. Sancti Galli (ap. Goldast, Alamann. rer script., t. I, P. I, p. 21).

Du reste le moyen âge eût-il été encore plus rude envers les malheureux disciples de la Grammaire, les siècles moins éloignés du nôtre n'auraient rien à reprocher aux méthodes anciennes s'il faut en croire Cervantès (Don Quixote, Parte II, cap. 35), quand il fait dire à l'un de ses personnages : «... Hacer caso de tres mil y trecientos azotes ! que no hay niño de la doctrina, por ruin que sea, que no se los lleve cada mes. »

[3] Peut-être la signification dont je gratifie cette tête de bélier ne paraîtra-t-elle pas enrichir beaucoup la portée du bas-relief supérieur ; mais il faut songer que le sculpteur avait aussi à tenir compte d'une nécessité de son art ; celle d'esquiver les vides qui auraient rompu l'équilibre de sa composition. Un motif tout semblable pourrait lui avoir suggéré l'idée de l'arbuste qui fleurit dans la zone inférieure entre le centaure et la centauresse ; ce qui n'empêchera pas que nous ne lui cherchions une signification en harmonie avec le symbolisme des figures. Toutefois il est juste de faire observer qu'on ne doit pas être trop exigeant sur le rôle de ces accessoires réclamés par les conditions géométriques ou statiques, si je puis parler ainsi, des groupes mis en scène. C'est déjà quelque chose qu'on réussisse à leur éviter la qualification de simples hors-d'œuvre.

fantastiques (soit dans leurs formes, soit dans leurs propriétés) et des idées qui s'y rattachèrent durant plusieurs siècles[1]: jetons d'avance néanmoins quelques aperçus qui montrent comment ce second bas-relief s'accorde avec le premier. Le Centaure et la Centauresse (ordinairement, du reste, dépourvus d'ailes) représentent communément la fougue des passions humaines, mais surtout l'entraînement des sens[2]. C'est *l'homme animal*, comme parle S. Paul,[3] l'homme abandonné aux désirs charnels; et l'arbrisseau qui étale ses rameaux fleuris, en manière de myrte, sous leurs bras, me semble annoncer que l'amour du plaisir a été l'objet de ce rendez-vous qui se termine par un combat meurtrier. L'artiste se proposait donc de faire voir l'assouvissement des passions menant à des suites bien plus cruelles que ne saurait être toute la rigueur d'une salutaire discipline mise en œuvre pour les dompter; et l'enivrement du plaisir ayant pour dernier terme la perte du corps aussi bien que de l'âme.[4]

Près de là un homme à pied, sans autres armes que l'écu et le glaive, aborde résolument un griffon, l'un des plus redoutables animaux que mentionne l'histoire naturelle même fabuleuse. Rien n'annonce clairement l'issue de cette lutte; mais d'autres monuments, inspirés incontestablement par une pensée toute semblable à celle qui présidait aux bas-reliefs de Fribourg, peignent l'homme triomphant de son redoutable adversaire après un combat vivement disputé. C'est donc ici comme le *pendant* de la scène où était personnifiée la Force chrétienne; c'est l'homme rendu capable, s'il le veut, des triomphes les plus difficiles.

Ainsi nous considérions précédemment les plus brutales passions cédant à l'empire d'une discipline austère; nous voyons maintenant et l'homme perdu par ses désirs indomptés, et le secret de la force qu'il ne tient qu'à lui de déployer contre les ennemis les plus terribles.

CHARLES CAHIER.

---

[1] Ce n'est pas sans recourir à des sources nombreuses et fort variées que l'on peut interpréter les scènes étranges dans lesquelles le moyen âge a mis en jeu tant d'animaux divers, ou sous divers aspects extravagants en apparence. Nous montrerons plus tard qu'il est surtout trois genres de documents qui recèlent la solution de ces énigmes trop longtemps considérées comme tableaux de pure fantaisie, mais qui n'étaient souvent qu'une forme populaire donnée à des leçons sérieuses.

[2] Cf. Georg. Pisid. *De van. vitæ*, v. 56-70; — Greg. M. *Moral. in Job*, libr. VII, 28 (ed. Gallicciolli, t. I, 234). — Etc. Là revient ce que nous avons dit sur le symbolisme du cheval en expliquant les *Vitraux de Bourges* n° 125 (p. 216 et suivante, notes 5-8).

[3] I Cor., II, 14. « Animalis... homo non percipit ea quæ sunt Spiritus Dei, etc. » Ce texte rend fort bien raison de la présence et de l'attitude d'un centaure qui, dans les fresques d'Assise, fait un geste d'exclamation et comme d'épouvante en voyant S. François se vouer au dénuement évangélique.

[4] Prov. V, 2-6; 22, sq.; VI. 24-35; VII, 4-27; XXIII, 27, sqq. —Eccl es. VII, 27.

MONUMENT SLAVE RELIGIEUX

DU MOYEN AGE.

(PLANCHE XXV.)

I.

CARACTÈRE ET DESTINATION DE CE BAS-RELIEF.

Je dois la communication de ce petit bas-relief à M. le comte de **Blangy** qui m'a fait l'honneur de supposer que je lui en indiquerais la signification ; et j'avoue que si j'y suis parvenu, ce n'a pas été sans quelque peine, ni sans me faire aider pour l'interprétation d'un texte dont la langue est bien loin de m'être familière. Y reconnaître l'alphabet cyrillien n'était pas le point difficile ; mais lire avec assurance une inscription où la paléographie slave se compliquait de difficultés historiques et doctrinales, cela dépassait de beaucoup mon savoir. Si bien que certaines obscurités ne sont pas encore levées entièrement après les conseils dont j'ai tâché de m'entourer[1]. Les savants de Bohême, de Pologne et de Russie pourront nous trouver fort osés dans notre tentative : nous avons entièrement réservé leur droit de censure ; et pour qu'ils fussent plus en mesure de l'exercer, nous avons demandé au procédé Colas une gravure aussi matériellement fidèle qu'il était possible de l'obtenir. Cette bonne volonté n'a pas été couronnée d'un grand succès ; on nous a dit qu'une reproduction si confuse était due à la forte saillie du bas-relief et à la sculpture abrupte du modèle dont les entailles étaient poussées trop carrément. Bref, après quelques retouches au burin, il nous a paru nécessaire d'éclaircir le chaos de la gravure mécanique en y joignant une simple esquisse qui facilitât l'intelligence du premier travail.

L'original, dont nous avons conservé la hauteur et la largeur, paraît sculpté dans une plaque d'ébène épaisse de quatre à cinq millimètres, où les fonds les plus larges ont été entièrement évidés. Le style y est celui de cette basse école byzantine dont les immobiles traditions exposent à une erreur de cinq ou six siècles celui qui voudrait assigner l'âge d'un monument

---

[1] Pour ce qui concerne le déchiffrement et l'interprétation des textes, je le dois presque entièrement à un ami que je regrette de ne pouvoir nommer ici ; mais qui, russe et familiarisé avec l'histoire littéraire de sa patrie, m'a prêté un obligeant concours sans lequel j'aurais certainement été arrêté dès le premier pas.

d'après les moyens d'appréciation auxquels les révolutions de l'art occidental nous ont accoutumés. Cet art stéréotypé, quelque mal qu'en aient dit de sévères connaisseurs, vaut bien, à mon sens, les pauvres essais que lui substituent la Grèce et la Russie depuis quelque temps, avec la pensée, peut-être, de mieux faire ; et vraiment, ne fût-ce que pour cet art populaire qui, presque toujours livré à des mains malhabiles, tombe si facilement dans le métier, le despotisme d'une noble médiocrité, maintenue par des formules impérieuses, est préférable de beaucoup (surtout pour les objets religieux) à une liberté niaise qui ne sait que déchoir en avilissant le but de ses tristes efforts. Assurément si quelque chose de pareil aux vieilles prescriptions byzantines pouvait régler nos manufactures d'images barriolées en Lorraine et en Alsace, il n'y aurait nulle perte ni pour le goût du peuple des campagnes, qui donne cet aliment étrange à son sentiment esthétique, ni pour la dignité des *artistes* qui puisent en eux-mêmes l'invention de ces économiques miniatures.

Quoi qu'il en soit, si la date ne se peut lire dans le style de ces petites figures, un moyen d'exploration plus précise se présente dans l'inscription qui court au sommet de toutes les scènes et continue le long du côté droit après s'être brisée à l'angle supérieur. La voici débarrassée des formes anciennes, des nœuds et des abréviations qui la compliquent :

SOFEÏ PREMOUDROST' BOJIA VROBLENA POVELENIEM BLAGOVERNA[GO]

Suite de la ligne après la brisure :

KNIAZIA FEDORA IVANOVICZA[1] IAROSLAV[I]CZA

C'est à dire : SOPHIA, LA SAGESSE DE DIEU, SCULPTÉE PAR L'ORDRE DE L'ORTHODOXE PRINCE THÉODORE (FÉDOR) FILS D'IVAN FILS D'IAROSLAV (ou *d'Ivan Iaroslav*).

Écartons pour le moment tout ce qui ne conduirait point à des renseignements chronologiques : nous aurons le *prince* (orthodoxe ou non) *Féodor Ivanovicz Iaroslavicz*, qui paraît être un prince de Pinsk de la maison des Iaghellons, dont on possède encore des actes en polonais datés de 1509 et de 1518[2]. Mort sans enfants, il laissa à la couronne de Pologne les terres de Pinsk, Kletzk, Gorodok, Rogaczew, etc.

Des hommes plus versés dans l'histoire des peuples slaves découvriront peut-être quelque autre prince aux mêmes noms qui autoriserait à reculer l'époque de bas-relief ; mais l'immuable physionomie de l'art byzantin explique très bien comment des figures qui, pour nous, annonceraient le douzième siècle, appartiennent réellement au seizième ; et d'ailleurs les vieux monuments sont si rares chez les slaves grecs, qu'une œuvre du seizième siècle y peut

---

[1] L'inscription porte : *Mvanovicza*.
[2] Cf. Vostokof, *Description des manuscrits russes et slaves du musée Roumiantzoff* (en russe) ; Saint-Pétersbourg, 1846, p. 124, etc.

figurer très honorablement parmi les antiquités. Du reste, l'importance du sujet peut suppléer à la vétusté du tableau; et, si je ne me trompe, cette compensation ne nous manquera point.

C'est ce qu'il s'agit de voir.

II.

REPRÉSENTATION DE LA SOPHIE.

Avant tout, comme nous sommes très peu familiarisés, dans l'Eglise latine, avec cette idée de la *Sagesse divine sculptée* ou peinte pour être présentée aux hommages du peuple, il est bon de savoir ce que pouvait être ce symbolisme, qu'à vrai dire je ne regrette point du tout; et qui était, pour le moins, plein de danger, supposé qu'il eût été primitivement adopté dans de bonnes intentions. Cherchons donc quelques données complémentaires, fallût-il pour cela remonter un peu haut.

La grande basilique de Constantinople, dédiée à sainte Sophie, montrerait à elle seule que la Grèce chrétienne sentit de bonne heure le besoin d'opposer aux enivrements des *philosophies* helléniques la pensée du Docteur qui était descendu du ciel sur la terre pour enseigner le genre humain. Mais depuis que la *Sagesse divine* s'est incarnée en Jésus-Christ, on ne voit pas comment un bon esprit aura songé à lui prêter d'autres traits que ceux qu'elle avait pris elle-même dans le sein de la Vierge; et à rêver une *Sophia* distincte du Fils de Marie. Ce qu'il y a de certain, c'est que ce mot *sophia* est devenu chez les Grecs une sorte de nom sacramentel presque sans analogue exact; ainsi que le ferait supposer cette conservation du mot grec dans l'usage de l'Eglise russe, quoi qu'on lui adjoigne immédiatement sa vraie traduction slave; comme si nous disions : *Sapientia la sagesse*. Un Russe fort instruit (mais peut-être pas grand clerc en fait de religion), à qui je témoignais ma surprise de ce pléonasme introduit dans une expression presque quotidienne, me répondait que nul n'y trouvait le moindre embarras; et que le premier paysan venu savait très bien que cela désignait la sainte Vierge. Je ne donne point cela comme une décision canonique, mais comme une présomption contre l'opportunité d'un langage trop peu populaire et sujet à plus d'un inconvénient.

Voici quelque chose de moins récusable, je l'emprunte à une publication[1] qui peut être citée avec quelque confiance, puisque la première édition a été approuvée par Platon, métropolitain de Moscou.

---

[1] *Dictionnaire Ecclésiastique* (en russe), ou explication des mots slavons, anciens ou étrangers, qui peuvent présenter quelque difficulté, et que l'on rencontre dans l'Ecriture sainte et dans d'autres livres ecclésiastiques; par Pierre Alexéieff, prêtre de la cathédrale de l'archange Saint-Michel à Moscou, et membre de l'académie russe. Quatrième édition; revue, corrigée et considérablement augmentée. Saint-Pétersbourg, 1817-19; Jean Glazounoff; 5 vol. in-8°.

« COΦIA, mot grec qui veut dire sagesse. Il existe dans l'Eglise orthodoxe[1] une image de la *Sophia*, c'est à dire *la Sagesse divine*; et c'est pour cela (?) qu'un temple magnifique a été construit à Constantinople sous le vocable de *Sophia*. Cette image de la *Sophia* étant extraordinaire, et n'étant pas intelligible pour tout le monde, nous en donnons ici l'explication.

« Pureté d'une opération ineffable, vérité de l'humble sagesse, elle a au dessus de sa tête le Christ, car le *chef* de la sagesse est le Fils, Verbe de Dieu; et au dessus du Seigneur sont étendus les cieux, car il a incliné les cieux pour descendre dans une vierge pure. Tous ceux qui aiment une vie pure, virginale, se rendent semblables à la Mère de Dieu; car ayant aimé la pureté, elle enfanta le Verbe de Dieu, le Seigneur Jésus; et ceux qui aiment la virginité enfantent des paroles (*verba*) efficaces : c'est à dire qu'ils instruisent les ignorants.

« La virginité a les traits d'une vierge et un visage de feu; le feu est la divinité qui consume les passions de la chair en éclairant une âme pure. Au dessus des oreilles elle porte des bandelettes comme les anges [2]; car une vie pure rend égal aux anges. Sa tête porte une couronne royale, parceque l'humble sagesse règne sur les passions. La ceinture qui lui ceint les reins figure l'ancienneté. Le sceptre qui est dans sa main indique sa dignité souveraine. Les ailes d'aigle enflammées annoncent la prophétie qui plane dans les cieux, et la rapidité de l'intelligence : car cet oiseau, qui aime la sagesse, a la vue très perçante; et quand il aperçoit le chasseur, il élève son vol au plus haut des airs. De même ceux qui aiment la véritable pureté de la virginité sont difficilement pris aux piéges du démon.

« De la gauche elle tient un rouleau sur lequel sont écrits des mystères inconnus et cachés, c'est à dire l'intelligence de la sainte Ecriture. Car les opérations divines sont incompréhensibles et aux anges et aux hommes sans la révélation.

« La lumière dont elle est revêtue et le trône qui est son siége indiquent le repos du siècle futur. Sept colonnes lui servent d'appui; ce sont les sept dons de l'Esprit saint, dont il a été dit par Isaïe : ... *L'esprit de Dieu, esprit de sagesse, esprit d'intelligence, esprit de science, esprit de conseil, esprit de force, esprit d'orthodoxie* (de piété), *esprit de crainte de Dieu* qui nous éclaire.

« Ses pieds sont posés sur la pierre; parcequ'il est dit : *Sur cette pierre je bâtirai mon Eglise;* et ailleurs : *Il m'a établi sur la pierre* de la foi. »

Toute cette description respire un mysticisme si alambiqué, tellement susceptible d'applications hérétiques, que Pierre Alexéieff (s'il était orthodoxe dans un sens sérieux) pourrait bien avoir pris le change sur la véritable orthodoxie de *l'alphabet manuscrit*[3] où il a puisé ces détails.

---

[1] On sait que pour les Russes, *orthodoxe* veut dire à peu près *grec non catholique*. Cette traduction, où je ne mets pas la moindre mauvaise volonté, me paraît ici tout particulièrement exacte. Car je soupçonne la peinture décrite par Alexéieff d'être si peu catholique qu'elle serait tout au plus passable aux yeux d'un évêque grec (même schismatique) un peu clairvoyant.

[2] Ces bandeaux rappellent ceux que nos artistes du quinzième et du seizième siècles donnent aux esprits célestes, et qui sont souvent surmontés d'une croix au sommet du front. P. Alexéieff donne à cet ornement un nom russe que l'on pourrait traduire par *ouïes*. » On voit, dit-il, la représentation de ces bandelettes sur la tête des anges : elles ont la forme d'un ruban blanc qui passe sur le front, et dont les extrémités tombent derrière les oreilles.

[3] Dans le musée Roumiantzoff.

Il est vrai que les Grecs, souvent aussi peu exigeants entre eux qu'ils sont pointilleux avec les Latins, ont laissé s'introduire et subsister dans leurs livres même ecclésiastiques bien des passages suspects d'erreur. Le savant Léon Allazzi l'a fait remarquer depuis longtemps [1], avec un peu trop de sévérité peut-être ; mais quant à la peinture décrite et expliquée par *l'alphabet* que cite le prêtre de Moscou, si l'Eglise grecque l'avait réellement adoptée, il semble qu'elle aurait poussé la tolérance bien loin.

Que vers le quatrième siècle, lorsque Sabellius avait confondu les personnes divines, ou quand Arius méconnaissait la divinité du Verbe, l'art ait voulu représenter aux yeux des fidèles le haut enseignement des Pères sur l'éternité et la personnalité distincte de la Sagesse divine [2]; cela se conçoit absolument. Mais outre que des représentations de ce genre, reposant sur un ensemble de formes entièrement conventionnelles, pouvaient donner lieu à des interprétations extrêmement fausses ou creuses; le nestorianisme vint bientôt en augmenter le danger. L'hérésiarque nouveau qui prétendait que l'union de la nature divine à la nature humaine en Jésus-Christ ne dût pas exclure la dualité de personnes, anéantissait ainsi toute *l'économie* de la Rédemption sous l'apparence de ne s'en prendre qu'à un abus dans le culte de Marie; et dès lors peindre le Verbe autrement qu'en la nature visible qu'il avait prise pour nous, c'eût été séparer, par une fiction dangereuse ce que désormais l'incarnation avait hypostatiquement uni. La divinité du Fils de la Vierge était devenue l'expression complète et solennelle de la foi catholique contre ses plus célèbres adversaires; et la *Sophia* du véritable chrétien ne pouvait plus être que l'Enfant-Dieu porté sur les genoux ou dans les bras de la femme privilégiée qu'il avait prise pour mère.

Cependant l'image citée par le *Dictionnaire ecclésiastique* russe n'a pas seulement le tort d'être fondée sur des abstractions à peine saisissables pour le peuple ; son moindre inconvénient serait d'être à peu près inintelligible, lorsqu'il s'agit de peindre l'*Emmanuel :* c'est à dire le mystère où le dessein de Dieu a été de se rendre palpable [3]. Ce nom de *la Sophie,* dont les sectes gnostiques ont tant abusé, ne serait-il pas ici l'indice d'une peinture dictée par des adeptes de la gnose ou du manichéisme ? Les Églises orientales ont si souvent fermé les yeux sur le prosélytisme infatigable de cette doctrine aux mille formes ! Aussi bien, si ce tableau et son commentaire étaient vraiment de quelque poids en Russie ou en Grèce, le moyen d'expliquer cette insistance sur les éloges de la virginité, là où depuis tant de siècles le clergé ordinaire ne regarde pas même la continence comme un devoir ! Nouveau motif de soupçonner ici l'intervention de cet enseignement gnostique ou manichéen qui s'est montré

---

[1] Dans son traité *De libris ecclesiasticis Græcorum.*
[2] Cf. Pétau, *Theologic. dogm.*, t. II, libr. VI, 9. — Thomassin, *Theol. dogm.*, t. III, tr. II, 23.
[3] Is., XXX, 20; VII, 14. — Baruch, III, 38, — Matth., I, 23.
— Luc., II, 30-32. — Joann., I, 1. — II. Petr. I, 16, sqq.
— Etc.
Præf. in Nativ. Domini « ... ut dum visibiliter Deum cognoscimus, per hunc in invisibilium amorem rapiamur. »

si constant à proscrire le mariage avec une sévérité de principes dont la compensation paraît s'être amplement établie dans la pratique.

Mais plusieurs de ces considérations seront ramenées par l'étude du petit bas-relief de Fédor Ivanovicz Iaroslavicz, qui est le véritable objet de ces pages.

III.

SUITE DES PRINCIPALES INSCRIPTIONS.

Pour ne nous arrêter d'abord qu'aux principaux traits de cette curieuse composition, le disque qui renferme la Mère de Dieu est dominé par sept bustes d'anges. Près de là Salomon [1], debout sur une espèce de balcon ou de tribune, déploie de la main gauche un large rouleau où est écrit : PREMOUDROST' SOZDA SOB IIRAM, etc., etc. ; c'est à dire, dans des termes un peu différents de ceux qu'offrent les éditions actuelles de la Bible slave, le premier et le second verset presque entiers du chapitre IX des *Proverbes :*

« La Sagesse s'est construit une habitation, elle a taillé sept colonnes ; elle a immolé ses « victimes ; elle a puisé (*czerpa*) le vin dans sa coupe ; elle a préparé sa [table]. »

Ce texte, qui s'arrête à STOLP... SEM (*columnas septem*) sur le rouleau du roi, se continue autour d'un médaillon qui est sous ses pieds, et qui paraît représenter Jésus-Christ seul, en âge d'homme.

L'édifice d'où semble sortir Salomon fait évidemment allusion aux paroles inscrites sur la banderolle. On y compte assez distinctement sept piliers ou colonnes qui supportent les divers étages.

Au pied du bas-relief, deux hommes égorgent des taureaux ou des bœufs. Un troisième est occupé à préparer une table sur laquelle sont des pains et des coupes ; et de l'autre côté deux groupes nombreux se rencontrent. L'un, qui semble descendre du palais de Salomon, est composé de personnages qui portent des coupes ou calices ; l'autre s'avance ou attend avec des signes d'impatience ou de désir, c'est du moins ce que paraissent exprimer les bras étendus.

Enfin un vieillard à la stature gigantesque domine ces deux groupes. Il étend sur leurs têtes un rouleau semblable à celui de Salomon, et le texte qu'on y a gravé n'est pas aisé à lire. Voici le résultat de mes consultations à ce sujet. RABYINIA (ou, peut-être, SE VINA) PODA-TELNA JIVOTOU BESMERTIA (OU BESCZISLE...) ; c'est à dire : « La servante (ou *voici la cause*, ou encore

---

[1] Son nom (*Solomo*) se lit sans peine sur un petit cartouche réservé entre sa toque (ou sa couronne) et sa main droite.
Un autre cartouche tout semblable, et parallèle à celui-là, va du cinquième ange au médaillon voisin. — On y lit passablement les lettres un peu frustes SOIIEÏ (*la sagesse*).

Quiconque a vu des monuments de la peinture ou de la sculpture byzantine reconnaîtra aisément, dans les caractères tracés à l'intérieur du médaillon, les sigles grecques des mots *Mère de Dieu* et *Jésus-Christ*.

voici le vin...) qui donne la vie de l'immortalité (ou *sans nombre,* sans terme?) » S'il fallait lire *servante,* ces paroles pourraient être prises comme une sorte de complément du texte qui commençait sur le rouleau de Salomon, et formait ensuite le cordon du médaillon placé sous ses pieds. Car le troisième verset du chapitre IX des *Proverbes* dit, immédiatement après ce que nous avons cité : « Elle (*la Sagesse*) a envoyé ses servantes faire les invitations... Venez... « buvez le vin que je vous ai versé. » Toutefois la version des Septante ne parle pas de *servantes,* mais de serviteurs.

La légende qui entoure le médaillon de la Mère de Dieu n'offre aucune difficulté : elle est empruntée à la liturgie slave, qui n'est le plus souvent qu'une simple traduction des livres ecclésiastiques grecs. C'est le commencement de l'un de ces θεοτοκία si multipliés dans l'office grec, et qui varient avec une grâce remarquable l'expression des hommages dus à la très sainte Vierge. Celui-ci est de l'ἦχος δ' pour le vendredi et le samedi à l'office du soir : Τὸ ἀπ'αἰῶνος ἀπόκρυφον καὶ ἀγγέλοις ἄγνωστον μυστήριον, διὰ σοῦ Θεοτόκε τοῖς ἐπὶ γῆς πεφανέρωται κ. τ. λ. C'est à dire : « Le mystère caché de toute éternité (ou *au monde*), et inconnu aux anges ; « par vous, Mère de Dieu, il s'est manifesté aux habitants de la terre, etc. »

Nous ajournerons les mots inscrits sur les lambels des sept anges ; leur obscurité compliquerait un peu trop une première explication qui a besoin d'écarter de sa marche tout embarras non indispensable.

Pour plus de renseignements, nous avons jusqu'à la signature de l'auteur. Elle est placée au bas du monument, entre la table et le groupe d'hommes qui étendent les mains. Mais l'artiste ne nous y fait connaître bien distinctement que sa qualité : il était pope. Quant à son nom, rejeté sur le biseau qui encadre toute la pièce[1], et tracé en caractères fort menus, il présente quelque chose de vague qui ressemble assez à ANANIANI ; soit donc, sauf meilleur avis, *Le pope Ananias.*

IV.

ESSAI D'EXPLICATION CATHOLIQUE.

Que le prince Fédor Iwanowicz Iaroslawicz fût Grec catholique ou Grec schismatique, c'est ce que j'ignore ; d'autant que vers la fin du quinzième siècle les czars moscovites avaient déjà commencé à détacher de Rome plusieurs ruthènes de la Pologne, et travaillaient activement à augmenter ce moyen de discorde dans les provinces lithuaniennes. Mais, à prendre les choses au pire, nous n'avons aucune raison de lui attribuer à lui et à son pope plus d'erreurs qu'aux patriarches modernes de Constantinople. Puis donc qu'il ne paraît être ici question ni du successeur de S. Pierre ni du Saint-Esprit, l'équité veut que nous prenions à peu près au

---

[1] Cette circonstance, à elle seule, expliquerait pourquoi il a dû échapper à la gravure mécanique.

sérieux son titre d'*orthodoxe* jusqu'à preuve contraire. Or, catholiquement, voici ce que pourrait signifier son bas-relief; et, pour lui être plus favorable, nous interrogerons principalement les Pères grecs.

A ne prendre que ce qui saute le plus aux yeux, il est certain que le texte mis entre les mains de Salomon a été appliqué par de graves docteurs au mystère de l'Incarnation [1] et à l'Eucharistie. S. Athanase en particulier développait ces versets du livre des Proverbes dans une occasion solennelle [2] qui avait dû concilier à son interprétation une autorité toute spéciale chez les Byzantins. Aussi est-ce évidemment ce commentaire que suivait pas à pas S. Anastase le Sinaïte en expliquant le même texte dans ses *Questions sur l'Écriture* [3] dont voici l'extrait :

« *La Sagesse s'est construit un palais*; c'est le Christ, sagesse et force de Dieu le Père, qui se
« forme sa chair sacrée, comme il est dit : *Le Verbe s'est fait chair pour habiter parmi nous.*

« — *Elle a dressé sept colonnes*; c'est le septénaire de l'Esprit saint, selon qu'il est écrit en
« Isaïe : *Sur lui reposeront les sept esprits de Dieu.*

« — *Elle a égorgé ses victimes*; ce sont les prophètes qui en divers temps ont été immolés
« pour la vérité par les incrédules, et qui s'écrient : *A cause de vous nous mourons tous les
« jours, nous sommes traités comme l'agneau de la boucherie.*

« — *Elle a mêlé son vin dans la coupe*; lorsque, dans la Vierge, unissant à la chair sa
« divinité comme un vin généreux, le Sauveur est devenu Dieu et homme en sa mère sans
« confusion des deux natures.

« — *Elle a dressé sa table* [4]; c'est la prédication de la foi en la Trinité.

« — *Elle a envoyé ses serviteurs*; ce sont les apôtres répandus dans l'univers pour appeler
« les nations à la connaissance du vrai Dieu.

« — *Elle a dit...* : *Venez manger mon pain, et boire le vin que je vous ai versé*; c'est sa chair
« divine et son sang sacré qu'Il nous a offert en festin pour la rémission de nos fautes. »

Sans donc recourir à l'Église latine, qui avait de bonne heure fait l'application de ce texte à l'Eucharistie [5] et qui l'a solennellement adopté pour l'office du saint Sacrement [6], nous serions passablement autorisés à reconnaître dans l'artiste slave l'intention de représenter l'incarnation du Verbe et l'institution du sacrement de l'autel, où le Fils de Dieu se fait non plus seulement notre frère, mais notre nourriture.

Pour établir le plus d'unité qu'il sera possible entre les parties les plus saillantes, voici de quelle façon j'en rendrais compte. Salomon paraîtra comme le prophète de ces deux grandes

---

[1] Cf. Athanas., *Orat.* II *contra Arian.*, 44, 50; et *Orat.* IV, 54 (Opp. Patav., 1777, t. I, 405, 409. 509); It. *De s. Trinit.*, dialog. III, 28; et *Contr. Maced.*, dial. I, 13 (t. II, 457, 481). — Cyrill. Alexandr., *in Joann.*, libr. IV (ed. Aubert, t. IV, 384) ; et *Thesaur.*, assert. 15 (t. V, 355, sq.) — Epiphan., Hæres, I XIX (ed. Pétau, t. I, 745). — Etc.

[2] Athanas., *Disputat. contra Arium*, 17 (t. II. 164, sq.)

[3] Anast., *quæst.* 42 (Græiseri opp., t. XIV, P. II, p. 321.)

[4] Le symbolisme un peu recherché qu'Anastase expose en cet endroit s'appuie sur un jeu d'esprit entre les deux sens du mot qui signifie en grec *table* et *trépied*.

[5] Cyprian, *Epist.* 63 (ed. Baluze, p. 105), de Sacram. dominici calicis.

[6] C'est la première antienne de Laudes.

merveilles sur lesquelles on peut dire que repose le christianisme; le médaillon de la Mère de Dieu retracera le fait fondamental, et la table chargée de pain et de vin représentera l'Eucharistie. Les deux groupes qui marchent au devant l'un de l'autre indiqueront la prédication apostolique qui a répandu la connaissance des sacrements, ou le ministère du clergé qui les dispense au peuple fidèle. Les taureaux immolés pourront être pris pour un souvenir des sacrifices sanglants de l'ancienne Loi qui figuraient la grande victime, et qui ont été abrogés par son immolation. Ce serait d'ailleurs un développement plus complet des paroles de l'Écriture : « La Sagesse... *a immolé ses victimes*... etc. », pour peindre tous les apprêts du festin. Quant aux sept anges qui semblent planer sur toute la scène, il y aurait lieu de croire qu'ils ne sont là que comme une forme de ce que l'art latin a souvent exprimé par sept colombes [1]. Nous ne sommes pas accoutumés, il est vrai, à une représentation qui semble confondre l'Esprit de Dieu avec les esprits célestes; mais ce système s'accorderait assez avec l'expression de je ne sais quel écrivain qui a eu l'honneur très peu mérité de voir ses élucubrations médiocrement orthodoxes confondues avec celles de S. Jean Chrysostome, et qui, parlant du septuple Esprit de Dieu [2], l'appela *les sept recteurs de l'Église* [3]. Ces anges indiqueraient donc la divinité de l'enfant dont ils forment comme l'auréole; et ce serait, ainsi que dans plusieurs de nos monuments latins (sauf la substitution des anges aux colombes), l'application du passage d'Isaïe : « Un rejeton s'élèvera de la racine de Jessé, une « fleur sortira de sa tige; et sur cette fleur se reposera l'Esprit du Seigneur : Esprit de sa- « gesse et d'intelligence, Esprit de conseil et de force, Esprit de science et de piété, et Esprit « de crainte du Seigneur, etc. »

V.

INDICES D'HÉTÉRODOXIE DANS CE MONUMENT.

Il me semble avoir été aussi charitable que je pouvais l'être envers le prince Fédor et son pope. Or après avoir cédé d'abord aux sentiments de bienveillance que des absents ont droit de réclamer, il convient aussi de ne pas déguiser les soupçons légitimes qui s'élèvent contre leurs bonnes intentions, et d'avouer les difficultés que présente une interprétation toute en leur faveur.

Avant tout, on a pu voir que j'évitais de m'arrêter au médaillon placé sous les pieds de Salomon; c'est que cette partie du tableau ne me dit rien qui vaille. Qu'on ait voulu y peindre

---

[1] Cf. Vitraux de Bourges, *Etudes* VI, D; et XII, C, H. — Didron, *Iconographie de Dieu*, 464, 475. — Etc.
[2] Isaï., XI, 2, 3.
[3] Op. imperf. in Matth., *Homil.* 50 (Chrysost. Opp., ed. Gaume, t. VI, 956).

notre Seigneur, ce n'est pas ce qui ferait difficulté, puisque l'on a gravé dans l'intérieur du disque les sigles du nom de Jésus-Christ, et au premier coup d'œil bien des gens trouveraient peut-être suffisant qu'on leur montrât Jésus-Christ placé là comme base et centre du temple ou du palais de la Sagesse. Cet édifice pourrait être pris comme un symbole de l'Église avec ses sacrements représentés par les sept colonnes ; et notre Seigneur y habiterait comme le fondateur et le maître, comme un roi dans sa cour. Cependant s'il y a là de quoi contenter celui qui voudrait à toute force maintenir l'*orthodoxie* du donataire ou de l'artiste, on ne satisfera pas aussi aisément l'observateur qui prétend être juge et non pas avocat ; qui veut comprendre un monument, et non pas canoniser son auteur. Oublions, si l'on veut, cette singularité de montrer deux fois le Sauveur dans la même composition : une fois en âge d'homme, et l'autre fois enfant sur les genoux de sa mère. Encore faudra-t-il convenir que le ciseleur a pour le moins cédé à une distraction assez grave lorsqu'il n'a point donné de nimbe divin à son prétendu Jésus-Christ à l'âge mûr, lui qui avait très bien pensé à timbrer de trois branches le petit nimbe de l'enfant Jésus. Oubli ou préméditation, cela ne saurait être négligé dans une représentation ecclésiastique sortie d'une école aussi rigoriste que l'est communément celle des artistes byzantins. Et si l'on fait attention que plusieurs hérétiques d'Orient ont admis un vrai messie et un faux [1], n'y aurait-il pas lieu à suspecter les intentions ou la science du pope, et à demander une révision nouvelle de son œuvre ?

Ajoutez que Salomon et ses livres (les authentiques et les apocryphes) ont été souvent invoqués par une certaine classe de sectaires dont la persistance infatigable et le prosélytisme rusé est l'un des plus grands faits de l'histoire [2] ; que le nom de la *Sophia* en particulier a été comme le mot de passe dans de nombreuses transformations de la doctrine théosophique attribuée à Manès ; et nous ne pourrons être taxés de sévérité si nous prétendons sonder même les expressions et les textes les plus respectables en apparence.

Il est bon de faire observer en outre que les populations soumises à l'Église grecque ont été maintes fois envahies par ce levain de pseudo-christianisme asiatique dont la fermentation se ravivait comme à l'improviste lorsqu'on le croyait anéanti ; que les pays slaves lui ont servi de grand chemin et d'étapes quand il s'est précipité sur l'Europe latine au moyen âge [3],

---

[1] Cette distinction sous bien des formes a été maintes fois reproduite par les sectes gnostiques et manichéennes depuis les premiers temps de leur apparition jusqu'aux derniers monuments authentiques qui constatent leurs interrogatoires, surtout en Orient. Nous l'indiquerons plus en détail dans la suite de ce mémoire.

[2] La cabale en particulier et ses branches les plus ténébreuses, comme les plus ridicules, ont toujours prêté volontiers à Salomon des écrits et des traditions de sciences occultes. Cf. Gaulmin, *not.* in Psell., *De oper. Dæmon,* p. 113. — Fabric., *Cod. pseudepigraph. V. T.*, p. 1019, 1033-1035, etc.— Münter, *Odæ gnosticæ Salomoni tributæ,* p. 4, 9, etc.; ouvrage bien médiocre, comme plusieurs de ceux qu'a publiés ce célèbre Danois.

[3] La grossière injure populaire qui vit encore dans toute l'Europe latine, et qui était jadis le nom des manichéens, montre qu'on les tenait partout pour venus de Bulgarie ; et dans la notice de leurs diocèses donnée par Renerius (ap. Martène, *Thesaurus,* v, 1767, sq.) on voit les *églises* d'Esclavonie, de Bulgarie, et de Duguntbia (Al. *Dugranica*) qui pourrait bien indiquer Raguse (Dubravnik). Roger de Wendover (*Chronica*, t. IV, 87 : ad A. 1223), et Matthieu Paris après lui, rapportent l'élection d'un pape des Albigeois aux confins de la Bulgarie, de la Dalmatie et de la Croatie. Cf. Martène, *Thesaur.,* I,

que bon nombre de ses familles s'abritent encore en Russie sous les préoccupations diplomatiques et administratives d'un gouvernement qui ne regarde pas de près dès qu'il croit avoir affaire à des doctrines sans affinité avec Rome, ou sans direction politique bien avouée. Tout cela nous autorise et nous oblige à observer avec quelque défiance le bas-relief slave, et à lui demander compte de ses moindres détails qui pourraient couvrir une tendance hétérodoxe.

Mais cet examen doit être préalablement éclairé par un coup d'œil rapide sur les doctrines suspectes qui peuvent avoir inspiré notre monument.

VI.

APERÇU GÉNÉRAL SUR LE GNOSTICISME.

Le gnosticisme et le manichéisme offrent dans l'histoire un étrange spectacle que le monde n'avait point vu jusqu'à l'époque chrétienne. C'est l'esprit de l'antiquité asiatique cherchant à s'emparer de l'Europe en pénétrant dans l'Église. Il y a eu des hérésies grecques où la finesse des arguties dialectiques et les faux fuyants d'une métaphysique vaniteuse rappellent la coquetterie et la contention jalouse qui aiguillonnaient jadis les sophistes hellènes. Mais l'Asie nous aborde avec des armes où se reconnaît ce qui l'a constamment distinguée de l'ancien monde classique; et cette différence si marquée mérite qu'on s'arrête à la considérer un instant par le côté qui tient à la question actuelle.

Singulier caractère d'opposition entre la Grèce et l'Orient, que cette question de l'origine du mal, dont la Haute-Asie est si préoccupée! tandis que la Grèce divinise les penchants les plus dangereux pour compléter son Olympe, et glisser sur la vie sans graves soucis. Le sérieux des Hellènes n'est presque jamais sans quelque mélange de sourire, ni leurs spéculations les plus ardues sans quelque arrière pensée de se faire valoir ou d'abaisser autrui; tandisque l'Orient, à la fois scrutateur et traditionnel, fouille opiniâtrément des problèmes dont le résultat semble ne devoir point sortir d'une spéculation aride. Le génie européen, actif et bondissant qu'il est, n'est pas épris le moins du monde des préoccupations qui absorbent le penseur de la Perse et de l'Inde. Dieu et son action, voilà ce que l'Asie prétend saisir : l'Europe au contraire s'occupe surtout de l'homme et de la nature. Les fils de Sem presque déchargés par leur climat des soins matériels de la vie, se sont avidement plongés dans la spéculation théosophique, et ont donné résolument sur l'écueil d'un mysticisme outré ; ou bien, ils se sont abandonnés toutes voiles dehors sur l'abîme d'une théorie théologique sans fond. Assis sur la terre des patriarches et de Babel, le gigantesque des vues et les inspirations grandioses jusqu'à l'audace semblent avoir été leur partage ; fils aînés de la révélation, ils ne s'accommo-

---

901-903. — Innocent III eut à s'occuper d'arrêter, en Bosnie, les progrès de ces mêmes sectaires qui commençaient à y prendre le dessus. Cf. Raynald. Annal. eccles., A° 1200, x(xi (Lucc., t. 1, 92, sq.). — Innocent, Epist, lib. 11, 176, etc.

dent point du doute ; et plutôt que de tâtonner, ils affirmeront à tout risque les plus étranges hypothèses.

Quant à la race de Japhet, sa hardiesse est d'autre sorte, et plus pétulante que profonde. Exilée du riche patrimoine des premiers hommes, et poussée par les migrations sous un ciel moins favorable à l'inaction extérieure ; déshéritée d'ailleurs en grande partie des traditions antiques durant de longs siècles, par le fractionnement de ses tribus et par l'activité inquiète de ses membres ; elle étreint le monde inférieur avec une prédilection bien marquée, et se montre généralement assez peu soucieuse des choses célestes. C'est chez elle que toutes les variétés du gouvernement se produisent et se succèdent comme par l'effet d'une fièvre impossible à calmer ; que l'art réalise une perfection et une richesse de formes qui tient de la magie, pour ainsi dire ; que les rivalités se multiplient et s'enflamment sans cesse pour marcher à des révolutions profondes et à des remaniements politiques qui ne font qu'en préparer d'autres. Là, ce qui est du domaine de la raison pratique tend incessamment à des conquêtes nouvelles, comme si chaque jour la vie était à refaire ; et plus on s'éloigne du terrain asiatique, plus aussi, dans le monde ancien, les préoccupations purement intellectuelles perdent de place.

Cependant, soit dit sans offenser notre siècle qui professe une si vive admiration pour cette activité fébrile inspirée par un but palpable, quand l'Asie (la Haute-Asie surtout) et l'Europe entrent en contact, c'est, à vrai dire, la première qui l'emporte souvent ; ou du moins, si les peuples de l'Occident, en vertu d'une organisation plus calculée, parviennent à régner sur les nations asiatiques, ils ne réussissent guère à conquérir que l'espace ; mœurs, institutions, langage et caractère, tout demeure inébranlable sous les nouveaux maîtres ; et quelques générations sont communément le *maximum* de durée d'une conquête qui ne jette point de racines. Que si au contraire l'Orient réussit à entamer l'Occident, c'est une large et puissante trouée qui se déclare tout d'un coup, et dont les traces persistent durant des siècles entiers, lors même que le résultat politique se modifie à la suite d'une lutte prolongée. Dites, par exemple, ce qu'a laissé dans l'empire des Assyriens le règne des successeurs d'Alexandre ; et, pour pousser jusqu'aux temps modernes, voyez si l'invasion arabe n'a pas encore ses vestiges profonds dans le sol européen remué par les Musulmans.

En même temps, malgré le beau climat dont jouissent les asiatiques, malgré cette prétendue mollesse qui est comme proverbiale ; ç'a été néanmoins presque toujours l'Asie qui a inondé l'Europe, tandis que celle-ci réussissait à peine, dans ses plus beaux moments d'énergie, à refouler et à contenir son redoutable voisin. On dirait que c'est chez les hommes de l'Est un simple semblant d'apathie qui réserve et accumule les forces pour le moment de l'action, au lieu de les gaspiller en petites prodigalités quotidiennes ; pareils à ces riches que l'on croit avares parcequ'ils sont économes, mais qui se trouvent prêts en un instant à brusquer des somptuosités colossales si l'occasion le requiert.

Que s'il s'agit d'enseignement, la science de marqueterie et de démembrement qui nous attache si fort tente peu l'Orient. Pour lui, absurde ou non, il ne vise qu'à des vues d'ensemble et ne voit point de milieu entre tout ignorer ou tout savoir. Il choisit bravement l'un ou l'autre, n'admettant point qu'on puisse être savant à demi [1] ; aussi quand ses doctrines se montrent au monde occidental, le dogmatisme hautain et mystérieux des initiateurs orientaux exerce une sorte de fascination sur les yeux de notre Europe si vaine d'elle-même : l'entraînement prend quelque chose d'enivrant et de contagieux.

Pourtant, chose singulière! c'est sans nul ménagement pour nos antipathies les plus intimes que la Gnose nous aborde; à la raison critique de l'Occident, elle oppose résolument de vastes synthèses dont l'imagination fait à peu près toute la dépense. Devant nos entendements si pointilleux sur les moindres détails, la fière Asie ne se pique point de démontrer, mais seulement de coordonner tout d'après une donnée première. Que ses mystères, quelle qu'en doive être la série, s'enchaînent sans lacune, elle ne s'occupe de rien de plus; c'est une intrépidité d'assertion qui complète ses doctrines à force d'audace, cherchant ses titres de créance dans la liaison de ses parties, sans paraître supposer qu'on puisse la quereller sur la base. Aussi, pour composer une théologie savante, elle recourt délibérément à la complication d'une mythologie dont les développements doivent faire face à tout.

En même temps, malgré cette tendance à l'égalité qui agite constamment nos races remuantes, et que le christianisme venait comme consacrer, l'Orient gnostique et manichéen vient à nous avec son aristocratisme qu'il ne prend nul soin de déguiser. Il a un enseignement réservé qui écarte le vulgaire, classant les hommes en initiés et en profanes.

Quoi qu'il en soit, encore une fois, les initiateurs asiatiques exercent une séduction puissante qui grossit promptement les rangs de leurs adeptes. Ils flattent la vanité des âmes curieuses en leur promettant un savoir privilégié, et enlèvent de haute lutte les esprits faibles par la prétention d'une origine supérieure. Je ne dis rien d'une certaine facilité de mœurs (l'expression n'est pas trop dure) si hautement et si constamment reprochée aux gnostiques et aux manichéens par les contemporains de leurs sectes diverses, malgré la sévérité des principes qu'elles affichaient presque toujours, ni des secrets d'astrologie et de magie dont ils se déclaraient dépositaires. A ne prendre que leurs doctrines les plus patentes, il semble que l'on puisse déjà se rendre raison de l'ascendant qui les accompagne, par la fierté du parti pris qu'ils annoncent sur les questions les plus mystérieuses et les plus primitives à la fois.

---

[1] On sait qu'avec notre renommée de civilisation avancée, les asiatiques actuels nous tiennent tous tant que nous sommes d'Européens, comme propres à n'importe quoi ; et les esclaves francs ont souvent payé cher cette réputation malheureuse, parce que leurs maîtres attribuaient à mauvaise volonté le refus de faire honneur à ce renom de capacité universelle. Mais pour nous en tenir à l'antiquité, c'est la philosophie ionienne (Grèce Asiatique) qui a donné la première à l'Occident une synthèse du monde physique, avec un magnifique mépris de l'observation et de ces mille opérations d'un esprit patient qui compare et discute dans le silence, pour ne combiner les théories que sous la dictée des faits.

La révélation antique avait donné en quelques mots seulement la réponse à toutes les questions que les hommes peuvent faire sur l'origine du monde et sur l'existence du mal; car c'est chose remarquable combien Dieu se met peu en peine des curiosités dont l'homme se prend si volontiers au sujet de la création et du désordre qu'y a introduit le péché. L'Evangile, ajoutant à ces notions anciennes une connaissance plus nette de la Trinité, s'étendait principalement sur l'histoire de la Rédemption; mais avec beaucoup moins de concessions encore pour l'inquiète activité des scrutateurs de la nature ou de la philosophie : la science des devoirs et la lumière provisoire de la foi étant tout ce que le Fils de Dieu prétendait apporter à l'humanité. Non pas que la révélation ait jamais réprouvé la science humaine, mais elle lui a marqué sa place en second ordre [1]; ce n'est point à elle que l'enseignement divin a donné le monde, et en cela il condamne toute prétention à une autorité sur les esprits qui se réclamerait d'autre part que de Dieu. Les doctes n'ont nul droit de s'ériger en une caste privilégiée qui prétende mener les hommes en vertu de son savoir; du même coup la science a été ouverte à tous parcequ'elle est déclarée chose humaine, et dépouillée de son prestige exagéré parceque la doctrine nécessaire était distribuée à tous pour atteindre le commun but qui domine toutes les fins secondaires.

La gnose au contraire, et le manichéisme, voulant faire dépendre la religion d'une solution donnée à la question spéculative des existences, place le point de départ de l'enseignement commun (ou du moins qui devrait l'être) dans l'intelligence (ou plutôt, à vrai dire, dans l'exposition détaillée) d'un mystère où la raison humaine la plus élevée ne réussit pas à fixer ses regards sans une sorte d'éblouissement. Aussi la gnose ne franchit-elle ce pas difficile que par l'imagination, et c'est l'imagination orientale que rien n'arrête. De raisonnement, point ou fort peu; mais force images dont elle fait immédiatement des réalités subsistantes. Tout ce que sa fantaisie audacieuse lui suggère pour combler les vides de l'abîme qu'elle contemple prend aussitôt une personnalité; — j'ai presque dit : Tout prend un corps. Pour faire jaillir de l'éternité, le temps; de l'immensité, le nombre; d'un principe intelligent, la matière; pour rendre raison du mal dans l'œuvre de l'infinie bonté; pour expliquer l'existence du désordre en sauvant la sainteté ou la puissance du maître souverain; le gnosticisme a trouvé fort simple d'imaginer une série de dégradations successives, dont il pensait rendre raison en supposant tout à son aise l'infériorité constante de l'effet relativement à la cause qui le produit[2]. Ces altérations successives, toujours croissantes de degré en degré, doivent tout

---

[1] Matth., vi, 33. xi, 25-27.—Luc., i, 53.—Rom., i, 14, 18-22, 32; xii, 3.—1 Cor., i, 20; viii, 1.—II Tim., iii, 7.—Etc.
[2] Cette série continue de reflets d'un monde supérieur, toujours plus décolorés à force de déviations nouvelles, avait fait imaginer des hiérarchies de sphères ou de groupes dans la création successivement abandonnées à des êtres moins élevés; et dont l'échelle mesurait l'altération en descendant, ou l'épuration par le retour. Les types se dégradaient progressivement par une chute que diverses écoles ont classée au gré de leur imagination; chaque secte prétendant introduire une certaine théorie dans ces émanations de la cause première et dans les produits de leur activité, soit isolée, soit combinée avec celle

résoudre ; et l'on ne parvient sur cette voie à jeter un pont, pour ainsi dire, entre Dieu et le monde qu'à la condition de remplacer un dogme (c'est à dire un fait révélé) par des suppositions de faits sans nombre, où la foi même (sans parler de la raison) se trouverait bien autrement prodiguée que dans la doctrine du fidèle. Ainsi, pour en avoir appelé aux ressources de l'esprit sur ce problème, on tombe dans un dogmatisme cent fois plus exigeant et tout autrement compliqué que celui de l'enseignement divin. Mais parceque l'on a échelonné des faits arbitraires dans une sphère inaccessible à l'homme, on prétend avoir aplani le gouffre. Le simple et franc désespoir vaudrait mieux, en vérité ! il aurait du moins le mérite d'être sincère ; car après s'être posé avec tant de hardiesse des questions si ardues, c'est bien être accommodant avec soi-même que de se payer de paroles et d'inventions étagées sans nulle base réelle. Telle est pourtant bien des fois l'orgueilleuse pauvreté de notre esprit ; il aime mieux s'évanouir à la longue dans un labyrinthe compliqué de détours et de constructions arbitraires que de s'arrêter consciencieusement au premier pas pour reconnaître, s'il le faut, l'impossibilité de passer outre.

Le manichéisme proprement dit avait au moins la franchise de poser fièrement (ou brutalement) tout d'abord la coexistence primitive de deux principes en lutte l'un contre l'autre, et dont l'origine était laissée plus ou moins dans le vague. Le désordre et l'ordre s'expliquaient dès lors par l'antagonisme de ces deux rivaux. Puis, afin d'adapter à l'Évangile cette doctrine asiatique, Manès et ses disciples imaginaient une sorte de régénération par le Christ, où des subtilités sans fin étaient dépensées pour se rapprocher du langage chrétien sans en admettre le sens réel. Le gnosticisme, non moins entortillé relativement à la doctrine de la rédemption, chercha presque toujours à s'envelopper de ténèbres savantes au point de départ, pour échapper à l'embarras d'un dualisme fondamental. Dans cette doctrine la lutte ne se déclare guère qu'à la suite des dégradations progressives amenées par les déploiements du principe de toute existence. Toutefois, comme ces deux familles d'erreurs ont une parenté incontestable, et qu'en outre elles s'allient et se croisent encore dans leurs développements, il faut souvent renoncer à distinguer d'une manière bien précise celle qui doit donner son nom à certaines sectes trop mélangées pour être rapportées à une seule tige.

VII.

FORME SLAVE DU GNOSTICISME.

Ce qui nous importe en ce moment c'est de faire connaître l'école particulière dont les traces pourraient se reconnaître dans le bas-relief du prince Fédor. Si je ne me trompe, ce

des autres existences inférieures. De là, entre autres causes, force variétés parmi les nombreux rameaux qu'a jetés le grand tronc du gnosticisme durant les longs siècles et les saisons diverses de sa durée.

serait à peu près celle qui se distingue précisément entre toutes par un caractère de slavisme marqué jusque dans son nom : je veux parler des Bogomiles [1], qui, à Constantinople même, au douzième siècle, détrompèrent le présomptueux Alexis Comnène lorsqu'il se flattait d'avoir écrasé le manichéisme. Nous ne connaissons d'eux que ce qu'en racontent la princesse Anne Comnène dans l'histoire de son père [2], et Euthymius Zigabenus (ou Zygadenus) dans des traités théologiques où il énumère leurs principales erreurs [3]; mais cette désignation slave qu'une secte se donne dans la capitale de l'empire byzantin autorise à croire qu'elle avait pris naissance ailleurs, et que, poursuivie par les empereurs, elle aura facilement trouvé un refuge chez ses compatriotes. Du reste nous en verrons peut-être quelque chose ici.

D'abord, pour toute Écriture sainte ils n'acceptaient que sept livres ; parceque, disaient-ils : *La Sagesse s'est construit un palais assis sur sept colonnes.* [4]

On voit que notre recherche s'annonce assez bien pour le bogomilisme du petit monument.

Habiles à feindre, ils empruntaient même aux livres de l'Écriture rejetés par leur doctrine les passages qui pouvaient servir à justifier leurs enseignements; et si l'on prétendait tourner contre eux les paroles des livres qu'ils recevaient, ils savaient y échapper par une interprétation allégorique [5]. Cette singularité se reconnaît par les paroles même de Salomon, qu'ils invoquent, puisque les livres sapientiaux ne sont point mentionnés dans leur *canon* des Écritures. D'autres textes du même genre peuvent donc être cités dans un monument qui serait l'ouvrage de ces hérétiques.

Selon eux tout sectateur de leur doctrine devient l'habitation du Saint-Esprit, et peut être appelé très justement *Mère de Dieu,* parcequ'ils conçoivent le Verbe, le portent dans leur sein, et l'enfantent quand ils enseignent; en sorte que la vierge Marie n'a rien eu de plus que ce qu'ils ont [6]. Ceci mérite d'être rapproché du langage de Pierre Alexéieff quand il décrit et interprète l'image de la *Sophia* honorée dans l'*Église orthodoxe.*

Ils assuraient que les personnes divines se montraient visiblement à leurs regards : Dieu le Père en forme de vieillard à longue barbe ; Dieu le Fils, sous les traits d'un jeune homme à barbe naissante ; et l'Esprit saint, comme un adolescent imberbe. [7]

---

[1] Leur nom, que les Grecs font dériver du Bulgar *Bog miloui* (Kyrie eleison), paraît venir du slave *Bogou milye* (Deo grati), ou encore de ou *Boga milosti* (a Deo gratiam) ; comme le fait remarquer Pierre Alexéieff dans son *Dictionnaire ecclésiastique.* Cf. J. C. L. Gieseler, *in Euthym. Zygad.,* Narr. de Bogomilis (Gotting., 1842), p. 5. D'ailleurs, jusqu'au quinzième siècle nous voyons les missionnaires latins aux prises avec le manichéisme, dans les provinces danubiennes limitrophes de l'empire grec et de la Russie. En 1442, un ambassadeur du roi de Bosnie venait abjurer les erreurs manichéennes entre les mains du Pape, au nom de toute la nation bosniaque.

[2] Alexiad. libr. xv (Paris, p. 486-494).

[3] Euthym., *Panopl.,* titul. xxiii. Je me servirai d'une édition de ce titre isolé qu'a donnée récemment M. L. Gieseler. L'autre écrit d'Euthymius, intitulé, *Triomphe sur l'exécrable... secte des Massaliens... ou Bogomiles,* etc., a été publié par J. Toll dans ses *insignia itinerarii italici,* p. 106-125. On peut consulter aussi dans le même recueil, p. 126-177, un *Formulaire pour l'abjuration des manichéens;* parceque les pauliciens dont il y est question avaient de nombreux points de contact avec les bogomiles, comme le fait remarquer leur contemporain Euthymius.

[4] Euthym., *Panopl.,* tit. xxiii, 2 (p. 6, 7).

[5] Euthym., *l. cit.* (p, 7).

[6] Euthym., *l. cit.*, 22 (p. 51).

[7] Id., *loc. cit.,* 23 (p. 53).

Les promesses des livres saints ne regardent qu'eux seuls, tous les autres sont des idolâtres et des impies. [1]

Ils blâment l'état du mariage, prétendant que le célibat peut seul s'accorder avec la vie évangélique [2]. Comparez encore cette doctrine constante des gnostiques et des manichéens avec le mysticisme équivoque des louanges de la virginité dans l'explication du tableau de la *Sophia* par le *Dictionnaire ecclésiastique* russe.

A ces traits épars d'une doctrine dont nous ne possédons qu'une analyse sommaire, il peut suffire pour le moment d'ajouter que les Bogomiles attribuaient au démon la création du corps de l'homme, ainsi que celle de notre monde; et faisaient du démon une sorte de quatrième personne divine nommée Satanael, mais déchue de sa dignité première [3]. D'autres indications trouveront place dans la révision qu'il nous faut faire de notre monument à ce nouveau point de vue.

VIII.

INSCRIPTIONS DES SEPT ANGES.

Il est temps de revenir aux mots que portent les lambels des sept anges, qui sont bien la partie la plus embarrassante de toutes ces inscriptions; mais il faut en hasarder une lecture et une explication quelconque. Nous les suivrons de gauche à droite en commençant par la première ligne qui en contient quatre, et nous en essaierons d'abord la traduction latine pour suivre de plus près le slave.

N° 1, le plus embrouillé de tous, IEREVNOUL... ou PEREVNO... (*Principium,* ou *Primus?*).

N° 2, SVIATYI DOUH (*Spiritus sanctus*).

N° 3, REKOSCHA SYNIE (*Dixerunt: Fili*).

N° 4, IAKO BOG SYNIE, ou SVIA...? (*Sicut,* ou *Quoniam Deus Filius,* ou *sanctus,* ou *existens*).

N° 5, seconde ligne, SOZDA BOG (*Creavit Deus*).

N° 6, ZAVISTIOU (*Per invidiam*).

N° 7, IAKO BOG OTETZ (*Sicut Deus Pater*).

Ce qui équivaudrait à peu près à : « Le Principe — *et* le Saint-Esprit — dirent : ô Fils. — Comme (ou *parceque*) Dieu Fils (ou *Dieu existant,* etc.). — Dieu a créé — par jalousie — comme Dieu le Père. »

Si quelque sens peut sortir d'un résultat aussi obscur, ce serait que l'on eût prétendu faire au moins allusion à ces lignes du *Livre de la Sagesse* [4] : « Dieu a créé l'homme impérissable...;

---

[1] Euthym., *ibid.*, 27 (p. 34) et 37 (p. 39) ; etc.
[2] Id., *ibid.*, 39 (p. 39, 40).
[3] Id., *l. cit.,* 6, 7 (p. 9-12).
[4] Sap. II, 23, 24.

« mais, par la jalousie du diable, la mort est entrée dans le monde. » Expliqué dans le sens gnostique, ce texte rappellerait la création de l'homme telle que la racontaient les bogomiles. Selon eux, Satanael, qui avait été engendré avant le Verbe, occupa jadis dans le ciel le premier rang après Dieu le père; mais il en fut précipité pour avoir voulu entraîner les esprits célestes dans la révolte. Dépossédé ainsi avec ses complices, l'envie lui suggéra le dessein de créer des cieux et une terre qui fussent comme la contre-partie des œuvres divines (car déjà, selon ces sectaires, la création divine d'un ciel et d'une terre avait eu lieu, mais ce ne sont pas les nôtres); et il en fit sa demeure, lui et les siens. L'embarras de Satanael devint grand lorsqu'il s'agit d'animer l'homme, car on ne venait pas à bout d'y fixer la vie. On entra donc en pourparlers avec Dieu afin qu'il tranchât cette difficulté, en se chargeant de vivifier cette créature réfractaire; moyennant quoi, cette œuvre exécutée à frais communs devait fructifier en partie pour son second auteur, et les enfants d'Adam et d'Eve seraient destinés à combler les vides laissés dans le ciel par la révolte. La convention conclue, Adam et Eve obtinrent une âme d'en haut. Mais la jalousie de Satanael, abusant de la foi des traités, corrompit Eve par le moyen du serpent; et de là vinrent les aînés de la famille humaine, Caïn et une sienne sœur (nommée Calomena), dont la race ne pouvait profiter qu'aux rebelles; etc., etc. [1]

Cependant, que voudront dire ces sept anges? Serait-ce une indication de cette quaternité divine réduite à trois personnes par la chute de Satanael? ou plutôt faudra-t-il y voir quelque chose comme les *sept recteurs du monde* dont il n'est rien dit de bien positif dans ce qu'Euthymius a écrit sur les bogomiles, mais qui se retrouvent chez un bon nombre de sectes gnostiques [2]? Ce que nous savons des bogomiles suffit pour juger qu'une foule d'analogies les rattachaient à leurs prédécesseurs; mais en outre, l'un des anathèmes d'Euthymius contre ces hérétiques [3] montre qu'ils plaçaient leur trinité dans le plus élevé des sept cieux; de sorte que ces anges pourraient exprimer ici la descente du Fils de Dieu dans le sein de Marie.[4]

On a vu que Salomon et son palais de la Sagesse étaient quelque chose d'important et comme de fondamental pour les bogomiles, qui prétendaient en faire la sanction de leur *canon*

---

[1] Euthym., *l. cit.*, 6, 7 (p. 9, sqq.).

[2] Sept éons, sept cieux, sept puissances sidérales, sept colonnes du monde, sept archontes, septénaire (*hebdomas*) du Démiurge, etc. Cf. Neander, *Genet. Entwick. d. vornehm. gnost. Syst.* (Berlin, 1818), p. 266; 235, 236; 116, 120, 123-125; 150, 176, 177; 194, 196; 244, 250-253, 267-269; 76, 34, 87, 98. — Baur, *Manich. Religionssystem* (Tubingue, 1831), p. 138, 150, 484, 486.—Thilo, in *AA. s. Thomæ*, 139, 143-145, 223. — Etc.. etc. Je cite ces compilations savantes pour ne pas renvoyer à une foule de témoignages épars dans les auteurs ecclésiastiques.

[3] J. Toll, *l. cit.*, Anath. 4 (p. 116, 117).

[4] Cf. Thilo, *Cod. apocryph.*, t. I, 893. Au dire des Ophites, le Christ supérieur. descendant au secours de l'homme à travers les sept cieux, dépouilla leurs anges de tout ce qu'il restait encore en eux de leur première origine. Combinaison analogue à cette espèce de cotisation par laquelle, selon les Valentiniens, l'Esprit saint et les Éons concoururent à la formation de Jésus-Christ. Cf. Iren., libr., cap. xxx, n° 12 et cap. II, n° 6 (ed. Massuet, p. 111, 12, sq.).—Neander, *Allem. Gesch. der christlich. Religion* (Hambourg, 1842, etc.), t. I, 768.— Matter, *Hist. du gnosticisme*, 2ᵉ édit., t. II, 162, 270, 404.

des Écritures, lequel n'admettait que sept livres [1] vraiment inspirés : le Psautier, les Prophètes, les quatre Évangiles, et le reste du nouveau Testament. Tout cela expliqué à l'aide d'une exégèse qui en faisait sortir des explications tout à fait inattendues [2]. En conséquence, la maison de la Sagesse était le symbole de leur société [3]. mais Salomon rappelait encore à l'esprit un sens non moins flatteur pour eux, grâce à une de leurs interprétations détournées. Car quand notre Seigneur avait dit : [4] « Voyez les lis de la campagne,.... Salomon dans « toute sa gloire n'a jamais été vêtu comme l'un d'eux » ; il était convenu que par les lis on devait entendre ces hérétiques dont la vie pure faisait honte à Salomon. [5]

Les erreurs bogomiles pouvaient très bien s'accommoder du médaillon de la sainte Vierge tel que nous l'avons ici. Suivant ces sectaires, l'incarnation n'avait été qu'apparente [6]; mais, telle quelle, elle s'était opérée néanmoins dans le sein de Marie. L'hymne grecque transcrite autour de ce disque (*Mystère caché dans l'éternité,* etc.) s'arrangerait aussi sans nulle difficulté avec leur assertion : que le Fils et l'Esprit saint, contenus dans le sein du Père et sans nom jusqu'à l'an du monde cinq mil cinq cent trente-trois, ne commencèrent à exister distincts que quand l'incarnation fut résolue dans les conseils divins [7]. Cette représentation de la Mère de Dieu convenait doublement à des hommes qui avaient la prétention d'élever leurs disciples au degré très formel de la maternité divine proprement dite ; si bien qu'ils donnaient à leurs assemblées le nom de Bethléem [8], parceque, disaient-ils, la prédication y faisait naître le Christ dans les auditeurs.

Le vieillard à la longue barbe ne sera-t-il pas Dieu le Père, *l'auteur de la vie sans fin*, tel que ces enthousiastes le dépeignaient? assurant qu'il leur apparaissait en cette forme, et promettant aux disciples parfaits de leur secte une fin douce comme le sommeil : ce n'était point une mort, mais un simple dépouillement du vêtement de la chair [9] dans une sorte d'assoupissement plein de calme.

Quant au disque qui couvre la base du palais de la Sagesse, en face du vieillard, et qui représente Jésus-Christ en âge d'homme sans nimbe divin; me trouvera-t-on trop hardi si je veux y reconnaître le bogomile dans sa vie céleste et glorieuse? D'après Euthymius [10], ces hommes comptaient que, délivrés des liens de la matière, ils iraient revêtir *la forme, le corps, la robe immortelle* du Fils de Dieu. Car, pour Jésus-Christ lui-même, après l'accom-

---

[1] Cf. Euthym.. *l. cit.*—J. Christ. Wolf, *Hist. Bogomilorum* (Wittemberg, 1712). Dissert. II, n° 3 (p. 45, sq.).
[2] Cf. Euthym., *l. cit.,* n° 27-51 (p. 34-44).
[3] Id., *ibid.,* n° 1 (p. 7).
[4] Matth., VI, 28, 29.
[5] Euthym., *l. cit.,* n° 43 (p. 40, 41).
[6] Id., *ibid.,* n° 8 (p. 17). Cet enseignement se retrouve à chaque pas dans l'histoire du gnosticisme et du manichéisme; il était tout à fait conforme à la haine que ces hérésies professaient contre la chair.

[7] Id., *ibid.,* n° 8. 3, 4 (p. 16, 8). On trouverait d'autres motifs à cette inscription, mais moins propres aux Bogomiles, dans les doctrines de certaines écoles gnostiques. Cf. Iren., libr. I, cap. XXI (al. XVIII), n° 3 (p. 95). — Neander, *Genet. Entwick.*, p. 182. — Id., *Allgem. Gesch.*, t. I, p. 768-770. —Etc.
[8] Euthym., *ibid.,* n° 22, 26 (p. 31, 35). — Wolf, *Hist. Bogomil.*, diss. II, 23 (p. 83).
[9] Euthym, *ibid.,* 23, 22 (p. 33, 31).
[10] Id., 22 (p. 32). —Wolf, *ibid.,* 22 (p. 95).

plissement de la rédemption quelconque qu'ils lui prêtaient, ils enseignaient que lui et le Saint-Esprit avaient été se renfermer de nouveau dans le sein du Père, par une espèce de résorption [1]. Notre explication admise, on comprendra d'autant plus aisément pourquoi le texte de Salomon se continue autour de ce médaillon (*la Sagesse a immolé ses victimes, elle a versé le vin*, etc.) ; car nous allons voir que ces dernières paroles s'appliquaient spécialement à la doctrine dont le sectaire devait se nourrir pour arriver à l'état parfait.

L'exégèse bogomile, comme nous l'avons dit, se prêtait à toutes sortes de finesses pour justifier l'hérésie par quelque passage de l'Ecriture. Mais parmi les allégations de ce genre que cite Euthymius, ce n'était pas le plus grand tour de force que d'appliquer aux enseignements de leurs maîtres le texte du *vin nouveau* [2]. Cette courte parabole, expliquée ainsi, avait le triple avantage de réprouver l'ancien Testament [3], de canoniser leur doctrine, et de rappeler à la fois combien il fallait de prudence aux adeptes pour la faire entrer dans l'esprit des catholiques. Cela étant, le groupe d'hommes qui portent des coupes me paraît devoir représenter la propagation du bogomilisme par les docteurs de la secte, que Basile (leur chef à Constantinople) appelait ses *apôtres* [4]. Le pain eucharistique n'avait de signification à leurs yeux que comme symbole de l'oraison dominicale [5], unique prière qu'ils admissent; et ils ne reconnaissent d'autre communion que la prédication et la récitation du *Pater*. C'étaient là pour eux le pain et le calice de la cène. Ainsi cette apparence de cérémonie liturgique (dans un pays où les fidèles reçoivent la communion sous les deux espèces, et debout) aurait servi à tromper les regards des catholiques qui n'y apercevaient rien d'insolite, et à présenter aux prosélytes des signes dont le sens était bien connu entre eux.

Le même ordre de pensées conduirait à rendre raison de l'immolation d'animaux qui se voit sous le palais aux sept colonnes, près de cette prétendue table eucharistique. Ce me semble être une satire de la doctrine catholique sur le sacrement de l'autel, que les bogomiles qualifiaient de sacrifice païen [6] offert aux démons.

IX.

CONJECTURES COMPLÉMENTAIRES.

J'évite, comme on peut le voir, de chercher aucune explication fondamentale hors du cercle étroit que trace Euthymius dans son article consacré aux bogomiles, bien que cet

---

[1] Euthym., *ibid.*, 8 (p. 17).— Wolf, *ibid.*, 9, 10 (p. 59-67).
[2] Matth., IX, 17. — Marc., II, 22. — Luc., v, 37. sq. — Cf. Euthym., *l. cit.*, 50, 17 (p. 43, 27). — Matter, *Hist. du gnostic.*, II, 248, 282.
[3] Le gnosticisme en général, et le bogomilisme en particulier, regardait les institutions de Moïse comme inspirées par l'Ennemi de Dieu. Cf. Euthym., *l. cit.*, 10 (p. 21, sq.).

[4] Anu. Comn., *Alexiad.*, xv (p. 487).
[5] Euthym., *ibid.*, 17, 49 (p. 27, 29). Cela, à cause du *panem nostrum quotidianum ;* application bizarre, mais attestée par les contemporains, et qui n'était pas la plus forcée des interprétations adoptées par cette secte. Cf. Thilo, *Cod. apocryph.*, t. I, 893.
[6] Euthym., *ibid.*, 17 (p. 26, 27).

auteur s'en tienne aux points les plus saillants de leur théorie [1]. On rencontrerait sans peine une réponse plus ou moins curieuse, mais trop peu concluante, à toutes les questions que peut faire naître ce tableau, si l'on appelait à son aide les opinions professées par d'autres branches du gnosticisme ou du manichéisme. Laissons donc le taureau mithriaque, et ne cherchons point dans ces victimes abattues un emblème de la vie matérielle à laquelle l'âme doit se soustraire; de *l'énergie* animale dont il faut que *l'élu* parvienne à se dégager, de la matière qu'il doit vaincre [2]. Ce serait là de l'orientalisme un peu trop primitif, d'autant que plusieurs écoles gnostiques du moyen âge s'étaient affranchies des anciennes formes asiatiques qui dominaient dans la théosophie hétérodoxe des premiers siècles de l'Eglise.

De même je n'ai point voulu expliquer le pain et le vin par la signification mystique que donnaient aux banquets nombre d'autres sectes parties du même berceau que la nôtre [3]; ni en appeler, pour le médaillon du Christ adulte, aux deux Christs qu'admettaient certaines autres [4]. C'eût été ouvrir la porte à des hypothèses sans fin, et perdre en certitude ce que nous eussions pu gagner en variété; au lieu que tout ici, ou je me trompe fort, atteint au moins à une probabilité sérieuse. Car, ce me semble, il est des détails de notre bas-relief qui se refusent à une explication catholique, et d'autres qui ne s'y prêtent qu'en laissant bien du doute ; tandis qu'en supposant une intention bogomile, rien n'échappe à une interprétation extrêmement plausible. En voici une preuve de plus, s'il en était besoin.

Je ne voudrais pas me faire taxer d'exagération, et paraître pousser les explications jusqu'à la recherche. Mais si les documents me conduisent à rendre raison des moindres détails, est-ce ma faute? et cela doit-il tourner au détriment de mes aperçus? Le fait est que je puis indiquer encore une trace plausible de bogomilisme jusque dans le rocher assez distinctement sculpté à droite de la table, et qui porte la signature de l'auteur. Parmi les textes de l'Évangile que ces réformateurs prétendaient faire tourner à leur avantage, Euthymius cite ces paroles de notre Seigneur [5] : « Celui qui entend mes préceptes et les accomplit sera comparé à « l'homme sage qui a construit sa demeure sur le roc; etc. » Ils y voyaient une préconisation de leurs usages, et en particulier de leur formule exclusive de prière. Quiconque adressait à Dieu d'autres demandes que l'oraison dominicale était l'insensé qui a pris le sable pour fondement, et dont les constructions seront balayées par l'orage. Ainsi le pope, en inscrivant son nom sur cette roche, pouvait fort bien prétendre faire profession d'être dans la seule voie qu'approuvât le Fils de Dieu.

---

[1] Id., *ibid.*, 52, 27, etc. (p. 24 ; 84, 35).
[2] Neander, *Genet. Entwick.*, p. 54, 55, 83, 78, 221.—Baur, *Manich. Religionssyst.*, p. 76, 90, etc.; 204, 204, 207.—Matter, *Hist. du gnostic.*, I. 121, sv.; III, 181.
Neander, *Allgem. Gesch.*, I, 744.—Baur, *Manich. Relig.*, 76, 354, 355,—Matter, *Hist. du gnost.*, I, 229, 230 ; II. 341, 344-346, 391-395.
[4] Neander, *Allgem. Gesch.*, I, 687.—Id., *Genet. Entwick.*, p. 44, 49 ; 69, 70 ; 83, 89, 90; 106, 112-114 ; 134, etc., 214, 220, 224.—Baur, *Manich. Relig.*, 206-214, 71-77, 315.
[5] Matth., VII, 24-28.—Luc., VI, 48, 49. Cf. Euthym., *l. cit.*, 47 (p. 42).

Il ne faut pas dissimuler une objection que l'on pourrait chercher dans la croix placée avant cette signature. Car celui qui nous a constamment servi de guide pour connaître ces hérétiques, nous apprend qu'ils détestaient la croix [1]. Mais on ne doit pas oublier qu'Euthymius abrége surtout les sections de son livre où il est question d'erreurs déjà exposées et combattues par lui sous quelque autre titre. Or lui-même, qui fait remarquer fréquemment combien les bogomiles ressemblaient aux pauliciens, avait dit précédemment que ces derniers abhorraient la croix aussi, mais savaient feindre du respect pour elle et excuser les hommages qu'ils lui rendaient par contrainte lorsqu'ils le jugeaient expédient [2]. Et précisément tout donne lieu de croire que dans notre monument slave on se proposait de déguiser l'hérésie sous un semblant général d'orthodoxie qui pût faire illusion à tout spectateur étranger aux secrets de la secte.

Pour les mêmes raisons, la qualification de *pope* que se donne l'artiste fera bien moins de difficulté. Plusieurs documents nous montrent que le prosélytisme bogomile aggrégeait volontiers à son école non seulement des moines, mais même des évêques [3]; et qu'ils s'enveloppaient des dehors les plus édifiants [4]. Ainsi, bien qu'ils traitassent entre eux fort cavalièrement le ministère ecclésiastique [5], il ne paraît pas qu'ils en aient interdit les fonctions (et beaucoup le moins le titre) aux prêtres enrôlés dans leurs rangs. [6]

Il n'y aurait pas plus de fondement à nous opposer que ces hérétiques condamnaient les images [7] et les traitaient d'idoles. Car, fussions-nous assurés que cet anathème tombât sur toute espèce de représentation, et non pas seulement sur les peintures ou les sculptures reçues dans l'Église; il est clair que des hommes aussi féconds en ressources, et habiles à feindre comme on nous les dépeint, ne pouvaient se faire scrupule d'imiter les images admises par les orthodoxes pour s'en servir ensuite comme de pierre d'attente et de base sur laquelle serait venue s'appuyer leur prédication chez des néophytes sans défiance.

Or je ne demande pas mieux que de voir dans le prince donataire une bonne foi parfaite et une simplicité d'orthodoxie candide; peut-être même était-il fort bon catholique, mais il semble être beaucoup moins facile d'excuser le pope donateur, à moins d'en faire l'instrument naïf d'une doctrine qu'il n'aurait point pénétrée.

Si quelque savant slave voulait prouver le contraire, il fera bien d'abord d'examiner de près les restes de massaliens (peut-être même de véritables bogomiles proprement dits) qui certai-

---

[1] Euthym., *ibid.*, 14, 15 (p. 24, sq.).—Id., *Anath.* xi (Toll, *l. cit.*, p. 120).
[2] Euthym. *Panopl.*, tit. xx (Bibl. PP. xix, 205). Photius est encore plus explicite (ap. Galland, *Biblioth.*, xiii, 605, 606, 613), quoique Pierre de Sicile (*Bibl.*, PP., xvi, 756) eût parlé des pauliciens sur ce sujet à peu près comme Euthymius parle des bogomiles. Cf. Formul. recept., ap. J. Toll, *l. cit.*, p. 144, 145.
[3] Wolf, *Hist. Bogomil.*, diss. i, 16, 18-20 (p. 34-39). — Matter, *Hist. du gnost.*, iii, 313.
[4] Euthym., tit. xxiii, 26, 2, 24 (p. 34, 7, 33).—Ann. Comn., *Alexiad.*, xv (p. 486).
[5] Euthym., *ibid.*, 37 (p. 39).
[6] Euthym., *Anath.* xii (Toll, *l. cit.*, p. 122). — Formul. recept. (*ibid.*, 144-146).
[7] Euthym., tit. xxiii, 11 (p. 22, sq.).

nement subsistent encore en Russie. Et si la descendance incontestable des gnostiques du onzième siècle se maintient de nos jours sans grand mystère sur le terrain slave, ce n'aura sûrement pas été un préjugé d'érudit que de croire en retrouver des vestiges dans les mêmes contrées au commencement du seizième siècle. Ces doctrines vivaces et actives ont bien franchi d'autres distances de temps et de lieu, comme nous aurons occasion de le montrer ailleurs.

CHARLES CAHIER.

DEUX CHAPITEAUX HISTORIÉS

DU XIIe SIÈCLE.

(PLANCHE XXV BIS.)

Durant une course rapide à travers la Haute-Bourgogne, si riche en vestiges de l'art roman, nous avons recueilli plusieurs sculptures mystérieuses du douzième siècle qui pourront servir comme de jalons dans l'explication du symbolisme de cet âge si peu accessible aux esprits de notre temps. Cette fois nous reproduirons seulement deux chapiteaux de Vézelai, et ce ne sont pas les plus étranges; mais il nous a semblé que le lecteur du dix-neuvième siècle ne pouvait être introduit que pas à pas dans cette galerie si neuve pour ses regards. Après de premiers essais, nous risquerons moins d'effaroucher nos contemporains par certains détails d'art et d'interprétation fort éloignés des pensées dont se nourrit la société actuelle.

I.

CHAPITEAU DU MOULIN.

Le chapiteau désigné sur la gravure par la lettre A fixa tout d'abord mon attention, parcequ'il repondait à une préoccupation de mon esprit. Parmi les médaillons que décrit Suger quand il parle des vitraux exécutés à Saint-Denis sous ses ordres [1], il en est deux, ainsi que je l'ai fait remarquer ailleurs [2], qui ne nous sont plus connus que par la notice du douzième siècle. Mais l'un, qui représentait l'Agneau divin ouvrant le livre aux sept sceaux, pourrait absolument être recomposé à l'aide d'anciennes miniatures; l'autre m'avait paru plus difficile à restituer : on devait y voir S. Paul près d'un moulin où le grain était versé par les prophètes; l'Apôtre donnait le mouvement à la meule, et recueillait la farine [3]. Ayant fait dans le temps quelques recherches, mais sans fruit, pour deviner la forme que les peintres verriers de Suger avaient donnée à cette scène singulière, je fus heureux de la retrouver tracée sur la pierre par des artistes contemporains, moi qui désespérais à peu près de la pouvoir jamais recomposer dans mon esprit.

Mais afin qu'on ne me soupçonne pas d'avoir pris trop avidement pour la réalité une simple

---

[1] Suger, *De rebus in administrat. sua gestis.*, ap. Duchesne, *Hist. Francor. scriptores*, t. IV, 348, sq.
[2] Vitraux de Bourges, n° 67 (p. 122, sv.).
[3] Suger., *l. cit.* « ..... Una quarum (*vitrearum*) de materialibus ad immaterialia excitans, Paulum apostolum molam vertere, prophetas saccos ad molam apportare repræsentat.

Sunt itaque ejus materiæ versus isti :

« Tollis, agendo molam, de furfure Paule farinam ;
Mosaicæ legis intima nota facis.
Fit de tot granis verus sine furfure panis,
Perpetuusque cibus noster et angelicus. »

ressemblance, essayons d'abord de bien entendre ce que le grand abbé de Saint-Denis avait prétendu faire comprendre aux fidèles de son temps par cette image qui peut nous sembler bizarre ; nous chercherons ensuite s'il est probable que les sculpteurs de Vézelai aient eu le même dessein.

Ce n'est point le douzième siècle qui a imaginé de voir dans les meules d'un moulin une figure de l'ancienne Loi concourant avec la nouvelle à nous préparer le pain de la parole divine. En cela, comme d'ordinaire, les docteurs du moyen âge s'appuyaient sur les anciens docteurs. Aussi retrouvons-nous dans l'antiquité ecclésiastique ce symbolisme si nouveau pour les esprits d'aujourd'hui. Déjà vers le cinquième siècle, lorsque S. Eucher compilait son recueil de *Formules spirituelles,* il avait signalé ce point de vue mystique comme appartenant en quelque sorte à la tradition [1]. Les artistes s'en souvinrent ailleurs qu'à Saint-Denis, puisque nous le retrouvons indiqué dans les belles verrières de Cantorbéry dont une très grande partie subsiste encore [2] ; mais Suger en faisait une application particulière qu'il s'agit de bien saisir pour comprendre l'intention du chapiteau de Vézelai.

S. Paul étant celui des apôtres qui a le plus écrit, et avec le plus de science des livres saints, si je puis ainsi parler, c'est à lui surtout, entre les autres, que la tradition a déféré le titre de *docteur*. C'est lui en effet, qui dans ses discours et dans sa lettre aux Juifs [3], par exemple, insiste le plus sur les rapports étroits de l'ancien Testament avec le nouveau. L'idée du moulin une fois adoptée, il devenait donc assez naturel de considérer le *Docteur des nations,* le disciple de Gamaliel [4], comme présidant à la mouture et au blutage. C'est lui tout particulièrement qui, selon l'inscription de Suger, nous fait pénétrer dans les mystérieuses significations de la loi mosaïque ; y montre partout Jésus-Christ unique clef de ces profondes énigmes, et résout les deux Lois en une seule doctrine, toute pleine du Fils de Dieu incarné par qui seul, à quelque âge du monde que ce fût, l'homme a pu vivre de la seule vie qui mérite ce nom.

Le symbolisme du moulin exprimait donc sous une forme différente la même leçon qu'un autre médaillon commandé par le même abbé, et où l'on voit encore le grand apôtre (je crois du moins que c'est lui), dressant le crucifix sur l'arche d'alliance, qui devient ainsi le char

---

[1] Eucher. (Bibl. PP. t. vi, p. 835) : « ..... Possunt et duo Testamenta lapides molæ significare ; per quos, labore disserentium, triticum veteris Instrumenti in farinam Evangelii convertatur. » — Hieronym. *in Matth.* xxiv, 41 (ed Martianay, t. iv, 119) : « In duabus quæ pariter molunt,... synagogam intellige et Ecclesiam ; quod simul molere videantur in Lege, et de eisdem scripturis farinam terere præceptorum Dei. » Cf. Vitraux de Bourges, n° 68 (p. 126, note 6).

[2] J'emprunte cette indication au bel ouvrage intitulé *Hints on glasspainting, by an amateur* (Oxford, 1847 ; t. 1, p. 350, svv., *fenestra quinta*).

« Jesus et apostoli colligunt spicas. — Mola, fumus (?), et apostoli facientes panes :

« Quod terit alterna mola, Lex vetus atque moderna.

Passio crux, Christe, tua (*Est panis tua crux, Christe ?*); sermo tuus iste.

— Petrus et Paulus cum populis :

« Arguit iste reos, humiles alit hic pharisæos ;
Sic spicæ tritæ sunt panis verbaque vitæ. »

[3] Cf. Act. ix, 20-22 ; xiii, 16-45 ; xiv, 1 ; xvii, 1-15 ; xviii, 4-20 ; xxvi, 1-23 ; xxviii, 17-29. — Hebr. *passim.*

[4] Act. xxii, 3 ; xxiii, 6. « Ego sum vir Judæus... secus pedes Gamaliel eruditus juxta veritatem paternæ legis... Ego pharisæus sum, filius pharisæorum... »

triomphal de la croix, traîné en quelque sorte par les quatre animaux évangéliques [1]. Deux Alliances qui n'en font réellement qu'une, parceque la première figurait et promettait ce que l'autre consomme et complète. Mais c'est dans l'alliance nouvelle que l'ancienne s'explique et porte son fruit; en sorte que les dépositaires de l'Évangile sont les véritables interprètes de Moïse et des prophètes, et que la Loi comme les prophéties sont un aliment incomplet jusqu'au jour où elles passent par les mains des apôtres. Aussi verrons-nous ailleurs ces douze messagers de la *bonne nouvelle* comparés au bœuf qui, sur l'aire du moissonneur, sépare le grain de la paille.

Mais le lecteur me reprocherait de prétendre développer davantage le sens mystique du moulin où le grain de l'ancienne loi est réduit en une nourriture désormais toute préparée par les apôtres; ce qu'il demande, sans doute, c'est qu'on lui montre si les artistes de Vézelai suivaient vraiment le même programme que ceux de Saint-Denis, et si les deux scènes ont bien une parenté réelle au lieu d'une simple analogie fortuite.

D'abord, ce qui a trouvé place dans la première abbaye de l'Ile-de-France, et (jusqu'à un certain point) dans la cathédrale de Cantorbéry, pouvait assurément se présenter à l'esprit des artistes bourguignons [2]. Puis, dans l'homme qui soutient le sac où descend la farine, il me semble reconnaître plusieurs des traits que les anciens auteurs donnent à l'apôtre des Gentils : taille moyenne ou même courte, barbe longue et épaisse, nez fort et un peu recourbé [3]. Quant à ce que disent divers textes, que S. Paul avait le front chauve, je ne trouve pas que les anciennes représentations aient pris constamment au sérieux cette particularité de son portrait.

Enfin, et ceci est de quelque poids quoi qu'on en puisse penser au premier aspect, le chapiteau qui porte ce bas-relief appartient au flanc méridional de la grande nef; c'est à dire à la colonnade du côté de l'Épître. Or nous verrons dans un autre mémoire que c'était le lieu communément adopté pour certaines représentations relatives à l'ancienne loi. C'est que l'angle nord (*cornu evangelii*) de l'autel étant le seul où l'histoire et les paroles de notre Seigneur Jésus-Christ se récitent durant la messe, tandis que l'angle opposé (*cornu epistolæ*) est réservé [4] aux extraits considérables de l'ancien Testament (en même temps qu'aux paroles des apôtres), le côté de l'épître se trouvait désigné fort naturellement pour les sculptures qui annonçaient

---

[1] Cf. Vitraux de Bourges, *Etude* VI, fig. F.; *texte* n° 68 (p. 125). L'inscription se compose de ces deux vers :

« Fœderis ex arca cruce Christi sistitur ara,
Fœdere majori vult ibi Vita mori... »

[2] Quand nous ne saurions pas avec quelle rapidité les idées se transmettaient au loin durant le moyen âge, surtout en fait d'arts, la notice de Suger nous apprendrait que les travaux exécutés à Saint-Denis y avaient réuni des artistes de différentes nations. Mais en outre l'abbaye de Vézelai devait être moins étrangère que beaucoup d'autres aux faits lointains, à cause de la juridiction qu'elle avait sur divers monastères ou prieurés des diocèses situés au nord de Paris (Beauvais, Noyon, etc.). Ces dépendances occasionnaient des voyages qui multipliaient les relations au dehors.

[3] Cf. St. Borgia, *Vatic. confessio B. Petri*, p. CXLIV, CXXXIV, sq.

[4] Cf. Vitraux de Bourges, n° 51 et 34 (p. 55, sv.; 95, sv.). Je suppose toujours une église orientée régulièrement, ainsi que je l'ai indiqué en exposant le symbolisme de l'extérieur des églises (ci-dessus, p. 78 et suivantes).

le rejet de la Synagogue, ou du moins la fin de son règne. Ici ce serait à la fois une allusion à l'ancien Testament et aux instructions des apôtres qui sont l'unique matière de l'*Épître;* puisque S. Paul nous est montré distinguant parmi les rites et les enseignements de la Synagogue ce qui était propre à la période de transition, pour ainsi parler, et ce qui doit persister après la venue du Messie que promettaient et retraçaient d'avance la loi de Moïse et les prophéties.

Après ce que je viens de dire, je conviendrai très volontiers que pour entraîner irrésistiblement la conviction, mes conjectures gagneraient beaucoup si le sculpteur eût pris soin de joindre à son bas-relief une inscription comme celle qui accompagnait le médaillon de Saint-Denis. Mais à défaut de cette preuve péremptoire, il faut bien nous contenter de l'analogie : trop heureux si nous eussions cette ressource pour d'autres monuments bien moins abordables que celui du moulin[1].

« Si quid novisti rectius istis,
Candidus imperti; si non, his utere mecum. »

II.

CHAPITEAU DE LA SAUTERELLE.

Deux animaux étranges donnent au chapiteau B un aspect particulièrement saisissant. L'un est cette sauterelle à tête quasi humaine; l'autre est cette bête hybride à tête de coq et à queue de serpent. Les connaisseurs se seront bien aperçus que notre sculpteur avait voulu représenter là le fameux basilic qui était censé provenir d'un œuf de coq couvé par un reptile. Nous n'avons pas à développer *l'histoire naturelle* de cet être fantastique; ce sera l'objet d'un travail sur les *Bestiaires*, qui est prêt pour l'impression depuis assez longtemps, mais qui attend son tour dans ces *Mélanges*[2]. Quelques traits suffiront pour le moment à l'interprétation du chapiteau de Vézelai; voici donc ce que disait Brunetto Latini.[3] dans son *Trésor* (chapitre *De toutes manières de serpens*) : Basiliques est li roys des serpens, et est si plains de venin..... que le veoir et le flairier de lui en porte venin et lonc et près..... Et tel a qui de son odour ochist *(occit)* les oisiaus volans, et de son veir *(de son regard)* les hommes quand il les voit; ja soit ce ke li anchyen dient qu'il ne nuist pas à chelui qui voit primes les basiliques

---

[1] Il n'y a pas lieu de s'étendre sur la forme donnée au moulin et sur le peu que l'on voit de son mécanisme. L'*Hortus deliciarum* (fol. 112) offrirait un modèle bien plus complet (de moulin à eau); mais ici il est évident que, resserré dans un si petit espace, l'artiste n'a tracé qu'une représentation abrégée où il associe le moulin et le blutoir, supprimant tout ce qui n'allait pas à son but symbolique.

[2] Jusque là on peut consulter utilement sur ce sujet bizarre les détails que donnent M. Berger de Xivrey (*Tradit. tératologiques*, p. 540, svv.), M. le comte de l'Escalopier (*Théophile*, notes, p. 275), et MM. Jourdain et Duval (*Portail de la cathédrale d'Amiens*, Bulletin monumental, t. XI, p. 161, svv.).

[3] Bibliothèque nationale, mss, français, n° 7068, fol. 44.

que il eaus (*qui le voit avant d'avoir été vu par lui*).... Et sachés que Alixandre les trouva [1], et fist faire grans ampoles de voirre (*bouteilles ou cloches de verre*) où homme entroient dedens qui véeoient les basiliques, mais il ne véeoit aus; qui les ochioient de saiettes (sajettes?). Et par tel engien en fu délivrés il, et son fort ost (*son armée*). »

Avec ce renseignement, sans plus, nous saisirons la mise en scène du bas-relief. Une sauterelle monstrueuse et un homme marchent comme de concert au devant du basilic; et l'homme, pour affronter sans danger le terrible regard de son ennemi, s'apprête à se couvrir les yeux et la tête d'une cloche de verre.

Voilà pour le simple coup d'œil et pour éclairer ce qui n'est que la surface de la composition, et c'est quelque chose; mais il reste à en pénétrer le sens caché et le motif intérieur, autre problème un peu moins aisé.

S. Grégoire-le-Grand[2] me paraît donner le mot de l'énigme quand il compare le démon et l'antechrist au basilic[3], et voit dans les troupes de sauterelles qui couvrent les campagnes un symbole des nations converties qui se réunissent contre Satan[4] sous la bannière de la foi chrétienne. Cette dernière comparaison surtout a besoin d'être un tant soit peu expliquée aux gens d'aujourd'hui, qui la trouveront certainement fort inintelligible si on ne leur fraie le

---

[1] La décadence grecque et latine a produit plusieurs relations merveilleuses des spectacles curieux rencontrés dans l'Inde par l'armée d'Alexandre-le-Grand, et le moyen âge n'a pas manqué de reproduire ou même d'embellir ces récits à l'aide de Solin et de l'imagination. Comme les textes de ces écrits n'ont pas une grande importance, on me pardonnera sans doute de ne pas les avoir fouillés très minutieusement. Le fait est que je n'ai trouvé l'histoire des basilics et des vases de verre, ni dans J. Valerius (*Res gestæ Alexandri*), ni dans la prétendue lettre du conquérant macédonien à son maître Aristote (*De mirabilibus Indiæ*), qui a été imprimée à Bologne en 1601, et que Vincent de Beauvais copie souvent.

[2] Pour écarter tout malentendu dans quelques-uns des textes que j'indiquerai, il faut faire observer que *regulus* et *basiliscus* sont employés à peu près comme synonymes par les auteurs; et par le fait, philologiquement, l'un n'est que la traduction de l'autre. Cf. Vincent. Bellovac. *Specul. natur.* xx, 41, 32-34; xvi, 77. Seulement le *regulus* passoit surtout pour tuer par son souffle: propriété attribuée aussi au basilic, comme nous le montre Brunetto Latini.

[3] Greg. M. *Moral. in Job* (xli, 11-12), libr. xxiii, 38 (n° 62, sq.; t. iii, 379). — Id., *ibid.* (Job, xx, 16) libr. xv, 16 (n° 19; t. ii, 116) : «... Regulus namque serpentum rex dicitur. Quis vero reproborum caput est, nisi Antichristus ? » Cf. Honor. Augustodun. *Spec. Eccl.*, fol. 101 v°. — Etc., etc.

[4] Greg. M. *ibid* (Job, xxxix, 20), l br. xxxi, 25 (n° 45, sq., t. iii, 287) : « Locustarum nomine aliquando... conversa Gentilitas... signatur............ Salomone attestante, qui ait (Eccl. xii, 5): *Florebit amygdalus, impinguabitur locusta, dissipabitur capparis*. Amygdalus quippe florem prius cunctis arboribus ostendit. Et quid in flore amygdali, nisi sanctæ Ecclesiæ primordia designamur? quæ in prædicatoribus suis primitivos virtutum flores aperuit, et ad inferenda poma bonorum operum venturos sanctos quasi arbusta sequentia prævenit. In qua mox locusta impinguata est, quia sicca Gentilitatis sterilitas pinguedine est gratiæ cœlestis infusa. Capparis dissipatur; quia quum gratiam fidei vocata Gentilitas attigit, Judæa in sua sterilitate remanens, bene vivendi ordinem amisit. Hinc rursum per eumdem Salomonem dicitur (Prov. xxx, 27): *Regem locusta non habet, et egreditur universa per turmas suas*; quia videlicet derelicta Gentilitas aliena [du]dum a divino regimine exstitit, sed tamen ordinata postmodum contra adversantes spiritus ad fidei bellum processit.»

Après Bède, qui les avait répétées, la *Glose*, si influente au moyen âge, popularisait ces paroles en les livrant abrégées aux écoles (*in Prov.* xxx) : « *Locusta*, Gentes quondam sine rege Christo, sine propheta, sine doctore; nunc, in unitate fidei congregatæ, ad spiritualem pugnam contra diabolum properant. » Cf. ibid., *in Eccl.* xii.

Du reste, ce symbolisme, tout singulier qu'il puisse nous paraître, n'était pas une invention de S. Grégoire; on le retrouve dans S. Hilaire (*in Matth.*, iii, 4; Veron. 1730, t. i, p. 674), aussi bien que dans S. Ambroise (*in Luc*, iii; t. i, 1304); et S. Eucher lui avait donné place dans ses *formules* (cap. v; Bibl. PP., t. vi, p. 832). Tout concourait donc à lui concilier une autorité fort grave et à le faire connaître des hommes qui avaient le moins étudié, pour peu qu'ils eussent consulté les *manuels* de cette époque.

A Vézelai, selon moi, la face humaine donnée à cette sauterelle indiquerait qu'elle figure des hommes; et le petit personnage qui l'accompagne peut être là pour montrer cet animal inquiet et capricieux se soumettant à la direction d'un chef intelligent, ou tout simplement pour rappeler (par la cloche de verre) les dangereuses propriétés que le basilic était censé posséder.

chemin vers les pensées d'autrefois, que je ne préconise point toutes, mais qu'il faut connaître pour entendre quelque chose à la civilisation et aux monuments de nos ancêtres ; or ces ancêtres étaient les hommes des premières croisades, espèce d'hommes qu'il n'est pas possible de prendre absolument en pitié.

Le respect pour l'Écriture sainte, — poussé parfois un peu loin, si l'on veut bien me passer cette expression, qui ne sera pas suspecte, je l'espère, sous la plume d'un prêtre, — et la concentration des grands esprits sur les études religieuses depuis que la littérature païenne avait perdu sa sève et une forte partie de son charme, poussa les âmes d'élite dans une voie d'études bien nouvelle pour le monde gréco-romain dès que le christianisme eut le loisir de faire des livres. Un texte juif, à peu près inconnu aux nations savantes de l'antiquité, devint la principale préoccupation des plus fortes têtes du monde nouveau. On savait qu'il était inspiré de Dieu, et que, destiné d'abord à une nation asiatique dont la pensée n'avait rien des formes grecques, il renfermait des leçons certaines là où l'esprit commun de l'Occident n'eût vu que des récits[1] ou un simple discours étrangement accentué, mais sans replis profonds. A la suite de la nouvelle civilisation fondée sur ce livre, quelque chose de l'esprit oriental envahissait le monde[2]. Ainsi, dans cette Écriture sainte on est disposé alors à chercher partout du mystère ; et ce que l'école d'Alexandrie consacrait de travaux à la dissection des mots dans l'ancienne littérature grecque, le christianisme le dépasse, s'il se peut, à la recherche des choses dans la Bible.

C'en est assez pour caractériser en passant un mouvement de l'esprit humain qui a laissé des traces profondes ; mais il fallait en dire au moins un mot. Aussi bien je ne voudrais pas faire croire que mon goût fût de restreindre l'étude de l'Écriture aux sèches régions où beaucoup pensent de nos jours devoir la renfermer. Assurément tout ce qu'un Père de l'Église (pour nous en tenir aux écrivains principaux) croit découvrir de mystères dans un texte de l'ancien Testament ou du nouveau, ne doit pas être accepté comme interprétation ayant force de loi ; mais ce serait un peu trop de bonheur pour nos esprits des trois siècles derniers que l'accord des saints Pères, et, comme dit l'*École, le torrent des docteurs*, dût perdre toute force quand il heurte nos pensées d'aujourd'hui.

Bref, et quoi qu'il en soit des idées actuelles, le moyen âge vivait sous l'empire de ce mysticisme parfois exagéré, je le veux bien ; et son art en était profondément travaillé comme par un levain puissant. C'est là un fait irrécusable, qui nous oblige à étudier les interprétations données à l'Écriture par les anciens écrivains ecclésiastiques, si nous voulons entendre quelque chose aux monuments élevés depuis l'âge où le christianisme mit la main sur le pinceau ou le ciseau, jusqu'au dix-septième siècle où les artistes crurent définitivement pouvoir se passer des théologiens et de la théologie.

Ici nous avons pour expliquer notre bas-relief une interprétation biblique singulière, si l'on

---

[1] Cf. Vitraux de Bourges, n° 28 (p. 42-45). [2] Cf. *Ibid*, n° 49 (p. 89-91).

veut, mais très bien constatée, patronnée par de grands noms; et remise en vigueur, s'il en eût été besoin, précisément dans la Haute-Bourgogne, moins de deux siècles avant l'époque de nos sculpteurs, par S. Odon de Cluny [1]. Selon cette manière d'entendre plusieurs passages des livres saints, nous aurions ici la sauterelle, animal bondissant et avide d'une liberté inquiète; mais qui, figure des nations païennes converties à la foi après s'être laissé égarer par leurs vaines pensées et leurs désirs, nous est montrée disciplinée en quelque sorte, et marchant sous la conduite d'un chef intelligent, contre l'ennemi le plus redoutable de tous les animaux et de l'homme même. Cette façon d'entendre la sculpture de Vézelai aurait l'avantage d'expliquer jusqu'aux moindres détails où l'on pouvait ne soupçonner que des motifs d'ornementation complétant la scène par une sorte de paysage. Car ces arbustes, d'une part, et cette végétation rampante, de l'autre, pourraient bien avoir été destinés à rappeler dans son entier l'un des textes développés par S. Grégoire lorsqu'il voit dans l'amandier (*Eccl.*, XII, 5) les belles prémices de vertus produites par la primitive Église, et dans le *capparis* (mot dont je ne saurais donner une traduction bien concluante, mais qui a été pris pour le *câprier*) un indice du peu de persistance de la Synagogue, qui céda la place aux fidèles venus de la Gentilité.

Ainsi tout cela formerait un accessoire complémentaire à la leçon donnée par l'autre chapiteau. On nous avait montré l'ancienne Loi conspirant avec la nouvelle à confirmer et à consacrer l'Alliance entre le ciel et la terre par Jésus-Christ, et les livres des Juifs formant le titre fondamental de notre noblesse; on nous fait voir maintenant l'ancien peuple de Dieu fermant les yeux aux clartés du flambeau dont il est le porteur, et un peuple nouveau composé de toutes les nations succédant par substitution aux priviléges comme à la foi des fils d'Abraham. Ce ne serait donc qu'une expression nouvelle de la doctrine si volontiers reproduite sous vingt formes diverses, surtout entre le dixième siècle et le treizième : l'Église remplaçant la Synagogue, les Gentils enrichis par l'infidélité des Juifs, et le grand jour de l'Évangile se levant aux dépens de l'ancien peuple sur les peuples longtemps *assis à l'ombre de la mort*. L'explication des vitraux de Bourges nous a donné bien des fois l'occasion de reconnaître combien les hautes époques de l'art chrétien affectionnaient cette pensée, nous la rencontrerons souvent encore sur nos pas dans ces *Mélanges*, s'il plaît à Dieu, en continuant à explorer ces âges si féconds en formes pleines de vie.

Charles CAHIER.

[1] Od. cluniacens., *Moral. in Job*, XXXI (Bibl. PP., t. XVII, 642). Cet ouvrage n'est qu'une abréviation du livre de S. Grégoire-le-Grand, faite pour répandre davantage les enseignements de ce docteur. Or, non seulement un pareil travail avait dû se répandre au moins dans les environs du monastère qu'avait dirigé S. Odon, non seulement le grand nom de Cluny garantissait une puissante influence à tout ce qui en sortait, principalement à cette époque qui était celle de sa gloire ; mais Vézelai tout particulièrement était en relations fréquentes avec cette puissante abbaye : si bien que les clunistes prétendirent plus d'une fois avoir juridiction sur l'église où nous avons pris les chapiteaux qui nous occupent dans ce Mémoire. Cf. Nic. L. Martin, *Chronique de Vézelai*, p. 39, 44, 45, 51, 109, 152, etc.

NOTICE

SUR LE FAUTEUIL DE DAGOBERT.

I.

La restitution, qui a eu lieu tout récemment, du monument connu sous le nom de *Fauteuil de Dagobert* à la Bibliothèque Nationale, m'a suggéré la pensée de publier avec soin ce précieux débris de la vieille France et d'en donner une étude aussi exacte et aussi complète que possible. Nous ne possédons en effet sur ce meuble précieux aucun travail approfondi, et le public qui l'a eu pendant près de cinquante ans sous les yeux n'a jamais pu se faire de son origine et de sa destination qu'une idée très imparfaite et probablement erronnée. En 1841, une décision contre laquelle réclama vainement l'administration de la Bibliothèque, en replaçant ce monument dans le Trésor du chapitre de Saint-Denis, le retrancha, en quelque sorte, du nombre des objets d'étude, c'est à dire de ceux que chaque savant ou chaque curieux peut examiner librement et aussi longtemps qu'il le juge nécessaire, sans recourir à des sollicitations, sans rechercher la protection ou fatiguer la complaisance de personne. Et pourtant, le lecteur s'en apercevra bientôt, l'objet dont nous allons parler soulève les questions les plus délicates, et appelle pour les résoudre l'attention de tous les juges compétents. Nous nous sommes donc déterminés à combler, suivant nos forces, la lacune que, sous ce rapport, nos prédécesseurs ont laissée dans la science, et pour remplir la tâche que nous nous sommes imposée nous avons eu recours à l'obligeance de M. l'abbé Arthur Martin, qui, non content de dessiner et de graver pour notre *Notice* le monument principal et ceux que nous avons jugé à propos d'en rapprocher, a mis encore à notre disposition les riches et importants matériaux sur les antiquités du moyen âge que renferme son portefeuille.

II.

Le Fauteuil de Dagobert, publié pour la première fois dans les *Monuments de la monarchie française,* par Montfaucon, mentionné par Félibien dans son *Histoire de l'abbaye de Saint-Denis,* n'a été jusqu'ici dessiné avec soin que par Willemin dans ses *Monuments français inédits*, Pl. IV[1]. Le texte de ce recueil, dont M. Pottier, conservateur de la Bibliothèque de Rouen, est l'auteur, contient la notice jusqu'ici la plus étendue et la plus complète qui ait été donnée sur le fauteuil de Dagobert. Nous commençons par rapporter les observations de M. Pottier, en premier lieu parcequ'elles sont généralement exactes et judicieuses, et ensuite afin de bien fixer l'état dans lequel nous avons trouvé la question.

« Ce trône... faisait partie, depuis un temps immémorial, du Trésor de Saint-Denis. La tradition voulait qu'il eût été fabriqué, vers le commencement du septième siècle, par S. Éloi, pour Dagobert Iᵉʳ. Quoi qu'il en soit de cette tradition, probablement fondée sur le souvenir des deux trônes d'or enrichis de pierreries que S. Éloi exécuta pour Clotaire II, il est certain que l'opinion que ce siége avait appartenu à Dagobert était pleinement établie au douzième siècle, puisque l'abbé Suger, dans le livre *de son administration* qu'on suppose dicté par lui-même, la mentionne positivement, en rappelant qu'il avait fait réparer ce siége, que les injures du temps avaient fortement endommagé.

« On est généralement d'accord que la partie inférieure de ce trône, celle qui constitue le siége proprement dit, est fort ancienne et pourrait bien être une chaise curule antique; la ressemblance de ses profils avec ceux qu'on remarque aux trônes consulaires dans les diptyques de Bourges, de Liége, et dans un troisième qui représente Stilicon, autorisent tout à fait cette supposition. Quant à la galerie à jour qui forme le dossier et les bras du siége, on la regarde comme plus moderne. Il n'y aurait point d'inconvénient à supposer que ce fût dans l'adjonction de cette partie au siége antique que consista principalement la restauration ordonnée par Suger, et au moyen de laquelle ce siége, disposé auparavant en pliant, devint fixe et solide comme un fauteuil.

« Une remarque qui ne saurait échapper à quiconque étudie attentivement la série des sceaux des rois de France, c'est que ce sont précisément Louis-le-Gros et son successeur Louis-le-Jeune, sous le règne desquels Suger faisait exécuter la restauration du trône de Dagobert, qui, les premiers, se firent représenter sur leurs sceaux assis sur une espèce de chaise curule antique, dont le profil est très analogue à celui du siége que nous examinons. N'y a-t-il pas là plus qu'une fortuite coïncidence, et n'est-il pas raisonnable de supposer que Suger ayant remis en honneur le trône de Dagobert, les deux rois dont il fut le ministre voulurent être représentés sur leurs sceaux assis sur ce siége auguste, qui symbolisait en quelque sorte l'antiquité de leur race? »

Reprenant donc les choses au point où M. Pottier les a laissées, je m'efforcerai de prouver
1° que la tradition de Saint-Denis était fidèle, et que le siége en question était précisément *un de ceux que S. Éloi avait exécutés pour Clotaire II.*

2° Je démontrerai qu'en effet la partie inférieure du monument remonte seule jusqu'aux

---

[1] Il faut mentionner aussi un dessin sur bois et une courte notice publiée dans le *Magasin Pittoresque*, 1833, p. 388.

temps mérovingiens, sans pour cela, comme on le croit assez communément, que ce siége ait été celui d'un magistrat romain, et je tâcherai de distinguer les parties qui ont été exécutées au septième siècle de celles qui sont l'œuvre de l'artiste auquel Suger avait confié ce travail de restauration.

3° Enfin je donnerai une base positive au rapprochement, fort ingénieux d'ailleurs, que M. Pottier a établi entre le *fauteuil de Dagobert* et les sceaux de quelques rois de France.

Le point de départ de la tradition est le passage du livre de Suger *Sur son administration, De rebus in administratione sua gestis,* passage qu'il faut d'abord remettre textuellement sous les yeux du lecteur.

« *Nec minus gloriosi regis Dagoberti cathedram in qua, ut perhibere solet antiquitas, reges « Francorum, suscepto regni imperio, ad suscipienda optimatum suorum homnia primum sedere « consueverint, tum pro tanti excellentia officii, tum etiam pro operis ipsius pretio, antiquatam « et disruptam refici fecimus.* » (D. Bouquet, *Hist. de Fr.*, t. XII, p. 101 A.)

« Nous nous sommes occupés ensuite du siége du glorieux roi Dagobert : ce siége sur lequel, « si l'on s'en rapporte à une ancienne tradition, s'asseyaient les rois des Francs lorsqu'à leur « avénement au trône ils recevaient l'hommage des grands de leur cour, avait été endommagé « par le temps, et ses membres ne tenaient plus ensemble : il a été rétabli (ou *refait*) par « nos ordres. »

Il faut distinguer, dans ce texte, 1° les souvenirs historiques qui se rattachaient au monument, 2° l'état du monument lui-même, lorsque Suger conçut la pensée de le faire restaurer, et l'opération au moyen de laquelle cette restauration eut lieu.

Le fauteuil (*cathedra*) portait le nom de *Dagobert*: c'était donc au moins jusqu'au fondateur de l'abbaye de Saint-Denis que ce monument passait pour remonter, et c'était en souvenir de ce prince que le monastère royal conservait le précieux meuble dont nous nous occupons.

Suger ne dit pas que le roi Dagobert Ier en eût ordonné l'exécution, ce qui est bon à noter : le nom de S. Éloi n'est pas prononcé non plus; l'auteur garde le silence sur l'artiste à qui l'on devait ce travail comme sur le personnage qui l'avait commandé : il se contente de dire que les *rois des Francs* (*reges Francorum*) avaient coutume de s'asseoir sur ce fauteuil dans la cérémonie de l'hommage solennel qui suivait leur avénement. Nous traduisons les *Francs* et non les *Français*, parceque Suger parle évidemment, non d'un usage qui se fût conservé jusqu'à son temps, mais d'une coutume ancienne dont il ne subsistait plus que le souvenir; tout porte donc à croire qu'il s'agit ici principalement des rois de la première race. Quoi qu'il en soit, il reste démontré qu'il y a plus de six siècles, le monument en question passait à Saint-Denis, c'est à dire dans le lieu qui avait dû le mieux conserver les souvenirs de Dagobert, pour avoir été à l'usage de ce prince mort cinq cents ans auparavant; il est difficile de rencontrer une tradition plus respectable.

On se demande après cela, comment le nom de S. Éloi est venu se joindre à la tradition de Dagobert[1]? Est-ce uniquement l'habitude de réunir ces deux noms, celui du prince et celui de son ministre, dans les souvenirs populaires, et la grande célébrité dont l'homme destiné à devenir plus tard évêque de Noyon avait joui comme artiste habile à travailler les métaux, qui ont donné cours à cette légende? ou bien existe-t-il des raisons positives qui la rendent digne de confiance? c'est ce que nous allons examiner maintenant.

M. Pottier, que je citais tout à l'heure, croit que la tradition qui fait de S. Éloi l'auteur du siége de Dagobert n'est fondée que « sur le souvenir des deux trônes d'or enrichis de pierreries que S. Éloi avait exécutés pour Clotaire II. » Mais les historiens modernes n'ont-ils pas commis une erreur en supposant que le pieux artiste avait fabriqué *deux trônes d'or* pour le père de Dagobert Ier? Cette opinion se fonde sur un passage de la vie de S. Éloi, écrite par S. Ouen, son contemporain et son ami : la question est de savoir si l'on a bien compris le récit, malheureusement assez obscur, du biographe de S. Éloi. Je rétablis d'abord le texte original, dont une phrase essentielle a été omise, je ne sais vraiment pourquoi, dans le Recueil de D. Bouquet.

« *Post aliquod autem temporis intervallum pervenit (Eligius) ad notitiam Clotarii Francorum regis hujusmodi ex causa. Volebat enim idem rex sellam urbane auro gemmisque fabricare; sed non inveniebatur in ejus palatio, qui hujusmodi opus, sicut mente conceperat, possit opere perficere. Cum sciret ergo præfatus regis thesaurarius Eligii industriam, cœpit eum explorare, si quominus opus optatum possit perficere : et cum facile id apud eum fieri intellexisset, ingressus ad principem indicavit ei, invenisse se artificem industrium, qui dispositum sine cunctamine aggrederetur opus ejus. Tunc rex mente gratissima tradidit copiosam auri impensam : sed et ipse nihilominus tradidit Eligio. At ille acceptum opus cum celeritate inchoavit, atque cum diligentia celeriter consummavit. Denique quod ad unius opificii acceperat usum, ita ex eo duo composuit, ut incredibile foret omnia ex eo pondere fieri potuisse. Nam absque ulla fraude, vel unius etiam siliquæ imminutione, commissum sibi patravit opus, non cæterorum fraudulentiam sectans, non mordacis limæ fragmen culpans, non foci edacem flammam incusans, sed omnia fideliter complens, geminam feliciter meruit felix remunerationem. Opus ergo perfectum defert protinus ad palatium, traditque regi quam donaverat sellam, altera penes se, quam gratuito fecerat, reservata. Cœpit tunc princeps mirari simul et efferre tantam operis elegantiam, jussitque illico fabro tribuere mercedem laboris dignam. Tunc Eligius altera ex occulto in medio prolata* : QUOD SUPERFUIT, *inquit*, EX AURO NE NEGLIGENS PERDEREM, HUIC OPERI APTAVI. *Confectim stupefactus Clotarius, et majori admiratione detentus, sciscitabatur opificem, si cuncta ex eodem penso facere potuisset; et cum*

---

[1] Pour être de bonne foi, nous devons convenir qu'aucun des auteurs, même assez modernes, qui ont parlé du siége de Dagobert, n'ont prononcé le nom de S. Éloi. La première mention de la tradition suivant laquelle S. Éloi aurait exécuté cet ouvrage, se trouve dans *l'Histoire du Cabinet des Médailles*, par M. Du Mersan, et c'est sans doute à cette source, peu ancienne et peu scientifique, que M. Pottier (cité plus haut p. 158) aura puisé.

consequenter, juxta id quod fuerat sciscitatus, responsum accepisset, ingenium ejus sublimi favore attollens : ex hoc jam, inquit, etiam in maximis credi poteris. Porro hoc fuit initium, necnon et testimonium in palatio regis, honorandi imoque credendi Eligium. Ex hoc nempe ad altius consurgens, factus est aurifex peritissimus, atque in omni fabricandi arte doctissimus : invenitque gratiam in oculis regis, et coram cunctis optimatibus ejus, Domino juvante, roborabatur in fide, et a rege provocatus crescebat quotidie in melius. » (AUDOEN. *Vita S. Elig.*, *1. Ap.* Dachery, *Spicil.*, t. V, p. 157, 4°.) [1]

Nous traduisons d'abord ce morceau tel que nous l'entendons, sauf à expliquer plus tard les motifs qui nous ont guidé dans notre interprétation des endroits les plus difficiles.

« Quelque temps après son arrivée à Paris, Eloi se fit connaître au roi Clotaire de la
« manière que nous allons raconter. Ce prince voulait se faire fabriquer un siége magnifique
« en or décoré de pierres précieuses [2]. Mais on ne trouvait dans son palais personne de ca-
« pable d'exécuter cet ouvrage de la manière dont le roi l'avait conçu. Le trésorier de Clotaire,
« qui connaissait le talent d'Eloi, lui demanda s'il ne voudrait pas se charger de l'entreprise ;
« et s'étant assuré de sa bonne disposition à cet égard, il se rendit auprès du monarque, et
« lui annonça qu'il avait trouvé un artiste habile, qui se mettrait à l'œuvre sans délai. Alors
« le roi charmé remit à son trésorier une pesée d'or considérable, que celui-ci s'empressa à
« son tour de confier à Eloi. Le saint se mit bientôt à l'œuvre, et la mena rapidement à
« bonne fin. Chose incroyable ! avec le métal qu'il avait reçu pour un seul siége il s'arrangea
« pour en fabriquer deux, et l'on ne pouvait comprendre qu'il eût fait tout cela sans excéder
« le poids qui lui avait été remis. Il ne manquait pas à l'objet qu'on lui avait commandé la
« valeur d'une silique, et l'artiste n'en était pas réduit comme tant d'autres à dissimuler sa
« fraude, en s'en prenant à l'effet de la lime, qui aurait trop mordu sur certains endroits, ou
« à celui de la chaleur, qui aurait fait évaporer dans le creuset une partie du métal ; et, malgré
« cette bonne foi parfaite, il avait trouvé moyen de faire double besogne. L'ouvrage achevé,
« il se hâte de le porter au palais, et de livrer au roi le siége dont il avait reçu la matière,
« ayant soin de garder par devers lui celui qu'il avait exécuté par dessus le marché. Le roi
« commence à admirer ce travail, il en loue la beauté, et ordonne d'en récompenser digne-
« ment l'auteur. Alors Eloi, découvrant tout à coup l'autre siége : *Pour ne pas perdre*, dit-il,
« *ce qui me restait d'or, je l'ai employé à cet autre objet :* HUIC OPERI APTAVI. On peut imaginer
« la stupéfaction de Clotaire : admirant de plus en plus le talent de l'artiste, il lui demandait
« comment il avait pu faire tout cela sans excéder le poids convenu ; et comme le saint lui
« donnait les explications qu'il réclamait : Voilà, dit-il avec un redoublement de bonne grâce,

---

[1] J'ai corrigé le texte d'après les manuscrits n°ˢ 5308 et 5359, ancien fonds, de la Bibliothèque nationale.

[2] C'est vers l'époque où le fils de Frédégonde se vit seul maître de la monarchie qu'il dut concevoir ce dessein. Thierry, roi de Bourgogne et petit-fils de Sigebert 1ᵉʳ, étant mort en 613, nous nous croyons autorisés à placer l'événement raconté par S. Ouen vers l'an 615.

« un homme auquel je puis me confier, même dans les affaires les plus importantes. Tel fut
« le point de départ, non seulement des honneurs, mais du crédit dont Eloi commença à jouir
« dans le palais de Clotaire. Son talent se perfectionna, il l'appliqua à toutes les branches de
« l'art, et, avec l'aide du Seigneur, sa faveur auprès du prince et des grands ne fit que
« croître de jour en jour. »

Nous avons déjà dit dans quel sens on a toujours interprété ce récit : tout le monde s'est imaginé qu'Éloi ayant reçu de l'or pour faire un siége en avait fabriqué deux semblables avec le métal qu'on lui avait livré pour un seul : cette manière d'entendre le texte de S. Ouen n'a qu'un défaut, c'est qu'elle conduit à un résultat impossible. Le poids de l'objet à fabriquer était fixé d'avance ; on avait pesé l'or avec le soin convenable, *rex tradidit copiosam auri impensam*, et le premier soin que dût prendre le prince quand on lui apporta l'ouvrage qu'il avait commandé fut de vérifier si le siége avait le poids convenu et de faire *toucher* l'or dont il était composé. La phrase : *traditque regi quam donaverat sellam*, n'a aucun sens si l'on n'interprète pas ainsi l'ellipse qu'elle renferme : *traditque regi sellam pro qua fabricanda congruam aura impensam donaverat*. En pareil cas, comme le prouve le texte de S. Ouen, les artistes d'alors, profitant de l'ignorance commune, s'efforçaient par de vains prétextes de cacher la fraude qu'ils ne manquaient pas de commettre : ils rendaient, il est vrai, moins de métal qu'on ne leur en avait livré, mais c'était la faute, ou de la lime qui avait fait disparaître en poussière une portion de l'or, ou du creuset qui en avait dévoré une autre partie, *non cæterorum fraudulentiam sectans, non mordacis limæ fragmen culpans, non foci edacem flammam incusans*. Éloi n'a pas besoin de recourir à ces subterfuges ; il livre son travail, comme on dit, *bon poids bonne mesure*, et, après qu'il a reçu les compliments dont il était digne, il produit un autre siége, probablement de la même dimension que le premier, probablement aussi exécuté sur le même modèle, et offrant le même aspect à cause de la *dorure* dont il était couvert [1]. Le roi et l'assistance se mettent à crier au prodige ; mais l'habile et honnête artiste ne juge pas à propos de garder pour soi son secret : il explique au roi qu'il n'a pu donner au métal consacré au trône d'or massif la solidité nécessaire sans y introduire l'alliage dans une juste proportion ; l'addition de cet alliage n'a pas été assez considérable pour qu'en éprouvant l'or au moyen de la pierre de touche on se soit aperçu de la présence d'un élément étranger. D'ailleurs, pour pousser aussi loin l'affinage, il aurait fallu remettre le trône d'or dans le creuset.

C'est ainsi que S. Éloi avait pu retirer de la masse totale de l'or une certaine quantité de ce métal précieux, sans rien diminuer du poids attribué d'avance à l'objet exécuté et sans s'ex-

---

[1] Le siége d'or était orné de pierres précieuses, et la copie en bronze n'en offre aucune trace. Il est facile pourtant de se figurer la place qu'occupaient les pierres précieuses dans le monument dont nous n'avons que la copie : par exemple, les yeux des panthères, le centre des rosaces, etc.

poser à ce qu'on s'aperçût de l'absence d'une partie de l'or. Il avait employé ce résidu à la *dorure* d'une *copie en bronze* du même objet.[1]

Voilà certainement ce qu'a dit S. Ouen, ou du moins ce qu'il a voulu raconter. Rien, dans les expressions qu'il a employées, ne s'oppose à la version qui vient d'être développée, et sans cette explication le texte n'offre qu'un tissu d'invraisemblances. Si le lecteur accepte notre interprétation il n'éprouvera désormais aucune difficulté à reconnaître dans l'objet conservé pendant douze siècles à Saint-Denis la *copie de bronze* que S. Éloi avait trouvé le moyen de *dorer* par dessus le marché. Le plus précieux de ces trônes a disparu comme la plupart des meubles dont la matière était de nature à exciter la cupidité. La copie, qui, à une époque sans doute très rapprochée de son origine, fut déposée dans le monastère fondé par le fils de Clotaire II, s'est conservée à cause du peu de valeur du métal dont elle se compose. Si c'est Dagobert Ier qui l'a donnée à l'abbaye de Saint-Denis, il n'est pas étonnant que le nom de ce prince y soit resté attaché.

Après cela, que la prestation de l'hommage, ou toute autre cérémonie analogue qu'on célébrait dans les temps mérovingiens lors de l'avénement des princes, ait eu lieu à Saint-Denis ou ailleurs, qu'on y ait employé, ou l'original en or ou la copie en bronze doré, ce sont là des questions purement accessoires, et dont la solution, si elle était possible, ne changerait rien à l'authenticité de la tradition.

C'est pour ces motifs que nous nous croyons autorisé à considérer le siége de Dagobert, restauré à Saint-Denis par Suger, comme l'ouvrage de S. Éloi.

---

[1] Pour justifier l'opinion que j'ai ici avancée, j'ai dû recourir au témoignage des hommes spéciaux, et voici la note que me fournit à ce sujet l'un de nos plus habiles métallurgistes :

« 1° L'or fin, c'est à dire au titre de 23 karats 31/32 à 24 karats, n'ayant aucune solidité lorsqu'on le met en œuvre, il doit être combiné avec une certaine proportion d'alliage, dont le minimum est en orfévrerie de 1,9 karat. Car au dessous l'or aurait une ductilité et une mollesse trop grande. Toutefois lorsqu'on se propose de fabriquer quelque pièce solide, la proportion doit être plus forte, et la proportion d'alliage est alors généralement de 2 à 3 karats. Dans l'ancienne orfévrerie on avait adopté le titre de 20 karats pour l'or ouvrable.

« 2° Le degré d'erreur que l'on commet, en se bornant à l'usage de la pierre de touche, pour juger du titre de l'or, est assez variable, parceque'il est subordonné à la nature de l'acide nitrique et à l'habitude plus ou moins grande de l'essayeur. En général, on se sert de la pierre de touche pour s'assurer si l'or est *bas* ou *au titre*, ce qui comprend une limite d'erreurs de 4 à 5 karats. Mais le coup d'œil exercé et l'emploi d'un acide bien concentré accusent le titre avec une exactitude beaucoup plus grande. Il y a certaines personnes qui saisissent des différences de 2 à 3 karats rien qu'avec la pierre de touche. Mais l'usage de la *coupellation* a diminué beaucoup la sagacité dans l'emploi de la touche, et ce n'est plus que parmi les orfévres qu'on rencontre cette aptitude. On assure que quelques personnes jugent presque aussi bien en regardant la ligne de touche que par la coupellation. Je n'en ai jamais rencontrées. »

Ainsi, en supposant que S. Éloi eût reçu vingt-quatre livres d'or pour fabriquer un siége de cette matière, afin de donner à son œuvre la solidité nécessaire, il était obligé d'en retirer au moins *une livre et demie*, qu'il fallait remplacer par l'alliage : et tout en livrant un siége du poids rigoureusement exact de vingt-quatre livres, il lui restait une livre et demie d'or pur qui lui suffisait amplement à dorer un autre siége de grande dimension, sans pour cela que l'épreuve de la pierre de touche appliquée au premier pût donner l'idée d'une altération dans la pureté de la matière. Quant à la preuve qu'avant S. Éloi, pour les objets fabriqués en or, on poussait l'affinage aussi loin que possible, il suffit de citer le calice et la table d'or trouvés à Gourdon en 1846 (Rossignol, *Lettre à M. de Salvandy, sur le Trésor de Gourdon. Revue numismatique,* 1848, p. 126), et qui font aujourd'hui partie des collections de la Bibliothèque Nationale. Ces objets, qui remontent au moins à l'époque de Clovis et de Sigismond, fils de Gondebaud, sont dépourvus de toute solidité, précisément à cause de l'extrême pureté de l'or dont ils se composent ; si l'on avait fabriqué avec une matière aussi fine un trône comme celui de Dagobert, il se serait immédiatement affaissé et déformé sous la pression de celui qui s'y serait assis.

III.

Je n'ignore pas ce qu'on peut opposer encore à cette explication : M. Pottier est d'avis « que la partie inférieure de ce trône pourrait bien être une chaise curule antique; » et sous cette forme réservée il ne fait que reproduire une opinion que j'ai entendu souvent exprimer d'une manière beaucoup plus affirmative. Que l'auteur quelconque de ce monument ait eu l'intention d'imiter le siége des magistrats romains, c'est ce qui ne peut faire l'objet d'un doute. J'ai, dans une autre circonstance [1], accumulé les preuves de l'importance exclusive qu'avaient aux yeux des rois francs et de leurs sujets gallo-romains les insignes du consulat qu'ils recevaient des empereurs de Constantinople. Grégoire de Tours, qui énumère les objets de cette nature envoyés par Anastase à Clovis, ne parle pas de la chaise curule; mais on voit ce meuble au nombre des marques d'honneur qu'Auguste avait transmis aux divers rois qui reconnaissaient l'autorité suprême du peuple romain [2], et les césars byzantins du cinquième et du sixième siècle, dans leurs rapports avec les dynastes barbares qui environnaient de tous côtés l'empire, ne faisaient que se conformer strictement aux traditions de la politique romaine, pratiquée dès les temps de la République. Devenus consuls par la grâce des empereurs, les rois francs durent adopter le siége officiel du préfet des Gaules, soit qu'ils eussent reçu de Constantinople des chaises curules avec les autres insignes du consulat, soit qu'ils eussent emprunté ou imité celles qui existaient déjà dans le pays soumis à leur domination. Après les troubles et les divisions occasionnés par le partage du pouvoir suprême qui suivit la mort de Clovis Ier et celle de Clotaire Ier, le fils de Frédégonde, qui réunissait de nouveau sous son sceptre tout l'empire des Francs, fut amené naturellement à rétablir les symboles sur lesquels se fondait son autorité, et de même qu'on vit si longtemps les rois francs représentés avec la trabée et le sceptre consulaires [3], de même le siége à l'exécution duquel il voulait

---

[1] *Lettres à M. de Saulcy sur les plus anciens monuments de la Numismatique mérovingienne*, dans la *Revue Numismatique*, 1848, p. 117 et suiv., 199 et suiv.

[2] V. pl. XXIX, le revers d'une médaille de bronze de Rhescuporis 1er, roi du Bosphore Cimmérien, contemporain de Tibère; on y voit une couronne posée sur une chaise curule entre une lance accompagnée d'un bouclier et un sceptre consulaire. La légende complète de ce revers est

ΤΕΙΜΑΙ ΒΑΣΙΛΕΩC ΡΗΣΚΟΥΠΟΡΙΔΟC,

Honneurs décernés au roi Rhescuporis.

[3] Pour ne citer qu'un exemple il suffit de rappeler la figure de Clovis 1er qui décorait autrefois la principale entrée de l'Eglise de Saint-Germain-des-Prés : dans cette sculpture du douzième ou du commencement du treizième siècle, le fondateur de la monarchie se montre armé du sceptre consulaire surmonté d'un aigle. (Montfaucon, *Mon. de la mon. française*, t. I, p. 54, pl. VII. Lenoir, *Musée des Mon. français*, t. I, pl. XXVI, n° 9.) Les quatre fils de Clovis représentés au même portail, *avec leurs noms* inscrits sur des rouleaux déployés entre leurs mains, n'ont plus de romain que la chlamyde attachée sur l'épaule. Montfaucon a reconnu (non sans vraisemblance) la suite des rois mérovingiens sculptée sur la façade principale de Saint-Denis du temps de l'abbé Suger (*Ibid*, t. I, pl. XVI-XVIII). Toutes ces figures ont la *chlamyde romaine* comme celles de *Saint-Germain-des-Prés*. On conservait à Saint-Denis un sceptre qui avait longtemps servi pour le sacre des rois. Ce sceptre, de travail probablement mérovingien, était surmonté d'un *aigle portant un empereur* comme sur les monuments qui représentent *l'apothéose des Césars*. (*Ibid*, p. XXV, pl. III). Cette dernière remarque n'a point échappé à Montfaucon, lequel rappelle en outre que *la coutume de porter la chlamyde attachée à l'épaule droite s'observait* encore de son temps *au sacre de nos rois*. (P. XXXVIII.) Selon le même érudit, c'était en qualité *d'Auguste* et en souvenir de ce que ce titre avait été communiqué à Clovis 1er par Anastase, que les princes de la première race avaient continué d'être représentés avec le *nimbe*, à l'exemple de leur fondateur. (*Ibid*., p. 52.)

consacrer les matières les plus précieuses dut reproduire le type traditionnel de la chaise curule des Romains.

Du temps de Clotaire II et même de Clovis Ier le siége des consuls différait de ce qu'il avait été à une époque plus ancienne. La chaise curule attribuée aux magistratures supérieures de la République nous est connue par un grand nombre de monuments. Les monnaies consulaires surtout nous font voir ces sortes de siéges accouplés deux à deux, et recouverts de l'espèce de banc qui formait originairement le *bisellium*. L'usage des chaises curules avait passé dans les colonies et dans les municipes. On ne s'y contentait pas d'attribuer aux magistratures locales les insignes propres à celles de la métropole ; à l'imitation des empereurs qui avaient inventé les titres purement nominaux du consulat honoraire, devenu plus tard le *patriciat* du Bas-Empire, les villes décernaient les honneurs du *bisellium*. Cette distinction se trouve indiquée sur les monuments soit par un simple banc à deux places, pareil à celui qui dans Rome était attribué aux magistratures inférieures [1], soit par un double *pliant* recouvert d'un seul banc [2], soit même par un simple pliant [3]. Sous ce rapport il faut assimiler le *bisellium* des municipes aux siéges consulaires envoyés comme marque d'honneur aux rois amis de Rome. Ainsi tandis que Rhescuporis Ier, roi du Bosphore, ne fait reproduire sur ses médailles qu'une simple *sella*, Ptolémée, fils de Juba, roi de Mauritanie, en montre deux accouplées [4], quoiqu'il s'agisse de la même distinction pour les deux princes. Un cippe de marbre trouvé à Graveson, et qui fait aujourd'hui partie du musée Calvet à Avignon, nous fait voir la *sella* d'un *quatuorvir*. [5]

---

[1] Comparez les monuments funèbres de Munatius Flaccus et de Calventius Quietus à Pompei (Mazois, t. I, pl. xxɪɪ et xxɪv) avec le denier de la famille Sulpicia, qui porte le nom de C. SVLPICIVS PLATORINVS. (Riccio, pl. xlv, 9.)

[2] Pl. xxɪx, F, G, H, I, K, médailles des familles Lollia, Plaetoria, Pompeia, Cassia et Cestia.

[3] *Ibid.*, D, E, monnaies de Rhescuporis Ier, roi du Bosphore Cimmérien (v. p. 164), et du préteur S. Caton dans la Cyrénaïque (v. p. 166).

[4] Mionnet, *Descr. des Méd.*, t. vɪ, p. 605, n° 61.

[5] Ce monument a été déjà publié par MM. Ach. de Jouffroy et E. Breton, *Introduction à l'Histoire de France*, pl. xxxɪɪ, n° 1.

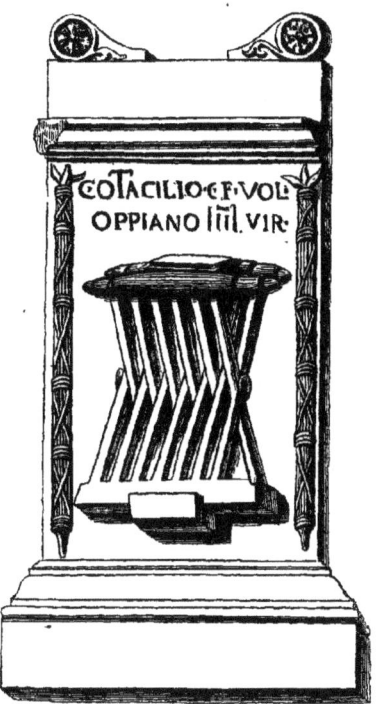

Le meuble reproduit sur ce dernier monument est exactement semblable au siége du préteur *S. Caton* (S. Cato pr.), qui se trouve représenté sur une médaille coloniale de Cyrène[1]. Il se compose d'une suite de baguettes droites, six d'un côté, six de l'autre, qui se croisent par le milieu au moyen d'une charnière jouant sur un axe, lequel traverse le siége dans tout son diamètre. Les baguettes s'engagent en outre à leur base et à leur sommet dans des traverses qui forment en bas le point d'appui du meuble, et en haut les deux principaux côtés d'une espèce de châssis sur lequel on tendait une étoffe ou un cuir propre à recevoir un coussin, qui à son tour y était fixé par des courroies. Un tel siége se repliait aisément, et pouvait ainsi être transporté partout où le magistrat se transportait lui-même.

Les chaises curules qu'on voit accouplées et formant le bisellium sur les monnaies consu-

---

[1] V. le revers de cette pièce, pl. xxix.

laires ne diffèrent pas notablement des siéges plus simples que nous venons de décrire. La seule différence qu'on y remarque c'est que les baguettes sur lesquelles elles reposent sont courbées en S et justifient ainsi l'épithète d'ἀγκυλόπιδες que Plutarque leur attribue dans la vie de Marius (V.). Cette forme, sans mettre obstacle à ce que le siège se replie sur lui-même, lui donne plus d'élégance et lui assure en même temps plus de solidité; on peut alors réduire les douze montants du siége primitif à quatre seulement. C'est ainsi que nous les montrent les monuments qui représentent des empereurs assis sur le *suggestus*; nous ne doutons pas que la tradition de cette forme n'ait été transmise à peu près intacte aux évêques du moyen âge, lesquels ayant été investis par la législation du Bas-Empire de toutes les fonctions propres aux magistratures supérieures, et particulièrement du pouvoir judiciaire, durent conserver pour marque de leur juridiction le signe extérieur qui servait à faire reconnaître l'autorité des juges dans l'organisation traditionnelle de la République.

Nous avons dit plus haut qu'un changement s'était introduit dans la disposition et la décoration des siéges consulaires à une époque comparativement peu éloignée de celle où fut exécuté le fauteuil de Dagobert. Pour reconnaître l'exactitude de cette observation il suffit de jeter un coup d'œil sur les nombreux diptyques d'ivoire qui se sont conservés jusqu'à nous. Le plus ancien de ceux qui nous montrent le consul assis sur sa chaise curule appartient à l'année 448 [1], est par conséquent de beaucoup postérieur à la victoire définitive du christianisme : il est donc permis de conjecturer que la modification du trône consulaire, qui consistait principalement dans l'addition à ce meuble *de têtes et de jambes de lion,* eut lieu sous l'influence des idées chrétiennes. Le lion en effet est, dans le langage allégorique de notre religion, l'emblème de la justice, à cause des deux lions qui formaient les bras du trône de Salomon, le roi juste par excellence, et des douze lionceaux qui en ornaient les marches[2].

J'ai été longtemps à me rendre compte de la manière dont le nouvel ornement s'était combiné avec la forme traditionnelle de la chaise curule. Les diptyques consulaires en effet ne nous offrent jamais qu'une seule face de ce meuble, et l'ignorance des lois de la perspective qui caractérise les artistes byzantins les a contraints à user de subterfuge pour rendre par le dessin des objets d'une forme compliquée, qui avaient pour eux l'inconvénient de se présenter de face. Toutefois, après un examen réitéré, la comparaison du diptyque exécuté pour le consul Astyrius en 448 avec celui qu'on attribue à Stilicon [3], mais qui doit, comme l'a fait justement observer M. Gazzera [4], appartenir à Dagalaifus Areobindus, consul l'an 506, nous a fourni le moyen de résoudre le problème. Le premier de ces monuments

---

[1] Reg. X, 18-19. *Et duo leones stabant juxta manus singulas. Et duodecim leunculi stantes super sex gradus hinc atque inde.*

[2] Gori, *Thes. vet. diptych.*, T. I, tab. III, p. 58.

[3] Gori, *ibid.*, Tab. I, p. 129.

[4] *Dichiarazione di un dittico consolare... della Chiesa... di Aosta.* Torino, 1834, 4°, p. 6. (Extr. des *Mémoires de l'Académie de Turin.*)

nous montre en effet le consul assis sur un trône tout à fait semblable à l'ancienne chaise curule, avec cette seule différence que le croissant inférieur est caché par le scabellum sur lequel posent les pieds du consul, et que par derrière, à un plan plus reculé, on aperçoit deux pattes de lion. Sur le diptyque attribué à Stilicon

au contraire, c'est la courbe de l'ancienne chaise curule qui est rejetée au second plan, tandis que l'espèce de montant ou de support, qui se compose de la tête et de l'encolure d'un lion engagées dans une gaine que termine une jambe du même animal, occupe le devant du bas-relief. Derrière ces ornements la courbe de la chaise curule conserve la simplicité de sa forme originaire; mais sur un diptyque postérieur, celui du consul Clementinus, de l'an 513 [1], le feuillage qui garnit la gorge dans laquelle s'engage la tête de lion paraît se prolonger le long de cette courbe.

[1] V. pl. xxiv. B.

L'appendice que nous venons de décrire se présentait-il de face ou de profil? C'est là une question que la plupart des diptyques laissent indécise. Toutefois il en est un d'une meilleure exécution que les autres, et dont il nous semble par conséquent permis de tirer une induction positive. C'est celui que Du Cange a publié à la suite de sa dissertation *De numis inferioris ævi*, et qui fait aujourd'hui partie de notre cabinet des Médailles et Antiques [1]. Ce diptyque, mutilé par le haut et par le bas, n'offre plus le nom ni les titres du consul pour lequel il a été exécuté. De même que sur quelques autres monuments du même genre, le trône impérial y surmonte la chaise curule, comme pour faire voir que l'empereur avait attribué au consul en charge tous les honneurs dévolus à sa propre majesté [2]. L'artiste qui a sculpté ce monument, incapable comme tous ses contemporains de dessiner de face un support à tête et pieds de lion, est parvenu néanmoins à donner une idée plus exacte de la disposition de cet ornement en l'inclinant un peu sur la droite et en le présentant de trois quarts. Par ce moyen on voit que le support en question était adapté de face au devant de la chaise curule et n'en devait cacher qu'une très faible partie. La plupart des diptyques prouvent que l'usage était de s'asseoir du côté des lions sur le trône consulaire ainsi complété. Il nous est impossible de comprendre le motif qui a porté l'auteur du diptyque d'Astyrius à représenter ce consul assis dans l'autre sens, sur un siége dont la face principale était tournée par derrière; mais nous devons à cette circonstance assez bizarre l'intelligence d'une disposition qui sans cela serait restée probablement inexplicable.

Les chaises curules, alourdies par un appendice aussi considérable, ne pouvaient conserver les avantages d'une *sella plicatilis*, à moins qu'à l'extrémité inférieure des traverses et sur la face antérieure seulement on n'eût adapté un tenon à large tête de clou, destiné à jouer dans une rainure creusée derrière la patte de lion. Mais il est probable qu'on n'avait pas eu recours à ce procédé, et que la chaise curule avec les additions qu'on lui avait fait subir était devenue un meuble fixe et qu'on ne remuait plus qu'avec effort; du moins les anneaux constamment passés dans la gueule des lions, sur les diptyques consulaires, nous semblent-ils avoir été destinés à servir de poignée pour enlever à deux porteurs ces masses incommodes.

La figure qui suit donne une idée de la disposition des chaises curules des consuls byzantins, telle qu'elle résulte des recherches précédentes.

---

[1] V. pl. xxix. A.

[2] Ce développement donné au trône consulaire, et qui faisait qu'on ne pouvait y monter que par plusieurs degrés, n'empêchait pas qu'on ne lui donnât toujours le nom de *chaise curule*. (Cf. Cassiod, *Var.* vi, 1. *Sellam curulem pro sua magnitudine multis gradibus enisus ascende.*)

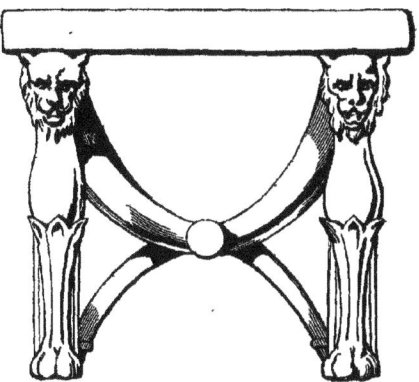

M. Pottier a eu bien raison de noter *la ressemblance des profils* du siége de Dagobert *avec ceux qu'on remarque aux trônes consulaires dans les diptyques;* mais de là à conclure, comme il est tenté de le faire, que le meuble conservé à Saint-Denis *pourrait bien être une chaise curule antique,* il y a des difficultés qui nous semblent insurmontables. La première, c'est que les montants au lieu de *deux* seulement, comme nous l'avons constaté sur les diptyques, sont au nombre de *quatre;* la seconde, c'est que ces montants au lieu de se présenter de *face,* sont de *profil,* par rapport à la place qu'occupait le personnage auquel ce siége était destiné. Ajoutez à cela, que le fauteuil de Dagobert était une véritable *sella plicatilis* ou *faldistorium,* contrairement à ce que nous avons cru constater pour les trônes consulaires, et surtout que les têtes qui décorent le monument de Saint-Denis, sont des têtes de *panthère* et non des têtes de *lion.* De cette suite d'observations il faut conclure que l'artiste qui a exécuté le fauteuil de Dagobert a bien pris pour modèle les siéges représentés sur les diptyques, mais qu'il n'en a donné qu'une imitation incomplète; soit qu'il ne comprît pas parfaitement le type qu'il se proposait de reproduire, soit qu'il voulût renchérir à quelques égards sur ce type lui-même en le combinant avec d'autres motifs d'inspiration. On va voir que ces deux inductions ont l'une et l'autre un fondement assez solide.

Nous avons précédemment suivi le passage et, en quelque sorte, la filiation qui conduit des siéges adoptés pour les magistratures urbaines et municipales de l'empire romain, jusqu'à ceux des consuls byzantins et des évêques. Les siéges affectés à ces derniers personnages, et dont il existe des imitations nombreuses dans les peintures des manuscrits et sur les sceaux du moyen âge, reproduisent la disposition beaucoup plus simple, et probablement originaire, des siéges en X que nous avons vu sur la médaille de Cyrène et sur le cippe de Graveson; seulement on a ajouté, selon l'occurrence, aux montants qui se croisent des têtes et des pieds d'animaux; tantôt des lions, tantôt des aigles, ou même des chiens, à ce qu'il semble. Rien n'empêche de croire que déjà, du temps de Clotaire II, les siéges des évêques offraient l'exemple de ces adjonctions empruntées aux allégories du christianisme. L'auteur du fauteuil de Dagobert a donc pu concevoir la pensée de combiner ce motif de décoration avec l'imitation des siéges consulaires; et en effet, comme on le verra bientôt, c'est ce programme complexe auquel il s'est arrêté. Ainsi donc, quatre têtes et quatre pieds d'animaux, au lieu de deux; les têtes disposées de profil, au lieu d'être présentées de face : telle est la conséquence forcée du parti choisi par l'artiste.

Mais ce n'était là que la moindre difficulté de l'entreprise; les diptyques offrent des têtes de lion en bas-relief, modelées de profil ou de trois quarts : transporter ces modèles sur un ouvrage de ronde-bosse, c'était là une difficulté de nature à dérouter l'artiste le plus habile d'un temps où la tradition des arts d'imitation était, pour ainsi dire, entièrement perdue; pour la résoudre, l'auteur du siége de Dagobert dut chercher autour de lui un modèle plus aisé à suivre. Il ne connaissait sans doute les trônes consulaires que par les diptyques conservés en si grand nombre dans les églises : les siéges des évêques, en supposant qu'on les eût déjà décorés d'emblèmes empruntés au règne animal, ne pouvaient lui fournir que des modèles grossiers; c'est alors que dût s'offrir à ses yeux un monument antique d'une nature toute différente de ceux dont nous nous sommes occupé jusqu'ici, et nous allons avoir en effet la preuve de l'influence considérable qu'un objet de cette nature a exercée sur l'œuvre attribuée à S. Eloi.

Le préjugé qui fait voir dans la partie inférieure du fauteuil de Dagobert une *chaise curule antique* n'est pas seulement fondé sur l'analogie évidente de ce monument avec les trônes consulaires représentés sur les diptyques; on reconnaît de plus un aspect presque classique dans une partie au moins de l'ornementation de ce meuble, et surtout dans les *têtes de panthère* qui le décorent. Ces têtes, d'un dessin correct, d'un modelé ferme et vrai, ne dépareraient pas une production des belles époques de l'art. Il est vrai que le reste des supports ne répond pas au sommet; les mouchetures répandues sur le col sont uniformes, régulièrement jetées et sans mouvement; la gorge dans laquelle se perd le corps de l'animal, au lieu d'un feuillage élégant, n'offre qu'une bordure grossièrement dentelée; le sentiment de la vie manque aux muscles de la jambe, les chevilles ne sont pas indiquées, et les griffes n'offrent aucun rapport avec la belle exécution des têtes; en un mot on dirait qu'il y a cinq siècles de distance entre le haut et le bas de cette partie du monument.

D'où peut provenir ce contraste dont tout observateur attentif sera frappé, si ce n'est de ce que l'artiste après avoir copié minutieusement, et même probablement *moulé* les têtes de panthère qu'il empruntait à un monument antique [1], aura été empêché de suivre le même

---

[1] Ces quatre têtes sont semblables et paraissent sorties du même creux.

procédé pour le reste de son travail, à cause de la différence qui devait exister entre les proportions adoptées pour son ouvrage et celle du monument qu'il copiait?

Parmi les meubles antiques, quel est celui qui pouvait fournir à l'artiste mérovingien des têtes de *panthère?* Nous avons vu que ce n'était pas un trône consulaire, puisque cette sorte de meuble était décoré de têtes de *lion,* et non de *panthère.* Ces derniers animaux appartenaient en propre au culte de Bacchus, et parmi les divers emplois que les sculpteurs païens en avaient fait, il faut considérer comme un des plus fréquents la décoration des *trépieds.* Tout le monde sait que les trépieds bachiques en bronze, ornés de têtes et de pieds de panthère, sont au nombre des monuments antiques que l'on a découverts le plus fréquemment : c'est en quelque sorte un *lieu commun* de l'art des anciens. Parmi les meubles de ce genre qu'on peut voir dans les divers musées de l'Europe, je prends, pour ainsi dire, au hasard celui qui sorti des fouilles d'Herculanum, à la fin du dernier siècle, après avoir été donné en présent par la cour de Naples à l'impératrice Joséphine, a passé successivement de la Malmaison chez M. E. Durand, et du cabinet de cet amateur dans le musée du Louvre. M. l'abbé Arthur Martin a eu la bonté de faire pour cette notice un dessin très exact du trépied d'Herculanum (*V*. Pl. XXVII, A) : il a reproduit en grand l'une des têtes de panthère qui ornent ce trépied (*Ibid.,* B); cette tête, rapprochée de la copie également fidèle du sommet d'un des supports du siége de Dagobert fait connaître, selon nous, avec la dernière évidence la nature du modèle qu'a suivi l'artiste mérovingien. (*Ibid.,* C.)

On voit en même temps où s'est arrêté la puissance de cet artiste, malgré la facilité que lui offrait le moulage du type qu'il avait adopté : vues indépendamment de toute comparaison, les têtes de panthère du fauteuil de Dagobert rappellent, comme nous l'avons déjà fait observer, les plus belles productions de l'art antique : mises en parallèle avec les parties correspondantes du trépied d'Herculanum, elles offrent une raideur et une rudesse qui n'appartiennent qu'à la décadence.

Ces premières observations nous portent à croire que l'auteur du fauteuil de Dagobert avait pris pour modèle un *trépied bachique* du genre de celui d'Herculanum. Nous avons choisi parmi les marbres du musée du Louvre différents monuments qui font voir fort clairement la dérivation des trépieds de bronze, et l'effet du passage d'un métal qui permet l'emploi des formes les plus élancées à une matière dont l'usage met dans l'obligation de donner aux objets un galbe beaucoup plus pesant. Le plus remarquable de ces monuments est un trépied de marbre qui provient des fouilles de Gabies[1] : les supports en sont ornés de têtes et de pieds de panthère, et la coupe qui le surmonte à la forme d'une coquille. L'invention de ce trépied offrirait une espèce d'énigme, si l'on n'en connaissait de pareils en bronze, mais d'une forme infiniment plus svelte. Un support du même genre, isolé et d'une moins bonne

---

[1] V. pl. XXVII. A.

exécution[1] à l'avantage d'offrir l'exemple en marbre de la gorge feuillée dans laquelle s'engage l'encolure de la panthère, et ce dernier motif a de même son origine dans les monuments de bronze : un troisième support[2] qui, au lieu d'une panthère, offre la partie supérieure d'un griffon ailé, montre par quel procédé les artistes anciens variaient les principaux motifs de l'ornementation, et faisaient passer ainsi la même idée d'une divinité à une autre : par exemple, et comme ici, du culte de Bacchus à celui d'Apollon. C'est ainsi, et bien plus facilement encore, à cause de l'analogie naturelle des deux espèces, qu'on a dû substituer les lions aux panthères, et que les artistes qui exécutaient les trônes consulaires dans la donnée chrétienne n'ont eu qu'à copier des trépieds ou d'autres meubles, tels que des urnes, ou même des trônes, imités en marbre, pour adapter la nouvelle idée à la forme traditionnelle du siége consacré aux magistratures supérieures.

Si S. Éloi avait eu à sa disposition un de ces montants en marbre, il y aurait trouvé plus facilement les proportions convenables à son entreprise ; mais le hasard ne le servit pas sans doute avantageusement sous ce rapport, et d'ailleurs, en sa qualité de métallurgiste, il devait être plus naturellement porté à rechercher les ouvrages en bronze que les autres débris de l'antiquité.

Quoi qu'il en soit, nous supposons l'artiste mérovingien en face d'un trépied de bronze peu différent de celui d'Herculanum ; la tête de la *panthère* lui semble parfaitement appropriée à l'objet qu'il exécute, car il n'établit pas une distinction suffisante entre le *lion* et la *panthère*, et déjà sans doute, comme les héraldistes du moyen âge, il serait disposé à donner le nom de *léopard*, non à un animal distinct du *lion*, mais à un *lion* représenté dans une pose particulière. La dimension de la tête que le trépied lui fournit s'adapte bien au siége qu'il exécute ; il n'a pas d'autre peine à prendre que de la mouler d'abord, et ensuite de compléter par une imitation aussi exacte que possible l'empreinte que la fonte lui a fournie.

Après l'exécution de la tête, l'embarras commence : les supports du trépied lui fournissent des proportions infiniment trop élancées pour qu'il puisse les approprier sans modification à la décoration de son siége ; il faut les mettre en rapport avec le reste du monument ; il importe de ne pas perdre de vue le modèle fourni par les diptyques consulaires ; en conséquence on va réduire la courbe de l'encolure, celle de la jambe, et rendre le tout infiniment plus massif que les parties correspondantes du trépied. Engagé dans cette voie de réduction, l'artiste laisse voir toute son inexpérience en matière de dessin et de plastique, et de là provient le contraste que nous avons déjà signalé entre la belle exécution de la tête et la barbarie qu'on est obligé de remarquer dans le reste du support.

Cependant les emprunts faits au trépied bachique ne se bornent pas à l'imitation des supports de ce meuble, l'artiste va se trouver en face d'une difficulté qu'il s'est créée à lui-même.

---

[1] V. pl. XXVII, B.   [2] *Ibid.*, C.

Son intention est de faire un *pliant* comme les anciennes chaises curules, et en même temps il tient à reproduire les additions qui distinguent les siéges consulaires représentés sur les diptyques ; quoique, selon toute apparence, ces siéges en développant leur ornementation aient perdu la faculté de se replier sur eux-mêmes, dont ils étaient autrefois pourvus. Si S. Eloi s'en était tenu à la disposition en *X* des chaires épiscopales, rien n'était plus simple que d'en faire jouer le mécanisme sur la double charnière placée au point d'intersection des deux montants : cependant par l'effet de la combinaison des supports latéraux avec le *decussis* ou la *croix de Saint-André* que fournit la disposition traditionnelle de la chaise curule, les quatre extrémités de cette croix vont être fixés aux deux bouts de chaque montant, de manière à rendre impossible le jeu du mécanisme accoutumé ; mais précisément les traverses qui unissent entre eux les supports du trépied bachique offrent pour se replier sur elles-mêmes une difficulté analogue, et c'est encore cette espèce de monument qui fournira le moyen de résoudre la difficulté. Qu'on jette en effet les yeux sur le trépied d'Herculanum, on verra que des plates-bandes en bronze s'étendent d'un support à l'autre et se croisent en forme d'*X* ou de *decussis*. Afin de donner à ce mécanisme la mobilité nécessaire pour que le trépied se replie sur lui-même après que la cuvette en aura été enlevée, on a fixé l'extrémité supérieure de chaque plate-bande à une barre horizontale, terminée par deux roulettes parallèles enchâssées dans chacun des supports, derrière la tête de panthère. Quant à l'extrémité inférieure de ces bandes, elle se termine par un anneau engagé dans une tringle assez longue qui se rattache par les deux bouts à chaque jambe de l'animal, et suit la courbe de cette partie du support : par ce moyen les traverses passent facilement de la position oblique qu'elles occupent quand le trépied est ouvert, à la direction verticale qu'elles doivent prendre quand il est fermé, en se rapprochant du centre, et en faisant adhérer les trois montants les uns aux autres. Dans cet état, le trépied devient un objet aussi portatif qu'à jamais pu l'être aucun des pliants fabriqués par les artistes anciens.

Examinons maintenant le mécanisme intérieur du siége exécuté par S. Eloi : c'est la reproduction presque identique de celui que nous venons de reconnaître et de décrire dans le trépied d'Herculanum. Seulement au lieu de deux bandes qui se croisent entre chaque support, nous avons quatre rayons de forme inégale qui aboutissent à un axe commun, retenu à ses extrémités par une large rouelle relevée en forme de bouclier : la richesse de l'ornementation de ces divers membres et leur forme grasse avaient sans doute pour but de rappeler le galbe analogue qui distingue les parties correspondantes du trône consulaire. Du reste, les deux rayons supérieurs s'ajustent à leur sommet dans le fond d'une gorge assez profonde, au bout des traverses qui relient ensemble de chaque côté le haut des supports, et les rayons d'en bas ont à leur extrémité inférieure, au lieu d'un anneau, une petite tringle horizontale munie à chaque bout d'une tête de clou, et qui joue dans une double rainure perpendiculaire à chacune des jambes de panthère.

MÉCANISME DU FAUTEUIL DE DAGOBERT AVANT SA RESTAURATION PAR SUGER. — LE FAUTEUIL OUVERT.

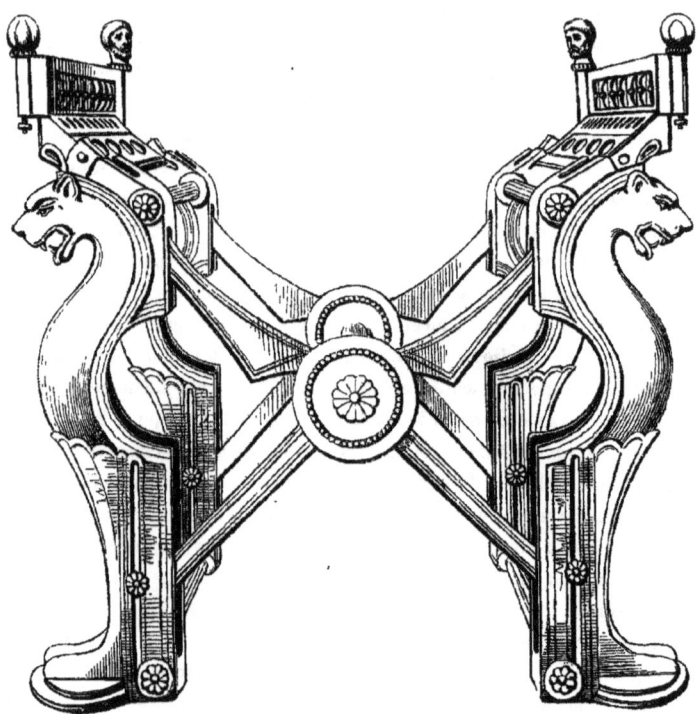

LE MÊME FAUTEUIL FERMÉ.

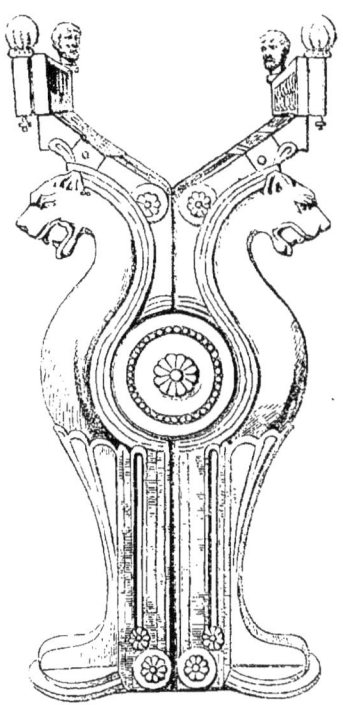

J'ai suivi jusqu'au bout cette hypothèse, 1° parceque seule elle s'accorde avec l'idée que nous pouvons nous faire de la décoration des trônes byzantins, en dépit de la grossièreté avec laquelle ces meubles sont reproduits sur les diptyques consulaires ; 2° parceque seule aussi elle rend compte de la substitution des têtes de *panthère* aux têtes de *lion ;* 3° enfin parceque autrement on ne pourrait s'expliquer la ressemblance qui existe entre le mécanisme des trépieds de bronze et celui du siége de Dagobert. Je n'ignore pas toutefois sur quelle base fragile reposent des inductions tirées de monuments aussi imparfaits que les diptyques consulaires, et il m'est impossible aussi de passer sous silence une indication qui serait de nature à conduire à une conclusion assez différente. Le document dont je veux parler est tiré de l'*Atlas* (*Partie Romaine*, pl. XXII) que M. Jorand avait joint à l'ouvrage commencé par M. de Jouffroy, sous le titre de *Fastes de la Monarchie française.* Cet ouvrage n'a pas été continué, et il n'a paru du texte qu'un discours préliminaire, qui ne donne aucun éclaircissement sur les planches. Nous ignorons donc complétement quelle est l'origine du *support à tête et pieds de lion* que M. Jorand a dessiné. Est-ce le débris d'un modèle en petit de quelque meuble antique, comme nous en possédons dans les collections d'antiquités, ou bien le fragment en question était-il de grande proportion ? C'est ce que nous ne savons pas davantage[1]. Quant à la matière, on peut préjuger qu'il s'agit d'un bronze : car on remarque sur le profil, à la partie supérieure, des trous qui ne sauraient se trouver dans un objet de marbre; c'est du reste le seul support en bronze d'un galbe aussi lourd que nous ayons rencontré, et sous ce rapport nous n'y voyons aucune différence avec les supports de marbre de notre planche XXVIII. Ce qui rend ce fragment tout à fait digne d'attention pour notre sujet, ce sont les deux rainures tracées à la partie postérieure, et l'évasement en forme de demi-cercle qu'on remarque du même côté à moitié de la hauteur du support. Avec ces indications nous rétablissons sans peine un siége très ressemblant à celui de Dagobert et d'un mécanisme aussi facile.

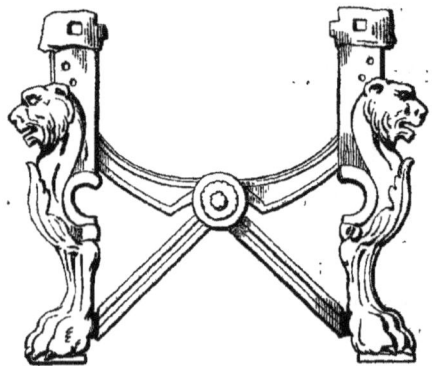 

La seule différence qu'on remarque entre le meuble romain restitué et le siége mérovingien tel qu'il est parvenu jusqu'à nous consiste dans la manière dont se terminent les croisillons inférieurs. Sur le premier de ces monuments, au lieu d'une tringle à deux boutons jouant dans une double rainure à jour, il faut se figurer un simple bouton engagé dans la rainure creusée derrière la jambe de lion.

Faut-il en conclure que S. Eloi avait sous les yeux un de ces monuments, et que

---

[1] Les planches lithographiées par M. Jorand, que M. Ach. de Jouffroy avait d'abord publiées sous le titre de *Fastes de la Monarchie française*, ont paru de nouveau avec un texte de M. Ernest Breton et le titre d'*Introduction à l'Histoire de France*. Nous trouvons dans cet ouvrage, p. 107, que l'objet figuré pl. XXII, n° 4, est un *manche de couteau* en argent du cabinet de M. Sallier à Aix. C'est la rainure creusée dans le dos de ce fragment qui a fait penser à *un manche de couteau*; mais puisqu'il ne s'agit que d'un objet de petite dimension, il faut y voir, comme nous l'avions d'abord soupçonné, le débris d'un modèle en petit de quelque *sella plicatilis*.

par conséquent il n'a pas été obligé de se mettre autant en frais d'invention que nous l'avons supposé, pour le mécanisme de son siége? Attribuerons-nous à un simple *caprice d'artiste* la substitution des têtes de *panthère* aux têtes de *lion?* Renoncerons-nous à expliquer, comme nous l'avons fait précédemment, le contraste qui existe entre le haut et le *bas* des supports du siége de Dagobert? Croirons-nous, contre le témoignage si vraisemblable des diptyques consulaires, que les chaises curules avaient pour support *quatre lions* de profil au lieu de *deux lions* de face? On voit dans quelle perplexité nous jette un renseignement sur la nature duquel nous aurions besoin d'être mieux fixés, pour nous y abandonner avec une entière confiance : mais comme nous n'avions procédé d'abord que par voie d'hypothèse, nous ne nous sommes pas senti le droit d'en rejeter une sujette à de plus grandes difficultés peut-être, mais qui semble s'appuyer sur un document plus positif.

IV.

Quoi qu'il en soit, pour comprendre l'ajustement et le mécanisme du siége de Dagobert, il ne faut pas s'en rapporter au monument tel qu'on le voit disposé, depuis la restauration plus zélée qu'habile, entreprise par le ministre de Louis-le-Gros[1]. La comparaison du siége de Dagobert tel que nous le voyons aujourd'hui, avec ce qu'il était indubitablement dans l'origine va nous fournir le moyen de distinguer d'une manière à peu près certaine ce qui appartient au monument original, et ce qui revient à la restitution du douzième siècle. Il faut prendre le *refici* du texte de Suger dans la plus grande extension que ce mot puisse recevoir : car un tiers au moins du monument actuel est le produit de cette restauration. A l'époque de Suger, la tradition de la chaise curule des Romains était sans doute oblitérée, et l'on n'y attachait plus la même importance que dans les premiers temps de la monarchie. Un roi, dans l'opinion d'alors, ne pouvait décemment s'asseoir que dans une *chaire*, et l'addition d'un dossier était une condition exigée par l'idée qu'on se faisait de la majesté du souverain. Suger fit donc exécuter un large dossier terminé par un fronton et que supporte un arc brisé à double courbure : ce n'était pas assez que l'addition de ce dossier rendît nécessaire l'exhaussement de la petite galerie latérale (circonstance qui achevait de défigurer le monument), il paraît que les mesures de la partie supplémentaire avaient été mal prises. Quand on voulut l'adapter au vénérable débris de la royauté mérovingienne, on dut s'apercevoir que le dossier excédait notablement en largeur le siége auquel on l'avait destiné ; par suite de cette erreur il fallut déboîter les galeries

(1) Le fauteuil de Dagobert a dû subir une troisième restauration, encore plus maladroite et plus grossière que la seconde : c'est à ce dernier remaniement que nous attribuons l'espèce de rateau de fer qui complète la galerie latérale inférieure du côté droit, et les pièces également en fer au moyen desquelles on a remédié à des fractures qui avaient eu lieu en diverses parties du dossier exécuté au douzième siècle. Rien au reste ne peut faire juger de l'époque de ce travail, à moins qu'on ne conjecture qu'il a eu lieu après le pillage de l'abbaye par les Anglais en 1429, lorsque l'armée de Charles VII, conduite par Jeanne-d'Arc, eut abandonné le siége de Paris.

latérales, en les faisant sortir de la gorge dans laquelle elles étaient engagées. Les croisillons en X furent condamnés à un écartement du même genre : en conséquence on retira les petites tringles d'en bas de la rainure perpendiculaire dans laquelle elles jouaient, et on les fixa au beau milieu même du montant intérieur par derrière les jambes de panthère[1]. C'est de cette manière passablement brutale que s'opéra la déformation actuelle, sous laquelle ont disparu en grande partie les proportions harmonieuses et élégantes du monument original. Par là le mécanisme ingénieux qui conservait le souvenir du *pliant* des magistrats romains fut frappé d'une constante immobilité.

Que le lecteur qui a pris la peine de suivre ces explications sur le beau dessin de M. l'abbé Martin et sur les bois insérés dans notre texte, veuille bien attacher encore son regard à l'élévation latérale du monument (Pl. XXVI, B), il y verra plus clairement encore le point auquel se terminait le siége dans sa forme originaire; il distinguera sans peine la part de S. Éloi de celle de Suger. Dans l'état primitif, le bandeau terminé par une élégante guirlande de lierre descendait au niveau de l'abaque qui surmonte les têtes de panthère et recouvrait les quatre trous préparés pour les courroies destinées à soutenir le large et épais coussin sur lequel s'asseyait le monarque. La petite galerie à jour, ornée de rosaces, qui recouvre ce bandeau ne s'élevait pas plus haut que l'épaisseur même du coussin. Les deux têtes barbues qu'on voit à une des extrémités, de même que les deux pommes de la face antérieure, reposaient sur cette galerie basse, et terminaient le siége de Dagobert d'une manière conforme à ce qu'on remarque sur les trônes consulaires des diptyques. C'est, comme nous l'avons déjà dit, Suger qui rajouta la seconde et plus haute galerie, décorée de rinceaux compliqués dans le goût du douzième siècle : à cette époque appartient aussi le surélèvement des bustes et des pommes de bronze, de même que le rampant à jour qui se relie à la pente du dossier. Pour comprendre ce que dut être la décoration de cette dernière partie du monument, il faut rétablir dans le cercle du milieu la croix grecque dont on aperçoit encore les extrémités, compléter les rinceaux aujourd'hui mutilés qui accompagnaient cette croix, et peut-être supposer l'existence de quelque ornement dans les cercles plus petits placés à chaque extrémité de l'amortissement.

V.

Après cette comparaison fastidieuse, mais nécessaire, des deux états du monument, il ne nous reste plus qu'à examiner la question de savoir si en effet le siége de Dagobert a été reproduit sur les sceaux des rois de France de la troisième race.

J'avais été séduit d'abord par la conjecture de M. Pottier; je croyais, avec ce savant, que Louis-le-Gros était le premier de nos rois qui se fût fait représenter sur ses sceaux, assis dans

---

[1] Comparez la pl. XXVI A avec les *bois* des pages 175 et 176.

une espèce de *chaire curule antique*, dont les profils ressemblent à ceux du *siége de Dagobert*, et j'en concluais comme lui, que Suger, auteur de la restauration de ce monument, avait dû inspirer aux rois ses contemporains la pensée de se faire représenter sur un trône qui pouvait passer pour un symbole de l'antiquité de leur monarchie. Mais il faut renoncer à cette opinion, quelque spécieuse qu'elle soit, car elle est démentie par un monument incontestable : je veux parler d'un sceau de Philippe Ier, qui m'a été communiqué par mon savant confrère, M. Natalis de Wailly, et qui fait partie de la collection des Archives nationales [1]. Ce sceau est appendu à une charte souscrite par le père de Louis-le-Gros, le 6 janvier 1182 (V. S.), c'est à dire à peine deux années après celle où l'on place d'ordinaire la naissance de Suger. A cette époque l'abbé de Saint-Denis était Yves, personnage au nom duquel ne se rattache aucun souvenir de quelque importance. Le prédécesseur, et je pourrais presque dire le précurseur de Suger, Adam, dont le rôle et l'influence furent déjà considérables dans les affaires de l'état, ne prit la direction de la royale abbaye qu'en 1095, douze ans après la charte dont je reproduis le sceau. L'instrument auquel ce sceau est attaché n'offre d'ailleurs aucun rapport avec Saint-Denis, ni par son objet, ni par les personnages qui l'ont souscrit : c'est un acte où *Philippe Ier*, à la requête d'*Isembard*, abbé de *Saint-Germain-des-Prés,* et des moines de l'abbaye déclare que Hugues *Stavello* et sa femme ont renoncé aux droits qu'ils avaient usurpé sur *Dammartin* et sur les dépendances de ce fief. La charte est souscrite par Philippe Richer, archevêque de Sens; Geoffroy, évêque de Paris; Urson, évêque de Senlis; Gautier, évêque de Meaux, et en outre par trois comtes, huit chevaliers, et trois officiers de la maison royale.

Philippe Ier est déjà représenté sur le sceau de 1083 (Pl. XXX, A.), de la même manière que Louis-le-Gros son fils sur le sceau attaché à une charte de 1108, que nous reproduisons sur la même planche (*Ibid.,* B.). Même couronne, même sceptre, même bâton royal, tous fleurdelisés. Le trône, fort différent de ceux qu'on trouve jusqu'alors appendus aux actes de Robert, de Henri Ier, et même de Philippe Ier, est soutenu par deux *supports léonins* de profil dont la silhouette et les proportions rappellent avec évidence le fauteuil de Dagobert. Le sceau de Philippe Ier est sous ce rapport encore plus près de l'original que celui de Louis VI. Les lions, dont la gueule est ouverte, n'ont pas la langue apparente comme ceux du sceau de 1108. Il faut remarquer, dans cette imitation, le soin de l'artiste à restituer les *lions* qui sur le fauteuil de Dagobert sont remplacés par des *panthères :* tant la tradition des diptyques consulaires avait conservé de force !

Pendant tout le temps qu'a persisté l'usage de représenter les rois de France sur le fauteuil de Dagobert, les artistes qui ont gravé les sceaux de nos princes ne se sont pas piqués d'une scrupuleuse exactitude. Néanmoins quelques variations qu'ils aient apporté dans la manière de

---

[1] *Section historique,* K, 20, pièce 6. Ce monument a été publié pour la première fois, par M. de Stadler, *Revue Archéologique,* t. III, p. 736.

figurer un aussi précieux monument, on y retrouve toujours, d'une façon ou de l'autre, la trace suffisante de l'original. Je résumerai ici en peu de mots ces différences.

1. Philippe Ier,
2. Louis VI, } comme dessus.

3. Louis VII, vers 1138. Profils du siége de Dagobert grossièrement figurés, mais exactement conservés; les têtes de lion sans langues ressemblent à des *grenouilles*. (DE WAILLY. *Éléments de Paléographie*, Pl. C., n° 2.)

4. Philippe-Auguste, 1185. Exécution plus soignée; toujours l'aspect des têtes de *grenouille*. La ligne du poitrail et de la patte de lion brisée au milieu, de manière à affecter déjà la forme d'un siége purement en X. (DE WAILLY, Pl. C., n° 5.)

5. Louis VIII, 1123. Les proportions sont plus exactes : les têtes plus petites rappellent, non la *grenouille*, mais le *chien*. Tendance à la brisure, comme au sceau de Philippe-Auguste. (DE WAILLY, Pl. D., n° 1.)

6. S. Louis, 1226 (date de l'avénement). Trône semblable à celui de Louis VIII. La draperie empêche de voir aussi clairement la brisure. (De W., Pl. D, n° 2.)

7. Le même roi, 1152. Le cou des panthères s'allonge démesurément. Toute trace du lion a disparu sans que le caractère spécifique soit nettement exprimé : la draperie dissimule la brisure. (De W., Pl. D, n° 3.) C'est le sceau que nous avons reproduit Pl. XXX, C.

8. Philippe-le-Hardi, 1170. Têtes de *lévrier*, pattes de lion recourbées en dedans. Brisure complète comme aux siéges épiscopaux. On aperçoit pour la première fois les supports de derrière. (De W., Pl. E, n° 1.) Nous donnons ce sceau Pl. XXX, D.

9. Le même roi, 1170. On voit à la fois les quatre supports formant deux *croix de Saint-André* presque parfaites. En revanche les têtes de panthère, quoique encore trop longues, sont mieux imitées, et les écailles de l'encolure rappellent les mouchetures dorées de l'original. (De W., Pl. E, n° 2.) E de notre Pl. XXX.

10. Philippe-le-Bel, 1286. La brisure a disparu. L'artiste en est revenu au profil vertical des supports de l'original. Mais au lieu de panthères on voit quatre supports léonins avec une crinière longue et touffue. (De W., Pl. E, n° 4.) F. de notre Pl. XXX.[1]

11. Louis-le-Hutin, 1315 ou 1316. Le siége figuré sur ces deux sceaux est celui qui jusqu'ici s'éloigne le plus de l'original. On ne voit que deux lions dont l'encolure prolongée forme, en se réunissant à la jambe, une espèce de croissant. Ces lions tournent la tête vers le spectateur, et la tête en est dessinée de trois quarts. Le reste du siége, sauf le bout des pattes, est caché par une ample draperie. (De W., Pl. F, n°° 1 et 2.)

12, 13 et 14. Une déformation progressive dans le même sens se montre sur les sceaux de

---

[1] Deux monnaies d'or de Philippe-le-Bel, le *gros royal* et le *petit royal*, montrent le roi assis sur le fauteuil de Dagobert : la draperie qui recouvre ce meuble empêche d'en distinguer les détails, mais on s'aperçoit que les supports ont été représentés droits comme dans l'original. (V. LE BLANC, *Traité historique des Monnaies de France*, p. 202.)

Philippe-le-Long et de Charles-le-Bel. (Trés. de Num. *Sceaux des rois de France*, Pl. VII, n°° 1 et 2). Le dernier prince dont les sceaux offrent une figure assez fidèle du fauteuil de Dagobert est Philippe de Valois. (Acte de 1328. De W., Pl. G., n° 1.) Le type ne diffère pas sensiblement de celui qu'avaient adopté les trois fils de Philippe-le-Bel [1]. Le roi Jean, contrairement à ses prédécesseurs, se montre entre deux aigles (empruntés sans doute à S. Jean l'Évangéliste, son patron); il a en outre les pieds posés sur deux lions. Le souvenir, de plus en plus altéré du siége de Dagobert, reparaît avec de profondes modifications sur les sceaux de Charles V et de Charles VII : il disparaît entièrement à l'époque de Louis XI.

On doit conclure de ces observations que si d'une part les rois Louis-le-Gros et Louis-le-Jeune ne sont pas les seuls qui aient reproduit sur leurs sceaux le fauteuil de Dagobert (ce qui donne une plus haute idée du crédit dont ce meuble a joui pendant le moyen âge), d'un autre côté il ne faut attribuer ni à Louis-le-Gros ni à Suger la pensée de recourir à ce vieux débris de la monarchie mérovingienne. Pour apercevoir, indépendamment de toute autre preuve, le peu de fondement de cette conjecture, il suffirait de remarquer la date de la charte à laquelle est appendu le sceau de Louis-le-Gros qui a été publié dans le *Trésor de numismatique*, et que M. N. de Wailly a reproduit dans ses *Éléments de paléographie*. En effet cette charte est de 1108, c'est à dire de l'année même où Louis VI monta sur le trône, et antérieure de quatorze ans à l'élection de Suger comme abbé de Saint-Denis. D'après la supputation ordinaire, Suger avait alors vingt-sept ans : il avait été élevé avec le fils de Philippe Ier; c'est donc tout au plus s'il aurait pu exercer une influence indirecte sur la détermination dont M. Pottier lui fait honneur. Mais cette dernière conjecture est encore détruite par l'existence du sceau de Philippe Ier, dont nous avons déjà donné la description. A l'époque où cette empreinte remonte nous ne trouvons, ni à Saint-Denis ni auprès du roi, aucun personnage auquel nous soyons porté à attribuer de préférence la nouvelle mise en honneur du fauteuil de Dagobert. Adam, auquel il faudrait revenir en désespoir de cause, devait être alors fort jeune, puisqu'il vécu encore trente-neuf ans, et il n'est nullement question de lui à cette époque de l'histoire. Nous nous contenterons donc de rappeler les conseils et les encouragements que dans le cours du onzième siècle les personnages les plus illustres de l'Église gallicane ne cessèrent de prodiguer aux descendants de Hugues Capet, pour les décider à reconstituer vigoureusement l'autorité royale, et cela longtemps avant que ces princes ne consentissent à sortir de leur engourdissement.

---

[1] Les *pavillons*, monnaies d'or de Philippe-de-Valois, ainsi nommés parceque le roi y est représenté assis sous une tente ou pavillon, offrent une figure beaucoup plus fidèle du fauteuil de Saint-Denis que les sceaux du même prince; les supports en sont droits, et même le gonflement de l'encolure y est marqué. (V. Le Blanc, *Monnaies de France*, p. 242.)

VI.

Nous avons vu que, même dans les imitations les plus altérées du fauteuil de Dagobert sur les sceaux des rois de France depuis Philippe Iᵉʳ jusqu'à Philippe de Valois, c'est à dire dans un espace de plus de deux siècles et demi, on reconnaissait toujours à des signes certains l'intention de rappeler cet antique monument de la royauté mérovingienne. Pour mettre absolument hors de doute le fait que nous avons ainsi établi, il nous est nécessaire de prouver que les souverains ou les personnages élevés en dignité des autres pays et des autres époques n'ont pas été représentés sur des siéges qu'on puisse aisément confondre avec le fauteuil de Dagobert. Cette dernière démonstration servira de complément au présent mémoire.

Quoique les développements qui précèdent nous permettent d'attribuer à notre opinion une assez grande vraisemblance, nous n'oublierons pas toutefois que les preuves dont nous disposons sont d'une nature purement négative, et que par conséquent elles peuvent être renversées ou modifiées par la production de quelque document qui nous aura échappé. Aussi ne nous permettrons-nous de donner les conclusions qui vont suivre que comme un programme susceptible de réfutation ou de rectification, selon que les érudits livrés aux études du moyen âge, et dont nous sollicitons instamment le concours, auront trouvé des preuves d'un autre genre que celles dont nos efforts et surtout ceux de M. l'abbé Arthur Martin sont parvenus à grouper le faisceau.

Les rois de France de la troisième race que nous avons nommés sont les *seuls* souverains que leurs sceaux représentent assis sur des siéges semblables au fauteuil de Dagobert ou offrant quelque analogie avec ce meuble célèbre. Sous ce rapport, il est du plus haut intérêt de comparer la série des rois d'Angleterre avec celle des rois de France. Les premiers sont constamment figurés assis sur ces trônes carrés, à supports droits, qu'ont employés les Capétiens jusques et y compris la première partie du règne de Philippe Iᵉʳ. Ces trônes, d'abord dépourvus de dossier, reçoivent ensuite ce complément, et passent progressivement d'une simplicité austère à la plus grande magnificence. C'est sous cette dernière forme qu'ils reviennent en France avec les monarques anglais de la maison de Lancastre. Sur les sceaux de Charles VII le trône de ce prince offre un mélange des deux types et comme un compromis entre la tradition nationale et l'influence anglaise.

On se rappelle la distinction que nous avons établie plus haut[1] entre les siéges pliants des évêques et le fauteuil de Dagobert. Les premiers, dérivant des magistratures locales dont les évêques avaient concentré les pouvoirs dans leur personne, conservent la trace de la simplicité

---

[1] *Voy.* page 170.

des siéges affectés aux honneurs municipaux : c'est toujours et sans altération le principe plus ou moins orné du pliant en X. Nos rois mérovingiens au contraire, dont l'autorité remontait aux pouvoirs consulaires qui leur avaient été conférés par les empereurs byzantins, imitèrent les siéges qui à Constantinople servaient pour l'inauguration des consuls, et c'est afin de répondre à cette pensée que S. Éloi combina les *supports léonins* avec l'X traditionnelle de l'antique chaise curule. Pour savoir si cet exemple a été imité ailleurs, il faut examiner avec attention tous les monuments qui reproduisent des siéges en X, et se bien garder de confondre ces derniers siéges avec le meuble plus compliqué qui porte le nom de Dagobert.

Les sceaux d'évêques du onzième siècle ne nous ont pas fourni d'éclaircissements à ce sujet, tous ceux que nous avons pu consulter étant de forme ovale, et représentant debout ou à mi-corps les prélats dont ils offrent l'image. La série des évêques assis commence pour nous par un sceau de *Robert,* évêque d'*Aversa,* dans le royaume de Naples ; cette empreinte, appendue à une charte de 1113, a été publiée par Muratori, dans ses *Antiq. ital.*, t. III, p. 111. L'évêque y est figuré assis sur un trône carré à dossier, comme les souverains de toute l'Europe, à l'exception de ceux de la France.

Le sceau épiscopal circulaire et représentant un prélat assis sur le *faldistorium,* le plus ancien que nous ayons rencontré, se trouve dans les *Monumenta boïca,* t. XI, p. 168 : il représente Éberhardt, évêque de Bamberg, et dépend d'une charte de l'an 1153. Le siége figuré sur ce sceau est évidemment disposé en X, sans trace de supports latéraux.

Après ce monument vient, par ordre de date, une empreinte du sceau de Maurice de Sully, évêque de Paris, appendue à une charte de l'an 1175[1]. Ce sceau, dont l'ovale tend au circulaire, nous montre l'illustre fondateur de Notre-Dame de Paris assis sur un siége à têtes et pattes d'animaux, dont la disposition en X n'est pas moins évidente que sur l'effigie de l'évêque de Bamberg. Cette remarque n'est pas sans importance, puisqu'il s'agit d'un monument élevé à Paris sous le règne de Louis-le-Jeune, prince non moins fidèle que ses deux prédécesseurs à copier sur ses sceaux les dispositions du siége de Dagobert.

J'ai dit tout à l'heure la raison qui nous empêche de trouver sur les sceaux, avant le douzième siècle, la preuve que les évêques faisaient usage d'un fauteuil en forme d'X ; mais les manuscrits suppléent à cette lacune. Je citerai comme accessibles à tout le monde les miniatures du poème écrit par Donizzone en l'honneur de la comtesse Mathilde, miniatures que d'Agincourt a reproduites en partie dans son ouvrage (*Peintures,* t. III, pl. XLVI). Dans ce manuscrit du onzième siècle les évêques et même les abbés mitrés sont représentés assis sur des siéges disposés en X, et décorés pour la plupart de têtes et de pattes de lion.

Il serait ensuite trop long d'énumérer les évêques qui dans le cours des treizième et qua-

---

[1] *Trésor de Numismatique. Sceaux des communes,* etc. Pl. I, n° 1.

torzième siècles ont continué d'être représentés sur des siéges de la même nature, soit que les sceaux donnent l'effigie du prélat vivant, soit qu'ils reproduisent la figure du patron d'une ville ou d'une communauté quelconque. Ce n'est pas qu'il n'y ait de nombreuses exceptions à cette règle. Je citerai, entre autres, le sceau du chapitre de Saint-Waast d'Arras, appendu à une charte de 1246, et sur lequel on voit le saint patron de la ville assis sur un trône carré (*Trés. de Num.*, *Sceaux des Communes,* etc., Pl. V, n° 1). Néanmoins c'est la tradition du siége municipal transporté aux évêques qui prévaut la plupart du temps, et toujours la forme de l'*X* est observée. Je ne trouve de déviation à cette règle que sur les sceaux de deux archevêques de Tours, que j'ai publiés (*Sceaux des Communes,* etc. Pl. XVII, n°° 1 et 2). Le premier de ces monuments appartient à Pierre de Lamballe, et dépend d'une charte de 1255 ; le second, uni à une charte de 1267, offre l'effigie de Vincent de *Pirmils,* ou de *Pilenis.* Ce dernier sceau laisse voir des *supports léonins* à peu près droits et très voisins de ceux du fauteuil de Dagobert. Vers la même époque, c'est à dire en 1243, Jean de Baussan, archevêque d'Arles, sur un sceau que nous avons également publié (*Ibid.,* Pl. XXI, n° 1) montrait plus de fidélité à la tradition épiscopale. Celle du fauteuil de Dagobert, soigneusement maintenue pendant un siècle, subit une légère altération sous Philippe-Auguste et sous Louis VIII, et les artistes auteurs des sceaux de S. Louis s'en écartèrent encore davantage. Ainsi tandis que les archevêques de Tours que nous avons nommés plus haut se rapprochaient du type royal, le roi contemporain laissait altérer la représentation du monument mérovingien et effacer ainsi la particularité qui le distinguait des siéges épiscopaux : les monuments antérieurs nous prouvent qu'on n'aurait pas commis une pareille confusion dans la première moitié du douzième siècle.

Parmi les sceaux qui représentent les divers souverains de l'Europe assis sur un trône carré, ceux des empereurs d'Occident ne font pas exception à la règle générale. Cette remarque donne un intérêt tout particulier à une miniature tirée d'un manuscrit de la bibliothèque de Munich, et dont M. l'abbé Arthur Martin a eu la bonté de nous communiquer la copie. On sait que les manuscrits les plus précieux sous le rapport de l'art, que possède la capitale de la Bavière, proviennent de l'évêché de Bamberg, auquel ils avaient été donnés par l'empereur S. Henri, son fondateur, dans les premières années du onzième siècle. Au nombre de ces manuscrits, décorés de nombreuses miniatures, et dont la couverture est ornée de plaques d'ivoire sculpté, est un *Évangéliaire* sur le frontispice duquel on voit un empereur assis sous un portique, le sceptre surmonté de l'aigle dans la main droite, le globe avec l'empreinte de la croix dans la gauche, entre deux guerriers à gauche et deux évêques à droite. Sur une seconde miniature placée en regard de cette composition quatre figures allégoriques de femme représentent les principales provinces, qui s'avancent en s'inclinant, avec des présents dans la main, vers le trône impérial. Ces figures se distinguent non seulement à leurs attributs, mais encore aux noms dont elles sont accompagnées : c'est d'abord *Rome* (ROMA), puis la *Gaule* (GALLIA), la

Germanie (GIRMANIA) et l'*Esclavonie* (SCLAVINIA). *Rome* et la *Gaule* sont casquées : la seconde tient à la main une longue palme.

L'auteur de la *Description des principaux manuscrits de la bibliothèque de Munich* (n° 38) n'a pas confondu l'empereur représenté sur la miniature que nous venons de décrire avec le fondateur de l'évêché de Bamberg. Nous connaissons l'effigie de S. Henri par divers monuments, et entre autres par les deux manuscrits de la bibliothèque de Munich (autrefois de Bamberg) qui portent les n°° 57 et 40. Le pieux empereur apparaît sur les miniatures de ces manuscrits avec un visage plein et une courte barbe. Dans le manuscrit n° 38 au contraire l'empereur a une taille haute et mince, un visage long, jeune et imberbe. C'est pourquoi l'auteur de la *Description*, qui a reconnu S. Henri sur les frontispices des n°° 37 et 40, lorsqu'il décrit celui du n° 38, se contente de dire qu'on y voit *un souverain* (*ein Herrscher*) sur son trône.

Mais le problème que soulève cette effigie inconnue nous semble possible à résoudre au moyen d'un autre manuscrit orné de miniatures, dont nous avons retrouvé les copies dans les portefeuilles de M. l'abbé Arthur Martin. Ce manuscrit, déposé aujourd'hui à Aix-la-Chapelle, appartenait autrefois à l'abbaye d'Epternach, située à quatre lieues de Trèves. D. Martène et D. Durand l'y avaient admiré, et c'est ainsi qu'ils le décrivent dans le *Voyage littéraire de deux Bénédictins*, t. II, p. 297 : « Un texte des Évangiles écrit en lettres d'or sur du grand
« vélin d'une beauté charmante, et je ne crois pas qu'on puisse rien voir de plus beau en
« ce genre..... On croit, et avec assez de probabilité, que c'est un présent de l'empereur
« Othon (II), qui y est représenté sur la couverture avec l'impératrice *Theophanu* (sic). Ce
« présent est sans doute digne d'un si grand prince. »

Nous ignorons par quelles vicissitudes la couverture du manuscrit d'Epternach est arrivée à Paris dans la collection de M. du Sommerard ; ce qui est certain, c'est que le Musée de l'hôtel de Cluny, formé en grande partie avec la collection de cet amateur, renferme aujourd'hui une plaque d'ivoire représentant *Jésus-Christ*, $\overline{\text{IC}}$ $\overline{\text{XC}}$ qui couronne l'*empereur Othon II* $\overline{\text{OTTO}}$ $\overline{\text{IMP}}$ $\overline{\text{PMAN}}$ $\overline{\text{A/G}}$, et l'impératrice Theophano, $\overline{\text{ΘΕΟΦΑΝω}}$ $\overline{\text{IMP}}$ $\overline{\text{AG}}$[1], tandis que le manuscrit d'Epternach n'a plus à Aix-la-Chapelle qu'une couverture moderne. Cette origine de la plaque d'ivoire conservée à l'hôtel de Cluny n'avait pas été relevée jusqu'ici.

La couverture du manuscrit d'Epternach fournissant une donnée vraisemblable sur l'époque de son exécution, on étudie avec plus d'intérêt l'étrange composition qu'offre le frontispice de ce précieux volume. Un empereur s'y montre élevé dans les airs, au milieu d'une gloire céleste en forme de *vescica piscis*. Il est assis sur un trône carré que supporte une femme dessinée dans une attitude contrainte, et qui doit représenter la Terre. Au sommet du

---

Notice du musée des Thermes et de l'hôtel de Cluny, p. 60.

tableau, la main de Dieu, appuyée sur la croix, pose la couronne sur le front de l'empereur, qui porte le globe crucigère, et dont les épaules sont revêtues du manteau de pourpre; à droite et à gauche, les figures symboliques des quatre évangélistes, disposées de la même manière qu'autour des figures de Jésus-Christ lui-même, tiennent déroulée une longue draperie dont la blancheur rappelle les vêtements du Sauveur au moment de la transfiguration : « *Et vestimenta ejus facta sunt splendentia, et candida nimis velut nix, qualia fullo non potest super terram candida facere.* ». (MARC., IX, 2.) Devant lui, dans l'attitude qu'on pourrait prêter à Élie et à Moïse, sont deux personnages inclinés, portant un manteau de pourpre et la tunique militaire, armés l'un et l'autre d'une lance au bout de laquelle flotte une banderolle rouge, et coiffés à peu près comme la Germanie, sur le manuscrit n° 38 de Munich. Au premier plan, on voit debout, et à la place qu'occuperaient les apôtres dans un tableau de la transfiguration, les deux évêques et les deux guerriers que nous avons déjà remarqués à côté du trône de l'empereur sur le frontispice du manuscrit n° 38.

Ce n'est pas ici le lieu de développer les considérations que nous fournirait l'étude de cette audacieuse apothéose d'un des empereurs de la maison de Saxe qui avaient usurpé toutes les prérogatives spirituelles, dans un temps où les dangers immenses de la société et les services signalés que lui rendaient ces princes empêchaient l'Église de marchander leur appui matériel. Pour le moment, ce qui nous importe le plus c'est de constater la ressemblance qui existe entre le portrait d'empereur de la miniature d'Epternach et l'effigie impériale qu'offre le frontispice du manuscrit n° 38. Les deux tableaux en effet nous offrent le même visage long et imberbe, la même taille mince, la même stature élevée. Le parallélisme des prêtres et des guerriers dans les deux scènes a déjà été remarqué : c'est une raison de plus pour attribuer à l'un des Othons le manuscrit n° 38 de Munich.

Au premier abord on pourrait hésiter entre Othon II et Othon III, son fils, mort à vingt-deux ans, et prédécesseur immédiat de Henri II. Othon III, qui pouvait ressembler beaucoup à son père, avait battu les Esclavons quatre ans avant sa mort, et la figure de l'*Esclavonie* soumise se trouverait naturellement dans un tableau composé en son honneur. D'un autre côté celui qui nous semblerait réunir de préférence la *Gaule* à l'*Esclavonie,* ce n'est pas Othon III, c'est Othon II, son père. On sait les victoires éclatantes que ce prince remporta au commencement de son règne, sur les Slaves (Polonais, Bohêmes et Esclavons) confédérés avec son cousin et compétiteur, Henri Hézilon, duc de Bavière. D'un autre côté, Richer[1] nous a raconté avec les plus curieux détails les prétentions de cet empereur à l'hommage de la *Gaule* (car c'est toujours ainsi que s'exprime notre vieil historien) et son expédition d'abord victorieuse jusqu'aux portes de Paris. Mais les arguments que nous venons d'énu-

---

[1] *Histor.* III et seqq.

mérer doivent céder devant cette circonstance, que l'effigie certaine fournie par la plaque d'ivoire détachée de la couverture du manuscrit d'Epternach est tout à fait différente de celle qu'on voit à l'intérieur de ce manuscrit. Sur la plaque d'ivoire l'empereur a le menton garni d'une barbe assez touffue et ses traits n'offrent plus l'aspect de la première jeunesse. L'autre portrait au contraire est celui d'un homme imberbe et encore très jeune. Ce sont les miniatures qui marquent positivement l'époque du manuscrit; l'ornement de la couverture a pu être antérieur et seulement adapté à un livre plus récent. Cette plaque d'ivoire, exécutée en Orient comme les inscriptions et les costumes en donnent la preuve (puisque le nom de l'empereur y est retracé avec le mélange des lettres grecques et latines, habituel à Constantinople dans le cours du dixième siècle, et que son costume est celui des césars byzantins), cette plaque d'ivoire ne doit pas avoir été sculptée pour un texte des évangiles, à en juger d'après l'auteur inconnu ($\overline{I\omega}$ $\overline{X\omega}$) qu'on y voit dans l'attitude de la plus humble adoration, suivant l'usage adulatoire du Bas-Empire, et prosterné aux pieds de l'empereur. En tout cas, si ce *Jean* inconnu avait été le calligraphe et non l'auteur du manuscrit, il n'aurait pas différé du clerc-écrivain *Liuthar* qu'on voit représenté sur la première miniature, et cependant l'un est barbu et l'autre a le menton rasé.

Il faut donc penser que cette plaque appartenait d'abord à un manuscrit envoyé de Constantinople à Othon II et à Théophano ou apporté par cette princesse de la capitale byzantine. Après la mort d'Othon II, on aura détaché de ce manuscrit probablement sans intérêt pour les Occidentaux, le morceau d'ivoire en question, et on en aura décoré la couverture d'un évangéliaire exécuté pour Othon III, son fils, à l'époque où il sortait de l'adolescence, sans doute à celle où il venait de recevoir la couronne impériale des mains de Grégoire V, son cousin, c'est à dire vers l'an 996.

C'est donc Othon III à l'âge de seize ou dix-sept ans que nous devons reconnaître, et sur le manuscrit d'Epternach et sur celui de Bamberg qui porte à la bibliothèque de Munich le n° 38.

Cela posé, j'appelle l'attention du lecteur sur le siége qu'occupe cet empereur dans la miniature de Munich.

Ce n'est plus comme à Epternach, un trône carré pareil à celui de S. Henri et des autres empereurs des dixième, onzième et douzième siècles, dont les sceaux nous sont connus. Le siége d'Othon III est tel qu'on le prendrait à première vue pour le fauteuil de Dagobert. Il est vrai que de même que pour les Capétiens de la fin du treizième et du commencement du quatorzième siècle, l'ample draperie dont ce fauteuil est recouvert empêche d'apercevoir s'il était disposé simplement en X, ou s'il avait des supports latéraux comme l'ouvrage de S. Éloi. Il est fâcheux qu'un tableau si précieux et si complet nous laisse dans une telle indécision sur le point qui nous intéresse le plus en ce moment. Ce qu'il y a de plus vraisemblable à nos yeux c'est que le siége attribué à Othon II avait une origine épiscopale. Ce prince constatait ainsi, d'une manière moins téméraire que dans le tableau d'Epternach, sa prétention à absorber les pouvoirs spirituels. Mais l'esprit qui a dicté ces deux compositions est le même, et elles s'expliquent l'une par l'autre.

S'il en est ainsi, la peinture de Munich, malgré sa singularité, rentre dans le vaste cercle que nous avons parcouru en étudiant les signes de la juridiction ecclésiastique, et le fauteuil de Dagobert, ainsi que les représentations qui en ont été données sur les sceaux des Capétiens, conserve sa physionomie distincte au milieu des autres monuments du moyen âge.

Ch. LENORMANT.

P. S. Nous venons de dire (p. 180, l. 2) que les sceaux des empereurs jusqu'au douzième siècle montraient toujours les souverains assis sur un *trône carré*; il n'en est pas de même pour les *bractéates* d'argent frappées par quelques-uns de ces princes. En effet, à partir du règne de Henri VI (1187-1198) jusqu'à celui de Conrad IV (1250-1254) les pièces de cette nature nous montrent souvent l'empereur assis sur un siége en X orné de têtes et de pattes d'animaux (V. Goetz, *Deutschlands Kaysser-Münzen,* tab. xxxiv-xxxix): pendant cet intervalle les sceaux des empereurs ne diffèrent pas de ce qu'ils étaient par le passé, sous le rapport de la forme des trônes. Il est à remarquer d'ailleurs que l'âge de ces bractéates est une des époques de la lutte la plus vive entre l'Empire et le Saint-Siége.

CROIX DIVERSES.

(PLANCHE XXXI.)

I.

CROIX CABALISTIQUE DE MAESTRICHT (FIGURES A. B.).

1. Les figures A et B sont le calque des deux faces d'une croix d'argent qui se trouvait en 1844 entre les mains d'un ecclésiastique de Maestricht. L'assemblage mystérieux des caractères hébraïques, grecs, latins, etc., qu'on y voit gravés, annonce tout d'abord des intentions cabalistiques dont il s'agit de percer la rude écorce pour en atteindre le sens caché. M. l'abbé A. Devoucoux, grand-vicaire d'Autun, a bien voulu accepter la tâche d'interpréter ces formules étranges; et dans sa prédilection pour ce genre d'études mystérieuses, il a pris la peine de nous adresser sur cet objet des notes pleines de recherches et d'aperçus hardis. En même temps, avec une modestie bien méritoire, il nous conférait sur ses pages un pouvoir discrétionnaire sans limites. Usant de la concession, nous avons cru qu'en des sujets tellement nouveaux pour la plupart des lecteurs, une extrême modération était nécessaire sous peine de confondre les cerveaux non aguerris à un breuvage si capiteux. Nous n'emprunterons donc aux recherches de M. l'abbé Devoucoux que leurs résultats les plus applicables à notre monument; mais si peu que ce soit, c'est à son travail que nous en avons l'obligation, et l'explication lui appartient presque entière. Si donc nous n'y avons point mis sa signature, c'est qu'il aurait pu lui paraître amer et injuste d'avoir à accepter entièrement une rédaction beaucoup moins savante que ne l'était la sienne, et où nous mêlions du nôtre.

Il ne saurait être inutile d'exposer d'abord sommairement ce qu'il faut entendre par cette cabale (*qabbala*) dont on parle beaucoup plus qu'on ne l'étudie; et le mal n'est pas grand. Pour offrir une garantie dans cet exposé, nous suivrons de près celui que traçait le savant M. Louis Dubeux dans le *Correspondant* de janvier 1844.[1]

---

[1] Nous annonçons trop peu de prétentions pour qu'on attende de nous une bibliographie de la cabale. Nous renverrions à la *Bibl. Hebr.* de J. Chr. Wolf (libr. VII), et aux suppléments de Fréd. Kœcher (p. 11); ainsi qu'aux catalogues des bibliothèques d'orientalistes modernes, comme Th. Hartmann, G. Gesenius et Silvestre de Sacy. Ce dernier catalogue, sans offrir de très grandes ressources en ce genre, a du moins l'avantage d'une excellente classification et de tables rédigées avec une rare sollicitude.

L'*Almucabala* du moyen âge ne doit point être confondue avec la cabale rabbinique; elle est la science des *permutations* ou des *réductions* mathématiques, c'est à dire l'algèbre.

La cabale pratique, ou plutôt *opératoire* (pour ne pas dire *théurgique*), dont nous n'avons que faire ici, prétend enseigner l'art d'exécuter des prodiges et de commander aux esprits, en vertu de certaines formules.

La cabale symbolique, ou plutôt *combinatoire*, est la seule qui importe en ce moment. Nous laisserons donc de côté, avec la cabale opératoire, une troisième branche qu'on pourrait presque appeler *ontologique* : espèce de cosmologie mystique et de théosophie, dont notre croix peut bien se passer, Dieu merci.

Cette cabale symbolique ou artificielle, que nous nommerons *combinatoire*, pour plus de clarté, se subdivise en trois branches, qui sont la *Gematria* (ou calcul sur les lettres), le *Notaricon* (ou notation des lettres importantes), et la *Themoura* (ou théorie des permutations soit de lettres, soit de mots).

2. La *gématrie*, dont le nom est évidemment emprunté à celui de la géométrie, scrute dans la valeur arithmétique des lettres le sens mystérieux des mots, et l'indication des équivalents qui doivent dévoiler la signification cachée. Des exemples feront comprendre le procédé fondamental qui préside à cette exploration ; il repose sur la double fonction des caractères, considérés soit comme signe alphabétique proprement dit (ou *lettre*), soit comme signe numéral (ou *chiffre*).

Ainsi à celui qui douterait que le Messie fût désigné dans la prophétie de Jacob mourant (*Genèse*, chap. XLIX, v. 10) : « Le sceptre ne sortira point de Juda... jusqu'à ce que *vienne l'Envoyé*; » on lui montrera que les mots hébreux correspondants aux deux derniers (que j'ai soulignés) ont la même valeur totale que le nom du *Messie* dans la même langue.

PROPHÉTIE DE JACOB.		*MESSIE.*	
Iod, pris comme signe numéral, vaut	10	Mem, qui vaut.	40
Beth.	2	Chin	300
Aleph	1	Iod.	10
Chin.	300	Hhet	8
Iod.	10		
Lamed	30		
Het.	5		
Somme.	358	Somme.	358

En vertu de cette identité arithmétique, un cabaliste conclura l'identité logique des deux termes ; et il faut convenir que si la cabale offre des résultats spécieux dans bien des cas, il est heureux pourtant que l'autorité et l'interprétation des livres saints reposent sur de meilleures bases.

De même pour rendre raison d'une expression obscure dans la prophétie de Zacharie (chap. III, v. 8) : « J'amènerai mon serviteur *l'Orient*; » on fait observer que le mot hébreu rendu par *Orient* d'après la Vulgate, a son équivalent arithmétique dans *Ménachem* (Consolateur) qui est un des noms du Messie.

ORIENT.		CONSOLATEUR.	
Tsade, comme signe numéral, vaut	90	Mem, qui vaut.	40
Mem.	40	Noun.	50
Hhet.	8	Hhet.	8
		Mem.	40
Somme.	138	Somme.	138

La valeur numérique identique des lettres de chaque mot additionnées est pour les cabalistes un motif de décider qu'il s'agit du Messie dans le texte du prophète.

La gématrie ne s'en tient pas à ces hautes questions, elle sait descendre à des vérités d'un ordre inférieur; comme quand elle nous apprend, en vertu des mêmes principes, que le vin fait épancher les secrets, parceque *vin* et *secret* en hébreu amènent le même total.

VIN.		SECRET.	
Jod, équivalant à	10	Samech, valeur numérale	60
Jod.	10	Vav.	6
Noun.	50	Daleth.	4
Somme.	70	Somme.	70

Ce *spécimen* des opérations enseignées par la gématrie peut suffire sans qu'il soit besoin d'énumérer les combinaisons diverses fondées sur ce même principe de la traduction des lettres en chiffres.

3. Le *notaricon* (ou *notariacon*), dont le nom rappelle les *notarii* ou abréviateurs, cherche dans les lettres initiales ou finales des mots d'un même groupe le moyen de découvrir un sens que l'on suppose voilé dans la phrase sous l'énonciation simple qui se présente la première à l'esprit. Par exemple, quand Abraham se prépare à immoler Isaac, et lui dit (*Genèse*, ch. XXII, v. 8) : « *Dieu prendra soin de se* procurer la victime de l'holocauste, mon fils; » les lettres initiales des trois premiers mots hébreux de cette phrase, assemblées dans l'ordre même des mots, donnent précisément le nom hébraïque du bélier (AIL). Or l'on sait que Dieu fit substituer un bélier à cette victime humaine déjà sacrifiée dans le cœur de son père; en sorte que le patriarche aurait prophétisé à son insu.

Ce sont là des observations fort curieuses assurément, et même respectables parcequ'il s'agit d'un texte inspiré; mais on n'est pas obligé de pousser la vénération pour les livres saints jusqu'à voir dans tous les faits de ce genre une évidente intervention divine. Néanmoins, comme le rabbinisme attache une haute importance à ces sortes de remarques, des chrétiens les ont appelées quelquefois à l'appui de l'Évangile. Ainsi, dans les paroles de Jacob que nous citions précédemment « ... jusqu'à ce que *vienne l'Envoyé; et en lui* sera l'attente des nations, » on a signalé que la réunion des initiales hébraïques dans les mots correspondants à ceux que je souligne, et dans l'ordre même des mots, donne pour résultat le nom de Jésus (IeCHOU) tel précisément que le prononcent les rabbins.

Par suite de cette première opération du *notaricon*, on a prétendu développer des expressions renfermées en abrégé dans un seul mot de l'Écriture sainte. C'est ainsi que l'on a voulu trouver dans la seconde parole de la Genèse (BaRA, *créa*) la désignation des trois personnes divines : Ben . . . . . . le Fils,

   Rouahh . . . . l'Esprit saint,

   Ab . . . . . . le Père.

Du reste, cette réduction de plusieurs mots en un seul (même dépourvu de sens propre), qui serait comme le résumé mnémonique de toute une phrase, est un usage reçu parmi les juifs; si bien que l'on attribue à un procédé semblable le nom qui a fini par caractériser la généreuse famille des Machabées. Selon cette opinion, qu'appuient des auteurs fort graves, Macabi ne serait qu'une formule artificielle due à l'assemblage des initiales d'une phrase qui aurait servi de cri de guerre au vaillant Judas fils de Mathathias [1], et que ce grand homme aurait inscrit sur ses drapeaux dans sa lutte contre le paganisme grec : « Qui est semblable à vous entre les puissants (*ou* entre les dieux), ô Jéhovah? » (*Exode*, ch. xv, v. 11.)

C'est par une réduction analogue que les juifs resserrent en un mot de convention les noms illustres de la synagogue qui se compliquent du titre doctoral ou de la désignation patronymique, et même de tous les deux à la fois. Ainsi Rabbi Salomon (*Chelomoh*) Iarhhi, a été condensé en *Rachi*; *Rambam* représente les noms du célèbre Maïmonide, qui sont réellement Rabbi Moché Ben Maïmon; et sous les masques de *Ramban, Rachbam, Harachba, Radak*, etc., il faut savoir reconnaître Rabbi Moché Ben Nahhman, R. Samuel (*Chemouel*) Ben Meïr, R. Salomon Ben Aderet, R. David Kimhhi, etc.

4. Un troisième rameau de la cabale combinatoire est la *thémoura* ou permutation. Elle donne diverses méthodes pour transformer une phrase par la transposition des lettres; ou par la substitution de lettres non écrites, à celles qui se présentent dans le texte. Le premier mode se résout à peu près dans l'art des anagrammes. A la lumière de ce singulier flambeau, on vous montrera S. Michel dans le texte de l'Exode (chap. xx, v. 23), où il est dit : « *Mon ange* te précédera; » et la raison en est que *mon ange* en hébreu (MLAKI) renferme les éléments à peu près exacts du nom de l'archange (MIKAeL ou Micaïl), qu'il suffit de ranger en un nouvel ordre pour résoudre le problème.

Sauf les titres que peut avoir une simple version à renfermer des solutions valides, ce serait un tour de force tout aussi concluant que celui de trouver la réponse toute faite dans la question même de Pilate à notre Seigneur (Joann., xviii, 3) : *Quid est veritas?* Comme le

---

[1] On en verra l'exposition ci-dessous dans la note de la page 197.

gouverneur romain n'attendit point l'information, un amateur chrétien de la *thémoura* a fait observer qu'il n'était nul besoin d'autres paroles, puisque Pilate lui-même avait dit tout ce qu'il fallait, moyennant une évolution des lettres : *Est vir qui adest.*

Un autre procédé de la *thémoura* laisse moins de place à l'arbitraire, il a ses règles déterminées qui ne permettent pas d'épuiser toutes les manipulations possibles de renversement. Il consiste à prendre les lettres écrites, comme un déguisement de celles qui présenteraient le sens véritable. Pour dégager l'inconnue, chaque lettre écrite doit être considérée comme équivalant à celle qui occupe le même nombre ordinal dans l'alphabet lu à rebours. C'est à dire que la première lettre de l'alphabet sera censée représenter la dernière (A pour Th), la seconde devra être remplacée par l'avant-dernière (B pour Ch), et ainsi des autres. S. Jérôme rend raison de cette substitution[1] comme d'une chose toute simple, à propos d'un passage où il s'agit de lire au lieu du *Roi Sesac*, le *Roi de Babylone;* comme a lu la version chaldaïque.

CHIN, 22ᵉ lettre de l'alhabet, dans la série d'énonciation ordinaire,
à remplacer par la 22ᵉ dans l'ordre inverse, qui est BETH

CHIN. . . . . BETH
KAF, 11ᵉ lettre; . . . . 11ᵉ dans l'ordre inverse . . . LAMED

Résultat : CHe CHa C à remplacer par . . . . BaBeL.

On rencontre un second exemple de cette permutation dans le même prophète, au chapitre LI, v, 1. Le texte dit : « Je susciterai contre Babylone..... *ceux qui ont élevé leurs cœurs vers moi* (ou *contre moi*); » et les Septante ont traduit les mots dont j'ai souligné la version française, par *les Chaldéens*. Pour en rendre raison, il n'est pas besoin de dire qu'on a prétendu substituer le mot précis à une périphrase interprétée. La *thémoura* fournissait ce résultat immédiatement :

QUI COR LEVAVERUNT IN ME.   CHALDÆI (Casdim).

Lamed, 12ᵉ lettre dans l'ordre normal; = Kaf,   12ᵉ lettre dans l'ordre inverse.
Beth,   2ᵉ   . . . .   Chin,   2ᵉ
Qof,   19ᵉ   . . . .   Daleth, 19ᵉ
Mem,   13ᵉ   . . . .   Jod,   13ᵉ
IOD,   10ᵉ   . . . .   Mem,   10ᵉ.

Ce qu'il y a d'étrange en tout cela pour nos esprits occidentaux ne doit point nous le faire regarder comme de pures rêveries. Je ne me porte point pour champion de la cabale, et je reconnais volontiers qu'elle est très propre à faire tourner les têtes faibles. Mais nous avons vu S. Jérôme et d'anciens interprètes fort graves reconnaître la légitimité des *substitutions;* les *transpositions* sont presque justifiées par le génie même de l'idiôme hébraïque, où

---

[1] Hieronym. *in Jerem.* (XXV, 26), libr. V (ed. Martianay, t. III, 649, sq.).

bon nombre de radicaux formés des mêmes articulations, mais dans un ordre différent, ont au fond le même sens ; les valeurs numériques des lettres, comme couvrant une expression mystérieuse, ont été formellement consacrées par l'Esprit saint dans l'Apocalypse[1]; ainsi toutes ces choses ne sauraient être absolument repoussées en principe et traitées de songes.

Mais c'est assez de préliminaires; d'autant que toutes ces méthodes ne trouveront pas une application certaine dans les détails qui vont suivre. Cependant il était bon de ne pas tronquer une exposition où les différentes parties sont liées par une parenté réelle. Venons-en maintenant au monument (Pl. XXXI, A et B) qui occasionnait cette introduction.

5. Dans ce mélange de lettres diverses, l'emploi qu'on a fait des caractères grecs a cela de particulier que leur disposition sur l'une et l'autre face retrace l'image d'une croix : c'est, sur la face A, une *croix latine,* comme on dit, ou à branche verticale plus longue que l'horizontale ; et, sur la face B, ce que l'on désigne souvent sous le nom de *croix grecque,* c'est à dire à branches égales. Sur la face B, ce sont quatre *Tau;* et sur la face A, un *Tau* à chaque extrémité de la hampe, puis l' *Alpha* et l'*Oméga* occupant chacun une des extrémités de la branche horizontale (ou *croisillon*).

Que le *Tau* soit un symbole de la croix, nous l'avons montré si surabondamment ailleurs[2] qu'il y aurait excès à y revenir; outre que la preuve de ce fait ne pourrait s'établir amplement ici sans entraîner un développement qui romprait tout équilibre entre les parties d'une notice que nous prétendons resserrer étroitement. Pour l'*Alpha* et l'*Oméga*, il suffit de rappeler les textes de l'Apocalypse[3] où l'on reconnaît sans peine le Fils de Dieu dans celui qui dit à plusieurs reprises : « Je suis l'α et l'ω, le principe et la fin. » Ces lettres grecques indiquent donc et la croix et le Crucifié, comme pour tenir lieu du crucifix dont il n'existe ici aucune trace, et qui n'aurait pu faire partie de ce monument sans rendre inutiles les inscriptions dont cette croix est couverte.

Les lettres hébraïques forment sur la branche transversale (ou horizontale) le mot IeHOUD, qui (s'il n'est une faute de gravure) peut être regardé comme une forme conventionnelle pour remplacer IeHOVaH[4], par respect pour le nom *ineffable* de Dieu. Si je ne me trompe, ce

---

[1] Apoc., xiii, 17, 18 ; xv, 2.
[2] Vitraux de Bourges, n° 25 (p. 35-38) ; *Etude* 1, fig. C, D, E, etc. Citons seulement quelques lignes de Paschase Radbert (*In lament. Jeremiæ*, libr. I; Bibl. PP. xiv, 773) : « ... Diximus... quod Tau signum est... crucis ; et, ut verius « loquar, ipsa est crux..... sed quia Tau finis est hebræo-« rum elementorum, ipsa vero elementa totidem sunt quot et « libri veteris Testamenti quorum ipsa sunt signa ; unde non « inconvenienter reor quod sicut omnium elementorum finis « est, ita totidem librorum veteris Testamenti finis est crux : « passio videlicet Jesu Christi qui finis est totius legis ad justi-« tiam, etc. » Cf. Barnab. *Epist.*, 9 (Galland. 1, 125). — Isidor. *Contra judæos*, libr. I, cap. 26 (ed. Arevalo, t. vi, 109, sq.). — Arevalo, *Prudentiana*, cap. 20 (Prudentii Opp., t. i, p. 163-169). Etc., etc.

[3] Apoc., I, 8 ; xxi, 6 ; xxii, 13.

[4] Kabbala denudata, t. I, 38 : « Ob reverentiam divini nominis, loco *He* pingitur fragmentum ejusdem ; nempe *Daleth.* » Cf. *ibid*, 379. On sait que les Juifs évitent volontiers ce nom divin.

mot, restitué par la pensée à sa véritable orthographe, doit former un sens complet avec les deux lettres grecques qui occupent les trèfles extrêmes de la même branche ; et le tout pris ensemble proclamait la divinité de celui qui est mort sur la croix. Car ce sera la simple traduction des paroles de l'Apocalypse (chap. I, v. 8) : « L'α et l'ω, le principe et la fin,... celui qui est, qui était, et qui viendra. » Pour justifier cette explication, il suffit de recourir à l'artifice du *notaricon* dont il a été parlé précédemment; et d'admettre en conséquence dans le mot *Jéhovah*, avec plusieurs hommes habiles, la réduction de toute une phrase hébraïque signifiant *Il sera, il est, et il a été*.[1]

Cet aperçu est confirmé par la formule (*Macabi*), qui occupe l'endroit correspondant sur la face B ; et qui, comme nous l'avons déjà vu, est un cri à la gloire de Dieu. Ce serait donc de part et d'autre un hommage divin rendu à la grande victime du Calvaire ; et comme une auréole de majesté placée au lieu où le Crucifié a reposé sa tête. Si nous observons les chiffres arabes tracés sous le mot conventionnel MACABI, nous verrons qu'on y a tenu compte de la valeur numérale des lettres selon la méthode gématrique.

IOD. — BETH. — KAF. — MEM.
10 — 2 — 20 — 40.   Somme : 72 (qui est inscrite au dessous, et en trois autres endroits).

Mais la distribution inexacte des chiffres, sous le mot MACABI, nous autorise à prendre quelque liberté avec les inscriptions de ce monument mystérieux, parceque l'on y reconnaît sans peine un texte fautif en plusieurs détails : soit que le graveur n'eût pas été surveillé d'assez près par celui qui commandait le travail ; soit que ce dernier n'eût pas lui-même le secret bien entier de ce qu'il faisait exécuter d'après une copie, peut-être ; soit que certaines parties, devenues un peu frustes avec le temps, n'aient présenté à notre propre calque qu'un modèle déjà oblitéré. Du reste, quiconque s'est appliqué à ce genre d'études sait fort bien que l'attention la plus concentrée ne réussit à peu près jamais à réaliser une copie parfaitement fidèle quand l'œil et la main ne sont point éclairés par une certaine connaissance des formes qu'il s'agit de reproduire, et même du sens qu'elles recouvrent. A l'aide de cette observation, dont le fondement et l'application particulière ici ne sauraient être contestés, si

---

[1] , יחי־הוי־ו־הי
Fuit-et-est-erit.

Voici comment s'exprime Denys Amelotte (*Traduction du nouveau Testament*, Paris, 1687, in-4°, t. II, p. 139) au sujet du chapitre 1" de l'Apocalypse, vers. 4. « *La grâce soit avec vous par celui qui est, et qui était et qui sera*. Les plus doctes ne doutent point que l'Apôtre ne se propose ici le nom ineffable יהוה que Dieu s'était attribué comme son propre nom.... Si la pensée de ceux qui ne croient pas יהוה un nom simple, mais composé de plusieurs paroles, n'est pas véritable, ... elle est au moins très propre pour nous faire comprendre comment S. Jean énonce le vrai nom ineffable par ces paroles : *Celui qui est, et qui était, et qui sera*. Car ils jugent que ce nom est semblable à celui des Machabées, dont le chef, qui était Judas, ayant pris ces paroles dans ces drapeaux : מי־כמיך־באלחים־יהוה, *Qui d'entre les dieux est semblable à vous, ô Éternel !* et les ayant réduites aux premières lettres de chacun de ces mots ......, on fit peu à peu un seul mot de ces quatre lettres, qui fut *Macabaï* (Macabii); et ce nom demeura depuis à toute la famille, comme le peuple fait INRI du titre de la croix de Jésus-Christ, etc., etc. »

l'on compare les différents endroits où se montre sur les deux faces de cette croix quelque chose de semblable au chiffre 72, on nous accordera probablement sans peine qu'il faut y lire quatre fois **mutts**[*erus*] 72.

6. Voici, sauf meilleur avis, comment nous rendrions raison de ces chiffres et de leur quadruple emploi. Soixante-douze, total de l'addition des valeurs numérales représentées par les lettres du mot MACABI, conduit à l'équivalent HH é S é D (HH à SaD, etc.) qui représente la même somme

Hhet, qui vaut	8
Samech. . .	60
Daleth. . .	4
Somme. .	72

et dont le sens est *bénignité, charité, miséricorde* (pietas), etc.[1] Le chiffre 72 peut donc être regardé comme une expression mystérieuse du mot CHARITAS, et dans sa répétition même nous trouverons le motif qui a fait choisir cette cryptographie en signes arithmétiques. C'est que l'on prétendait exprimer mystiquement les diverses dimensions de la croix, conformément au texte de S. Paul si souvent allégué à ce sujet [2] : « Je me prosterne devant le Père de « notre Seigneur Jésus-Christ.... pour qu'il vous accorde.... de comprendre avec tous les « saints quelle est la largeur, la longueur, l'élévation et la profondeur; et de savoir, ce qui « surpasse toute science, la CHARITÉ de Jésus-Christ. » Or Vatable, probablement contemporain (ou à peu près) de l'auteur de nos inscriptions, et dont les opinions devaient avoir un grand poids à cette époque sur un amateur d'hébreu, voit dans toutes ces paroles une expression multiple de la charité que doivent nous inspirer les exemples du Fils de Dieu.

7. Afin d'achever dès maintenant ce qui regarde la face B, rendons raison du groupe de lettres disposées en triangle sous le T inférieur. Une légère attention suffit pour y apercevoir une simple manipulation du *tetragrammaton* (Ie H O Va H) dont les répétitions sont superposées les unes aux autres, en retranchant toujours à chaque étage une nouvelle lettre ; jusqu'à ce que l'on atteigne le terme de cette décomposition progressive, en couronnant le tout par la

---

[1] De là vient le mot Hhasidah, qui a été parfois traduit par *autruche*, mais qui désigne réellement la *cigogne*, à cause de sa réputation de piété filiale.

[2] Eph., III, 14-18. « Flecto genua ad patrem Domini nostri Jesu Christi, ex quo omnis paternitas in cœlis et in terra nominatur, ut det vobis......... Christum habitare per fidem in cordibus vestris, in CHARITATE radicati et fundati, ut possitis comprehendere cum omnibus sanctis quæ sit latitudo et longitudo, et sublimitas et profundum ; scire etiam supereminentem scientiæ CHARITATEM (ἀγάπην, quoique plusieurs éditions aient claritatem) Christi. » Un grand nombre d'écrivains ecclésiastiques ont appliqué ces paroles à la croix, comme monument le plus palpable de la charité du Rédempteur ; et pour expliquer les quatre dimensions dont parle S. Paul, ils ont supposé que, outre les trois dimensions ordinaires des corps, il s'agissait de la profondeur du fossé où la croix avait été assujettie, et de la portion de la hampe (pour ainsi dire) qui était cachée en terre. Cf. Corn. Van den Steen, *in h. l.* On peut voir particulièrement S. Jérôme (*In Eph.*, III ; ed. Martianay, t. IV, 357, sq.), S. Augustin (*In Johann.* tract. 118 ; t. III, P. II, 801.—*Serm.* 58 de Verb. Evangel. ; t. v, 317), et Maffei Veggio (*De perseverantia*, I, 4 ; Bibl. PP. XXVI, 695) que je cite parcequ'il était voisin de l'époque à laquelle appartient la croix cabalistique qui nous occupe en ce moment. Du reste, on en citerait aisément bien d'autres.

première lettre du mot isolée au sommet. Ce procédé de rétrogradation (*ahhouraiim*) a pour résultat particulier d'élever jusqu'au chiffre de 72 la valeur numérale du mot *Jéhovah*, qui, dans sa forme simple, ne vaudrait que 26. [1]

Forme simple :	Jod	. . .	10	Forme *ahhouraiim :*	Jod × 4 = 40
	Hé	. . .	5		Hé × 3 = 15
	Vav	. . .	6		Vav × 2 = 12
	Hé	. . .	5		Hé final = 5
	Somme :		26		Somme : 72

En sorte que les deux mots *Macabi* et *Jéhovah* (traité par la méthode de rétrogradation) atteignent l'un et l'autre le même total. Il semble donc qu'on ait voulu les rapprocher comme deux équivalents; et si l'on se rappelle le sens représenté par la première de ces expressions [2], on sera conduit à penser que cette face de la croix a pour objet principal de rappeler la gloire et la majesté de Dieu. En inscrivant ces signes sur une croix a-t-on simplement voulu joindre des formules religieuses au symbole de la foi chrétienne? ou bien se proposait-on précisément d'exprimer que la grandeur divine se manifeste surtout dans le mystère de la croix? Rien ne nous autorise à préciser l'intention de l'auteur jusqu'à ce point. Nous avons dit, ce nous semble, tout ce qu'il était possible d'affirmer sur la signification de la face désignée par la lettre B dans notre gravure.

8. La Face A paraît avoir été destinée principalement à l'expression du mystère de la Trinité. Nous n'y trouverons pas autre chose si nous écartons les signes déjà expliqués précédemment [3]. L'*alef* gravé dans le trèfle supérieur semble indiquer soit la puissance suprême qui est le principe de tout [4], soit l'unité substantielle des trois personnes divines [5]. Après cette unité des trois personnes divines dans une même substance, nous trouvons leur distinction et leur égalité exprimées par trois *iod* écrits sur une même ligne horizontale. Ce signe, aujourd'hui presque abandonné par les rabbins, depuis que les chrétiens se sont mis à étudier les livres de la Synagogue, a été longtemps employé par les docteurs juifs, non seulement sous cette forme, mais sous celle que nous retrouvons plus bas, où les trois *iod* sont placés en manière de triangle. Cette dernière expression se rencontre encore dans les anciens manuscrits des paraphrases chaldaïques, où elle remplace fréquemment le nom ineffable (*tetragrammaton*) de Dieu [6].

---

[1] Sur l'*Ahhouraiim* Cf. Kabbala denudata, t. I, p. 72; et 572, sq.
[2] Ci-dessus, nº 3 et 5 (p. 194, 197).
[3] Ci-dessus, nº 5 et 6 (p. 196-198).
[4] Kabbala denudata, t. I, p. 4, etc.
[5] L'*Alef* est à la fois la première lettre de l'alphabet et le signe de l'unité. Mais les rabbins y ont fait remarquer en outre une expression de trinité, parceque cette lettre se décompose assez exactement en deux *iod* (l'un supérieur, l'autre inférieur) réunis par une ligne oblique. Cf. Kabbala denudata, t. I, p. 5. — Drach, *De l'Harmonie de la Synagogue et de l'Eglise*, t. I, p. 490, svv; 401, svv., etc.
[6] C. P. Biblioth. critica sacra, t. III, p. 121.—Drach, *l. cit.*, t. I, p. 367, 309. — Kabbala denudata, t. I, 392, sq.

Immédiatement au dessous de la branche transversale de la croix est gravée la première moitié du nom divin (ou la première lettre jointe à la dernière : I a H). Selon les cabalistes, *Jah* désigne spécialement en Dieu l'amour et la miséricorde [1] et pourrait avoir été employé ici pour indiquer l'Esprit saint ; d'autant que plus bas est écrit AB, qui signifie indubitablement *le Père*, puis HOU (mot formé de la seconde et de la troisième lettre du tetragrammaton) qui paraît indiquer *le Fils*. Ce dernier signe, pris comme équivalent du pronom personnel *lui* (*ipse*), revêt une signification mystérieuse ; et, selon les hébraïsants, il désigne souvent Celui qu'annoncèrent les prophètes, c'est à dire le Messie. [2]

9. Il serait aisé de prêter à toutes ces formules d'autres sens plus ou moins alambiqués, et tous garantis par les cabalistes ; mais je ne me sens, à vrai dire, aucun goût pour le développement de ces énigmes, et je doute que beaucoup de mes lecteurs m'y suivissent volontiers. Nous nous en tiendrons donc à ces premières explications qui suffisent pour donner un sens raisonnable et plausible aux divers signes réunis par l'auteur de ce bizarre assemblage. Les plus beaux résultats des combinaisons données par la cabale sont si près de l'ennui et du dégoût que je ne me sens pas le courage de voguer plus avant vers cet écueil pour l'amour de quelques découvertes fort contestables. Toutefois, comme ces recherches si chanceuses n'ont pas laissé de préoccuper plusieurs graves esprits, même parmi les chrétiens, elles pouvaient réclamer une part dans nos Mélanges. Et, à ce propos, comme c'est surtout vers l'époque de la Renaissance (époque à peu près indubitable de notre monument) que les études cabalistiques comptèrent d'ardents prosélytes hors de la synagogue, il convient d'examiner un instant quelle disposition particulière des intelligences vint en aide alors à la fascination exercée sur bon nombre d'hommes par cette science étrange.

A cet instant si curieux des temps modernes, une sorte d'épidémie courut l'Europe : c'était une fièvre d'enthousiasme pour tout ce qui paraissait arriéré de quelque mille ans, précipitant les âmes non pas vers le progrès, mais vers le retour. Je ne fais point le procès à la Renaissance, j'isole seulement un de ses aspects pour l'observer à part. Or, sans prétendre déprécier le résultat qu'obtinrent plusieurs de ses tentatives rétrogrades, il ne faut pas non plus prêter aux coryphées de ce mouvement une pensée d'innovation que toutes leurs paroles désavouent. S'ils firent quelque chose de neuf, ce fut comme à leur insu, et contrairement aux prétentions qu'ils arboraient avec assez de franchise. Dans l'art, par exemple, où cet âge fit preuve d'une fantaisie gracieuse qui n'est certainement point dépourvue d'originalité, ce fut en se fourvoyant que les architectes et les sculpteurs arrivèrent à des œuvres franches et puissantes ; car ils visaient fort consciencieusement à être grecs, et je ne me sens pas très

---

[1] Kabb. denudata, t. I, p. 381, sq., 393.
[2] Biblioth. crit. sacr., t. III, p. 200. — Kabb. denud., t. I, 267, sq.

porté à regretter qu'ils aient manqué ce but, mais par le fait ils n'y arrivèrent assurément pas. Ils furent donc novateurs sans le vouloir, ou du moins sans oser y prétendre ; et les esprits les plus entreprenants de ces siècles n'annoncent pas autre chose qu'une soif ardente d'archaïsme. Les *évangéliques* de Luther, les *réformés* de Calvin, que demandent-ils, que proclament-ils, sinon une restauration de ce qu'ils donnent comme un christianisme primitif ? Colomb lui-même ne cherchait-il pas un ancien chemin de l'Asie quand il rencontra le Nouveau-Monde ?

Ce qu'il y avait de factice et d'emprunté dans cette inspiration de mode et de parti pris, plutôt que de sentiment, explique assez bien la direction des deux courants qui descendirent d'une même source par deux pentes en apparence fort diverses. L'art est frais et gracieux alors dans presque toute l'Europe, tandis que la science est sèche et lourde. Mais, de part et d'autre, si l'on y réfléchit, on reconnaîtra l'affectation, qui produit ici la mignardise, là le pédantisme. La peinture seule peut-être fait quelque temps exception, parceque, privée de modèles antiques, elle ne brisa pas brusquement avec ses antécédents immédiats. Partout ailleurs on répudie les maîtres de la veille pour chercher les leçons d'un passé reculé. Aussi presque rien n'est simple et ferme ; presque partout quelque chose d'artificiel se trahit, qui annonce le calque et la *manière* même chez les habiles. Quant aux esprits secondaires, et c'est surtout dans la science et la littérature qu'ils se rencontrent en bon nombre, il est aisé de reconnaître que leur plus grand mobile est le désir de se frayer un chemin hors de la foule, en tournant bride vers l'antiquité. Pour ne pas se confondre avec les bourgeois, on farde le langage national ou bien l'on affiche des études et des goûts parfaitement inabordables à la foule des gens simples. La coquetterie se fait jour de toutes parts, tantôt sémillante et légère, tantôt raide et pesante : l'hébreu se montre sur les pierres sépulcrales, et le grec dans les plaidoyers ou les sermons ; les sciences occultes prennent faveur, le monde est menacé de voir renaître l'influence alexandrine des grammairiens, des sophistes, des courtisanes honorées, et des *goètes*. Car les mœurs comme la politique et la science remontent, ou plutôt redescendent au niveau païen ; et, par bonheur, le peuple que dépaysent toutes ces exhumations savantes en est trop surpris pour avoir le loisir de s'en éprendre subitement. Mais une scission profonde s'établit entre les hommes *comme il faut* et les bonnes gens : les langues anciennes enthousiasment si bien les humanistes que l'avénement de nos littératures d'en deçà des Alpes en est comprimé pour plus d'un siècle, malgré la puissance de quelques génies francs et tout modernes.

Il suffit d'indiquer ces considérations, qui pourraient être poussées plus loin, et dont il ne faut pas cependant exagérer l'amertume, car on ne peut nier que la Renaissance ait fait de grandes choses, non seulement pour l'art (et même avec plus de puissance et de durée qu'on ne le pense communément), mais pour l'érudition et surtout pour la philologie. Toutefois elle a été si vantée pour ses œuvres, et avec si peu de restriction, qu'il est bien permis de mettre quelques bornes à ses panégyriques. Or n'était-ce pas le lieu, à la rencontre d'une de ces bagatelles laborieuses qui rappellent les creuses préoccupations et l'afféterie froide d'une époque à la fois si enthousiaste et si maniérée, si vive et si pédantesque ?

II.

CROIX DITE DE CHARLEMAGNE A AIX-LA-CHAPELLE.

Les figures C et F représentent (grandeur de l'original) une croix en vermeil d'Aix-la-Chapelle. On la donne comme ayant appartenu à Charlemagne qui, dit-on, la portait à son cou. Contre cette assertion, nous n'avons pas seulement le légitime sujet de défiance que peut inspirer le respect même des citoyens d'Aix pour le grand empereur auquel ils attribuent volontiers tous les objets précieux dont l'origine est lointaine mais indéterminée ; le style seul du monument suffit pour déposer hautement contre la provenance qu'on lui prête. La face C porte un crucifix ciselé en demi-relief, où rien n'annonce une origine carlovigienne ; mais surtout les ornements de la face F accusent péremptoirement la seconde moitié du douzième siècle ; et la légende[1], qui court le long de la tranche autour de la croix, confirme, par la forme de ses caractères, cette donnée chronologique fournie par l'ornementation. Cependant il ne serait pas impossible de concilier la vérité avec l'affection des habitants d'Aix pour l'immortel fondateur de leur célèbre chapelle. La petite croix D, ordinairement renfermée dans celle que nous venons de décrire, pourrait bien avoir été faite pour Charlemagne ; et celle qui lui sert maintenant comme d'étui n'aurait été exécutée que vers l'époque de Frédéric Barberousse. Il faudrait supposer alors que le reliquaire du onzième siècle en aura remplacé un autre plus ancien. Et en effet on ne pourrait guère admettre que le bois de la vraie croix qui forme (même matériellement) la principale partie du joyau D, eût été porté sans autre protection que l'or qui le sertit et les perles ou les pierres de couleur qui en ornent le centre ; car il n'est pas même revêtu d'un cristal.

Ce n'est, d'ailleurs, pas là tout ce que nous pouvons dire de plus favorable à la tradition quelconque qui veut que cette relique ait été en la possession de Charlemagne. Il

---

[1] On l'a développé au bas de la planche. Elle est formée des paroles d'une antienne que nous chantons encore à Landes dans l'office de *l'Invention* de la sainte Croix : « Ecce crucem Domini, fugite partes adversæ ; vicit leo de tribu Juda, radix David. » Cette espèce d'adjuration adressée aux puissances infernales, en vertu de la souveraine autorité de celui qui a versé son sang sur le calvaire, donne lieu de croire que ce reliquaire avait réellement pour destination primitive d'être porté comme une sauvegarde quotidienne contre les dangers du corps et de l'âme.

convient d'ajouter, en tenant compte des observations précédentes, que les anciennes coutumes de la chrétienté prêtent un certain appui à l'assertion de ceux qui disent que le cœur du grand restaurateur de l'empire latin a battu sous cette croix. Le savant Ducange, après le P. Grætzer, a réuni plusieurs textes qui montrent combien était ancien et répandu dans l'Eglise grecque l'usage de porter des reliques dans une croix pectorale [1]. Ce n'étaient point seulement les évêques qui se transmettaient cette pieuse pratique, comme ils le font encore parmi nous; c'étaient les simples fidèles, et surtout les princes. On en cite moins d'exemples appartenant à l'Eglise latine; mais il s'en rencontre cependant assez pour montrer que ce n'y était pas chose rare parmi les laïques de distinction [2]. Quant à Charlemagne lui-même, parmi les narrations plus ou moins circonstanciées, plus ou moins d'accord les unes avec les autres, qui rapportent l'ouverture de son tombeau par Othon III (en l'an 1000), nous trouvons précisément que le prince saxon s'y adjugea une croix d'or qui pendait au cou de son illustre prédécesseur [3].

J'ignore du reste si l'on possède, au sujet de la croix D, quelque preuve plus définitive qui constate sa provenance.

III.

REVERS D'UNE CROIX D'OR CONSERVÉE A AIX-LA-CHAPELLE ET ATTRIBUÉE A L'EMPEREUR LOTHAIRE I.

1. La croix d'or H [4], conservée également dans le trésor d'Aix-la-Chapelle, ne peut être attribuée à l'empereur Lothaire que pour la partie supérieure. Il est évident que le pied de vermeil qui la porte aujourd'hui n'est pas antérieur au quatorzième siècle. Tout y retrace le caractère de cette époque élégante où le style ogival n'avait pas encore dégénéré jusqu'aux élégants colifichets qui signalèrent sa complète décadence. Ici les lignes ne sont pas encore tourmentées jusqu'à la *manière*, ni appauvries jusqu'à la sécheresse. Les ornements et les figures ont de l'ampleur et même une certaine simplicité que le quinzième siècle conserve rarement dans l'architecture des contrées germaniques; car l'Allemagne, après avoir long-

---

[1] Notæ in Alexiad., p. 247, sq. Cf. Goar, *Euchol. græc.*, offic. aquæ... benedict. in Theophan. (ed. Venet., p. 378). Ces reliquaires s'appelaient *encolpia* et *phylacteria;* mais ce dernier mot avait une signification beaucoup moins précise. Cf. Steph. Borgia, *De cruce veiit.*, p. cxcix, sqq.— Rob. Sala, in *J. Bon. Rer. liturgic.*, libr. I, cap. xxiv, § 10 (ed. cit., t. II, p. 243, sqq.).

[2] Sigebert de Gemblours nous apprend que Lambert, comte de Louvain, portait un *phylactère* au milieu des combats comme un bouclier impénétrable aux coups de l'ennemi; espoir qui le déçut. *Chronogr.*, A.1015 (ap. Pistor. *Rer. germanic. scriptt.*, ed. Struv., t. I, p. 828) : « Lambertus... habebat phylacterium a collo usque ad pectus pendens, sanctorum reliquiis refertum, quorum patrocinio se in periculis tutum fore credebat; etc. » Cf. Chronic. camerac.

[3] Ditmar Merseburg. *Chronic.*, lib. IV (Ap. Leibnitz, *Scriptt. rer. brunsvic.*, t. I, p. 357).

[4] Elle est réduite ici au quart de la grandeur d'exécution.

temps maintenu la pompe mâle de l'art roman, précipita promptement l'art ogival dans les fantaisies légères, qui confondent beaucoup trop l'architecte avec le menuisier ou l'orfévre. On dirait que, forcées d'abandonner à contre-cœur le style pesant, mais majestueux, des empereurs saxons et franconiens, les régions du Rhin, de l'Elbe et du Danube n'ont guère pris au sérieux l'art qui s'était inauguré à Chartres, à Paris et à Bourges par des innovations exécutées sur une si grande échelle dès le premier élan. Comme si l'artiste allemand eût gardé rancune à cet envahisseur qui l'avait bientôt débordé, il se mit promptement à le traiter en manière de jouet que sa main jalouse tourmentait à plaisir, sans avoir bien pris le temps de le comprendre et de l'apprécier dans la forme primitive.

Cela ne veut point dire, il s'en faut de beaucoup, que l'orfévrerie allemande n'ait pas su manier le style ogival. Elle l'a, au contraire, envahi : si bien que l'orfévre s'est fait architecte; ou, si l'on veut, l'architecte s'est fait orfévre. Pour le moment, je n'ai pas précisément à m'en plaindre, puisque j'expose une œuvre d'orfévrerie allemande ; mais il est cependant vrai de dire que cette fusion a réellement nui aux deux arts qui se mêlaient ainsi, parceque chacun d'eux y perdait sa physionomie distincte et son caractère propre.

La description la plus minutieuse n'apprendrait que bien peu de chose au lecteur initié à l'art des diverses périodes du moyen âge, et qui reconnaîtra bientôt sur la gravure, toute réduite qu'elle est (et même un peu trop), les caractères des époques où les diverses parties ont été exécutées. Il suffira sans doute de dire que les figures ciselées du pied se relèvent sur un fond garni d'enroulements gravés; tandis que celles du nœud font saillie sur un émail noir qui laisse ressortir le blanc des chairs et le bleu des vêtements. Ces dernières représentent sainte Catherine, sainte Dorothée, l'Annonciation, sainte Ursule, et sainte Barbe. Les attributs de celles qui occupent les compartiments du pied sont moins faciles à reconnaître; mais on ne peut s'y méprendre sur la scène du Calvaire et sur la sainte Vierge portant l'enfant Jésus.

2. La croix proprement dite, qui est portée sur ce pied du quinzième siècle, ou du quatorzième, est sans contredit la seule partie que l'on puisse songer à dater de l'âge carlovingien. Nous n'examinons ici que la partie averse : l'autre côté, que reproduit la planche XXXII, sera l'objet d'un mémoire particulier. Ici nous retrouvons cette prodigalité d'ornements parfois un peu disparates qui se remarque dans la plupart des travaux d'orfévrerie que nous ont laissés les hautes époques du moyen âge. Les perles et les pierres précieuses (saphirs, émeraudes, améthystes, etc.) y sont semées avec une profusion où la symétrie a fait ce qu'elle a pu pour introduire un certain ordre dans cet agencement de riches matériaux dont on acceptait les formes variées et souvent irrégulières. Les pierreries montées sur des chatons élevés sont comme reliées entre elles par un réseau de filigranes qui dessinent des fleurons dans les intervalles entre les montages ; et tapissent même en arcatures ou en enroulements divers les chatons des

pierres principales qui s'élèvent de plus d'un centimètre. Ce genre d'ornementation, que l'Asie a maintenu jusque aujourd'hui, et que nos ancêtres avaient probablement emprunté aux Orientaux, ne serait-il pas ce que nous trouvons souvent indiqué au moyen âge sous le nom de travail persan [1]? Au-delà du tore filigrané qui commence l'élargissement des quatre extrémités de la croix, un petit cordon anguleux est revêtu d'émail cloisonné qui forme un semis de losanges dentelés, alternativement blancs et bleus, avec une croix alternativement bleue et blanche au centre de chacun. Le reste se comprendra mieux à l'inspection de la gravure qu'à l'aide de toutes les phrases techniques dont je pourrais m'aviser.

3. Il convient pourtant d'accorder quelques lignes à plusieurs pierres gravées qui ont trouvé place dans cet assemblage du vieux joaillier. Au centre est monté un beau camée antique représentant la tête d'Auguste dans la force de l'âge. C'est un onyx de forme elliptique, dont le grand axe mesure près de neuf centimètres, et le petit un peu plus de sept. L'empereur élève de la main gauche le bâton consulaire d'ivoire [2]; et la grande dimension de l'original permet d'y reconnaître dans le visage d'Auguste non seulement la beauté régulière de ses traits, mais ce prolongement des sourcils qui se rencontraient, au dire de Suétone.

Parmi les intailles de petite dimension, il en est une surtout que le graveur n'avait certainement pas destinée à figurer sur une croix. C'est une améthyste large de deux centimètres sur quinze millimètres de longueur, et qui représente les trois Grâces [3]. Elle a été enchâssée sous le camée d'Auguste sans nul égard pour le sujet qu'elle retraçait; car le grand axe, au lieu d'être horizontal, comme le demanderait la situation régulière des figures, est maintenant vertical dans la disposition adoptée par le joaillier du neuvième siècle.

Une intaille moins dépaysée que les précédentes sur cette croix carlovingienne est le sceau de cristal de roche qui a sans doute maintenu le nom de Lothaire à ce monument hybride où se reconnaît la trace d'âges si éloignés les uns des autres. Cette pierre est donc vraiment la principale, quant à la valeur historique; et c'est pourquoi nous en avons reproduit une empreinte de la grandeur du modèle, sous la lettre E. Autour de la tête, qui est ceinte d'une sorte de diadème, se lit l'inscription :

+ XPE (Christe) ADIVVA HLOTHARIVM REG[EM].

Sur un sceau de Lothaire Ier dont la légende est très fruste, et qui a été publié dans les *Éléments de Paléographie* (t. II, pl. A, fig. 12), M. N. De Wailly a cru devoir lire *imperatorem* au lieu de *regem* que donne notre cristal gravé. Il est très possible que Lothaire ait changé

---

[1] Le glossaire de Ducange ne propose aucune interprétation de ces mots : *theca persica*, etc., que l'on rencontre çà et là dans les anciennes descriptions de riches offrandes faites aux églises. L'avis que j'ouvre à ce sujet me semble ne pas être dépourvu d'une certaine probabilité.

[2] Cf. Al. Wiltheim, etc., ap. Gori, *Thesaur. diptych.*, t. I, p. 22, 127.

[3] L'inscription, dont plusieurs caractères sont entamés, semblerait avoir été : ΠΟΡΦΥΡΙΣ ΕΥΧΑΡΙΩ ΤΑΣ ΧΑΡΙΤΑΣ; gracieux envoi, peut-être de quelque ἑταίρα à un amant.

de sceau après avoir été couronné empereur, lorsque la mort ou même la déposition de Louis-le-Débonnaire le laissa seul maître de l'empire[1]; et peut-être sera-ce à cette époque qu'il aura comme séquestré le sceau primitif, en le faisant enchâsser parmi les pierreries qui ornent la croix d'Aix-la-Chapelle. Je ne saurais décider cette question[2]; mais, quoi qu'il en soit, le sceau de quartz était une pièce utile pour l'histoire de l'art aussi bien que pour la diplomatique, et je doute qu'il ait jamais été publié jusqu'à présent.

Charles CAHIER.

---

[1] Associé à l'empire par son père en 817, Lothaire reçut la couronne impériale des mains du pape Pascal le 5 avril 823.

[2] Il se pourrait bien aussi que notre sceau fût celui du second fils de Lothaire I, dont le nom a donné naissance à celui de la Lorraine (*Lotharingia*). Ce prince avait Aix-la-Chapelle dans son partage.

CRUCIFIX DE LOTHAIRE,

A AIX-LA-CHAPELLE.

(PLANCHE XXXII.)

On a vu dans la planche précédente le revers de cette croix d'or, orné de diverses pierreries, et le pied sur lequel on l'a dressée bien des siècles après l'exécution de la partie principale. Sur la face que nous avons réservée pour ce mémoire, l'artiste a eu la bonne pensée de n'admettre aucune espèce d'ornement, si ce n'est le cordon extérieur : sobre jusqu'à l'austérité, il a réussi à produire une œuvre aussi noble que simple. Cette grande croix d'or haute d'environ cinquante centimètres (sans le pied), et large de trente-six à peu près (à la traverse des bras), où toutes les figures ne sont tracées que par un coup de burin ferme et large, offre un spectacle grave et presque sévère qui ressort d'autant mieux par l'opposition des ornements un peu coquets dont le quatorzième siècle a composé son support actuel. Pour que l'on puisse se rendre compte de l'effet produit par les lignes que l'artiste inconnu a gravées sur cette surface toute unie, nous avons joint à l'ensemble réduit plusieurs détails exécutés dans la même dimension que l'original, et qui peuvent être considérés comme de véritables calques.

Mais, après cet aspect général, nous verrons que les diverses parties prêtent à des études intéressantes pour l'histoire de l'iconographie.

I.

DES CRUCIFIX ANTÉRIEURS AU DIXIÈME SIÈCLE.

1. Personne n'ignore que les premiers prédicateurs de l'Évangile, ayant à briser les habitudes d'un monde idolâtre, tinrent longtemps à l'écart, comme en une quarantaine exigée par le salut public, les arts qui avaient précipité la marche de la superstition et de l'impudeur antiques. La religion de Jésus-Christ, durant plusieurs siècles, ne se relâcha que peu à peu de la rigueur qu'avait observée la loi de Moïse envers la peinture et les arts plastiques, dans son antagonisme presque farouche, contre l'idolâtrie et l'immoralité universelle. Aussi la statuaire surtout, qui avait été le principal instrument du culte païen, ne fut-elle admise que très lentement au service du christianisme. Il fallait donner aux esprits le temps de reléguer les dieux de pierre, de bois et de métal parmi les monuments d'un art distingué, mais d'une société éteinte; les idoles devaient quitter leurs temples pour n'être plus qu'un objet de décoration civile, avant que l'Église reçût des statues qui parussent rappeler les images gra-

tifiées d'un génie divin par le paganisme. Les cœurs, en un mot, avaient besoin d'être changés, et la société d'être remaniée profondément, avant de réussir à bien séparer de l'abus antique le symbole nouveau dans sa vérité délicate. C'est pourquoi le ciseau ou l'ébauchoir ne furent acceptés que pour des bas-reliefs, qui même n'étaient pas destinés à être offerts à la vénération publique. Ce furent des pierres gravées, des lampes, des tombeaux; et qui, le plus souvent, présentaient aux regards de simples emblèmes commémoratifs, plutôt que des objets directs de culte. De statues proprement dites, on n'en cite point dans les églises d'exemple bien irrécusable avant les dernières années du neuvième siècle[1]. Le bas-relief paraît d'assez bonne heure, et se multiplie à partir du règne de Constantin; mais aujourd'hui encore, l'Église grecque n'a dépassé qu'à peine ce premier état de tolérance accordée à la sculpture depuis si longtemps.

Quant à la croix, bien qu'elle semble avoir été présentée à l'adoration des chrétiens dès les premiers temps de l'Église[2], il ne paraît pas qu'on puisse citer avant le sixième siècle un seul fait décisif qui établisse que la représentation de Jésus-Christ y ait été je ne dis pas sculptée, mais peinte même ou gravée. Le P. Grætzer alléguait un poëme attribué à Lactance, et cette autorité a été reproduite par bien d'autres; mais quel que soit le véritable auteur de cette pièce, et fût-elle bien certainement du siècle de Lactance, les vers qui y décrivent assez clairement un crucifix sont suspects d'interpolation, et pourraient être l'œuvre d'une époque moins reculée[3]. On n'a élevé aucune objection, que je sache, contre le crucifix peint dans un manuscrit syriaque de 585 ou 586, qui est à Florence[4]; et pourtant il ne manque pas d'exemples qui montrent que plus d'une fois les miniatures d'un manuscrit sont d'une époque fort antérieure ou fort postérieure à celle de la copie du texte[5]. Ce crucifix syriaque, quelque important qu'il soit pour l'histoire de l'art et des rites chrétiens, ne pourrait donc pas donner une date absolument définitive. Mais vers le même temps, et presque à la même année où se rapporte le manuscrit oriental que je viens de citer, nous avons pour la France le témoignage de Grégoire de Tours, qui parle d'un crucifix que l'on honorait de son temps à

---

[1] Le savant florentin Jean Lami, dont l'érudition variée, mais parfois trop expéditive, a reçu de ses contemporains des louanges quelque peu exagérées, a consacré aux origines de la sculpture en ronde-bosse dans l'Église une dissertation qui mérite d'être lue, malgré ses défauts. Elle est disséminée dans les divers fascicules des *Novelle letterarie* pour 1766 et 1767. L'auteur y soutenait évidemment une espèce de gageure où il s'était fait un parti pris antérieurement à toute vérification; mais il paraît au moins résulter de ses recherches qu'il est difficile d'établir incontestablement l'existence de véritables statues présentées à la vénération des fidèles avant le dixième siècle. Je n'en pourrais parler que sur des ouï-dire, si M. le comte de l'Escalopier n'avait bien voulu me permettre de consulter l'exemplaire qu'il possède dans sa bibliothèque, formée avec tant de soin.

[2] Cf. Gori, *Symbolæ*, Dec. florent., t. III, p.104, sqq.;151, sqq. — Binterim, *Die vorzugl. Denkwürd.*, IV B., 1 th., 524-527. — Etc.

[3] Cf. Pelliccia, *De chr. ecclesiæ... politia*, libr. IV, sect. II, cap. VII, §. 2 (ed. Bassan., t. II, 122). — Gori, *l. cit.*, p. 177, sq.

[4] Assemani, *Bibliothecæ mediceæ... codd. mss. oriental. catalogus*, tab. XXIII et p. 1, 3. Notre Seigneur y est revêtu d'une sorte de tunique sans manches, fort semblable à celle qui recouvre le crucifix publié par Et. Borgia dans son ouvrage sur la croix de Velletri, p. cxxxiij.

[5] J'en citerai plusieurs preuves quand je pourrai publier en entier un travail sur les *Bibliothèques du moyen âge*, dont il a paru des fragments dans les *Annales de philosophie chrétienne* en 1859.

Narbonne dans l'église de Saint-Geniès [1]; et le langage de cet historien autorise à croire que cette peinture, vénérée encore par les peuples tandis qu'il l'écrivait, subsistait depuis bien des années. Ainsi, voulût-on jeter des doutes sur l'âge précis de la miniature syriaque, il n'en faudra pas moins admettre que le crucifix existait certainement au sixième siècle; sans préjudice pour les faits qui obligeraient peut-être un jour à remonter encore plus haut. Mais jusqu'à présent il semble que ce soit la dernière limite certaine où nous puissions atteindre par des preuves positives sans réplique.

2. C'est donc faire beaucoup d'honneur à l'assemblée d'évêques grecs connue sous le nom de concile *in trullo* (en 692), que de la donner comme le point de départ dans la question historique des crucifix. Quand nous n'aurions pas les faits qui viennent d'être indiqués, il faudrait encore se rappeler qu'il s'agit là de prélats grecs, c'est à dire de rigorisme presque pharisaïque en fait d'antiquité (dans tout ce qui n'intéresse pas certaines faiblesses du clergé lui-même, bien entendu). On pourrait donc être sûr d'avance que ce concile quelconque ne prenait point l'initiative d'une innovation, mais qu'il avait la main forcée par une coutume devenue trop générale pour qu'on pût désormais lui refuser une consécration authentique. Que si l'on examine attentivement les paroles même du décret, on y apercevra non pas précisément l'avénement d'un usage nouveau, mais son triomphe définitif par l'improbation solennelle infligée à la coutume qui l'avait précédée et qui tombait alors en désuétude.

Voici comment s'exprimaient les Grecs [2] : « Dans *quelques-unes* des saintes images on peint
« l'agneau montré par le doigt du Précurseur, comme type de la loi de grâce qu'annonçait
« l'ancien Testament, dans le véritable agneau Jésus-Christ notre Dieu. Mais, tout en acceptant
« avec amour les ébauches antiques et les figures qui ont été données à l'Église
« comme des signes et des titres de sa vérité, nous leur préférons l'accomplissement et la
« réalité qui nous ont mis en possession du but de l'ancienne Loi. En conséquence, pour
« que le véritable terme des promesses soit présenté à tous les esprits même par la peinture,
« nous ordonnons qu'au lieu de l'ancien agneau on exposera désormais sous la forme humaine
« dans les images Jésus-Christ notre Dieu, l'agneau qui porte l'iniquité du monde.
« Par là, sans oublier la hauteur d'où s'est abaissé le Verbe divin, nous serons conduits au
« souvenir de sa vie mortelle, de ses souffrances et de sa mort salutaire qui ont payé la
« rançon du monde. »

Dans ce décret, les évêques d'Orient voudraient bien se donner l'air de régler quelque chose; mais on s'aperçoit qu'ils se mettent à la suite d'un entraînement où leur impulsion n'avait pas été attendue. Le sens chrétien avait spontanément développé ce précieux germe

---

[1] Greg. Turon., *De glor. Mart.*, libr. I, c. 23 (ed. Ruinart, p. 745, sq.). « *Est apud Narbonensem urbem... pictura quæ Dominum nostrum... indicat crucifixum... Et sic obtecta nunc pictura suspicitur.* » Il faut noter que l'historien ne cite point du tout comme chose singulière l'existence de cette peinture, mais seulement sa forme, à cause de la nudité du crucifix.

[2] Concil. quinisext. *can.* 82 (ed. Coleti, t. VII, p. 1383, sq.). Cf. Vitraux de Bourges, n° 132 (p. 226).

de piété que comprima longtemps le périlleux voisinage du paganisme ; et l'hérésie des iconoclastes peut être considérée comme la réaction d'un rigorisme inintelligent ou sans cœur, contre l'expansion vive et universelle que réclamaient toutes les âmes aimantes dès que le danger de l'idolâtrie fut décidément dissipé. Les Pères du concile grec ne peuvent donc s'empêcher d'avouer que leur décision arrive un peu tard : les symboles adoptés par les premiers chrétiens en attendant les jours d'une liberté entière [1] ne subsistent plus que dans *quelques-unes* des images exposées à la vénération publique ; aussi pour ne pas se confesser réduits à la tâche d'approuver, sans plus, ce qui a déjà conquis la prescription, ils s'en vengent par interdire l'ancien symbolisme qui s'éteignait peu à peu sans qu'ils eussent besoin d'y mettre la main, et qui était du reste un monument vénérable pour le rôle qu'il avait rempli. C'est là en somme le dernier mot de ce canon de Constantinople dont on a fait beaucoup trop de bruit.

Aussi voyez l'attitude que prend le pape Adrien Ier quand il a occasion de se prononcer [2] sur les actes du conciliabule *in trullo*. Il passe sous silence les autres décrets, et ne rappelle celui-ci que comme une confession éclatante des évêques grecs du septième siècle contre l'erreur iconoclaste [3]. Du reste nulle décision, ni pour l'adoption du crucifix, ni contre l'improbation de l'agneau. Rien n'est plus loin, en effet, des usages de l'Église romaine que la manie législative : elle approuve ou encourage les pratiques nées d'une piété sincère et éclairée, elle blâme ou comprime celles dont le principe ou la tendance font craindre quelque abus ; mais généralement elle ne réglemente qu'à la dernière extrémité, pour ainsi dire. Car, comme Dieu lui-même, toute autorité bien entendue traite la liberté humaine avec grand respect ; parceque l'autorité n'existe qu'afin de diriger l'homme et non pour le maîtriser. Aussi, le plus souvent, au lieu d'innover, les conciles examinent ce qui se fait, et le règlent par approbation ou condamnation ou modification. Quant au cas présent, par exemple, nous voyons que l'exposition publique du crucifix avait lieu chez les Latins pour le moins un siècle avant que les Grecs en fissent l'objet d'un réglement, et sans que nulle intervention du pouvoir ecclésiastique s'y aperçoive ni pour ni contre ; puis, malgré le triomphe de cette forme nouvelle qui fait condamner l'ancienne par les Grecs, l'agneau se maintient dans l'art de nos pères à côté du crucifix sans lui être sacrifié.

3. Quoi qu'il en soit, il faut observer dans le texte du canon grec précédemment traduit, que toutes les expressions où l'on pourrait chercher un renseignement technique indiquent la peinture et le pinceau. Par le fait, les crucifix furent longtemps encore peints sur bois ou même sur toile, non seulement dans les tableaux mais sur les croix isolées, avant que le

---

[1] Pour ne pas renvoyer à divers écrivains qui souvent se copient l'un l'autre sur les représentations qui ont préludé au crucifix, il peut suffire d'indiquer la dissertation déjà citée de Gori ; *symbol.*, t. III, p. 106-171.

[2] Hadr. papæ *Ep.* xvii, ad Taras. (ed Colcti, t. viii p. 553,, sq. ; 767, sqq.).

[3] Il faut se rappeler que les plus furieux iconoclastes ne repoussaient point la croix, mais seulement les crucifix et les images proprement dites. Ainsi le témoignage invoqué par le pape portait précisément sur ces deux derniers chefs.

ciseau s'y hasardât (au moins pour le haut-relief). Mais le burin suppléa souvent la peinture ou la sculpture, dont une foule de difficultés étaient évitées par ce procédé sommaire; et c'est le cas du crucifix de Lothaire, où tout est simplement gravé. Le laborieux A. F. Gori pense que ce fut assez généralement la plus ancienne manière employée par l'orfévrerie [1] pour présenter le crucifix aux regards des fidèles; et il avait observé que sur plusieurs croix d'une époque reculée, un crucifix ciselé ou jeté en fonte était venu plus tard recouvrir et masquer celui qu'on y avait gravé précédemment [2]. Le nôtre est demeuré franchement dans le premier état, grâce sans doute au prix de la matière et au nom de l'empereur qui passe pour l'avoir donné. Ainsi nous possédons sans nulle atteinte le plus ancien crucifix peut-être que l'Occident ait conservé. Pour compléter ou fortifier les données qu'il pourra fournir sur l'histoire de l'art carlovingien, nous lui adjoindrons deux miniatures du *manuel de prières* de Charles-le-Chauve. [3]

[1] Quand on parle d'orfévrerie du moyen âge, il est bon d'adopter la signification large que donne à ce mot M. J. Labarte dans sa *Description des objets d'art qui composent la collection Debruge Duménil* (p. 206), où il veut que l'on reconnaisse l'orfévre plutôt au prix de son travail qu'à celui de la matière élaborée.

[2] Gori, *l. cit.*, p. 175, 183. Notre crucifix gravé fera comprendre pourquoi certaines expressions d'Anastase dans ses vies des papes ne peuvent être prises comme prouvant l'existence des figures en ronde bosse. Il nous y faudrait au moins quelque chose comme ce que dit Jean-le-Diacre (ap. Mabillon, *Mus. italic.*, t. II, p. 575) quand il parle d'un *crucifix d'or sur une croix d'argent*. Mais son récit est relatif aux premières années du dixième siècle, ce qui est un peu tard.

[3] *Enchiridion precationum Caroli Calvi*, manuscrit conservé dans le Trésor du roi de Bavière.

II.

LA MAIN DIVINE ET LA COURONNE.

4. Le grave Bottari[1] trouvait un caractère d'archaïsme si marqué dans cette main céleste qui sort des nuages sur divers monuments chrétiens, qu'il croyait sans doute avoir beaucoup fait en montrant que l'usage de ce symbole avait persisté jusqu'au onzième siècle. Le fait est que le douzième siècle et même le treizième l'employèrent volontiers comme un signe qui n'avait point du tout perdu pour les peuples son ancienne signification, bien que certains faits semblent prêter à croire qu'elle allait s'effaçant de plus en plus dans les esprits. On la retrouve alors sur les vases sacrés et dans les peintures des vitraux[2], comme dans les mosaïques qui semblent obéir à des prescriptions plus sévères. Mais il ne s'agit pas tant de savoir jusqu'où ce symbole a duré, que de constater son antique usage et le sens qui lui était prêté dès l'origine de l'art chrétien.

Quant au fréquent emploi qu'en ont fait les premiers siècles de l'Église, c'est ce qu'a dû remarquer quiconque aura seulement feuilleté les recueils d'anciens monuments du christianisme[3]; et bien qu'il ne soit pas très difficile d'en saisir passablement le sens, expliquons-le brièvement pour les esprits les plus novices.

On pourrait absolument dire avec Bottari[4] que cette main divine a été imaginée pour éviter d'abaisser à la forme humaine l'infinie majesté de Dieu partout ailleurs que dans le mystère de l'Incarnation où il a plu au Verbe divin d'accepter cet anéantissement. Mais il faut, ce semble, prendre les choses de plus haut; aussi bien l'art ne peut se passer de formes sensibles, et la main, toute isolée qu'elle est, est cependant un emprunt fait à la forme humaine. Avec ces conditions essentielles pour la peinture et la statuaire, qu'est-ce que le christianisme pouvait faire de l'art quand l'Évangile vint demander à l'univers idolâtre des *adorateurs en esprit et en vérité*[5]? Devait-il, traitant l'homme en pur esprit, repousser tout langage qui n'arrive à l'âme que par les sens (sauf l'ouïe sans doute; ou même la vue encore, du moins

---

[1] Roma sotterranea, t. I, p. 71.

[2] Il peut suffire à notre but de citer dans les *Vitraux de Bourges* la planche I (Jonas), la planche XIV, A et B (légendes de S. Laurent et de S. Vincent), et *l'Étude* XIII, fig. D (crucifix de S. Remi de Reims).

[3] Cf. Vettori, *Dissertatio philologica*, p. 62, sq. — G. Orti Manara, *Dell' antica basilica di S. Zenone Maggiore*, p. 5, 46. — Labus, *Fasti della Chiesa*, t. VIII, 556, sv. — Etc.

[4] Il indique le passage suivant que nous transcrivons en entier, mais qui vraiment prouve assez peu. Augustin., *De fide et symbol.*, cap. VII (t. VI, 157). « Nec... quasi humana forma circumscriptum esse Deum Patrem arbitrandum est ut de illo cogitantibus dextrum aut sinistrum latus animo occurrat;... ne in illud incidamus sacrilegium in quo exsecratur Apostolus (Rom., I, 23) eos qui *commutaverunt gloriam incorruptibilis Dei in similitudinem corruptibilis hominis.* Tale enim simulacrum Deo nefas est christiano in templo collocare. »

Ce texte, employé comme document archéologique, mériterait d'être classé parmi ces raisonnements exagérés qui, à force d'outrepasser le but, ne l'atteignent même pas. Assurément la personne de Dieu le Père n'a guère été représentée dans l'Église que bien des siècles après S. Augustin (et, à mon avis, beaucoup plus tard qu'on ne le pense communément); mais si nous n'avions les monuments pour interpréter ces paroles de l'évêque d'Hippone, elles conclueraient tout aussi bien contre la main seule que contre un buste ou une figure humaine complète. Ce n'est donc pas là de quoi nous apprendre grand'chose.

[5] Joann., IV, 23.

pour la parole écrite)? Mais Jésus-Christ n'était pas venu déclarer funeste l'œuvre de la création, et réserver à l'Esprit mauvais des moyens d'entraînement que Dieu se serait interdits, après avoir mis en nous ce qui fait leur puissance. Il s'était proposé d'ennoblir l'homme, et non de le briser ou de l'amoindrir. Il voulait donc non pas l'isoler du monde, mais relever au contraire le monde par l'homme rendu à l'ordre, et ramener ainsi toutes choses à leur vraie destination[1]. Entraîné par ses sens, l'homme s'était laissé prendre aux objets extérieurs comme à un piége tendu partout sous ses pas[2]; il s'agissait non pas précisément de rompre le filet, mais de le faire servir à relever les âmes déchues : en sorte que ce qui avait activé la dégradation se tournât en une espèce de séduction pour le bien. L'art ne devait donc point manquer à l'œuvre de la réhabilitation; sans quoi l'Église eût méconnu l'humanité, et mal continué la mission du Fils de Dieu, qui s'était rendu visible pour nous conduire à l'amour de ce qui est supérieur aux sens[3]. Mais au commencement de ce nouvel ordre, l'art, qui s'était livré à une longue débauche, dut être quelque temps soumis à une sorte de régime et comme de diète impérieuse. Il y eut donc d'abord un moment d'arrêt presque absolu qui dura plus d'un siècle; puis, quelque chose de semblable à la convalescence qui ne ramène qu'insensiblement le malade à l'exercice complet des fonctions troublées; et cette phase se prolongea bien au-delà de ce qu'avait duré la première. A cette période de transition, parceque l'art avait surtout égaré l'humanité en lui faisant déifier mille objets sensibles, il fut assujetti à n'offrir rien aux sens qui pût sembler être un terme direct d'adoration. Ce fut comme exclusivement l'âge du *symbole*, un fait même présenté aux regards ne fut communément que l'indication d'un autre fait auquel l'esprit n'était amené que par voie détournée; si bien que les scènes historiques reproduites par l'artiste devenaient elles-mêmes des symboles : c'est à dire un moyen conventionnel d'atteindre ailleurs qu'à la chose représentée, une allusion plutôt qu'une représentation proprement dite.

Je ne m'arrêterai point ici à développer ces vues générales, parceque nous rassemblerons ailleurs un grand nombre des représentations usitées durant les premiers siècles du christianisme; et il sera temps seulement alors d'entrer dans des détails qui seraient mal compris sans le secours des monuments figurés. Je n'appliquerai donc cet aperçu qu'aux vestiges de l'art chrétien primitif qui accompagnent le crucifix de Lothaire.

5. Cette main, qui semble bien plus destinée à éveiller la pensée qu'à fixer le regard, est sans contredit une des expressions les plus immatérielles que pût trouver le crayon; c'est, à vrai dire, plutôt un hiéroglyphe qu'une peinture. Dans une forme si incomplète, le spectateur doit comprendre tout d'abord qu'il lui faut chercher par l'esprit un objet différent de celui

---

[1] Eph., I, 10.
[2] Sap., XIV, 11.
[3] Praef., *in Nativ. Domini* : « ... Ut dum visibiliter Deum cognoscimus, per hunc in invisibilium amorem rapiamur. »

qui est présenté à ses yeux. Quelquefois, mais postérieurement à l'époque que nous étudions, cette main a été entourée du nimbe crucifère [1] qui caractérise les personnes divines; du reste le nuage ou l'espèce d'auréole qui lui ouvre passage ordinairement [2] indique bien que c'est une main céleste. Or quelle idée abstraite correspond le plus naturellement à cette forme presque abstraite elle-même? L'Écriture sainte est là pour en suggérer l'interprétation dans cent textes divers. C'est, si l'on veut, la force et la puissance, c'est à dire l'action souveraine de Dieu [3]. Toutefois, si je me rends bien compte de la fonction que ce signe remplit dans l'art, il me semble qu'on l'a surtout employé pour exprimer une intervention secrète du Ciel, une assistance ou une inspiration divine; mais principalement une parole adressée par Dieu à l'homme. Je m'expliquerais ainsi pourquoi cette main divine fait presque toujours le geste que l'on a qualifié de *bénédiction*, mais qui doit souvent être pris comme un préliminaire oratoire. [4]

Comme cette main était présentée seule, il était tout à fait convenable que ce fût une main droite, puisque c'est communément dans l'homme la main forte et habile par excellence. Aussi l'Écriture parle-t-elle volontiers de la droite du Seigneur quand il s'agit d'œuvres de choix, pour ainsi dire, entre toutes les autres [5], ou de faveurs accordées aux hommes. Par le fait, il est fort rare que cette main céleste soit une main gauche; et je ne sais même si, quand ce cas se rencontre dans la reproduction de quelque monument [6], il n'en faudrait pas rejeter la faute sur le dessinateur ou le graveur plutôt que sur l'artiste primitif : erreur qui ne doit point surprendre dans les anciennes gravures, où l'on ne se piquait pas toujours de cette exactitude que nous exigeons aujourd'hui (sans toutefois l'obtenir encore constamment). Il était surtout facile d'interpréter mal un modèle lorsque le vague des traits laissait douter de l'intention première : comme pour la main qui surmonte le crucifix de Charles-le-Chauve (ci-dessus, p. 211), où l'original accuse une main droite un peu plus sensiblement que ne fait la gravure sur bois.

Bien que cette *droite* divine paraisse avoir été employée quelquefois comme symbole de

---

[1] Cf. Didron, *Iconographie... de Dieu*, p. 183-192.

[2] Ici c'est bien un nuage, quoique l'on puisse d'abord croire que ce sont des flammes ; c'est une forme de convention que nous retrouverons de nouveau dans la suite, et qui peut avoir appartenu à une école distincte. Ailleurs, des étoiles comprises dans l'espace circonscrit d'où sort la main indiquent encore plus clairement le ciel.

[3] Exod., III, 19, 20; XIII, 3, 9; XIV, 8; XV, 12; XXXII, 11. — Numer., XI, 23; XIV, 30. — Deuter., IV, 34; V, 15; VI, 21; VII, 8, 19; XI, 2; XXVI, 8; XXXIV, 12. — Judic., II, 15. — Ruth., I, 13. — I. Reg., XII, 15. — Esth., XIV, 14. — Job., II, 5, 10; VI, 9; X, 3, 7, 8; XII, 9, 10; XIII, 21; XIV, 15; XIX, 21; XXVI, 13. — Etc., etc., etc.
Cf. Origen. *in Numer.*, homil. XXVII, 8 (t. II, 378). — Augustin. *Epist.*, 148 (t. II, 501); *in Ps.* CXVIII, 73 (t. IV, 1323). — Prosp., *in h. Ps.* (ed. Mangeant, p. 447, sq.). — Eucher. *Formul. spir.*, cap. 1 (Bibl. PP. VI, 825). — Pseudo-Augustin. *De essent. divin.* (t. VIII, Append., p. 68). — Nicet. Choniat. *Thesaur. orthod. fid.*, libr. I, cap. 26 et 40 (Bibl. PP. XXV, 75. 84). — Etc.

[4] Voyez ci-dessus (note de la p. 32) ce qui a été dit du geste de Nathan et de David. — It. Virgile et Térence du Vatican, ap. d'Agincourt, *Peinture*, pl. XXIV, 1; XXV, 2; XXXV, 4-6; XXXVI, 2. — Fulgent. Planciad., *Contin. Virgil.*, (ap. Thom. Muncker., *Mythogr.*, t. II, p. 143), — Scaliger, dans ses notes sur Properce (libr. IV, *eleg.* VII, v. 12), a réuni plusieurs textes curieux à ce sujet, quoiqu'il confonde un geste de dépit avec celui dont nous parlons en ce moment.

[5] Exod., XV, 6; XXXIII, 22. — Deuter., XXXIII, 2. — Job., XIV, 15. — Ps. XVII, 36; XX, 9; XLIII, 4; XLIV, 5; XLVII, 11; LIX, 7; LXII, 9; LXXIX, 18; etc., etc.
Cf. Lorin., *in Ps.* CVII, 7; et CXXXVII, 7.

[6] Par exemple dans Ciampini, *Vett. monim.*, t. II, tab. 53, et 24.

Jésus-Christ [1] (en quoi l'on pouvait s'appuyer du langage de plusieurs saints Pères [2]), il est évident que sur les croix de Lothaire et de Charles-le-Chauve, comme presque toujours, on s'en est servi pour désigner Dieu le Père à qui sont attribuées spécialement la majesté souveraine, la providence universelle et l'action toute puissante. Aussi l'habile P. Rosweyde a-t-il très judicieusement conjecturé que cette main céleste est précisément ce qu'indique S. Paulin de Nole lorsque, décrivant des basiliques de la fin du quatrième siècle et les peintures qui les ornaient, il dit [3] : « La Trinité s'y manifeste en traits consacrés : l'Agneau, c'est « Jésus-Christ ; cette voix qui tonne du haut des cieux [4], c'est celle du Père; et dans la « colombe, c'est l'Esprit saint qui descend, etc. » Interprétation qui acquiert une nouvelle force si l'on fait attention que la droite formant le geste oratoire dont nous avons parlé, correspond tout à fait aux mots *voix céleste* employés par S. Paulin. Car dans un bon nombre de monuments où cette main céleste indique évidemment l'inspiration divine [5], il est clair qu'elle équivaut à peu près aux paroles dont se sert l'Ecriture si souvent : « *Factum est verbum* « *Domini ad.....* » Quoique S. Paulin décrive, au dessus de la croix de son abside, une couronne [6] et une colombe, ainsi que dans cette planche, il est donc permis de supposer que la main divine y bénissait, comme on dit, au lieu de soutenir la couronne. Cette supposition n'est nullement hasardée; on la trouvera justifiée sur un bel ivoire que nous devons publier très prochainement dans ce recueil.

6. Après ce qui vient d'être dit, on ne demandera point ce que signifie la colombe représentée entre la tête de notre Seigneur et la main divine. On a déjà compris que l'artiste a voulu représenter la Trinité tout entière *se réconciliant l'homme en Jésus-Christ*, comme parle

---

[1] Cf. Crescimbeni, *Istoria... di S. Maria in cosmedin*, p. 112, 113.
[2] Cyrill. Alexandrin., *in Julian.*, libr. IX (ed. Spanheim, p. 292, sq.). — Augustin., *in Ps.* XLIV, 5; et CIII, 28 (t. IV, 388, 1175). — Prosp., *in Ps.* CIII, 28 (p. 390). — Eucher., *Formul.*, cap. 2 (*l. cit.*, 827). — Isidor., *Etymol.*, libr. VII, cap. II, 23 (ed. Arevalo, t. III, 302). — Anast. sinait., *De Trinit.*, or. I (Bibl. PP. IX, 927). — Joann. Cypariss. *Dec.* IX (ibid. XXI, 456). — Etc.
[3] Paulin. *Epist.* XXXII, ad Sever. (Veron. 1736, p. 203, sq.; et 907, sq.).

« Pleno coruscet Trinitas mysterio :
Stat Christus agno, vox Patris cœlo tonat,
Et per columbam Spiritus Sanctus fluit.
. . . .
. . . .
Pia Trinitatis unitas Christo coit
Habente et ipsa Trinitate insignia :
Deum revelat vox paterna et Spiritus,
Sanctam fatentur crux et agnus victimam.
Etc. »

L'agneau, qui pouvait bien tenir lieu du crucifix dans les peintures de S. Paulin, vers la fin du quatrième siècle, a fait place sur la croix de Lothaire à une représentation plus directe. Mais du reste on pourrait croire que les vers du poète chrétien ont été faits pour notre crucifix.

[4] Comment peindre une voix? C'est à quoi répondent les détails que je donne sur le geste de la *droite divine*.
[5] Cf. Bianchini, *Evangeliar. Quadrupl.* P. I (vol. II) p. CDLXXIV. — Menol. græc., *passim*. — D'Agincourt, *Peinture*, pl. XLVI, n° 1.
[6] Paulin, *l. cit.*

« Crucem corona lucido cingit globo
. . . .
. . . .
Cerne coronatam Domini super atria Christi.
Stare crucem, duro spondentem celsa labori
Præmia; tolle crucem qui vis auferre coronam. »

Pour la basilique de Fondi (ibid., p. 206, sq.) ce sont encore les mêmes images que dans celle de Nole :

« Sanctorum labor et merces sibi rite cohærent :
Ardua crux, pretiumque crucis sublime corona.
Ipse Deus nobis princeps crucis atque coronæ
Inter floriferi cœleste nemus paradisi.
Sub cruce sanguinea niveo stat Christus in agno,
Agnus ut innocua injusto datus hostia leto ;
Alite quem placido sanctus perfundit hiantem
Spiritus, et rutila Genitor de nube coronat. »

S. Paul [1], et comme l'entendent surtout les Pères grecs en interprétant cette expression du grand apôtre. Tout autre sens est trop au dessous de celui-là.

7. Quant à la couronne, le sens purement ascétique que semblaient lui prêter les inscriptions de S. Paulin n'exclut pas celui que je proposerai, et qui me paraît être le principal. Il est à remarquer que le moyen âge, comme l'antiquité chrétienne, a toujours eu grand soin de ne pas réduire le spectacle des humiliations et des souffrances de l'Homme-Dieu à une simple scène d'affliction ou de tendresse. L'art, comme la prédication des grands docteurs, prétendait inspirer la foi beaucoup plus que la piété [2] : laissant au cœur de chaque fidèle le soin de s'épancher à loisir dans des méditations affectueuses, mais se proposant avant tout de graver dans les âmes des souvenirs grands et profonds qui dominassent toute la vie. Je ne doute pas que le premier objet de cette couronne ne soit donc de nous rappeler la grandeur de celui qui expire sur le Calvaire, et de l'œuvre qu'il y accomplit. Plus sa majesté s'efface dans la mort et l'ignominie de la croix, plus il importe que le chrétien porte ses regards au-delà du spectacle qui frappe les sens, et se rappelle que c'est un Dieu qui souffre et meurt sur ce gibet; que les abaissements de cet Homme de douleurs sont volontaires et momentanés, mais que sa gloire est inamissible et sans mesure; qu'un monde nouveau date de l'instant où il s'immole, et que la régénération de l'humanité est son ouvrage. C'est ce qu'ont redit les apôtres après le maître lui-même [3]; c'est ce que l'Eglise répète en saluant la croix des noms de trophée glorieux, monument triomphal, étendard du grand roi, source de notre nouvelle vie [4], instrument du salut du monde, etc., etc. C'était assurément ce *règne de Dieu par l'arbre*

---

[1] II Cor. v, 18, 19. Cf. in h. l. Theodoret. Opp. ed Sirmond, t. III, 233.— Chrysostom, ed. Montfauc., t. x, 516.— Theophylact. Opp. ed. Venet., t. II, 271, sq. — Etc.

[2] Cf. Vitraux de Bourges, n° 200 (p. 288); ib. 206, sv. (p. 296-298); 133 (p. 227); etc.

S. Bernard, dont nous n'avons guère que les discours et les écrits destinés à des religieux, a été mal à propos (ce me semble) pris comme un modèle de la prédication. Mais, sans préjudice d'autres considérations, plus ses paroles auront été appropriées au cloître, moins il convenait de les imiter pour le peuple. De cette fausse entente est née toute une école d'éloquence sacrée qui semble n'avoir eu en vue que les âmes pieuses, c'est à dire le petit nombre, et ceux qui ont précisément le moins besoin de prédications. Par une funeste coïncidence, les types de l'art chrétien ont dérivé de même pendant les deux derniers siècles, quand ils n'ont pas été tout simplement s'échouer sur l'écueil du trivial ou de l'inconvenance; parcequ'il leur a manqué une direction mâle imprimée par la foi. Ainsi deux cordes se sont détendues à la fois dans le grand instrument de l'enseignement des peuples; faut-il s'étonner que le concert chrétien en ait souffert, et que la médiocrité des cœurs ait répondu à la médiocrité de l'éducation?

[3] Cf. Joann., XII, 32, 33. — Act., II, 33-36; v, 30, 31. —

Phil., II, 5-11. — Hebr., I, 2-13; II, 8-18; III, 1, 6; IX, 11, sqq. — Etc.

[4] « Pange lingua gloriosi
Lauream certaminis;
Et super *crucis trophæo*
Die triumphum nobilem
Qualiter Redemptor orbis
Immolatus *vicerit*.

« Crux fidelis, inter omnes
Arbor una nobilis

. . . .

« Sola digna tu fuisti
Ferre mundi pretium,
Atque portum præparare
Arca mundo naufrago.
Etc.

— « Vexilla Regis prodeunt,
Fulget crucis mysterium
Quo vita mortem pertulit,
Et morte vitam protulit.

« Arbor decora et fulgida,
Ornata Regis purpura,

. . . .

« Beata, cujus brachiis

de la croix ¹, qu'exprimait la couronne de pierreries qui dominait le *Labarum* de Constantin ² : et la même pensée inspirait le pieux langage que S. Ambroise met sur les lèvres de sainte Hélène explorant le Calvaire ³.

Ce point de vue, encore une fois, ne se sépare point de celui que désignent les expressions de S. Paulin ; il l'aggrandit plutôt, et le supporte si l'on veut me passer ce terme. La couronne que nous promet le Calvaire nous est d'autant plus assurée qu'elle est en quelque sorte aux mains du Crucifié. Il la donnait du haut de sa croix à l'un des compagnons de son supplice ⁴ ; il en dispose, et nul ne la recevra que de lui ⁵ ; comme il a frayé la route pour y parvenir, c'est lui qui décernera le prix de la course ⁶. La pensée de la récompense n'efface donc point celui par qui seul nous pouvons la mériter, et qui doit en être le dispensateur.

III.

LE SERPENT.

8. Aux symboles que nous venons d'expliquer, les crucifix de Lothaire et de Charles-le-Chauve en ajoutent d'autres encore pour nous rappeler la grandeur de la victime qui est frappée sur le Golgotha. Il en est un que les artistes n'étaient pas libres, pour ainsi dire, d'admettre ou de rejeter ; c'est le soleil et la lune. Non seulement l'époque carlovingienne, mais tout le moyen âge exigeait à peu près impérieusement la représentation de ces deux astres près la croix. Il n'en est pas même du serpent, qui s'y voit fréquemment, il est vrai, mais ni durant tant de siècles, ni aussi habituellement que la lune et le soleil.

Or, que signifie ce reptile qui se tort sous la croix, en menaçant de sa fureur impuissante les pieds du crucifié ?

Il ne faut pas un grand effort d'esprit pour y reconnaître une allusion à divers textes de l'ancien Testament et du nouveau. Rappelons d'abord les propres paroles de Jésus-Christ dans l'Evangile. « De même, dit-il ⁷, que Moïse éleva dans le désert l'image du serpent, il faut « que le Fils de l'homme aussi soit élevé (*en la croix*), pour que chacun de ceux qui croiront

---

Pretium pependit seculi,
Statera facta corporis,
Tulitque prædam tartari.
« O crux, ave, spes unica, » etc.

« Ecce lignum crucis in quo salus mundi pependit. » — « O crux splendidior cunctis astris, mundo celebris, hominibus multum amabilis ; quæ sola fuisti digna portare talentum mundi, etc. » — « In ligno pendens, nostræ salutis semitam Verbum Patris invenit. » Etc.

Si je voulais citer les expressions des SS. Pères, je remplirais des pages.

¹ On sait que ce texte de la version des Septante (*Ps.* xcv, ou xcvi, 10) quoique incomplet dans divers mss., où il est conforme à la Vulgate, a été suivi par plusieurs Pères latins, et comme adopté par l'Eglise dans l'hymne de Fortunat :

« Impleta sunt quæ concinit
David, fideli carmine
Dicens : *In nationibus*
Regnavit a ligno Deus. »

² Euseb., *Vita Constant.*, cap. 31.
³ *Triumphus crucis, Vexillum salutis*, etc. Cf. St. Borgia, *De cruce vaticana*, p. 35.
⁴ Luc., xxiii, 43.
⁵ Joann., v, 22-29. — Matth., xxiv, 30, sq. ; xxvi, 64. — I Petr. v, 4. — Etc.
⁶ II Tim. ii, 5-6 ; iv, 8. — Rom., viii, 18. — II Cor. i, 7. — Hebr. ii, 9. — I Petr. ii, 21 ; iv, 1, 5, 13 ; v, 10. — Etc.
⁷ Joann. iii, 14.

« en lui évite la mort et obtienne la vie sans fin. » Les saints Pères ont mainte fois développé [1], et le moyen âge a reproduit bien souvent [2] ce symbole de la Rédemption : l'instrument de mort tourné en remède contre la mort ; le serpent triomphant en apparence, mais en réalité vaincu et désarmé ; le Fils de Dieu subissant la mort que le péché avait introduite dans le monde, et brisant toutefois dans cette impuissance apparente le sceptre de l'auteur du mal ; les iniquités de la chair expiées et guéries par une chair toute semblable à la chair pécheresse, sauf seulement le péché.

Un autre passage de l'Ecriture semble n'avoir pas été sans influence sur cette représentation. C'est celui où Dieu maudissant le serpent après la chute du premier homme, lui adresse cette menace [3] : « J'établirai une haine irréconciliable entre toi et la femme, et sa « progéniture ; elle menacera ta tête, et tu menaceras son pied. » Je me sers à dessein, en traduisant ce dernier verset, d'expressions qui semblent laisser dans le doute s'il s'agit surtout de la femme ou de son enfant, afin de ne point opter entre les Septante que suivaient les anciennes versions latines [4], et la Vulgate qui règne aujourd'hui dans l'Eglise d'occident ; mais nous pouvons, avec presque toute l'Église grecque et les plus anciens Pères latins, adopter le point de vue le plus favorable à l'interprétation de nos monuments.

9. Or c'est bien au Calvaire, sans aucun doute, que s'est montrée dans toute son animosité cette guerre à mort entre le serpent et le Fils de la femme. « C'est pour détruire l'œuvre du démon que le Fils de Dieu s'est rendu visible [5] ; et sa mort a été le renversement de celui qui avait l'empire de la mort [6]. C'est alors que pour pour faire cesser l'antique querelle du ciel et de la terre et l'asservissement des hommes à l'ennemi de Dieu, le Rédempteur détruisit par sa croix l'engagement de notre servitude et dépouilla le prince des ténèbres [7]. Les docteurs de l'Église ont diversifié à l'envi ces enseignements de l'Ecriture [8] ; plusieurs rappellent à cette occasion l'arbre du fruit défendu qui avait donné la victoire à Satan, pour l'opposer à

---

[1] Tertullian., *De idolatria*, v (ed. Le Prieur, p. 88). « ..... Si quis autem dissimulat illam effigiem ærei serpentis, suspensi in modum, figuram designasse dominicæ crucis, a serpentibus (Id est ab angelis diaboli) liberaturæ nos; dum per semetipsam, diabolum (id est serpentem) interfectum suspendit; etc. » — Id., *Adv. Judæos*, x ; et *Adv. Marcion.*, libr. III, cap. 18 (p. 196, et 408).
Cf. Barnab.. *epist.* XII (ap. Galland., t. I, 130, sq.). — Justin., *Dialog. cum Tryph.*, XCI (ed. Maran, 189), etc. — Cyrill. Hierosol., *catech.* XIII (ed. Touttée, 192, sq.). — Cyrill. Alexandr. *Glaphyr. in Numer.* (ed. Aubert, t. I, 407, sq.). — Macar. Sen. *Homil.* XI, 9, 10 (ed. Pritio, 141, sq.). — Augustin., *in Ps.* CXVIII, 122; serm. XXVI ; et *Contr. Faust.*, libr. XIV, c. 2-7; et *ibid.* libr. XVI, cap. 22, sq. (t. IV, 1347; VIII, 265-267, et 296, sq.). — Isidor., *in Numer.*, cap. XXXVI (t. V, 453). — Etc., etc.
Dans l'un des médaillons de Suger à Saint-Denis on voit encore les serpents du désert qui expirent au pied de la colonne où est arboré le serpent d'airain (que surmonte l'image du crucifié, pour mieux expliquer le symbole prophétique), et l'inscription dit :
Sicut serpentes serpens necat æreus omnes,
Sic exaltatus necat hostes in cruce Christus.

[2] Cf. Vitraux de Bourges, *Texte*, n° 43, 68 (p. 76, sv.; 126) ; *planche* I ; *études* I, fig. D ; IV, fig. A et B ; VII, fig. G ; XII, fig. F.

[3] Gen., III, 14, 15.

[4] Cyprian., *Testimon. adv. Jud.*, libr. II, 9 (ed. Baluze, p. 288) : « Hoc semen prædixerat Deus de muliere procedere, quod calcaret caput diaboli. In Genesi : Tunc dixit Deus ad serpentem : quia tu hoc fecisti... Ponam inimicitiam inter te et mulierem, et inter semen ejus ; ipse tuum observabit caput, et tu observabis calcaneum ejus. »
Cf. P. Sabatier, Bibl. ss. latinæ vers., *in Genes.*, III, 15.

[5] Joann., I, 3.

[6] Hebr., II, 14.

[7] Eph., II, 14-16. — Col., II, 14, 15.

[8] Ambros., *in Ps.* XXXIX (t. I, 864, sq.) : « Tripudiabas

l'arbre de la croix qui est l'instrument de sa défaite [1]; d'autres, par une allusion plus ou moins directe à divers passages de l'ancien Testament [2], nous montrent en cette circonstance Lucifer vaincu sous la figure du grand dragon des eaux tiré de son empire par la vertu de la croix, comme dans une pêche merveilleuse où le Tout-Puissant s'est rendu maître du monstre qui défiait toutes les ressources humaines [3].

draco... Plus amisisti quam sustulisti... Felix ruina, quæ reparatur in melius ! »

Hymn. ambros. (ap. Ad. Daniel, *Thesaur. hymnol.*, t. I, p. 85, sq.).

« Tu hostis antiqui vires
Per crucem mortis conteris,
. . . .
Tu illum a nobis semper
Repellere digneberis,
Ne unquam possit lædere
Redemptos tuo sanguine. »

Prudent. *Cathemer.*, IX, 88, sqq. (ed. Arevalo, p. 346, t. I):

« Vidit anguis immolatam corporis sacri hostiam;
Vidit, et fellis perusti mox venenum perdidit,
Saucius dolore multo, colla fractus sibila.
Quid tibi, profane serpens, profuit rebus novis
Plasma primum perculisse versipelli audacia?
Diluit culpam recepto forma mortalis Deo. »

Paulin. Nolan., *De obitu Celsi*, v. 169, sqq. (ed. Veron., p. 673.)

« Omnibus interest mortis timor. . . . . .
. . . .
Nam postquam vita gessi de morte triumphum,
Mors superata obiit; stat rediviva salus.
Vitam ex morte dedi, mortem moriendo subegi;
Et genus humanum sanguine restitui.
Peccatum carnis superans in carne, peremi
Materiam culpæ, justitiam peperi.
Etc. »

S. Jean Chrysostome (*De cœmet.*, t. II, p. 400; et *in Matth.*, homil. LIV, t. VII, p. 554), parlant de la croix, l'appelle le glaive qui a percé le serpent infernal, le javelot qui a traversé la tête du dragon. C'était une pensée de ce genre, fréquemment reproduite par la littérature ecclésiastique grecque, qui avait inspiré la peinture slave (ap. d'Agincourt, *Peinture*, pl. CXX, n° 3) où la croix est enfoncée dans le ventre de Ἅδης ou du démon; car dans les évangiles apocryphes, Hadès s'écrie à la mort du Sauveur : ... ἀλγῶ τὴν κοιλίαν μου.

[1] Petr. Chrysolog., *Serm.* LVII, in symbol; « Qui sub Pontio Pilato crucifixus est et sepultus..... Audis crucifixum, ut nobis salutem perditam per quod perierat reparatam esse agnoscas ; et ibi videas pendere credentium vitam ubi mors pependerat perfidorum. »

Alcim. Avit. *Poem.*, libr. III, v. 20, sqq. (ed. Sirmond., p. 239):

« Et tamen adveniet tempus quum crimina ligni
Per lignum sanet purgetque novissimus Adam,
Materiamque ipsam faciat medicamina vitæ
Qua mors invaluit ; leto delebere letum,
Æreus excelso pendebit stipite serpens,

Quumque venenatum simulaverit, omne venenum
Purget, et antiquum perimat sua forma draconem. »

Cf. Vitraux de Bourges, n° 27 (p. 40-42).

L'Eglise grecque rappelle très fréquemment ce symbolisme dans l'office de la semaine sainte (παρακλητική), mais plusieurs trouveront sans doute que déjà je suis trop prodigue de citations ; bien que, dans des matières si peu étudiées par les savants d'aujourd'hui, il soit peut-être expédient de ne pas se borner à ce qui pourrait absolument suffire.

[2] Isai. XXVII, 1. — Job., XL, 20. — Ps. CIII, 26. — Etc.

[3] Greg. M. *in Evang.*, homil. XXV (t. V, 261) : « In hamo esca ostenditur, aculeus occultatur. Hunc ergo Pater omnipotens hamo cepit, quia ad mortem illius incarnatum Unigenitum misit ; in quo et caro passibilis videri posset, et divinitas impassibilis videri non posset... In hamo ergo ejus incarnationis captus est : quia dum in illo appetit escam corporis, transfixus est aculeo divinitatis.., In hamo ergo captus est, quia inde interiit unde momordit ; et quos tenebat mortales jure perdidit, quia eum in quo jus non habuit, morte appetere Immortalem præsumpsit. »

Pour que l'on n'attribue point cette singularité au mauvais goût de l'âge où vivait S. Grégoire-le-Grand, il ne sera pas inutile de faire observer que cette pensée est à peu près indiquée par S. Léon (*Serm.* LXI, de Passione X ; ed. Ballerin., t. I, 236), et presque formellement exprimée par S. Grégoire de Nazianze (or. XXXIX, 13 ; ed. Clémencet, t. I, 685). Quant au moyen âge (douzième siècle surtout), une fois saisi de cet aperçu original, il a rarement su garder quelque mesure dans les développements que le thème primitif lui suggérait, soit pour la poésie, soit (application beaucoup plus bizarre) pour la peinture. Plusieurs émaux et miniatures (par exemple dans l'*Hortus deliciarum*) représentent le Père éternel pêchant Satan à la ligne, et l'hameçon (ou la canne) est la croix de Jésus-Christ. Un souvenir bien vague me fait soupçonner que j'ai vu quelque chose de semblable dans un vitrail, mais j'espère bien que je me serai trompé; car un symbolisme de ce genre ne pouvait être destiné aux regards du public, quoique certains exemples annoncent que les peintres verriers n'ont pas toujours été dirigés par une discrétion bien délicate. L'Angleterre, spécialement, paraît avoir outré quelquefois le symbolisme comme l'ornementation.

Honorius d'Autun revient volontiers sur cette figure que ses contemporains paraissent avoir singulièrement affectionnée, mais un seul exemple peut bien suffire ici. Je l'emprunte au *Speculum Ecclesiæ* (in die paschæ, fol. 123 v°) :

« Leviathan piscis marinus,
Instar draconis formatus,
Multitudinem piscium devorat;
Ex quibus multi, (*pars*?) patente ejus maxilla remeant (...*at*).

Le serpent du crucifix de Lothaire offre une particularité assez rare dans les monuments : sa tête est surmontée de deux cornes qui n'ont certainement pas été tracées sans intention. Il est clair qu'on a voulu représenter un *céraste*, serpent redoutable qui n'est point du tout imaginaire, et dont parle l'Écriture[1] dans la prophétie adressée par Jacob mourant à chacun de ses fils les patriarches d'Israel. Or, comme la plupart des docteurs chrétiens voient dans ce verset une indication relative à l'Antechrist, il y a tout lieu de conjecturer que l'artiste du neuvième siècle a voulu donner ainsi au serpent infernal la forme qui rappelait le mieux ses dernières guerres et sa lutte acharnée contre le Christ et ceux qui lui appartiennent.

IV.

 LES DEUX ASTRES.

10. J'ai dit qu'une sorte de pragmatique inviolable exigeait au moyen âge la représentation du soleil et de la lune près de la croix. Pour deux monuments, sans plus, que nous avons à étudier aujourd'hui, ce n'est point le lieu de dire par quelle variété de formes les artistes ont fait passer ces deux astres; mais il nous faut observer, ce que nous verrons confirmer à peu près en toute occasion, que la place de chacun de ces astres auprès du Crucifié paraît avoir été invariablement fixée par une prescription impérieuse. De quelque façon qu'on les retrace, le soleil est à droite de Jésus-Christ (représenté ou non), et la lune à sa gauche. Cette exactitude constante pourrait déjà faire soupçonner qu'il ne s'agissait pas seulement de rappeler l'éclipse du vendredi-saint[2]; il semble que, pour le moins, un certain parti pris sur l'orientation de la croix venait se joindre à l'intention de montrer le ciel proclamant son maître dans celui qui expire sur le gibet entre deux voleurs. Or, si nous recherchons ce que disent nombre d'anciens auteurs, Jésus-Christ crucifié aurait étendu la main droite vers le

---

Per mare hoc sæculum insinuatur
Quod voluminibus adversitatum jugiter elevatur.
In hoc diabolus ut Leviathan circumnatat,
Multitudinem animarum devorat.
Deus autem... hamum in hoc mare porrexit,
Dum Filium suum... in mundum direxit.
    Hujus hami linea
    Est Christi genealogia
    Ab evangelistis contexta.
    Aculeus est Christi divinitas;
    Edulium vero, ejus humanitas.
Porro virga per quam hami linea in undas protenditur,
Est crux sancta in qua Christus ad decipiendum diabolum suspenditur.
Cujus carnis edulium dum hic Leviathan, avido dente mortis, lacerare nititur,
    A latente aculeo transfigitur ;

Atque tortuosus coluber de fluctibus protrahitur,
Dum per Christi fidem in omnibus gentibus cultus ejus dilabitur,
Ac de cordibus fidelium, per Christi nomen confusus, quotidie educitur.
Etc., etc. »

[1] Gen., XLIX, 17.

[2] On sait que la mort de notre Seigneur Jésus-Christ eut lieu à l'époque de la pleine lune, lorsque cette planète est si directement opposée au soleil relativement à nous, qu'elle montre entièrement à la terre son disque éclairé par les rayons solaires ; en sorte qu'une éclipse naturelle du soleil était impossible à ce moment de l'année. (Cf. Levit., XXIII, 5, 6.) De quelque façon que l'on plaçât chacun des deux astres relativement à la croix, le prodige de l'éclipse était suffisamment rappelé dès qu'on les représentait opposés l'un à l'autre.

nord, et la gauche vers le midi[1] ; ce qui rend d'autant plus singulier l'usage constant de peindre le soleil à droite[2]. Mais cette singularité n'est qu'apparente, à moins que l'on ne veuille trouver singulière l'influence si puissante du mysticisme sur l'art du moyen âge.

Si l'on veut se rendre raison de cette représentation du soleil en un point du ciel que nous avons vu être le nord, il faut quitter l'ordre des faits matériels pour recourir aux données supérieures du symbolisme. J'ai déjà fait observer ailleurs[3] que dans nos églises, aujourd'hui encore, c'est à la droite du crucifix, et au nord, que se chante l'évangile au milieu des flambeaux ; mais l'Église syriaque a dans son office du vendredi-saint[4] une cérémonie qu'on croirait faite pour interpréter l'usage de nos anciens artistes quand ils peignent le Calvaire. A Antioche, avant d'adorer la croix, on la place entre deux flambeaux, dont l'un (celui de gauche) ne doit pas être allumé ; or le cierge éteint représente bien le midi, puisque selon une prière du même office[5], notre Seigneur en croix avait le visage tourné vers l'occident (et conséquemment étendait la main droite au nord et la gauche au midi). Le cierge allumé est donc là comme le soleil près de nos crucifix ; et celui qui demeure éteint indique la région de la nuit, de même que la lune dans nos anciennes représentations du Calvaire. Plus cette pragmatique persistante est contraire à l'ordre naturel, plus il doit être entendu qu'il ne s'agit pas de la lumière matérielle, mais du jour de la vérité[6] et du flambeau de l'Évangile. S. Gré-

---

[1] Sedul. *Carm. pasch.*, libr. v, v. 188, sqq. (ed. Arevalo, p. 332) :

« Neve quis ignoret speciem crucis esse colendam
Quæ Dominum portavit ovans, ratione potenti
Quatuor inde plagas quadrati colligit orbis.
Splendidus auctoris de vertice fulget Eous,
Occiduo sacræ lambuntur sidere plantæ,
Arcton dextra tenet, medium læva erigit axem ;
Cunctaque de membris vivit natura creantis,
Et cruce complexum Christus regit undique mundum. »

Pseudo-Hieronym. *in Marc.* xv (t. v, 920) : « Ipsa species crucis quid est nisi forma quadrata mundi ? Oriens de vertice fulgens, Arcton dextra tenet, Auster in læva consistit, Occidens sub plantis firmatur. »

Des deux auteurs précédents, il y en avait un évidemment qui copiait l'autre, et ils se résolvent ainsi à peu près en un seul témoignage ; mais en voici un troisième auquel on ne pourrait opposer le même motif d'exclusion. Pseudo-Augustin., *Serm.* CCXLVII (t. v, *Append.*, 406) : « ... Significavit hanc caritatis latitudinem Dominus Jesus in cruce, caput ad Orientem subrigens, pedes ad Occidentem submittens, manus ad Aquilonem et Austrum extendens ; ut adimpleret quod de se ante Passionem suam prædixerat (Joann., xii, 32) : *Quum exaltatus fuero a terra*, id est quum crucifixus fuero, *omnia traham ad me ipsum*, id est convocabo ad me totum mundum. »

Firmicus Maternus (*De error. profan. relig.*, ap. Cypriani Opp. ed. Le Prieur, p. 14) semble dire que les bras de la croix s'étendent à l'Orient et à l'Occident ; mais ce qui donne un grand poids aux paroles de Sedulius pour le moyen âge, c'est, entre autres motifs, qu'elles ont été transcrites par la *Glose* (in Marc., xv, 26), et répétées presque à satiété.

Cette manière d'orienter la croix pourrait faire supposer que les écrivains qui s'expriment ainsi regardaient le crucifiement de notre Seigneur comme ayant été exécuté pendant que l'instrument de son supplice était étendu à terre ; tandis que d'anciens monuments représentent Jésus-Christ montant sur la croix déjà dressée et fixée dans le sol. Mais ce n'est point mon affaire pour aujourd'hui de discuter cette circonstance de la passion.

[2] Quant à la lune représentée à l'opposite du soleil (que ce soit le nord ou le midi), ce n'est chez les artistes qu'une expression tout à fait conforme à celle qu'emploie encore aujourd'hui la langue italienne quand elle donne au septentrion le nom de *minuit* (mezza notte), par opposition au *midi* (mezzogiorno).

[3] Vitraux de Bourges, n° 51 et 34 (p. 55, sv. ; 95, sv.).

[4] Cf. Borgia, *De cruce vatic.*, append. p. ij, etc. Il m'importe assez peu que les explications des orientaux donnent à ces rites un autre sens que le mien. Nous avons même parmi nous bien des interprétations de ce genre qui n'ont nullement force de chose jugée, surtout quand on n'en indique pas la source dans une haute tradition. Les Grecs, par exemple, ont beaucoup d'interprétations qui ne sont d'aucun poids ; parcequ'elles ne se rattachent à aucun nom respectable.

[5] Ap. Borgia, ibi l. p. l. — Cf. Grætzer, *De cruce*, libr, i, cap. 27.

[6] Is. ix, 2. — Malach. iv, 2. — Luc. i, 79. — Cf. Apoc. xi, 5.

goire-le-Grand et S. Ambroise l'expliquent dans le plus grand détail [1] et comme tout exprès pour cet endroit, quand ils disent que par la Loi nouvelle le soleil de justice a passé aux régions qu'avait jusque-là couvertes l'ombre de la mort ; tandis que les ténèbres se sont étendues sur le peuple des patriarches à qui luisait l'éclat de l'enseignement divin. Ainsi nous autres, enfants des païens et fils de l'Aquilon, nous avons eu enfin la lumière en partage (la lumière surnaturelle) après la longue nuit de tant de siècles d'erreur.

C'est au Calvaire que commence cette grande substitution. Là les soldats romains, qui se frappent la poitrine, protestent contre l'iniquité de la synagogue ; ces *gentils* proclament Fils de Dieu celui dont Jérusalem avait demandé le supplice à grands cris, et dont l'agonie a été entourée de malédictions ou de mépris par les docteurs d'Israel [2]. Par suite de la séparation qui s'établit ainsi près de la croix, l'art du moyen âge avait généralement adopté l'usage de placer à la droite de Jésus-Christ mourant tout ce qui représente les élus ; et à sa gauche tout ce qui porte un caractère de réprobation [3]. De cette façon, les titres divins de la grande Victime ne sont point séparés de ses humiliations et de son sacrifice ; dès lors apparaît le pouvoir avec lequel il prononcera au dernier jour la destinée éternelle de tous les hommes.

11. Ces deux astres reparaissent souvent avec la même situation, à droite et à gauche de Jésus-Christ, dans plusieurs représentations qui n'ont point le Calvaire pour objet ; et, sur les sceaux en particulier, ils se retrouvent de même près de personnages qui n'ont que faire avec

---

[1] Greg. M. *in Ezech.* (xl, 19), libr. ii, homil. vi, 20, 21 (t. v, 69) : « ... Et quia multi in Judæa, plerique vero in Gentilitate positi ad hanc perfectionis summam pervenerunt, recte subjungitur : *Ad Orientem et ad Aquilonem.* Judaicus etenim populus Oriens jure dictus est, de cujus carne ille est natus qui *Sol Justitiæ*, vocatur... Per Aquilonem vero Gentilitas figuratur quæ diu in perfidiæ suæ frigore torpuit, et in cujus corde ille regnavit qui, attestante propheta (Is., xiv, 13), apud semetipsum dixit : *Ponam sedem meam ad Aquilonem...*

« Sed quia sub Aquilonis nomine de Gentilitate sermo se intulit, considerare libet quantum super nos effusa sunt viscera creatoris nostri. Omnes enim nos ex Gentilitate venimus : antiqui parentes nostri lignis et lapidibus servierunt ; et derelinquentes Deum a quo facti sunt, deos venerati sunt quos fecerunt. Nos autem, per omnipotentis Dei gratiam, ad lucem de tenebris educti sumus. Recolamus ergo de quibus tenebris venimus, ut de luce quam accepimus gratias agamus... Cantemus itaque cum gaudio creatori nostro, quia de servitio creaturæ colla mentis excussimus... Respondeamus ergo moribus, tantæ misericordiæ Redemptoris nostri ; et qui lucem cognovimus, pravorum operum tenebras declinemus. »

Ambros. in *Ps.*, cxviii, 90 (t. i, 1119, sqq.) : « ..... *Ipse oriens*, inquit (Zach. vi, 12), *vadit ad Austrum et gyrat ad Aquilonem.....* Quia perseverabat (*populus Hebræorum*) in vitiis, nec emendabat errorem, ideo Sol Justitiæ gyravit ad gentes quæ ante eloquiis cœlestibus defraudatæ,... ignobiles habebantur ; Aquilo enim gravis ventus ut populus nationum., etc.

« Vide ergo venientem solem nostrum ad Austrum, postea gyrantem ad Aquilonem. *Hierusalem... quoties*, inquit, *volui congregare filios tuos, ... ! et noluisti. Ecce relinquetur vobis domus vestra deserta* (Matth., xxiii, 37, sq.). Gyravit igitur se ad gentes... eo quod velut pruinis hyemalibus geluque constrictam gentilis erroris congregationem Gentium sol Justitiæ diu indignam æstimaverit quam serena vultus sui luce lustraret. Nonne tibi videbatur hiberni rigor temporis, quando notus erat in Judæa tantummodo Deus ? Nunc autem plenitudo lucis effulget æstivæ. »

Cf. Vitraux de Bourges, nos 51 et 121 (p. 93-96 ; 212, sv.).

[2] Matth., xxvii, 54. — Luc., xxiii, 47, 48. — Matth., xxvii, 41, 42.

[3] Cf. Vitraux de Bourges, n° 34 (p. 54). D'autres recherches sur plusieurs monuments des hautes époques nous conduiront plus tard à développer cet aperçu, qui ne peut être qu'indiqué en ce moment. Faisons du moins remarquer que l'usage constant des anciens artistes est de représenter le mauvais larron crucifié à la gauche de Jésus-Christ. Et comme de vieilles légendes disent que le bon larron se convertit par une sorte d'effet miraculeux de l'ombre du Sauveur qui tomba sur lui, ainsi qu'on vit plus tard les malades guéris par l'ombre de S. Pierre (Act. v, 15) ; ce récit montrerait de nouveau combien l'on était persuadé que notre Seigneur sur la croix avait réellement le midi à sa gauche, puisque l'ombre de son corps aurait été projetée à droite.

le sujet de ce mémoire. Mais, outre que cela m'écarterait de mon objet principal, il faudrait pour en parler avoir fait des études sphragistiques qui me manquent presque entièrement.

V.

FORME, HAUTEUR ET MATIÈRE DE LA CROIX.

12. Aux différentes espèces de croix qui paraissent avoir été en usage dans l'antiquité, on a donné diverses dénominations [1] que je rappellerai par respect pour les savants qui les ont employées, mais sans m'y astreindre. Il eût fallu mêler plusieurs fois des noms latins à une phrase française, ou les traduire par des circonlocutions embarrassées.

Nous pouvons bien écarter tout d'abord la croix en X (*crux decussata*) ou à jambages obliques, ou *en sautoir* (ou *de Bourgogne*), qui a reçu un peu gratuitement le nom de S. André [2]; mais à laquelle on n'a guère fait l'honneur de supposer qu'elle eût servi au supplice de Jésus-Christ. Resteraient la croix en *Tau* (*crux commissa*), ou si l'on veut en béquille; et la croix à quatre angles droits (*crux immissa*). L'une et l'autre peut alléguer des probabilités graves pour son emploi au Calvaire; mais la croix à quatre jambages égaux (soi-disant grecque) ne doit pas être mise sur les rangs : c'est une forme de pure fantaisie, pour ainsi dire. Je ne parle pas de la croix en fourche (ou en Y), parcequ'elle est extrêmement rare dans les monuments chrétiens [3], surtout pour la croix de Jésus-Christ.

Bien que nous n'employons plus guère aujourd'hui la croix en *Tau*, elle a eu ses temps de faveur; sans avoir pourtant jamais régné seule, ni même obtenu une vogue bien générale. Aussi le sévère Luc de Tuy, au treizième siècle, s'élève-t-il avec indignation contre cette invention qui lui paraît un piége des hérétiques albigeois [4]. Mais c'était pousser le zèle fort loin, puisque le docte Muratori [5] semble pencher en faveur de cette forme au moins pour la croix de la basilique de Nole décrite par S. Paulin. Au fond la lettre *Tau* est bien indiquée fréquemment par les saints Pères comme rappelant l'instrument de notre salut; mais, outre qu'ils ne sont pas

---

[1] Cf. Just. Lips. *De cruce*. Ce livre, tout ancien qu'il est, ne laisse pas d'être encore un travail remarquable; et, quant à la partie profane, on a trouvé peu de chose à y ajouter. Il en est de même pour l'ouvrage du P. Graetzer, quant aux recherches ecclésiastiques.

[2] Au moyen âge, jusqu'au quatorzième siècle, on représente assez communément l'apôtre S. André avec une croix à quatre angles droits : mais qui serait enfoncée en terre par l'un des croisillons ou bras, le corps du martyr étant dans la situation horizontale; au lieu de la situation verticale naturelle comme Jésus-Christ, ou inverse comme S. Pierre, qui fut crucifié la tête en bas. Cf. *Vitr. de Bourges*, Planches XXVII, E; et XXVIII; et *étude* XVII, D. — Molan. *Hist. SS. imag.*, III, 51 (ed. Paquot, p. 384, sq.).

[3] Cf. d'Agincourt, *Peinture*, pl. CI, n° 14; fresque grecque du treizième siècle dans l'église des Quatre Couronnés, à Rome. Un ivoire de la Bibliothèque Nationale représente les deux larrons sur des croix en fourche.

[4] Luc. Tudens., *Adv. Albig. errores*, libr. II, 9-11 (Bibl. PP. XXV, 223, sqq.).

[5] Muratori, *Anecd.*, t. I, 210, sqq. (Diss. XXI, *De cruce nolana*).

d'une exigence très rigide quand il s'agit d'établir un rapport qui prête aux développements du mysticisme, il en est qui disent positivement que le *Tau* a un *certain* air de croix [1], et non pas qu'il retrace précisément la croix elle-même. Aussi ne me proposé-je point de défendre cette forme, quoiqu'elle paraisse avoir été adoptée dans le crucifix de Lothaire [2], où l'inscription dépasse à peine la hauteur des croisillons, et n'est surmontée de rien qui annonce un jambage supérieur complétant les quatre angles droits. Parfois, soit entre le neuvième siècle et le onzième, soit surtout vers l'époque qu'on a appelée *Renaissance*, les artistes ont cherché une sorte de compromis entre les deux croix : ils peignent un Tau bien marqué, mais surmonté d'une sorte d'appendice auquel sa maigreur donne un air parasite, et qui ne semble destiné qu'à supporter l'inscription. Par cette manière de finesse on concilie presque tous les systèmes, ou bien l'on n'en contente aucun ; selon le caractère plus ou moins accommodant de ceux qui les défendent.

13. Mais, quoi qu'il en soit de ces hautes critiques qui sacrifieraient volontiers tous les monuments à la glorification d'un texte bien pressuré et érigé en formule fondamentale, la tradition la plus commune (surtout dans l'art) est bien décidément pour la croix à quatre angles droits telle que l'a peinte le *Manuel* de Charles-le-Chauve [3]. Le témoignage des monuments, à ce sujet, est disséminé partout [4] ; quant à celui des écrivains ecclésiastiques, le savant P. Grœtzer [5] en a réuni un nombre très suffisant qui nous fait remonter jusqu'au milieu du second siècle de l'Église, c'est à dire jusqu'aux disciples presque immédiats des apôtres; et l'on n'a guère fait que copier l'habile compilation de ce savant homme dans les travaux qui ont paru après lui sur le même sujet.

---

[1] Tertullian, *Adv. Marcion.*, III, 22 (ed. cit., p. 410) : « Ipsa est enim littera græcorum *Tau*, nostra autem *T*, *species crucis*. »
On dirait que S. Grégoire-le-Grand voulait prévenir l'application presque pharisaïque que l'on pouvait faire de ces sortes de textes, quand il s'exprimait ainsi (*Moral.*, XXX, 25, al. 17; t. III, p. 260) : « *Tau* littera... *crucis speciem tenet; cui si super transversam lineam id quod in cruce eminet adderetur, non crucis species, sed ipsa crux esset.*
Ce ne sont donc là que de simples relations de similitude, et non pas de parité absolue; de même que quand plusieurs écrivains ecclésiastiques ont comparé l'X à la croix, ou quand l'Église elle-même fait tracer la figure de cette lettre dans quelques-unes de ses cérémonies.

[2] On doit avoir remarqué que la croix d'or de Lothaire a été pour l'artiste une sorte de cadre où il inscrivait sa composition. Le soleil et la lune, la main divine avec la couronne, et le sol qui rappelle le Calvaire, sont tracés en dehors de la croix proprement dite que dessinait son burin. Si bien que pour éviter tout équivoque, il serait bon de pouvoir établir une distinction entre la croix de l'orfèvre et la croix du graveur qu'elle encadre. Mais ce serait rechercher laborieusement une précision dont le lecteur saura bien se passer.

[3] Ci-dessus, § 3, p. 211. Nous verrons plus bas (§ 18) ce qu'il faut penser de la croix à doubles croisillons (*croix de Lorraine*).

[4] On trouvera plusieurs peintures de croix ou de crucifix (du douzième siècle au quatorzième) empruntées à diverses contrées, dans les *Vitraux de Bourges*, Planches I, III, V, VI, XIX; *études* I, II, IV, V, VII, VIII, IX, XII, XIII, XIV, XV, XVII, XVIII, XX. Nous nous proposons d'en publier d'autres, d'époques bien plus reculées, dans la suite de ces *Mélanges*; mais celles-là offriraient l'exemple de la plupart des variétés que signalera notre mémoire.

[5] *De cruce*, libr. I, 3, 24. J'aurai bientôt occasion de rapporter le texte de S. Irénée (ci-dessous, § 16), qui est l'un des plus anciens. Citons au moins un des passages de S. Augustin exposant les paroles de S. Paul (Eph. III, 14-18), que nous avons indiquées dans le mémoire précédent (p. 198).
Augustin, *in Ps.* CIII, serm. I (t. IV, 1140) : « Erat latitudo (*crucis*), in qua porrectæ sunt manus ; longitudo a terra surgens, in qua erat corpus infixum; altitudo ab illo divexo ligno, sursum quod eminet; profundum, ubi fixa erat crux. » C'est, comme on le voit, l'explication des quatre dimensions dont parlait l'Apôtre.

14. Dans les deux monuments que nous avons sous les yeux, il est aisé de voir que la plus grande distance entre les pieds du crucifix et le sol, estimée en dimensions naturelles du corps humain d'après la stature du crucifix, dépasse à peine un pied et demi (un demi-mètre); et c'est une donnée que maintiennent assez généralement les crucifix des hautes époques. Usage beaucoup plus fondé en raison de celui dont nous avons fait un emploi si fréquent en arborant de préférence les croix dont la tige était le plus démesurément haute. Les calvaires du moyen âge, construits d'ailleurs en matières durables et par de vrais artistes, offrent parfois quelque chose de cette élévation exagérée pour frapper la vue au loin; mais ils la rachètent en élevant près de la croix des statues qui non seulement animent la scène, mais font voir qu'on a cédé à une nécessité dont les effets sont atténués le mieux qu'on peut. Par le fait, sauf certains cas particuliers, nous ne voyons pas que les anciens, les Romains surtout, affectassent de porter un supplicié à huit ou dix pieds en l'air. Non seulement nous lisons dans les auteurs latins ou dans les histoires ecclésiastiques que plus d'une fois les crucifiés furent livrés, sur leur gibet, à la dent des bêtes fauves; mais il semble que souvent les chiens, aussi bien que les oiseaux de proie, leur déchiraient les entrailles [1]. Pour la croix de Jésus-Christ, particulièrement, on pourrait dire qu'elle devait être assez peu élevée, puisqu'un des hommes qui l'entouraient éleva une éponge sur une touffe d'hysope jusqu'à la bouche du Sauveur mourant [2]; toutefois, s'il faut combiner ce récit de S. Jean avec celui de S. Matthieu [3] qui parle d'un roseau, on n'en pourra plus déduire aucune estimation de hauteur. La canne a pu être d'une longueur quelconque, et le bouquet d'hysope n'aurait servi qu'à en garnir l'extrémité pour y maintenir l'éponge sans qu'elle risquât de tomber ou de s'égoutter [4]. Au reste, comme l'a fait remarquer le P. Grætzer, lorsque l'espèce de tragédie du *Christ souffrant*, qui a été attribuée à S. Grégoire de Nazianze, représente la très sainte Vierge embrassant les pieds de son fils crucifié, cela suppose qu'à cette époque on ne regardait pas la croix comme ayant été d'une hauteur énorme. Nous aurons à revenir sur ce point dans le § 23.

15. En me proposant de consacrer quelques lignes à la *matière* de la croix, je n'ai prétendu ni décider ce que de savants hommes ont renoncé à résoudre, ni entrer dans la voie magistrale (plus facile qu'on ne pense) des Serry, des Molé, des Rohr, et autres aristarques qui pensent renverser d'un coup de plume ce que des siècles entiers ont porté en triomphe avec une affection souvent naïve mais pas toujours aussi irréfléchie qu'il nous plairait de le croire. Il s'agit principalement, dans un sujet qui intéresse les études ecclésiastiques, de montrer à quelles

---

[1] Cf. Vopisc., Euseb., Apul., ap. Pellicia, *l. cit.*, cap. VII, § 1 (p. 120). Du reste toutes ces indications et d'autres encore se lisaient déjà dans l'ouvrage du P. Grætzer (libr. I, 7), où il est difficile de trouver une lacune.

[2] Joann., XIX, 29. On sait que l'hysope, même en Syrie, s'élève à peine à un pied de terre. Ainsi l'éponge soutenue par cette plante n'aurait guère pu être portée à plus de deux pieds au dessus de la tête de celui qui la présentait.

[3] Matth., XXVII, 48.

[4] C'est l'interprétation que paraît adopter S. Augustin (*in Joann.*, tract. CIX; t. III, 803). Cf. Ad. Vorst, ad Bartholin. *De latere Christi aperto*, p. 546, sqq.

pensées se rapportaient certaines expressions qu'on rencontre dans plusieurs écrits du moyen âge. Je ne parle pas de ces légendes qu'on trouverait peut-être ravissantes si elles étaient l'ouvrage du paganisme, et qui nous racontent que l'arbre de la croix fut planté par Abraham ou par un fils de Noé, ou même par Seth dès les premiers siècles du monde, au moyen d'une graine ou d'un surgeon apporté du paradis terrestre; puis coupé pour la construction du temple de Salomon, mais rejeté par les architectes et destiné aux usages les plus communs ; reconnu par la sibylle ou par la reine de Saba qui lisait dans l'avenir la destinée merveilleuse de ce bois méprisé; plongé dans le bassin des brebis près du temple (*piscine probatique*), où, tout ignoré qu'il est, il communique aux eaux une vertu merveilleuse ; jeté encore de nouveau à l'écart après le desséchement de cette piscine, et mis en œuvre à la fin pour le supplice du Fils de Dieu ; etc., etc. [1] Il est une donnée que l'Église grecque accepte généralement comme si elle était hors de toute atteinte, et dont le reflet apparaît cent fois dans la littérature ou même dans la liturgie byzantines. C'est que trois espèces de bois différentes auraient été employées dans la fabrication de la croix [2] : le cyprès, le pin et le cèdre ; sans doute (sauf le symbolisme qui ne manque jamais au moyen âge de venir consacrer les partis pris) parceque ces bois étaient considérés comme incorruptibles. Il ne manque pas d'auteurs qui ont prétendu y joindre un quatrième bois [3]; mais ces inventions, quoique transportées de bonne heure dans l'Occident, n'y ont jamais fait grande fortune, comparativement à l'accueil qu'elles avaient trouvé chez les Orientaux. Parmi nous, bon nombre d'écrivains anciens et modernes disent ou donnent lieu de penser que la croix était de chêne; mais ceux qui ont eu occasion d'examiner des fragments considérables de la vraie croix ne sont pas d'accord ou n'osent rien affirmer sur l'*essence* du bois qu'ils avaient pu considérer à loisir [4].

---

[1] Cf. Grætzer, libr. I, cap. 4. — Lacerda, *Adversaria sacra*, c. 100. — Specul. Ecclesiæ, *De exalt. S. Crucis* (fol. 130). — Gervas. Tilberiensis, *Otia imperialia*, Dec. I, tit. 105. — Serapeum, t. III (1843), p. 169. — L. Allazzi, *De lignis S. Crucis.* — Evangel. Nicodemi, cap. XIX (ed. Thilo, p. 686, sq.).

A qui est un peu familiarisé avec le langage des Pères, il ne faut pas un grand effort d'esprit pour voir que ce n'est point là une simple fiction, mais une sorte de poème symbolique où beaucoup de traits sont des allusions à l'enseignement ecclésiastique que l'auteur revêt de la forme des faits avec plus ou moins de bonheur. Néanmoins, comme ces leçons, voilées sous une forme historique toute arbitraire, pouvaient être prises pour de l'histoire, l'Église a sagement fait de les écarter. Aussi les sources de ces récits ont-elles été classées de bonne heure parmi les apocryphes.

[2] Prousouch, in *Mar. Ægyptiae*, v. 18 (Vitr. de Bourges, p. 250) :

Τὸ σταυρικὸν δὲ ξύλον ἐκ τρισυνδρίας.

Paracletic., Fer. VI, mane (Venet. 1857, p. 148) : Ἐν κυπαρίσσῳ καὶ πεύκῃ καὶ κέδρῳ ὑψώσεις ὁ Ἀ μνὸς τοῦ Θεοῦ... Cf. Ibid., tropar. (p. 152); Etc. — Grætzer, l. I, c. 5. — Allazzi, *De libris eccl. græcorum.* — Thilo, *Cod. apocr.*, t. I, 891. — St. Borgia, *De cruce velit.*, p. CCIX, sq.

[3] Le palmier ou le buis. Cf. Grætzer, *l. cit.* cap. 5, 6. — Costadoni, ap. Gori, *Symbol.* Dec. florent., t. III, 42, sq.

[4] Grætzer et Costadoni, *ll. citt.* — St. Borgia, *De cruce vatic.*, p. 51. — J. Lips., *l. cit.*, III, 13.

VI.

APPENDICES DE LA CROIX, ET SON INSCRIPTION.

16. Je n'ai pas l'intention d'entrer dans aucun détail sur les étais qui ont pu ou dû assujettir la croix dans le sol, et qui peuvent servir jusqu'à un certain point à expliquer ou à excuser l'énumération des divers bois[1] mentionnés par les Grecs quand ils parlent du Calvaire. Il s'agit de savoir si la tradition, représentée par les textes et les monuments, a cru que le corps de Jésus-Christ crucifié reposât sur quelque appui adapté à la tige principale de la croix, ou seulement sur les clous qui perçaient les mains et les pieds. On peut affirmer, je pense, que le plus grand nombre des crucifix antérieurs au treizième siècle qui sont parvenus jusqu'à nous, appuient les pieds de notre Seigneur sur une tablette (*suppedaneum*, ὑποπόδιον) que nous appellerons, si l'on veut, escabeau [2]. Toutefois la gravure sur bois qui accompagne ce mémoire suffirait à faire juger que cette adjonction n'était point considérée comme une formule imprescriptible; bien qu'à vrai dire, les plus anciens auteurs ecclésiastiques grecs et latins aient certainement indiqué quelque chose de semblable [3]. Le témoignage de S. Irénée surtout [4] devait être bien connu dans l'Occident, puisque la version latine de ses œuvres est fort ancienne et nous en a conservé la plus grande partie (ce passage-là, entre autres) que les Grecs ont laissé perdre; mais à défaut de ce Père, S. Grégoire de Tours pouvait apprendre cette particularité à nos vieux artistes. Ce dernier écrivain cependant raconte que de son temps un grand nombre de crucifix n'avaient point l'escabeau ; quoique dans la tige verticale de la vraie croix on pût encore reconnaître, dit-il [5], le point d'insertion où avait été encastrée cette tablette (qui dès lors n'y était plus jointe). Quant aux passages des anciens Pères à ce sujet, ce n'est que fort tard (et pour la première fois, je crois, au temps des chicanes protestantes) qu'on a imaginé d'y voir l'indication d'un soutien en manière de siège qui aurait supporté le poids du supplicié assis ou à cheval (pour ainsi parler) sur cette pièce

---

[1] Cf. Grætzer, *l. cit.*, cap. 5.

[2] Si, dans le crucifix de Lothaire, l'escabeau est présenté d'une manière un peu louche, il faut l'attribuer aux tâtonnements du vieil artiste en fait de perspective. Ce qui est du reste assez remarquable dans cette maladresse même, c'est qu'elle est tout à fait semblable à l'essai hasardé dans l'ivoire de Nathan (Psautier de Charles-le-Chauve, ci-dessus, planche X), pour mettre en perspective le banc où s'asseoit le pauvre caressé par sa brebis. Cf. d'Agincourt, *Peinture*, pl. LXI, n° 1.

[3] Cf. Justin., Iren., Tertullian., ap. Grætzer, *l. c.*, cap. 24. — Th. Bartholin. *De sedili crucis medio*, §§ 3 et 4. — Id. *De latere Christi aperto*, cap. 9; et Saumaise, *in h. l.* — Corn. Curt., *De clavis dominic.*, cap. XI. — Etc.

[4] Iren., libr. II, 24 (al. 42; ed. Massuet, p. 151, sq.) : « Ipse habitus crucis, fines et summitates habet quinque : duos in longitudine et duos in latitudine et *unum in medio, in quo requiescit qui clavis affigitur.* » Je reviendrai dans un instant sur le sens de *in medio*, qui semble pourtant assez clair.

[5] Gregor. Turon. *De glor. Mart.*, 1, 6 (ed. Ruinart, p. 727) : « Clavorum ergo dominicorum... quod quatuor fuerint hæc est ratio : duo sunt affixi in palmis, et duo in plantis. Et quæritur cur plantæ affixæ sint, quæ in cruce sancta dependere visæ sint potius quam stare. Sed in stipite erecto foramen factum manifestum est, pes quoque parvulæ tabulæ in hoc foramen insertum est ; super hanc vero tabulam, tamquam stantis hominis, sacræ adfixæ sunt plantæ. »

de bois dont aucune peinture ou sculpture, que je sache, n'a jamais laissé apercevoir le moindre vestige.

17. Au sujet de l'inscription (ou *titre*) de la croix, nous n'avons pas à entrer dans les questions de haute érudition qu'ont traitées plus ou moins savamment les commentateurs de l'Évangile et les auteurs modernes d'opuscules spéciaux sur cet objet [1]. Il s'agit surtout de la pratique des artistes du moyen âge; ainsi nous n'aurons que faire, par exemple, avec cette feuille de papier ou de parchemin [2] que tant de peintres ou de sculpteurs modernes suspendent au sommet de la croix comme une sorte de procès-verbal extrait du greffe de Pilate. Leurs prédécesseurs, sans faire beaucoup de recherches sur les antiquités, se rapprochaient bien mieux du vrai, grâce à leur respect pour les traditions de l'art, en peignant cet écriteau comme formé d'une substance rigide; et les reliques insignes du Calvaire que l'on conserve à Rome montrent encore qu'il était en bois blanchi sur lequel les caractères se détachaient en rouge.

Quant à la forme de l'écriteau, le moyen âge ne s'est pas cru astreint à une loi fort exigeante. Le crucifix de Charles-le-Chauve adopte la configuration antique d'un cartouche terminé à deux de ses extrémités en manière de queue d'aronde; cadre que l'époque carlovingienne paraît avoir affectionné. Ailleurs c'est une bande longue et étroite; mais le plus souvent c'est un parallélogramme, ou à peu près la coupe de l'écriteau qui surmonte le crucifix de Lothaire. Il est, en outre, des croix de ces époques où le *titre* a été absolument omis, pour ne rien dire des tablettes où nul caractère n'a été tracé.

On s'est donné aussi quelque liberté avec le texte de cette inscription. Ni les Grecs ni les Latins n'y ont ordinairement admis d'autre idiome que le leur, quoique le titre de la vraie croix fût écrit en trois langues [3] dont la trace se distingue encore sur le fragment conservé à Rome. De plus, profitant de la différence des expressions employées par les divers évangélistes [4], les artistes ont adopté ou même composé chacun de son côté l'inscription qui lui paraissait la plus convenable. Ainsi le crucifix de Charles-le-Chauve suit la donnée de S. Jean; et celui de Lothaire, d'accord en cela avec la formule indiquée par Luc de Tuy [5], combine les textes de S. Matthieu, de S. Jean et de S. Luc en une seule phrase qui n'appartient à aucun d'eux en particulier. D'autres crucifix portent une inscription qui abrège celle que donne l'un des évangélistes, ou dont plusieurs éléments ne se trouvent point dans l'Évangile [6]; et les

---

[1] Cf. Manni, ap. Gori, *Symbol. Dec. florentin.*, t. IX, p. 1, sqq. — H. Nicquet, *Hist. tituli S. Crucis.* — Drach, *Inscription hébraïque du titre de la sainte Croix.* — D. P. Piolin, *Du titre de la croix* (dans *l'Auxiliaire catholique*, t. I, p. 106, svv.; 219, svv.). — Grætzer, *l. cit.*, cap. 28-30. — Etc.

[2] Cf. Liran. ap. Manni, *l. cit.* cap. 6 (p. 11, 12; et cap. 30 (p. 56, sq.).

[3] Luc., XXIII, 38. — Joann., XIX, 20.

[4] Matth., XXVII, 37 : Hic est Jesus rex Judæorum. — Marc. XV, 26 : Rex Judæorum. — Luc. *l. cit.* : Hic est rex Judæorum. — Joann., XIX, 19 : Jesus Nazarenus rex Judæorum.

[5] *L. cit.* (p. 224).

[6] Cf. St. Borgia, *De cruce vetiterna*, p. CXXXVI. — Manni, *l. cit.*, cap. 13-17 (p. 30, sqq.). Je suis très porté à croire que dans le dyptique de Rambona (ap. Buonarruoti, *Osservaz. sopra..... frammenti..... di vetro*, p. 265, 262; et Gori, *Thesaur. diptych.*, t. III, p. 168, 166), les paroles *Ego sum*

Grecs se sont bornés fréquemment aux sigles bien connues IC XC, qui n'indiquent que le nom de notre Seigneur.[1]

18. Après ce que nous venons de dire, on comprendra plus aisément, et quelques-uns des motifs que peuvent alléguer les Grecs pour appuyer leurs assertions sans cesse répétées sur les trois ou quatre espèces de bois qu'ils font entrer dans la composition de la croix, et l'origine de cette forme orientale qui semble donner à la croix des croisillons doubles (*croix du Saint-Sépulcre, de Lorraine, de Caravacca*, etc.). Comme dans cette manière de représenter la croix, les croisillons supérieurs sont beaucoup plus petits que les bras proprement dits (*croisons,* comme on parlait autrefois), il n'est guère douteux que ce qui paraît une répétition des *bras* ne soit tout simplement l'écriteau, ou *titre;* d'autant plus que, selon quelques écrivains[2], ce serait l'inscription qui aurait fait reconnaître la croix du Sauveur entre celles des larrons lorsque sainte Hélène les retrouva toutes trois à Jérusalem. L'Orient adopta cette forme, qui se montre sur les monnaies byzantines au commencement du huitième siècle, et y reparaît au milieu du neuvième pour longtemps. Vers la même époque on la retrouve sur les pièces frappées par quelques chefs normands, soit que déjà la cour de Constantinople entretînt un corps de Varangues danois ou saxons qui eussent fait connaître cette croix double dans le Nord; soit que ce fût tout simplement un emprunt fait aux bezants, bien connus des pirates au onzième siècle. Le ménologe grec[3] représente ainsi l'instrument de notre salut, dans la cérémonie de l'adoration publique de la croix; et le nom de *croix du saint Sépulcre*[4] donne lieu de penser que les croisés trouvèrent cette forme adoptée à Jérusalem. Aussi l'employait-on fréquemment pour les croix à reliques[5]. C'était comme un souvenir des croisades et de la Palestine; et l'on pourrait expliquer ainsi l'apparition de ce signe sur plusieurs sceaux, armoiries ou monnaies de l'Occident, à partir du treizième siècle.[6]

Cette double croix, que les pèlerins latins avaient vue dans leurs courses en Grèce et en Syrie, devint sans doute à leurs yeux une sorte d'insigne des grandes églises patriarcales d'Orient; et de là sera venue aux siéges latins qui avaient des prétentions au patriarchat, l'envie

---

[1] *Jesus Nazarenus rex Judæorum* forment toutes ensemble l'inscription de la croix, selon l'intention de l'artiste; quoique l'habile interprète de ce monument juge qu'il faut détacher les quatre premiers mots pour les attribuer à une autre scène.

Sur l'abréviation grecque IHC, qui a passé de bonne heure dans l'Église latine, cf. Vitraux de Bourges, n° 133 (p. 227).

[2] Ambros. *De obitu Theodos.*, 45 (t. II, 1210, sq.). — Chrysostom., *in Joann.*, homil. 85 (t. VIII, 505).

[3] T. I, p. 37.

[4] Cf. Vitraux de Bourges, n° 48 (p. 89).

[5] Luc. Tudensis, *l. cit.* (p. 223) : « Si quis in intellectu colligat aut verbis contendat stipitem (*crucis*) erectum in suæ longitudinis medio habuisse lignum transversum in quo Salvatoris manus fuerunt affixæ, et in summitate titulum superpositum ubi nomen gloriæ erat scriptum, ut ad modum duorum Thau unum super aliud positum fuerit; minime duxi resistere, eo quod Ecclesia Christi quibusdam crucibus, in quibus ligni dominici reliquias ponere maxime consuevit, hanc servare formam dignoscitur... Hanc ego crucis formam Romæ in manibus gloriosi Patris Gregorii Papæ IX, cum multis millibus hominum, videre et adorare merui; et in festo cœnæ dominicæ ab ipso Papa SS. benedici. »

Cf. *Annales archéologiques*, t. V, 318, 327.

[6] Les monnaies siciliennes avec la croix double sont beaucoup plus anciennes. Mais les princes latins de Sicile affectèrent d'imiter bien d'autres usages byzantins, soit pour ne pas dépayser leurs sujets, soit pour braver les empereurs de Constantinople.

de se donner cette même marque de dignité. L'église de Bourges, si je ne me trompe, s'adjugea la première, bien qu'assez tard, cet attribut soi-disant patriarcal; parceque ses canonistes lui décernaient la première place après les quatre patriarcats primitifs [1]. Au dire d'un historien du Berry, l'église de Sens n'aurait adopté cet insigne que par une espèce d'emprunt fait à la métropole berrichonne, lors de la translation d'un archevêque de Bourges sur le siége de la métropole sénonaise. [2]

Quoi qu'il en soit, le blason finit par admettre cette double croix comme indication de la dignité non seulement patriarcale, mais même archiépiscopale; [3], et pour ne pas demeurer en reste, les graveurs imaginèrent comme attribut papal une triple croix qui n'a jamais été vue que sur les estampes (sauf certains tableaux fort modernes). Car, quant aux papes, ils se contentent à Rome, de temps immémorial [4], d'une simple croix comme celles que nous nommons *croix de procession* (croix stationale); et s'il est une croix triple qui puisse réclamer des antécédents historiques, ce n'est pas celle qu'un symbolisme bâtard a mis en vogue parmi les faiseurs d'emblèmes. Il en est une, la seule que je connaisse d'après les monuments, que l'on rencontre parfois dans les peintures grecques surtout au sommet des édifices; mais les dimensions et les distances relatives des trois croisillons y montrent dès le premier coup d'œil qu'ils représentent l'un (l'inférieur) l'escabeau, l'autre (celui du milieu) les *bras* proprement dits, et le troisième l'inscription [5]. Pour ce qui est des trois traverses fort rapprochées l'une de l'autre, et décroissant progressivement de longueur depuis la plus basse jusqu'à la plus élevée, c'est chose qui ne peut se justifier ni par les monuments, ni par la liturgie, ni même par un usage suffisamment ancien pour prescrire à défaut d'autres raisons.

VII.

JÉSUS-CHRIST SUR LA CROIX ; SA STATURE ET SON ATTITUDE.

19. A la manière dont notre Seigneur est représenté généralement dans les crucifix des hautes époques, il est visible qu'on lui supposait une taille assez élevée. C'est aussi ce

---

[1] S'il ne s'agissait que du droit primatial de Bourges sur les Aquitaines, il paraît très bien fondé ; quant au reste, je ne m'en fais point du tout le garant. Cf. Thaumas de la Thaumassière, *Hist. de Berry*, livr. IV, chap. 1, 2 (p. 273, sv). — Chasseneux, *Catalog. glor. mundi*, P. IV, cons. 21.

[2] La Thaumassière, *l. cit.*, ch. 97 (p. 133) ; il parle de Regnaud de Beaune, nommé à Sens en 1602.

[3] On pourra bien imaginer d'attribuer au titre de légat du Saint-Siége la double croix qui se montre sur les monnaies des rois de Hongrie ; mais comme elle n'y paraît guère avant le quatorzième siècle, il est assez probable que c'est là une importation sicilienne due à la maison angevine de Naples. Ceci soit dit à mes risques et périls, et sans préjudice des faits allégués dans un autre mémoire de ce recueil (ci-dessus, p. 116) ; où je dois, du reste, faire observer que l'expression *croix à trois branches* désignait tout simplement une croix stationale (croix de procession). Dans le langage de l'auteur, la croix soi-disant *patriarcale* eût été une croix à cinq branches ; et pour désigner la prétendue *croix papale* des artistes modernes, il eût fallu la nommer croix à sept branches. C'est simple affaire de nomenclature, causée par le peu de fixité du langage archéologique.

[4] Cf. Luc. Tudens., *l. cit.*, (p. 223).

[5] Cf. Schioppalalba, *in perantiquam tabulam græcam*,

qu'exprime formellement le *signalement* de Jésus-Christ attribué à Publius Lentulus [1], et dont l'authenticité ne fait rien à la question posée comme elle l'est ici. Les suaires de Besançon et de Turin conduiraient à la même donnée; et, à part encore la question de leur origine, il est bon de faire observer qu'en examinant les traces des plaies marquées sur l'un et l'autre, le grave J. J. Chifflet [2] les a trouvés parfaitement d'accord à donner pour résultat une hauteur de cinq pieds huit pouces à peu près. On a quelquefois voulu appuyer cette opinion de la haute taille de notre Seigneur par le texte de Nicéphore Calliste [3], qui, conformément, dit-il, aux témoignages anciens, lui donne sept spithames juste de hauteur; mais, d'après les meilleures estimations, cette mesure totale n'atteindrait pas cinq pieds, à moins que la *spithame* employée par Nicéphore dans cette évaluation ne fût beaucoup plus forte que celle des anciens. Il serait au contraire fort possible que ce chiffre fût tout simplement un vestige de la tradition quelconque à laquelle Celse faisait allusion dès le second siècle, en reprochant aux chrétiens la petite taille et la mine chétive [4] de celui qu'ils adoraient comme Fils de Dieu; à quoi Origène se contente de répondre que rien de semblable ne se trouve dans l'Écriture. Mais, quoi qu'en aient dit plusieurs écrivains des premiers âges de l'Église, nous n'avons à constater en ce moment que l'opinion du moyen âge; et elle est sensiblement prononcée pour la beauté et la haute stature de Jésus-Christ. Je ne m'étais pas proposé autre chose.

20. Plus on s'élève dans les siècles du moyen âge, plus on trouve la conception des crucifix entendue largement et rendue avec une simplicité pleine de noblesse, quoi qu'il en soit des défauts de l'exécution. Au neuvième siècle, comme dans ce que nous connaissons d'antérieur, les bras sont étendus presque horizontalement, mais sans raideur affectée; et la pose du corps, tout en annonçant la souffrance d'une gêne si cruelle, ne dégénère pas en affaissement ou en torsion d'un effet vulgaire. De là jusqu'au treizième siècle, lors même que la main du sculpteur ou du peintre est complètement maladroite, vous reconnaissez dans les ébauches les plus grossières qu'une noble pensée maîtrisait l'artiste, et qu'il se sentait travailler au plus grand sujet qui pût fixer des regards humains. La compassion n'était point une affection assez haute pour le but qu'il avait en vue : il s'agissait d'inspirer l'adoration et une humble confiance envers Celui qui, tout puissant par son droit, avait daigné se faire victime pour nous; mais qui, dans cet anéantissement volontaire, n'a point abdiqué le pouvoir de fixer nos destinées éternelles et de demander compte de son sang à l'homme qui l'aurait laissé couler en vain. C'est vers le quatorzième siècle que le maniéré s'introduit dans un spectacle si auguste; alors au lieu d'une scène pour la foi mâle et profonde, on vise à un tableau qui émeuve la sensibi-

---

ıb. ıv. Dans la reproduction d'un tableau gréco-slave publié par M. du Sommerard (*Album*, 2ᵉ série, pl. xxxvi, légende de S. Nicolas), le lithographe a réduit plus de huit fois une croix simple cette croix triple que l'original montre fort distinctement sur les coupoles.

[1] Homo staturæ procera; *al.* statura procerus.
[2] *De lint. sepulchral. Christi*, cap. 30.
[3] Niceph. *H. eccl.*, 1, 40 (p. 125).
[4] Orig., *Contra Cels.*, libr. vi, 75 (t. i, p. 689). Il n'est pas aisé de deviner où Celse avait été puiser cela.

lité par des impressions plus ou moins fugitives. La forme dès lors se dégrade en même temps que le dessein s'abaisse : le corps de Jésus-Christ se courbe, ou plutôt se tord disgracieusement, et les épaules descendent si fort au dessous des mains, que tout retrace une sorte d'abattement mou, mêlé de je ne sais quelle mignardise gauche. L'Allemagne surtout paraît avoir outré cette donnée triviale et prétentieuse à la fois, où l'artiste appelle la pitié plutôt que le respect sur Celui qui en mourant fait obscurcir le ciel et trembler la terre, brise le cœur des soldats et ressuscite les morts.[1] Toutefois les crucifix les plus tourmentés du quinzième siècle n'ont jamais ces bras élevés et comme resserrés avarement qui, avec la raideur sèche de toute la pose, caractérisent ces tristes tableaux ou ces désolantes ciselures du dix-huitième siècle que le peuple a si bien nommés *crucifix jansénistes*. Encore une fois, le type descend avec l'intention. Mais arrivé à ce degré, il n'était plus possible de descendre davantage ; on avait trouvé le dernier terme, et il serait temps de remonter.

21. Il faut avouer que la tâche des anciens artistes était facilitée par l'usage quasi universel d'appuyer les pieds du crucifix sur un escabeau (*suppedaneum*), et de fixer chacun d'eux séparément par un clou ; au lieu que la suppression de l'escabeau et de l'un des clous conduisit inévitablement à représenter le corps de notre Seigneur dans une attitude plus ou moins empreinte de contorsion. Cependant, avant même que les anciens usages eussent été abandonnés, quelques crucifix semblent s'être éloignés déjà de la simplicité primitive par l'affectation de croiser les jambes de Jésus-Christ, en sorte que le pied droit est cloué à gauche, et le gauche à droite[2]. Cette singularité avait, je crois, la même raison que ces jambes croisées qu'on remarque dans plusieurs statues couchées sur les tombeaux, et dont le vrai motif n'a pas été constaté bien péremptoirement, que je sache. On en retrouve encore des traces au treizième siècle, où certains artistes, non contents de la superposition des jambes qu'entraînait la nouvelle coutume de percer les deux pieds d'un seul clou[3], imaginèrent de peindre les talons si disgracieusement écartés qu'il en résulte un croisement des pieds aussi bien que des jambes.

22. C'est encore par un effet de ces grandes pensées qui avaient présidé au type antique du crucifix, que la tête de notre Seigneur est à peu près toujours inclinée sur l'épaule droite. On peut dire que c'était une loi[4] ; et si l'on en cherche la raison, on n'en trouvera pas d'autre, je pense, que l'intention d'exprimer combien ce mourant est supérieur à tous les mortels. En rendant le dernier soupir, il dispose du sort des autres à jamais ; car c'est vers son Église qu'il penche sa tête et ses regards, et en elle il embrasse tous ses élus[5]. Cette espèce de geste est l'indication d'un testament ; mais pour le bien comprendre, il ne faut pas le séparer d'un autre signe dont nous allons chercher à nous rendre compte.

---

[1] Matth., xxvii, 51-54. — Luc., xxiii, 44-48.
[2] Cf. Corn. Curt., *l. cit.*, cap. xi.
[3] Cf. Luc. Tudens., *l. cit.* (Bibl. PP., t. xxv, 224, sqq.).
[4] Quelques crucifix très anciens portent la tête droite avec une raideur sévère, inspirée probablement par les mêmes pensées que nous rappellions aux §§ 20, 7 et 9.
[5] Voyez plus haut les considérations développées au § 10 ; et ci-dessous, le § 28.

VIII.

PLAIES DU CRUCIFIX.

23. J'ignore si l'on trouverait dans tout le moyen âge un seul crucifix où la blessure du coup de lance fût marquée au côté gauche. Les textes, presque autant que les monuments, s'accordent pour le côté droit; et les considérations symboliques des écrivains supposent assez constamment ce fait comme hors de toute contestation [1]. Il n'est point de docteur qui, ayant à exposer ce fait, n'y fasse reconnaître la source des sacrements légués par le Sauveur mourant à son Église, et de la fécondité donnée par le Fils de l'homme sur ce lit de souffrances à l'épouse qui doit lui enfanter les nations [2]. Aussi le moyen âge a-t-il aimé à représenter là l'Église vêtue en reine triomphante, qui recueille dans un calice le sang de son époux, comme un gage de l'union qui doit durer entre elle et lui autant que le monde. Mais ce type, l'un des plus grands et des plus variés qu'ait réalisé l'art chrétien, nous l'avons étudié ailleurs [3]; et, pour en épuiser les nombreuses transformations, nous aurons à y revenir prochainement.

Je crois pouvoir faire observer en passant que la place occupée communément par cette blessure du côté prêterait à conjecturer qu'on ne supposait pas la croix fort haute. Le coup de lance est presque toujours marqué dans le flanc au dessus du sein droit. Mais comme un bon nombre d'auteurs ecclésiastiques affirment que le cœur de Jésus-Christ fut atteint par le fer du soldat [4]; il leur fallait pour cela admettre que la pique eût été dirigée presque horizontalement, à bras levé. Or, jusqu'à ce que le goût flamand (vers le seizième siècle) eût introduit des cavaliers dans la scène du Calvaire pour former un tableau tumultueux et mêlé de poses ou de personnages variés, on avait toujours mis la lance dans la main d'un fantassin [5]. Le résultat de cette nouvelle manière d'estimation conduirait à peu près à celui que nous proposions en supposant que l'éponge eût été portée à la bouche de notre Seigneur sur une simple tige d'hysope, ou avec un roseau assez court [6].

24. Une remarque qui ne doit pas être omise, c'est que les anciens crucifix ont très souvent

---

[1] Statuta synod. cadurc., etc. (ap. Martène, *Thesaur.*, t. IV, 710 D) : « Hostia (*tempore oblationis*) ponitur ab aliquibus ante calicem, ab aliquibus vero ad dextrum latus; in quo dextrum latus Domini protensum (*pertusum?*) lancea demonstratur. » — Cf. Bed., *Quæst.* XII *in lib. Reg.* (ed. Giles, t. VIII, 242); et *De templ. Salomon.*, cap. VIII (ibid., 284).—Joann. de Garland, *De myst. Ecclesiæ*, v. 572, sqq. (ap. Fr. Guill. Otto, *Commentar. crit. in codic. bibl.....* *Giess.*, p. 146).— Vitraux de Bourges, n° 121 (p. 212, sv.). — Grætzer, *l. cit.*, I, 35. — Etc., etc.

[2] Cf. Vitraux de Bourges, n° 35, 30 (p. 56, svv.; 46-49).

[3] Cf. Vitraux de Bourges, n° 31-41, et 67 (p. 51-72, 125).

[4] Cf. Gallifet, *Dévotion au sacré cœur*, livr. II, 2.

[5] Saumaise (ap. Rohr, *Pictor errans*, cap. II, sect. II, § 21) anathématise en masse tous les jésuites et leurs missions à propos du P. Jérôme-Xavier, qui avait osé écrire dans sa *Vie de Jésus-Christ* en persan, que notre Seigneur a été percé par un cavalier. C'était combiner l'âcreté du grammairien et celle du calviniste primitif, là où une seule de ces colères suffisait de reste ; mais ni le temps, ni surtout le sujet, ne permettaient au critique de conserver quelque sérénité.

[6] Ci-dessus, § 14.

les yeux ouverts, lors même que le côté est percé ; quoique, d'après le récit de l'évangéliste [1] témoin oculaire, Jésus-Christ n'ait été frappé de la lance qu'après sa mort. J. Lami, et après lui le cardinal Borgia [2] en prennent occasion de rappeler l'histoire d'une querelle entre deux villes italiennes du onzième siècle, où les vaincus furent accusés d'hérésie à propos de leurs crucifix qui étaient représentés les yeux ouverts ; comme si, disait-on, ils eussent voulu montrer par là que notre Seigneur ne pouvait mourir. Ce que cela prouve surtout, c'est que les battus ont toujours tort, comme on le sait depuis longtemps ; et les gens de Viterbe auraient trouvé bien d'autres hérétiques faisant cause commune avec leurs ennemis sans être pour cela fort coupables [3]. Ailleurs, et mainte fois, la présence simultanée du porte-éponge et du porte-lance indique que les artistes ne se proposaient pas précisément de faire un tableau historique proprement dit. Il s'agissait d'exposer un grand fait par son côté mystique principalement, plutôt que de saisir un moment déterminé du récit évangélique. Il est des gens qui ne voudraient pas que les artistes chrétiens pussent agrandir leur sujet ou lui choisir un point de vue spécial, en débordant un instant précis et matériellement exact ; mais les aristarques ont souvent blâmé ces prétendus anachronismes sans avoir bien compris de quoi il s'agissait. Les grands peintres religieux des temps modernes, aussi bien que ceux du moyen âge, ont été fort peu scrupuleux sur cette unité de temps et de lieu que les critiques voudraient leur imposer ; et les atteintes portées par les maîtres à cette loi montrent qu'ils n'étaient point vivement frappés de sa nécessité. Une autre unité leur paraissait plus grande et tout aussi vraie : l'unité d'action, qui dans les choses divines embrasse des points extrêmes de la distance et de la durée. Il y a bien moins lieu encore de se formaliser lorsque cette licence se réduit à rapprocher diverses circonstances d'un même fait, qui n'ont été réellement séparées que par quelques instants, et dont la réunion offre au spectateur un sens élevé que son esprit eût pu laisser échapper sans ce pieux artifice si simple du reste.

Ici, je crois, on prétendait montrer le Fils de Dieu surveillant de sa croix l'avenir comme il avait scruté le passé ; voulant et réglant tout ce qui devait suivre sa mort, comme il avait lui-même calqué en quelque sorte ses derniers moments sur les antiques prophéties [4] ; et

---

[1] Joann., XIX, 32-35.
[2] *De cruce vaticana*, p. 44.
[3] Aujourd'hui encore en Piémont, à propos d'un crucifix ancien conservé près de Lanzo, et où le soleil et la lune occupent la place qui leur était toujours donnée au moyen âge, j'ai entendu expliquer ce symbole (si commun dans l'art chrétien) par une prétendue superstition locale qui aurait mêlé le culte du soleil et de la lune à celui de Jésus-Christ. Cela montre ce qu'il faut penser du grief des gens de Viterbe contre leurs voisins : il y a plus d'ignorance

chez les accusateurs que de culpabilité chez les accusés.
[4] Joann., XIX, 28-30. « Postea sciens Jesus quia omnia consummata sunt ; ut consummaretur Scriptura, dixit : Sitio..... Quum ergo accepisset Jesus acetum dixit : Consummatum est. » — Ibid., 32-37. « Venerunt ergo milites, et primi quidem fregerunt crura, et alterius... Ad Jesum autem quum venissent, non fregerunt ejus crura ; sed unus militum lancea latus ejus aperuit... ut Scriptura impleretur : *Os non comminuetis ex eo*. Et iterum alia Scriptura dixit : *Videbunt in quem transfixerunt*. »

donnant de son plein gré à l'Eglise ce reste de sang que la lance devait aller chercher dans sa poitrine, comme il avait donné sa précieuse vie [1] pour le salut des hommes.

25. Les crucifix du moyen âge n'annoncent jamais cette affectation d'exprimer de nombreuses meurtrissures que quelquefois, plus récemment, l'on a imaginé de retracer jusqu'à une profusion presque repoussante. Répétons-le : il s'agissait jadis de montrer le Fils de Dieu mourant sur le Calvaire, comme un objet d'amour, mais surtout d'adoration, et non pas de commisération ou d'effroi. Aussi aurons-nous énuméré toutes les plaies du crucifix généralement représentées, quand nous aurons parlé des clous qui percent ses mains et ses pieds. Or, il nous reste peu de choses à en dire après les détails auxquels l'escabeau a donné lieu [2]. Presque tous les anciens auteurs [3], mais toutes les peintures ou sculptures anciennes sans exception se prononcent pour quatre clous : un dans chaque main et un dans chaque pied ; et cet usage persista invariablement jusqu'au treizième siècle. Quant au point précis où ces clous auraient pénétré, je pense qu'en y cherchant une exactitude anatomique on risquerait de prendre trop au sérieux l'intention de quelques artistes qui ont marqué la tête des clous près du poignet ou au dessus du coude-pied [4]; lors même qu'il serait bien sûr que telle eût été l'œuvre du peintre ou du sculpteur primitif, et que ce ne fût pas le fait du dessinateur ou du graveur qui ont été chargés de la copie. Autant vaudrait, ce me semble, prêter un motif profond aux auteurs de certains crucifix fort anciens où la place des clous n'a point été indiquée soit dans les mains soit sur les pieds, soit dans l'un et l'autre endroit. Plusieurs de ces faits, qui se reproduisent assez rarement, s'expliquent d'une manière satisfaisante, si je ne me trompe, par l'oubli ou la maladresse des hommes ; éléments dont il est bon de tenir compte pour ne pas dépenser en pure perte une sagacité digne de s'attaquer à mieux.

Afin de ne pas omettre une variété plus curieuse qu'importante, faisons mention en terminant cet article, d'un crucifix publié par d'Agincourt [5], où le peintre semblerait s'être guidé sur un passage de S. Hilaire [6] qui paraît supposer qu'outre les clous on employa aussi des cordes pour attacher notre Seigneur à la croix. Cette invention n'a pas fait école ; et si les auteurs anciens parlent de liens et de clous pour le crucifiement chez les Romains [7], rien n'indique d'une manière certaine qu'on ait jamais employé ces deux moyens à la fois.

---

[1] Isai., LIII, 7. « Oblatus est quia ipse voluit. »
[2] Ci-dessus, § 21.
[3] Cf. Grætzer, l. cit., cap. 20. — Corn. Curt., l. cit., cap. 3-6. — Etc.
[4] Cf. Gori, Thesaur. dyptich., t. III, 202, sq. Cette remarque, répétée par J. Laml, n'avait pas paru à l'habile Buonarruoti mériter l'attention ; car, chez un pareil observateur l'oubli ou la distraction n'est pas probable.
[5] Hist. de l'art, Peinture, planche XCVII, n° 16 ; fresque du treizième ou du quatorzième siècle, à Naples.
[6] Hilar. De Trinit., x, 13 (Veron. 1730, t II, 328).
[7] Cf. J. Lips., libr. II, c. 8.

IX.

COURONNE ET VÊTEMENT DES CRUCIFIX.

26. Je ne prétends point parler cette fois des couronnes royales ou impériales qui ornent dès l'origine la tête de certains crucifix. Ce serait m'écarter des deux monuments qui accompagnent ce mémoire, et empiéter sur des sujets qui s'offriront d'eux-mêmes ailleurs. Ce qui appartient vraiment à notre sujet, c'est l'absence de la couronne d'épines que les artistes modernes semblent croire indispensable à la représentation du Calvaire. Les anciens, loin d'éprouver ce scrupule, paraissent avoir été généralement d'un avis tout opposé; quoi qu'en aient dit des auteurs du reste assez graves, mais qui n'avaient pas les facilités que nous avons aujourd'hui pour consulter les monuments depuis que les voyages ont été simplifiés par la rapidité du transport, et que diverses publications importantes ont permis de vérifier passablement une foule de faits sans avoir à parcourir d'énormes distances pour les constater sur les lieux. Le P. Grætzer, moins affirmatif parcequ'il était plus savant, se contente de dire [1] qu'il n'est pas invraisemblable que notre Seigneur ait porté la couronne d'épines sur la croix : soit que les soldats, en le dépouillant du manteau de pourpre dont ils l'avaient revêtu au prétoire [2], lui eussent laissé cet autre insigne dérisoire de royauté; soit qu'au moment de le crucifier on lui ait placé de nouveau sur la tête ce diadème de douleur et d'opprobre, comme une interprétation injurieuse du titre de roi que lui donnait l'inscription du gibet, au grand mécontentement des pharisiens [3]. Cette dernière supposition semblerait avoir guidé l'auteur de l'évangile apocryphe qui porte le nom de Nicodème [4], mais son récit est celui d'un homme qui connaissait à peine le texte des véritables évangélistes, puisqu'il transporte au Calvaire une partie des faits qui se passèrent au prétoire d'après S. Matthieu.

27. Les deux crucifix qui accompagnent ce mémoire, et l'un des ivoires du psautier de Charles-le-Chauve [5], nous montrent qu'au neuvième siècle l'Occident latin n'était pas encore bien fixé sur l'emploi du nimbe divin, et même sur la fonction du nimbe simple. Dans l'ivoire de Charles-le-Chauve, tous les anges et les anges seuls sont nimbés; et la tête de notre Seigneur est ceinte du nimbe divin (ou *crucifère*). Mais si nous ne nous sommes pas trompés en attribuant ces ciselures à la Basse-Italie, l'artiste pouvait être guidé par une discipline plus

---

[1] *L. cit.*, I, 22. Je ne vois pas qu'après Grætzer l'on ait cité sur ce sujet (non plus que sur la plupart des matières relatives à la croix) aucun texte ancien véritablement important qui ne soit indiqué dans son ouvrage; bien que souvent on passe son nom sous silence en mettant à profit ses belles recherches. *Sic vos non vobis.*

[2] Matth., xxvii, 31.
[3] Joann., xix, 21, 22. Cf. St. Borgia, *De cruce vetit.*, p. cxlij, sq.
[4] Pseudo-evang. Nicodemi, cap. x (Thilo, *Cod. apocr.*, t. I, p. 582, sqq.). Cf. Matth., xxvii, 28, sq.
[5] Ci-dessus, pl. xi et p. 39.

précise due à l'influence immédiate de l'école byzantine, et qui n'avait pas encore prévalu entièrement dans l'Europe franco-germanique. Aussi, dans le crucifix de Charles-le-Chauve [1], la tête de Jésus-Christ est entourée du nimbe simple; et absolument sans nimbe dans le crucifix de Lothaire. Mais deux règles apparaissent déjà bien posées dès lors, et persistent durant toute la partie sérieuse du moyen âge, savoir : que la sculpture trace le nimbe non pas comme un simple cercle, mais comme un disque qui fait saillie sur le fond ; et que pour les peintres comme pour les sculpteurs (surtout dans l'art byzantin où l'hiératique est plus impérieux et plus durable), la surface et la situation de ce disque semblent avoir été déterminées par un demi-diamètre qui partirait de la racine du nez (entre les deux yeux) comme point de centre, pour aboutir à la base du cou. C'est là, si je ne me trompe, la formule normale d'un nimbe des hautes époques, surtout pour l'art de Byzance; et pour le nimbe divin (sauf exceptions et explications particulières) les bandes qui forment une croix dans le disque suivent ordinairement deux diamètres réciproquement perpendiculaires, dont l'un (le vertical, dans la position ordinaire de la tête) prolongerait la ligne du nez, et l'autre (l'horizontal) celle des deux yeux.

28. Je ne dois point clorre ces remarques sur le crucifix sans mentionner ce que plusieurs écrivains ont dit de la nudité complète de Jésus-Christ sur la croix [2]. Le peu de passages des saints Pères que l'on cite à ce sujet me paraissent pris trop à la lettre par ceux qui leur prêtent cette intention, sans assez observer peut-être que non seulement aucun de ces docteurs n'est de la première antiquité, mais que ce sont des orateurs dont les paroles peuvent bien n'être point adoptées avec toute la rigueur qu'on devrait attendre d'un historien [3]. Leur langage aurait assurément beaucoup de poids s'il était bien démontré que les suppliciés chez les Romains fussent ordinairement tout à fait nus; mais c'est ce qui n'est pas absolument certain. On sait bien que la loi romaine adjugeait aux exécuteurs les vêtements du condamné, et l'Évangile raconte [4] que notre Seigneur fut dépouillé par les soldats qui se partagèrent ses vêtements; mais en faut-il conclure à une nudité absolue? La nudité de la statuaire grecque ne doit point nous faire penser que les mœurs publiques de l'antiquité fussent absolument sans voile, outre que Pline prend soin de nous avertir que la société romaine regardait la Grèce comme un peu trop facile en ce point [5]; et quant aux nudités vivantes, les Grecs eux-mêmes paraissent en avoir éprouvé quelque honte, surtout en présence de la so-

---

[1] Ci-dessus, § 3.
[2] Cf. Grætzer, libr. I, cap. 22.
[3] Certains textes d'auteurs grecs ou romains (Cf. J. Lips., II, 84) ne paraîtront pas plus concluants, si l'on fait attention au sens un peu vague qu'avaient les expressions γυμνός et nudus. Je ne pense point, par exemple, que l'on doive prendre à la lettre le nudus ara, sere nudus de Virgile. Quand Tite-Live nous peint les envoyés romains abordant Cincinnatus au milieu de ses sillons, et lui demandant de revêtir la toge pour entendre les paroles que le sénat lui faisait porter; l'historien ne supposait pas, ce me semble, que le héros de ce récit eût besoin d'envoyer chercher sa tunique. Cf. Tit. Liv, Histor., lib. III, c. 26.
[4] Matth., XXVII, 35, sq.
[5] Plin. Hist. nat., XXXIV, 10 (al. 5) : « Græca res est nihil velare. »

ciété romaine dont l'attitude générale était beaucoup plus sévère. Car Pausanias, par exemple, semble chercher à excuser le déshabillé des athlètes dans les jeux olympiques en racontant[1] qu'un habile coureur n'avait obtenu le prix qu'en dérogeant le premier à l'ancien usage qui n'admettait pas tant de désinvolture. Denys d'Halicarnasse (précisément à l'époque d'Auguste) racontant qu'à Rome il avait vu les concurrents du cirque ceints d'une sorte de caleçon[2], rejette, comme Thucydide[3], sur la grossièreté lacédémonienne la perte de cet usage chez les Grecs dont l'âge héroïque avait observé plus de décence.

Quoi qu'il en soit, on cite à peine trois ou quatre crucifix qui ne soient pas couverts au moins d'une ceinture (*perizonium*) autour des hanches[4] ; et l'unique remarque que nous ferons cette fois à ce sujet, c'est que le moyen âge n'a guère connu cette ceinture avare que tant d'artistes modernes mesurent si étroitement au corps du Fils de Dieu. Loin de là, plus on s'élève vers les hautes époques plus on y rencontre généralement les crucifix ceints d'une draperie ample et large ; si bien que plusieurs même sont entièrement vêtus. Toutefois je n'ai jamais réussi à rencontrer en ce genre ce qu'il plaît à J. Lami d'appeler un jupon (*gonnella*)[5]. Mais pour s'étendre sur ces diverses variétés il faudra réunir plus de monuments que n'en offre ce travail préliminaire, où il ne s'agissait que de poser en quelque sorte les jalons qui doivent plus tard nous diriger dans la route à l'occasion de faits plus nombreux.

En effet, bien que ce mémoire soit un peu étendu, on conviendra toutefois que je ne l'ai pas traîné en longueur. J'aurais même plutôt à m'excuser du peu de détails qu'ont reçus divers points de ces recherches, si ce n'est que des monuments fort curieux doivent nous y ramener dans la suite et donner lieu à des compléments presque nécessaires. Ainsi l'on pourrait être surpris de ne pas avoir rencontré ici un seul mot sur le *saint Voult de Lucques* ni sur le *saint Sauf d'Amiens*. Mais ces crucifix autrefois si célèbres se présenteront ailleurs beaucoup plus naturellement, et nous avions à parler surtout de deux crucifix du neuvième siècle.

CHARLES CAHIER.

---

[1] Pausan. *Attic.*, c. 44. Selon d'autres, ce coureur aurait eu le dessous, précisément à cause de cette coutume que l'antique décence avait maintenue jusqu'alors (Cf. Kuhn, *not. in h. l.*, p. 106) ; et sa mauvaise fortune aurait donné lieu à l'usage qui prévalut ensuite pour laisser toute liberté à l'agilité naturelle des concurrents.

[2] Antiq. rom., VII, 62.

[3] Thucyd. *Hist.*, I, 6.

[4] Grætzer, *l. cit.* — S. d'Agincourt, *Peinture*, pl. XCVII, 15. Du reste, quelque peu d'autorité qu'ait l'évangile apocryphe de Nicodème, son témoignage n'est pas sans une certaine valeur, au moins pour l'histoire de l'art, quand il parle (cap. x ; ap. Thilo, t. 1, 582) du linge qui couvrait la nudité de Jésus-Christ sur le Calvaire ; puisque l'auteur de ce livre était au moins contemporain des plus anciens crucifix qui soient parvenus jusqu'à nous.

[5] Grâce à M. Guénebault, je puis cependant en signaler un qui m'avait échappé, dans un tableau de la cathédrale de Burgos (*Espagne artistique et monumentale*) ; mais malheureusement la lithographie qui le reproduit annonce plus de tendance au pittoresque qu'à une vérité bien scrupuleuse. En sorte que je n'ose vraiment rien dire ni sur l'époque ni sur la vraie forme de l'original. Quant aux exemples cités par Lami, je les ai examinés sans y trouver ce qu'il annonçait.

NOUVEAU POSTSCRIPTUM

AU MÉMOIRE

SUR LE SIÉGE DE DAGOBERT.

Le sujet que j'ai traité en m'occupant du siége de Dagobert m'a conduit à des investigations multipliées sur les *trônes à supports léonins*, et j'ai compris dans mon travail tous les résultats auxquels j'étais arrivé pendant l'impression : je joins à cette livraison ceux que je dois à de nouvelles recherches.

Après que l'influence des idées chrétiennes eût fait ajouter le symbole du *lion* aux trônes consulaires, l'idée de représenter la figure allégorique de Rome elle-même, assise sur le trône affecté à la première magistrature de la République, dut se présenter naturellement à l'esprit des artistes. C'est ce qui arriva en effet dès le règne de Valentinien Ier (après Jésus-Christ, 364-375). Cet empereur fit le premier frapper des monnaies d'or, au revers desquelles on voit avec la légende : **CONCORDIA AVGGG**, *Rome casquée, assise sur un trône, ayant à ses pieds une proue de Navire* [1]. Sur ces pièces, qui se renouvellent jusque y compris le règne de Théodose II, et probablement de Valentinien III, (mort en 455) Rome se voit indifféremment assise sur un *trône carré*, symbole de l'autorité impériale, ou sur le *siége à supports léonins*, réservé à la suprême magistrature dans l'organisation républicaine. Les pièces de cette dernière catégorie, qui sont les plus nombreuses, montrent *de profil* les têtes et les pattes de lion : mais l'artiste monétaire a dû rencontrer, pour figurer *de face* ces attributs, les mêmes obstacles que les sculpteurs des diptyques consulaires. La même observation s'appliquera aux monnaies du sénat de Rome dont il sera question tout à l'heure.

Nous franchissons un intervalle de plus de sept siècles pour retrouver *Rome* représentée de la même manière sur les monnaies d'argent frappées par l'autorité du sénat. Les nouvelles tentatives que firent les Romains pour abolir le domaine utile des papes sur la ville de Rome remontent jusqu'à l'époque d'Arnaud de Brescia (1142) : mais quelqu'ait été le succès de ces entreprises pendant le cours du douzième siècle et le commencement du treizième, elles

---

[1] Banduri, t. II, pp. 491, 505, etc... Eckhel, *D. N.* t. VIII, pp. 150, 158, 163, 165, 168, 172, 181 : cf. p. 187. A mon grand étonnement je m'aperçois que les auteurs qui ont donné l'explication des types byzantins ne se sont pas occupés de l'interprétation de celui-ci. Eckhel lui-même se contente de le mentionner en termes généraux : *Mulier galeata sedens*, etc., et ne parle pas des *lions* entre lesquels elle est souvent assise. Dès le règne de Constance II, l'ancienne *Rome* avait paru en regard de la *nouvelle*, c'est à dire de *Constantinople*, sur les *aurei* qui portent la légende : GLORIA ROMANORVM. La première se distingue par son casque et son costume d'amazone; la seconde a pour attributs une couronne tourrelée sur sa tête et une *proue de vaisseau* à ses pieds, comme ville maritime. Valentinien Ier, de concert avec son frère Valens, ayant rétabli le partage de l'Empire, introduisit le type dont nous nous occupons, dans l'intention de marquer qu'en dépit de cette division l'unité fondamentale de l'état se conservait par *la concorde des Empereurs*. C'est dans ce but que l'artiste monétaire a imaginé une *Rome* qui réunit les attributs de l'*ancienne* et de la *nouvelle*, le *casque* pour la première, la *proue de navire* pour la seconde, et cette combinaison a été sans doute facilitée par le souvenir du *vaisseau* de Saturne qui figure sur les monnaies primitives de l'ancienne Rome.

ne paraissent pas avoir abouti à une usurpation des droits monétaires, avant le sénateur Pierre *Brancaleoni* (1252), qui fit frapper une monnaie offrant au droit la figure de Rome assise avec cette légende : ROMA. CAPVT. MVNDI. et au revers, les armes parlantes de ce sénateur, *un lion irrité*, (*Branca leonis, patte de lion*) et la légende : BRANCALEO. S. P. Q. R. [1] Ce type du *lion* qui, à cause du motif que je viens d'énoncer, me semble avoir été introduit à Rome par Pierre Brancaleoni, se reproduit sur des pièces qui remplissent l'intervalle entre ce sénateur et Charles d'Anjou, lequel fut élevé à la même dignité en 1263, et l'occupa pendant longues années : nous avons, en effet, des monnaies d'argent dont le style convient parfaitement au milieu du treizième siècle, et qui ne diffèrent de celles de Brancaleoni que par la légende du revers, ainsi conçue : SENATVS POPVLVS. Q. R. [2] Arrive ensuite Charles d'Anjou, lequel introduit son nom et ses armes sur la monnaie romaine, tout en conservant le type inauguré par Brancaleoni.

On connaît plusieurs variétés de la monnaie romaine de Charles d'Anjou. Sur l'une d'elles on lit au droit : ROMA · CAPVT · MVNDI · S · P · Q · R ·, et au revers : CAROLVS · REX · SENATOR · VRBIS : dans le champ, au dessus du lion, *une fleur de lis*. Une autre a pour légende, au droit : ROMA · CAPVT · MVNDI, et au revers : KAROLVS · S · P · Q · R, l'*écu fleurdelisé* au dessus du lion[3]. A l'imitation de Charles d'Anjou, d'autres sénateurs ajoutèrent aux types de la monnaie Romaine l'*écu de leurs armes* ou des emblèmes héraldiques qu'ils placèrent au dessous du lion. L'étude de ces armoiries sert à déterminer l'époque précise des pièces qui en offrent l'image : la plupart appartiennent aux dernières années du treizième siècle. [4]

Dans cette série intéressante des monnaies d'argent frappées pendant le treizième siècle au nom du sénat Romain, le trône de Rome offre la même variation que les sous d'or du Bas-Empire à la légende : CONCORDIA AVGGG. Cette figure allégorique est assise tantôt sur le *trône impérial*, et tantôt sur le *siége consulaire à supports léonins*. On pourra juger de cette dernière particularité d'après la pièce du cabinet de France dont nous reproduisons ici le dessin. Cette pièce diffère de celles que nous avons décrites jusqu'ici, en ce qu'au revers, au lieu du lion, on voit un écu portant en bande la légende S · P · Q · R [5]. Nous ne saurions dire si elle est contemporaine de celles qui offrent le type du lion, ou si elle appartient à une époque postérieure, l'usage de remplir le champ d'une pièce par la représentation d'un écu existant déjà du temps de S. Louis et de Charles d'Anjou. Cette monnaie a cela de précieux

---

[1] Vettori *Il Fiorino d'oro*, p. 135. Muratori, *de Moneta*, dans Argelati *De monetis Italiae*, t. 1, tab. IV, n° 3. Vitale, *storia diplom. de' Senatori di Roma*, tab. 1. n° 7. Les planches qui, dans le dernier ouvrage, comprennent les monnaies du sénat de Rome, sont les mêmes que celles du livre de Floravanti, *Antiqui Rom. pont. denarii*.

[2] Vettori, p. 119. Muratori, n° 3. Vitale, tab. IV, n° 5. Romains, qui avaient reçu de Brancaleoni l'emblème du *lion*, le conservaient, à cause de Rome elle-même, *assise entre deux lions*.

[3] Vettori, p. 118. Paruta, *la Sicilia, Carlo d'Angiò*, n°⁵ 5-8, cf. Vitale, tab. II, n°⁵ 1-5.

[4] Vettori, p. 119. Vitale, t. II. n°⁵ 6 et 7. III, 1-7. IV. 1-4. T. II, p. 572 et suiv.

[5] Vettori, *ibid*. Vitale, tab. V, n° 8.

pour nous qu'elle prouve qu'au treizième siècle on figurait encore Rome assise sur un siége *à supports léonins droits*, comme sur les diptyques consulaires.

Au milieu du siècle suivant, la vie contemporaine de Rienzi atteste que le premier des trois gonfanons qui marchaient devant ce tribun dans les cérémonies publiques représentait *Rome assise entre deux lions*[1]. Ce qui démontre en outre que ce siége n'était donné à Rome que parcequ'il appartenait au premier magistrat de la République, c'est la statue de Charles d'Anjou qui existe encore dans le Palais du Sénateur, au Capitole. Ce précieux

[1] Muratori, *Antiqu. Ital.* t. III, p. 412. 'Lo primo Confalone penta Roma, e sedea sopra doa lioni, e' n mano tenea lo fo grannissimo, roscio, con lettere d'auro, ne lo quale stava Munno e la palma.

monument du treizième siècle était tellement oublié que, dans la description si complète de Rome par Plattner[1], on n'en trouve pas l'indication. Il y a quelques années cependant elle fut signalée par M. Visconti, commissaire général des antiquités, à M. Schnetz, alors directeur de l'Académie de France à Rome; celui-ci en fit exécuter un dessin par M. Alexis de Saint-Priest, qui travaillait à son *Histoire de Charles d'Anjou*. L'auteur n'a pas fait graver ce dessin dans son ouvrage, et s'est contenté de mentionner la statue[2]: pour en donner une idée à nos lecteurs, nous avons eu recours à une planche de Paruta, *La Sicilia*[3], assez bonne pour l'époque.

Ce précieux monument de la statuaire romaine au treizième siècle se voit dans la grande pièce d'entrée du *Palais du Sénateur*, « à côté de la statue du pape Grégoire XIII et en pendant avec celle de Paul III; » c'est ce que M. Visconti, consulté par moi à ce sujet, a eu la complaisance de me faire savoir par une lettre[4], où il ajoute : « C'est un morceau aussi remarquable pour l'histoire de l'art que pour l'archéologie. » Au dessous de la statue de Charles d'Anjou se lit une inscription rapportée par Paruta, par Vitale[5], et en dernier lieu par M. de Saint-Priest[6]. Comme aucune de ces copies n'est exacte ni bien ponctuée, nous reproduisons le texte, avec la traduction dont se sont dispensés les précédents éditeurs, conformément à un usage trop habituellement suivi, quand il s'agit de monuments épigraphiques :

Ille ego, præclari tuleram qui sceptra Senatus,
Rex Siculis, Carolus, jura dedi populis.
Obrutus heu! jacui saxis fumoque : dederunt
Hunc tua conspicuum tempora, Sixte, locum.
Hac me Matthæus posuit Tuscanus in aula,
Et patriæ et gentis gloria magna suæ.
Is dedit et populo, post me, bona jura Senator,
Insignis titulis dotibus atque animi.
Anno Domini MCCCCLXXXI, III semestri.

« C'est moi, Charles, qui, après avoir porté le sceptre de l'illustre sénat, donnai des lois
« aux peuples de la Sicile. J'étais enseveli sous les pierres et la fumée ; et c'est sous ton règne
« seulement, ô Sixte, qu'on m'a ainsi offert à tous les yeux ; j'ai été placé dans cette salle par
« Matteo Toscano, honneur de sa patrie et de sa race. Celui-ci a rendu, après moi, bonne

---

[1] *Beschreibung der Stadt Rom*. III Band, I Abth. p. 105. *Das Innere des Palastes zeigt nichts Merkwürdiges.*
[2] T. III, p. 144.
[2] N° 9 des monnaies de Charles d'Anjou, dans l'édition donnée par Maier, Lyon, 1697, f°. Nous avons préféré cette figure à celle qui se trouve dans l'ouvrage de Bonnard (*Costumes des treizième, quatorzième siècles*, etc. T. I. Pl. v), celle-ci nous ayant paru un peu arrangée.
[4] En date du 27 octobre 1849.
[5] *Sotria diplomatica de' Senatori di Roma*, t. II, p. 467.
[6] T. III, p. 144, en note.

« justice au peuple, comme sénateur, aussi illustre par les qualités de son âme que par son
« titre. — L'an du Seigneur 1481, le troisième semestre[1]. »

Il résulte de cette inscription que la statue de Charles d'Anjou, dont on ignore la place primitive, était restée enfouie sous les décombres à la suite d'un incendie du Capitole; sous le pontificat de Sixte IV, en 1481, le sénateur en charge, Matteo Toscano, Milanais, célèbre légiste, rétablit la statue de Charles d'Anjou dans la grande salle du Capitole. Le bâtiment actuel, qui porte le nom de *Palais du Sénateur*, et qui est placé au centre du Capitole moderne, remonte à ce qu'on croit à l'année 1390, où le pape Boniface IX fit de cet édifice une forteresse pour tenir en respect les dispositions séditieuses des Romains. Les quatre tours d'angle ont encore le caractère des constructions du moyen âge. Sixte IV entreprit la restauration de ce palais, qui n'a de tout à fait moderne que la façade exécutée sous la direction de *Giacomo della Porta*: il est donc à présumer que la statue de Charles d'Anjou occupe encore la place où Matteo Toscano l'avait relevée, et comme on sait qu'il existait, antérieurement à la forteresse de Boniface IX, un édifice dans le même lieu[2], on peut croire que l'emplacement actuel de la statue ne diffère pas beaucoup de sa situation originaire.

Le lecteur sera frappé de la tournure antique du costume donné à Charles d'Anjou par l'artiste du treizième siècle : il n'a de moderne et de féodal que la couronne et la fleur de lis qui termine son sceptre; ce sceptre lui-même et le globe que le prince porte dans l'autre main sont des traditions de l'appareil antique qui environnait la dignité consulaire. Dans l'idée du moyen âge, le *sénateur* avait remplacé le *consul*. C'est pour cela que Charles d'Anjou se voit assis sur un trône muni de *supports léonins droits*, exactement semblables à ceux qu'on voit sur les diptyques consulaires.

Charles ne fut pas le seul roi des Deux-Siciles de la maison d'Anjou qui fut investi de la dignité de sénateur de Rome; son petit-fils Robert y fut appelé en 1313 par le pape Clément V, et en garda le titre jusqu'en 1320[3]. C'est sans doute en mémoire de cet honneur que les rois des Deux-Siciles prirent l'habitude de se faire représenter sur leurs monnaies d'argent *assis sur un trône à supports léonins*[4] : ces monnaies prirent le nom de *carlins* à cause des deux *Charles* qui en furent les premiers auteurs, et se continuèrent par la force de l'habitude jusque sous les princes de la maison d'Aragon, bien que la dignité sénatoriale fût restée étrangère à cette dynastie.

Vers la fin du treizième siècle les rois de Chypre commencèrent à faire frapper des *besants d'argent* sur lesquels on les voit assis sur un *trône à supports léonins*[5]. Ce type est évidemment

---

[1] Les Sénateurs de Rome restaient alors au moins deux ans en exercice.

[2] Pour l'histoire de la reconstruction du Capitole dans les temps modernes, V. Plattner, *Beschreibung der Stadt Rom*, t. III, p. 99 et suiv.

[3] Vita'e, ouvrage cité, t. I, p. 220-225.

[4] Paruta, *la Sicilia*, pièces de Charles II, Robert, René d'Anjou, de Ferdinand Ier et d'Alphonse d'Aragon.

[5] De Saulcy, *Monnaies des princes croisés*. Pl. x. n°s 10-4. xi. 1-5.

imité des *carlins* de Naples et de Provence qui devaient circuler en abondance dans les échelles du Levant et particulièrement dans l'île de Chypre : les princes de la maison de Lusignan n'avaient rien de commun avec Rome et avec les magistratures romaines; mais ils portaient un *lion* dans leurs armes, et c'est comme emblème héraldique qu'ils ont dû adopter les *supports léonins :* la preuve en est dans les *besants* des mêmes princes, où le roi se montre assis sur un trône royal ordinaire, mais avec un *écu chargé d'un lion* à ses pieds [1].

Enfin le pape Jean XXII introduisit le *trône à supports léonins* sur la monnaie pontificale [2]. Il avait pour cela deux motifs : le premier c'était le séjour de la cour Romaine dans Avignon, au milieu des possessions du roi de Naples, où le *carlin* était la monnaie d'argent la plus répandue. Les pièces désignées par Scilla [3] comme des *giulj* sont des imitations très exactes des *carlins* de Naples et de Provence. Le second motif était sans doute le droit des papes, en qualité de seigneurs de Rome et de maîtres du domaine utile de cette ville, d'adopter les insignes de la suprême magistrature civile, qui avait été conférée à tous les évêques, comme *defensores civitatis,* par le Code Théodosien. Le type inauguré dans Avignon fut ramené à Rome par les souverains pontifes vers la fin du quatorzième siècle et se continua pendant presque tout le quinzième. [4]

C'est aussi au quinzième siècle que nous voyons en France expirer, en quelque sorte, sur les sceaux de nos rois la tradition du trône consulaire des Romains.

Ch. LENORMANT.

[1] Ibid. Pl. xi. 7-11.
[2] Muratori, dans Argelati, t. i. Tab. vii, n° 3.
[3] *Monete ponteficie*, p. 15.
[4] Scilla, p. 17.

ORNEMENTS

PEINTS ET ÉMAILLÉS.

PLANCHES XXXIII, XXXIV, XXXV, XXXVI, XXXVII, XXXVIII, XXXIX,
XL, XLI, XLII, XLIII, XLIV.

Les nombreux ornements réunis dans ces douze planches s'adressent également aux érudits et aux artistes. S'il est indispensable pour l'antiquaire d'examiner les monuments dans leurs plus minutieux détails pour distinguer, par les moindres nuances, la manière des diverses écoles ; comment, sans l'étude approfondie des détails, l'artiste saurait-il saisir le génie d'un art oublié et atteindre ce degré de connaissance où les souvenirs dirigent, enrichissent et fécondent? Au moment donc où parmi nous l'art appauvri et incertain de sa marche se plaît à s'enquérir de toutes les formes revêtues aux différents âges par l'idée du beau, et quand un grand nombre d'esprits, fatigués des inventions quelque peu usées de l'architecture grecque, se demandent s'il n'y aurait pas d'emprunts à faire au moyen âge pour disposer les éléments de l'art à venir, peut-être nous saura-t-on gré de rassembler comme en une corbeille des variétés jusqu'ici inconnues de la flore artistique de nos pères. Si loin que soient nos lithographies de rendre la légèreté et la fraîcheur des modèles, elles pourraient au besoin suffire pour faire juger s'il est vrai qu'il n'y ait eu qu'un long sommeil du goût durant les siècles qui se sont écoulés entre le paganisme et sa renaissance dans l'art. Assurément la végétation dont nous donnons ici quelque idée ne ressemble guère à celle de la Grèce ; mais pour appartenir à d'autres germes et pour avoir fleuri sous un soleil moins propice, vous semble-t-il qu'elle soit beaucoup moins belle? Le jet des tiges manque-t-il de force? Le jeu des branches est-il sans grâce ? et tout l'ensemble ne présente-t-il pas le caractère harmonieux de la fécondité dans la sagesse? Richesse sans profusion, variété sans désordre, unité sans monotonie, élégance sans affectation : ce sont les règles éternelles du beau, et ce sont aussi les traits les plus tranchés de la décoration architecturale du treizième siècle. Or, comme nous l'avons dit ailleurs, l'orfévrerie ne forme qu'un même art avec l'architecture, sauf les différences résultant de la destination à remplir, des matériaux à employer et de la sphère où il faut se restreindre ; l'ornementation de l'une devait donc se refléter dans l'autre. La nature des choses nous l'eût fait conclure ; mais voici que, grâce aux monuments inédits que nous publions, ce qui n'eût été qu'une conjecture devient un fait visible, et ce fait peut servir à mettre en un plus grand jour l'élévation et l'unité de l'idéal poursuivi par la grande époque de Frédéric Barberousse et de Philippe-Auguste.

Pour peu qu'on ait réfléchi sur l'histoire des arts, on aura remarqué que la physionomie de leurs diverses phases ne fait jamais qu'exprimer les tendances générales de la société contemporaine. Il en devait être ainsi puisque l'art est un langage et que, à moins d'une contrainte qui ne peut être universelle ou prolongée, la main qui dessine, aussi bien que la langue qui parle, le fait de l'abondance du cœur. Si le but de l'art est la réalisation de l'idée du beau, l'idée du beau a pour base celle du vrai et du bien ; disons plus, elle s'associe tôt ou tard à l'état moral habituel : de telle sorte que le sentiment de la beauté physique, qui peut quelque temps survivre à celui de la beauté morale, s'efface lui-même à mesure que l'esprit décroît en lumière et que la corruption gagne le cœur ; tandis que les pensées justes et les sentiments nobles n'attendent que la rencontre d'une organisation plus heureuse pour s'épanouir en œuvres ravissantes. Tout art frivole ou voluptueux trahira donc une société sans principes, et au contraire un art sérieux et pur, grandiose et simple, supposera une race dans toute sa vigueur. Ce miroir des âmes se retrouve partout dans nos œuvres, et surtout dans celles qui supposent plus de spontanéité. Ainsi, pour ce qui touche l'architecture et l'orfévrerie, rien ne serait plus aisé que de montrer les rapports entre les aspirations ordinaires d'un peuple et les formes générales, les lignes génératrices de son art. Or la même loi d'harmonie se manifeste, si je ne me trompe, dans les moindres détails de l'ornementation.

On sait que dans l'art roman comme dans l'art romain la décoration architecturale s'était signalée par une fatigante exubérance d'ornements. C'est que chez les Romains des derniers empereurs le goût allait dépérissant avec les mœurs et la race, et que chez les peuples chrétiens du onzième et du douzième siècles le goût renaissait avec le renouvellement social. Or l'une et l'autre enfance, celle de l'inexpérience comme celle de la décrépitude, témoigne de son impuissance à produire le vrai beau par son engouement pour le luxe qui en est l'ombre ; si bien que l'on peut dire de la décoration en vogue durant ces deux époques, ce qu'Appelles disait d'un tableau d'Hélène, peint par un de ses rivaux : « C'est parceque tu n'as pu la faire belle que tu l'as faite riche. » Au contraire, à partir de la fin du douzième siècle et surtout au moment où l'ogive commence à se dégager du plein ceintre, la décoration architecturale parvient au plus haut degré de perfection qu'elle ait jamais atteint parmi nous ; elle est digne d'une époque qui porte le nom d'un Philippe-Auguste et d'un S. Louis. C'est pour appuyer cette assertion que nous offrons aux lecteurs des Mélanges quelques exemples empruntés presque au hasard à l'orfévrerie d'Aix-la-Chapelle, de Maestricht et de Cologne.

Les ornements les moins remarquables sont ceux de la couronne de lumière d'Aix-la-Chapelle, Pl. XXXVIII, XXXIX, ouvrage exécuté par un artiste de cette ville, vers le milieu de la seconde moitié du douzième siècle, ainsi que nous le verrons dans une étude spéciale sur cet important monument. Bien que la châsse de Charlemagne remonte, selon nous, à peu près à la même époque, c'est à dire à celle de la canonisation du grand empereur en 1166, son ornementation est d'un style meilleur, soit qu'on la doive à une main plus habile, soit que les quelques années écoulées entre les deux œuvres soient de celles où les transformations s'opèrent. J'admettrais d'autant plus volontiers la dernière hypothèse que nos charmants rinceaux d'or aux fonds émaillés d'azur ont dû être dessinés vers le même temps, puisque la magnifique châsse des Trois Rois, sur laquelle je les ai calqués, fut faite pour recueillir les reliques enlevées par Frédéric I à Milan; et pourtant les nombreuses traces d'art roman si visibles sur la couronne de lumière ont ici entièrement disparu pour faire place à un art nouveau, à celui que nous avons trouvé, en commençant ce volume, sur la châsse de Notre-Dame.

La belle châsse de S. Servais de Maestricht qui a fourni les matériaux de la Pl. XXXVII, et que nous publierons en entier, plus tard, aussi bien que celle des Trois Rois et celle de Charlemagne, offre trop de traits de ressemblance avec cette dernière pour ne pas être à peu près contemporaine. Nous n'ignorons pas que quelques archéologues belges la croient des premières années du douzième siècle, sur la foi d'un document historique constatant qu'une châsse d'argent fut exécutée à cette époque. Mais ce document n'affirme pas que le monument soit le même, et l'archéologie dit au contraire qu'il ne l'est pas. Quant au faire tout particulier des ornements, il n'accuse pas un autre temps, et ne fait qu'indiquer une autre contrée et surtout un autre artiste.

C'est à dessein que dans la Pl. XLIV nous rapprochons du système d'ornementation suivi sur les bords du Rhin celui de la célèbre école de Limoges. C'est en effet à Limoges, ou du moins c'est d'après les traditions de ses émailleurs, qu'a été exécutée la plaque que nous avons trouvée à Lyon dans le cabinet d'un de nos amis. Cette plaque formait l'extrémité d'une petite châsse romane consacrée aux cendres de quelques saints martyrs. En parcourant depuis la riche collection de M. Jules Labarte nous avons pu jouir d'une agréable surprise à la vue de la plaque correspondante [1]. Sur l'un et l'autre émail deux tombes laissent apercevoir

---

[1] M. Labarte décrit ainsi son émail (*Description des objets d'art de la collection Debruge*, p. 581; Paris, Victor Didron, 1847): Plaque terminée en angle aigu, provenant de la partie latérale d'une châsse. Dans la partie inférieure, deux sarcophages ouverts laissent voir les ossements humains qu'ils renferment. Au dessus, cette inscription: EXULTABUNT DOMINO OSSA HUMILIATA, se trouve gravée sur une bande de métal doré, qui sépare le tableau en deux parties. Dans la partie supérieure deux saints sont assis tenant à la main la palme de la victoire. Leurs têtes diadémées sont auréolées

dans son humiliation la dépouille mortelle des élus. Les stries verdâtres des sarcophages vous disent qu'elle dort son sommeil dans la terre, le second sein maternel où l'homme attend sa seconde naissance. Car le sommeil du juste est béni : l'Éternel le protége, et garde pour le réveil du dernier jour la poussière destinée à l'immortel triomphe :

CUSTODIT DOMINUS OMNIA OSSA SANCTORUM. [1]

Et tandis que s'écoule pour ce qui fut périssable la nuit rapide du temps, déjà les âmes bienheureuses sont montées au dessus des nuages changeants de la terre, elles se reposent sur d'inébranlables trônes, au milieu des fleurs toujours vermeilles du paradis de délices ; et la palme du combat est le sceptre de leur empire, la divine lumière est leur couronne. Il ne manque plus à leur félicité que de la voir s'étendre sur le fragile compagnon de leur exil et de leurs souffrances. Leurs vœux ne tarderont pas à s'accomplir, et ces ossements blanchis que la piété des frères recueille dans des châsses resplendissantes, comme pour devancer la Providence et préluder au ciel, ces ossements vénérés tressailliront un jour sous un nouveau souffle de vie pour aller s'associer aux joies des âmes dont ils partagèrent les épreuves ;

EXULTABUNT DOMINO OSSA HUMILIATA. [2]

lisons-nous sur l'émail de M. Labarte.

M. Labarte attribue cet émail au treizième siècle. Le dessin des personnages indique en effet cette époque. Quant à la forme des rinceaux et aux couleurs nuancées des fleurs, elles sont imitées du douzième siècle dont les traditions se sont prolongées sur ce point jusqu'au quinzième.

On se rendra compte à première vue du système d'incrustation de nos émaux. L'épaisseur des rinceaux d'or annonce assez que les cloisons ne sont pas rapportées, mais réservées dans la plaque de métal où l'on a creusé le lit de la matière vitreuse : ce sont des émaux champlevés.

Il n'est pas également aisé de déterminer le procédé auquel on doit les ornements en brun et en or. La couleur brune a si peu d'épaisseur, malgré une adhérence sur laquelle le temps n'a rien pu, que l'on serait porté à n'y voir qu'un simple vernis. Cette question mérite l'attention des artistes : ils pourraient trouver dans un mode de décoration, probablement fort peu dispendieux, le secret de produire des effets splendides.

Arthur MARTIN.

de nimbes à cannelures rayonnantes. Les figures, burinées en creux sur le métal doré, se détachent sur un fond d'émail d'azur, enrichi de rinceaux élégants, à feuillage d'or et à fleurs multicolores. Ouvrage du treizième siècle. Haut. 24 c. Larg. à la base, 18.

[1] Ps. L., 10. [2] Ps. xxxiii, 21.

FRAGMENTS D'UN PSAUTIER

DE L'ÉPOQUE CARLOVINGIENNE,

CONSERVÉ AU MUSÉE BRITANNIQUE.

(PLANCHE XLV.)

I.

PRINCIPAUX CARACTÈRES DU MANUSCRIT COMME ŒUVRE D'ART.

Le catalogue des manuscrits du *British museum* (Bodley., n° 603) désigne à peu près ainsi le volume d'où sont pris les dessins de cette gravure : « Manuscrit sur parchemin, de « format in-folio carré, écrit et enluminé vers le temps du roi Edgar. Il contient le psautier « romain [1] de S. Jérôme, accompagné de figures relatives au texte et dignes, malgré leur ru- « desse, de fixer le regard des antiquaires. Plusieurs feuillets, déchirés peut-être du temps « des incursions danoises, ont été remplacés sous le règne d'Édouard ou de Guillaume-le- « Conquérant; mais ce travail n'a pas été achevé. »

Les mots d'*enluminure* et surtout de *pinceau*, employés par le rédacteur du catalogue, ne doivent pas être pris à la lettre. Dans le fait, les illustrations (comme nous dirions aujourd'hui) y sont traitées simplement à la plume (de corbeau), tout au plus dans certaines pages a-t-on employé la couleur pour exécuter le trait, et peut-être aussi quelques coups de pinceau pour le renforcer; mais un grand nombre ne sont traitées qu'à l'encre. En somme ce ne sont partout que des dessins, et nulle part rien qui paraisse viser à la miniature. On y peut juger d'autant mieux la main des artistes qui ont pris part à ce travail; et, pour qu'on se fît plus exactement une idée de l'effet qu'il produit, nous avons conservé à notre copie les dimensions de l'original.

A Londres on ne doute pas que ce manuscrit ne soit saxon, et je ne le contesterai point; bien qu'il ne fût pas aisé peut-être d'établir que ce travail, s'il eût été exécuté sur le continent, dût présenter un tout autre aspect. Bref je ne m'oppose pas à ce que le psautier de Londres sorte de mains saxonnes; ce qui m'y paraît écrit le plus clairement, ce n'est pas tant

---

[1] Au sujet des différentes versions latines du psautier qui seront indiquées dans ces pages, celui qui aurait besoin de quelque éclaircissement le trouvera dans le beau travail de D. Sabatier sur l'*Italique* (*Bibl. SS. latinæ versiones antiquæ*, t. II, præf.). Du reste nous transcrirons dans cette version un psaume entier, à quelques pages d'ici.

la contrée que l'époque. Encore faut-il sur cette donnée faire largement la part d'une certaine approximation. Car les deux termes extrêmes admis par l'auteur du catalogue ont bien l'air d'être un peu trop rapprochés de nous : on pourrait être plus près du vrai en les reculant d'un demi-siècle. Si donc il faut employer la chronologie anglaise, je pencherais à placer cet œuvre entre les règnes d'Alfred-le-Grand et de Canute (de 860 à 1010 à peu près) ; car je crois y reconnaître la manière des écoles formées sous les derniers carlovingiens.

Faut-il aussi nécessairement admettre que les dessins un peu grossiers (comme ceux qui sont placés sous les lettres B, F, H) ne se sont mêlés aux autres qu'en conséquence d'une restauration rendue nécessaire par des mutilations violentes? Sauf les différences du vélin et de la calligraphie, si le *style* des artistes a été la principale base de ce jugement, on pourrait être reçu à en appeler. Pourquoi des accidents naturels, sans recourir à la force majeure, ne suffiraient-ils pas à expliquer soit les interruptions (et partant la prolongation) de ce travail, soit la substitution d'une main inférieure dans un livre commencé sur de meilleurs auspices? Je ne sais, mais vraiment on n'est pas obligé de reconnaître que le manuscrit ait dû passer dans un autre atelier pour avoir à subir les variations qui s'y montrent. Le trait est souvent tremblé, soit par gaucherie, soit par affectation bizarre ; mais quelque chose demeure qui relie les disparates du dessin en une sorte de parenté. L'air de famille ne s'y perd pas entièrement : la manière tourmentée et maladroite de plusieurs scènes n'empêche pas que dans tout le manuscrit un certain savoir-faire de composition ne se maintienne comme trace générale d'impulsion primitive ; l'architecture ne varie guère d'un bout du livre à l'autre ; çà et là se montrent divers *motifs* (fig. C, E) qui rappellent les meubles antiques, comme dans quelques-uns des manuscrits exécutés en France sous les descendants de Charlemagne ; et si plusieurs scènes annoncent une entente générale de la draperie et du mouvement des figures qui suppose des études assez avancées, l'exagération fréquente des attitudes et de la stature des personnages conserve à tout l'ensemble quelque unité au milieu des variétés incontestables de l'exécution. J'oserais donc penser qu'on y peut apercevoir la trace d'une même tradition qui dégénère, mais sans se briser complétement.

Là, comme dans d'autres manuscrits que le moyen âge nous a transmis inachevés, les calligraphes avaient exécuté leur tâche en réservant la place destinée aux artistes ; et ceux-ci, non seulement n'ont pas terminé leur part, mais paraissent y avoir mis une certaine fantaisie qui cédait soit à l'humeur du moment, soit au désir d'étudier plus mûrement un sujet mal arrêté dans l'intention du compositeur. Ainsi plus d'un psaume est demeuré sans figures, quoique les précédents et les suivants aient reçu leur *illustration ;* ailleurs une composition ébauchée au crayon n'a pas reçu la dernière main sous la plume qui devait en fixer les détails.

Nous ne reproduisons en entier qu'une seule scène (sous la lettre H), le reste de la planche XLV se compose de fragments isolés pris comme au hasard ; le tout cependant est choisi de façon à faire apprécier et les deux *manières* qui se partagent le manuscrit, et le système général qui a guidé la composition. L'artiste s'y est évidemment proposé d'*historier* ses psaumes sans trop s'occuper ni de la circonstance historique qui avait donné occasion au chant du prophète (et que les titres annoncent parfois assez clairement dans la Bible), ni de la signification prophétique que les Pères de l'Église y ont lue. Son but constant est beaucoup plus simple, et en même temps bien autrement bizarre : c'est de traduire pour les yeux aussi littéralement que possible (qu'on m'en passe l'expression) les paroles qui ne s'adressaient qu'à l'esprit dans le texte. Ainsi, sous la lettre D, on a une figure empruntée à la scène du psaume CIX (*Dixit Dominus Domino meo*), et qui correspond aux versets 1 et 7 : « Je te ferai de tes ennemis un marchepied; » et « Il boira au torrent dans le trajet, etc. » — A, est pris du psaume CII (*Benedic, anima mea, Domino; et omnia quæ intra me sunt...*), et paraît vouloir rendre le verset 4 : « Il arrache mon âme à sa perte; » ou le verset 10 : « Il ne nous a point traités selon nos crimes, ni fait à nos iniquités le partage qu'elles méritaient. » — B, appartient au psaume LV (*Miserere mei Deus quoniam conculcavit me homo*), c'est l'expression des derniers versets : « A vous mes hommages, à vous qui avez épargné la mort à mon âme[1] et la chute à mes pieds. » — C, se trouve dans la scène du psaume LIV (*Exaudi, Deus, orationem meam; et ne despexeris...*), et s'y rapporte au verset 15 : « Toi avec qui je partageais les plaisirs de ma table. » — E, tiré du psaume CII (*Domine, exaudi orationem meam, et clamor meus ad te veniat*), semble retracer le verset 10 : « Je mangeais la cendre avec mon pain, et mêlais mes larmes à mon breuvage. » — La première moitié du psaume LVII (*Si vere utique justitiam loquimini*, etc.) est exprimée sous la lettre F, où l'on voit un conseil de juges requis par de pauvres plaignants. Presque tout y est calqué sur ces paroles : « Jugez, enfants des hommes, selon la justice... Les pécheurs ont parlé avec fausseté; leur colère est semblable à celle du serpent, comme celle de l'aspic opiniâtre qui se bouche les oreilles pour n'entendre pas la voix de l'enchanteur, etc. »[2] — Le dessin G, appartient au psaume XLIX (*Deus deorum locutus est*); mais je ne réussis pas à me rendre bien raison de ce que cette figure voudrait dire[3]. Du reste mon incertitude à ce sujet n'a rien qui doive surprendre; car dans un psautier du même genre, que j'ai pu étudier plus à loisir puisqu'il se trouve à la Bibliothèque nationale, il est tel détail des miniatures dont je ne m'engagerais pas à donner une explication satisfaisante.

---

[1] Il faut se rappeler que la mort et les enfers sont fréquemment indiqués dans la Bible par une même expression. Quant à l'usage d'un masque gigantesque et plus ou moins monstrueux, avec une gueule béante pour représenter l'enfer, c'est ce qu'on retrouve à chaque instant pendant toute la durée du moyen âge. Citons au moins Brantôme (*Couronnels de l'Infanterie de France*, art. XI; éd. Monmerqué, t. IV, 443), disant de Philippe Strozzi : « .... Certes il croyoit l'enfer, mais non pas qu'il pensast et crust que ce fust un grand dragon représenté par les peintres; qui, ouvrant sa grande gueule, engloutissoit et avalloit les ames pécheresses. » Cf. Jubinal, *Mystères inédits*, t. I, *Préface;* p. 41.

[2] Dans le second volume de ces *Mélanges*, à propos du *Bestiaire*, nous reviendrons sur l'*aspic qui se bouche les oreilles*.

[3] Toutefois l'examen d'un autre manuscrit que je vais décrire, et où cette reine est remplacée par un vieillard couronné, me fait croire que l'autel et l'arbre sont là pour rendre les versets 8-10 : « Je n'accepterai point tes victimes... ; tous les animaux des forêts sont à moi, etc. »

II.

INDICATION D'AUTRES MANUSCRITS OU RÈGNE LE MÊME SYSTÈME.

Ce dernier manuscrit, postérieur de trois ou quatre siècles à celui de Londres, est historié de véritables peintures[1], mais conçues absolument dans le même ordre d'idées que l'autre : système d'où il résulte assez souvent, comme cela était inévitable, des espèces de *rébus* qui ne s'arrêtent pas toujours sur la limite du niais ou du ridicule. Ainsi lorsque quatre hommes s'évertuent à pousser violemment aux traverses d'un tourniquet, comme feraient des écoliers qui se piquent au jeu, ou des forçats que presse l'argousin, croirait-on que cela veut dire : *In circuitu impii ambulant* (Ps. XI, 9.)! Cela est absurde, si je ne me trompe; mais qu'y faire? — Une sorte d'ourson faisant la culbute au son d'une manière de clarinette ou de flageolet et sous la menace du bâton, en présence d'une assemblée nombreuse, signifie : *Odisti observantes vanitates* (Ps. XXX, 7). N'est-ce pas de la caricature? Tout n'y est pas assurément de cette force, car le peintre sentirait un peu le fagot et aurait bien la mine d'avoir voulu parodier le psautier; mais les conceptions tout uniment bizarres n'y manquent pas. Un personnage quasi ficelé par une corde qui fait plusieurs circonvolutions autour de son corps, depuis le cou jusqu'aux pieds, correspond au verset : *Funes ceciderunt mihi in præclaris* (Ps. XV, 6.). — Une femme couchée à demi-nue, avec trois petits enfants sur son sein, paraît retracer les trois degrés de l'expression figurée : *Ecce parturiit injustitiam, concepit dolorem et peperit iniquitatem* (Ps. VII, 15.). Ailleurs ce sont trois femmes assises, chacune avec un enfant dans son giron, pour rendre la triple forme employée par la poésie hébraïque quand le psalmiste dit à

---

[1] Il était classé naguère dans le *Supplément français*, n° 1132 *bis*, et vient d'être transporté tout récemment dans le *Supplément latin* sous le n° 1194. Les premiers feuillets sont couverts de peintures qui rappellent çà et là les belles productions grecques du moyen âge. Puis la première partie du psautier est historiée de grands sujets où il nous semble reconnaître une main du treizième siècle copiant des modèles plus anciens, ou formée sur la manière byzantine. Dans la seconde partie, et dans quelques scènes laissées sans doute en blanc par l'artiste du treizième siècle, une main presque évidemment italienne a complété la série des miniatures vers le temps des élèves de Giotto. C'est l'œuvre non pas précisément d'un grand artiste, mais au moins d'un bon atelier à une belle époque. Le texte entier paraît écrit (sauf les lettres ornées de la seconde partie) dans la première moitié du treizième siècle, et se compose des trois versions latines du psautier (*Hebraic.*, *roman.*, *gallican.*) accompagnées de gloses et de commentaire. Dans la colonne consacrée à la version d'après l'hébreu, les interlignes sont occupés par une traduction française qui me fait assez l'effet d'avoir été rédigée hors de France. De tout cela je serais porté à conclure que le livre a pu être exécuté pour la cour de Naples.

Voici, comme spécimen, la traduction française du psaume XLII (*Judica me, Deus, et discerne causam meam*) : « Juge mei, Deus, e si devise la meie cause de gent nient pituse; de une felon e tricheur delivre-mei.

« Kar tu ies, Deus, la meie force; purquei dejetas tu mei? Purquei vois-jeo triste, tormentant mea enemi (*affligente inimico*)?

« Enveie la tue luiserne e la tue vertet; icels forsmerrunt mei et entreduirrunt al tuen saint munt, e as tuens tabernacles.

« E jo enterrai al alter Deu, al Deu de liece et de mon esjoissement.

« E jo regeirai (*al.* regehirai) a tu en harpe, li mien Deus; purquei ies-tu encurvee, la meie aneme, e purquei conturbes mei?

« Atent Deu, car uncore regeirai a lui, la salvable chose de mun vult, e a mun Deu. »

Dieu : *Tu es qui extraxisti me de ventre : spes mea ab uberibus matris meæ ; in te projectus sum ex utero ; de ventre matris meæ Deus meus es tu* (Ps. XX., 10, sq.). — Au psaume XLVIII, un homme debout tient de la main gauche son pied gauche qu'il relève par derrière jusqu'au bas de ses reins ; et cette contorsion exprime probablement le verset : *Iniquitas calcanei mei circumdabit me.* — Des animaux précipités en enfer sont censés traduire ce texte (Ps. XLVIII, 15) : « Ils ont été poussés vers l'enfer (ou *la tombe*) comme des troupeaux, la mort sera leur pasteur. » — Etc., etc.

Ainsi c'est trop souvent comme qui dirait de la poésie à l'envers, quand ce n'est pas quelque chose de pire. Quelqu'un a prétendu qu'une comparaison pour être admissible devait pouvoir être peinte. Soit, en un sens ; mais cependant cela pourrait aussi conduire à des conséquences complétement malencontreuses. Imaginera-t-on un procédé plus sûr pour tourner la haute littérature en un badinage parfaitement risible, que de présenter au regard naturellement si positif et si net (j'ai presque dit : si brut) ce que l'esprit savait délicatement saisir par l'unique face applicable au sentiment général de la situation ? Le proverbe assure, et à bon droit, que *toute comparaison cloche* ; c'est qu'en effet l'objet évoqué par la poésie n'est appelé souvent que pour peindre le mouvement ou la couleur, par exemple ; une certaine portion de la surface, en un mot ; un simple aspect détaché, que la pensée doit isoler de tout autre. Si ce n'était le danger d'une application inconvenante, je ferais observer que l'imagination réalise en cela les *accidents*, pour ainsi parler, sans la substance ; dégagement que l'intelligence ne saurait accomplir lorsque l'œil lui transmet l'image matérielle comme tout d'une pièce. Qu'on essaie de transporter dans la peinture cette comparaison du prophète qui nous montre le Seigneur faisant éclater inopinément sa colère comme l'homme fort qui secoue le sommeil de l'ivresse [1], ou la terre vacillant sous le souffle de Dieu comme un homme ivre [2] ! Et ce n'est point la rudesse primitive de la Bible, ou d'Homère, qui expliquera cette différence de résultats d'un même procédé appliqué aux divers arts. Figurez-vous le beau résultat qu'obtiendraient même un Flaxman ou un Retsch qui s'aviseraient, luttant avec leur crayon contre Virgile, de peindre l'agitation et les démarches empressées d'une reine furieuse sous la forme d'une toupie qui obéit au fouet en pirouettant [3] ! Plus la poésie sera élevée, plus l'artiste a de chances pour la faire tourner en caricature par une telle recette. Mais appliquer cela aux psaumes, c'est avoir la main particulièrement malheureuse.

Et voilà ce que mon aveugle faiblesse pour le moyen âge m'aurait fait nier d'emblée, si on

---

[1] Ps. LXXVII, 65. « Et excitatus est tamquam dormiens Dominus, tamquam potens crapulatus a vino. »

[2] Is., XIV, 10 : « Agitabitur terra sicut ebrius. »

[3] Æneid., VII, 375-384. Les miniatures du psautier de Paris sont-elles beaucoup mieux conçues lorsque, cherchant à traduire le prophète qui représente le Fils de Dieu brisant rois et peuples comme le vase du potier (Ps. II, 9), on nous y peint Jésus-Christ employant son sceptre à casser un pot de terre ? Franchement tout cela cause le dégoût, quand ce n'est pas de l'hilarité ; et c'était bien le cas de soulever le cœur ou d'exciter le rire ! Que si le texte n'est point auprès de pareilles peintures, qui pourra les comprendre ?

l'eût deviné *à priori;* ce que je me suis même refusé à croire quand on m'en a signalé le premier indice, que je ne soupçonnais point d'être appuyé sur toute une série semblable où régnait décidément ce triste système. Mais il n'y a pas moyen de s'opiniâtrer à défendre les gens qui se livrent eux-mêmes. Car si nous possédons heureusement peu de psautiers illustrés dans ce goût (soit qu'on n'ait guère multiplié ce grave enfantillage, soit que la postérité se soit montrée mauvaise héritière pour les legs de cette nature); il en est toutefois assez demeuré, et de siècles assez distants l'un de l'autre, pour prouver que cela n'a pas été mal vu de nos ancêtres[1]. Je suis heureux néanmoins de pouvoir dire à la décharge du quatorzième siècle que le peintre italien du psautier de Paris s'écarte volontiers de l'exégèse presque brutale où s'était inspiré son prédécesseur. Partout où se montre le pinceau délicat du nouveau venu, l'interprétation s'ouvre une voie plus raisonnable, plus pieuse et plus haute : ce sont généralement des allusions au nouveau Testament et à l'histoire ecclésiastique, qui forment un véritable commentaire sans friser la parodie.

Un autre psautier de la fin du treizième siècle, à la Bibliothèque Nationale[2], n'a à peu près nulle trace du bizarre symbolisme contre lequel je suis si prévenu. Car il est fort tolérable assurément qu'à propos du psaume LXVIII (*Salvum me fac, Deus*) le peintre ait représenté David perdant pied dans la mer et élevant les mains vers le Seigneur pour dire (v. 3) : « J'ai été poussé en haute mer, et la tempête m'a submergé[3]. »

La bibliothèque publique de Boulogne-sur-Mer possède un psautier historié contemporain du manuscrit de Londres, puisqu'il a été exécuté dans l'abbaye de Saint-Bertin entre les années 989 et 1008[4]; et le style des dessins à la plume y est extrêmement conforme à celui qu'on qualifie de saxon au *British museum*. N'ayant pu le voir à loisir, j'ai eu recours à M. l'abbé Haigneré dont les observations me permettent d'affirmer que, parmi bien des inventions assez fades, l'artiste n'y tombe guère dans l'absurde. Le symbolisme des saints Pères (le parallélisme de l'ancien Testament et du nouveau) l'a détourné un peu de cette traduction des *figures du langage* en représentations matérielles; quoique sans contredit ses idées, comme sa manière, appartiennent à la même école que les compositions de notre planche XLV.

---

[1] J'aimerais pourtant à me persuader que les interruptions subies par le psautier de Paris comme par celui de Londres (analogie singulière entre deux manuscrits si distants d'âge comme de lieu, à ce qu'il me semble) ont pour cause le peu d'enthousiasme qu'inspirait aux Mécènes une dépense de temps et d'argent si singulièrement employée. Que si en outre on venait à juger que mon manuscrit prétendu italien pourrait bien venir des Anglo-Normands plutôt que des Normands de la Pouille, je serais fort aise de pouvoir penser que ce genre d'*illustrations* aura été à peu près renfermé dans les écoles d'Angleterre. J'en céderai bien volontiers, pour mon compte, le brevet d'invention et d'exploitation à nos voisins d'outre-Manche ; et je serais bien surpris s'ils en étaient très flattés.

[2] *Mss. lat.*, n° 772, in-4°.

[3] En marge on voit un homme enfoncé dans un bourbier jusqu'à la ceinture, sans doute à cause du verset 2 : *Infixus sum in limo profundi*. Mais, outre que ce n'est point là dénaturer la pensée générale, on sait que les marges sont une sorte de terrain neutre où les calligraphes donnent carrière à leurs imaginations les plus joviales. Ce ms. particulièrement en fournirait des exemples.

[4] C'est un in-4°, qui porte à Boulogne le n° 20; et il était numéroté 23 dans la bibliothèque de Saint-Bertin. Le psautier y est accompagné d'une glose composée dans le même monastère ; et l'on a les noms du copiste, du peintre, du compilateur de la glose, de l'abbé même alors en charge.

Par malheur le psaume LVI, dont j'aurai à parler en terminant cette notice, n'est accompagné d'aucune figure ; mais certaines inventions, qui sont communes à ce psautier et à celui de Paris, peuvent éclairer des motifs acceptés çà et là par l'art des hautes époques. Ainsi l'homme juste[1] paraît dans les deux manuscrits sous la forme d'un personnage tenant en main des balances (parfois deux, de la même main). De part et d'autre, ce texte (Ps. III, 6) : « Je me suis assoupi..., et le Seigneur m'a pris sous sa protection, » est devenu un personnage qui se soulève sur son lit, tournant les yeux vers la main d'un ange (ou une main divine) qui lui est tendue.

En somme, ce que ce genre a de plus faux ne paraît pas avoir exercé une très grande influence sur le moyen âge, Dieu merci.

III.

UNE PAGE DU PSAUTIER DE LONDRES COMPARÉE A UN IVOIRE DE CHARLES-LE-CHAUVE.

Quand je m'efforçais, il y a maintenant plus d'une année, d'expliquer l'une des plaques d'ivoire sculpté enchâssées dans la couverture du psautier de Charles-le-Chauve[2], qui ressemble à la scène H à peu près autant que deux compositions sur un même sujet peuvent se ressembler sans être copiées l'une sur l'autre, je ne m'attendais pas à rencontrer ce dessin qu'on m'a rapporté du *British museum* il y a quelques mois seulement. Bien loin de m'y attendre, j'aurais été assez disposé à le croire impossible ; parceque le système dans lequel il a été conçu me semblait absurde, et que j'imaginais pouvoir conclure de l'absurdité à l'impossibilité. Ce n'est pas que les avis m'aient manqué tout à fait. Comme je l'avouais en exposant mon interprétation, M. le comte Auguste de Bastard m'en avait indiqué une autre, et c'est bien celle où je suis ramené aujourd'hui. Malgré la rare expérience d'un tel connaisseur, je crus qu'il m'était permis de passer outre, tant j'étais de bonne foi dans ma confiance au bon sens du moyen âge ! Environ un an après la publication de mon mémoire, M. Paul Durand proposa dans la *Revue archéologique*[3] de lire simplement l'exposition d'un psaume sur le monument où j'avais cherché un fait de l'histoire ecclésiastique. C'était, à la vérité, une présomption nouvelle contre mon opinion, mais non pas une preuve irrécusable ; aussi maintins-je mon dire. Enfin, à quelque temps de là, m'arriva un démenti qui ne souffrait presque point de réplique : c'est celui que les lecteurs ont maintenant sous les yeux dans la composition jointe au psaume LVI. Pour ne rien ôter à l'effet de la démonstration, je joindrai aussi le texte aux figures ; et afin

---

[1] Ps. XVI, 1, 15 ; XVII, 21 ; etc.
[2] Ci-dessus, pl. XI, et p. 58, svv.
[3] V° année, p. 733, svv. (mars 1849). La réponse a paru le mois suivant dans le même recueil, VI° année, p. 48, svv.

de faire connaître le psautier qu'on appelle romain, à ceux qui ne connaîtraient que la vulgate, je copie ce psaume sur le manuscrit de Londres comme on me l'a transmis..

« DAVID, QUUM FUGERET A FACIE SAUL.

« Miserere mei, Deus, miserere mei : in te confidit anima mea ; et in umbra alarum tuarum spero, donec transeat iniquitas.

« Clamabo ad Deum altissimum, et ad Dominum qui benefecit mihi.

« Misit de cœlo et liberavit me, dedit in opprobrium conculcantes me.

« Misit Deus misericordiam suam et veritatem suam, animam meam eripuit de medio catulorum leonum ; dormivi conturbatus.

« Filii hominum dentes eorum arma et sagittæ, et lingua eorum machæra acuta.

« Exaltare super cœlos, Deus, et super omnem terram gloria tua.

« Laqueos paraverunt pedibus meis, et incurvaverunt animam meam ; foderunt ante faciem meam foveam, et ipsi inciderunt in eam.

« Paratum cor meum, Deus, paratum cor meum : cantabo et psalmum dicam Domino.

« Exsurge gloria mea, exsurge psalterium et cithara ; exsargam diluculo.

« Confitebor tibi in populis, Domine ; psalmum dicam tibi inter gentes.

« Quoniam magnificata est usque ad cœlos misericordia tua, et usque ad nubes veritas tua.

« Exaltare super cœlos, Deus, et super omnem terram gloria tua.

Les deux lions dans l'un et l'autre monument retracent clairement le quatrième verset, et l'espèce de lit qui se voit sur le bas-relief de Charles-le-Chauve a pu être suggéré par les derniers mots.

L'enfant que l'ange soutient et abrite paraît représenter l'âme du prophète ; car les âmes sont communément représentées au moyen âge par une figure d'enfant, ordinairement nue, mais vêtue aussi parfois, surtout aux hautes époques. Quant à l'ange, il me paraît correspondre surtout à cette expression du premier verset : « Je me rassure à l'ombre de vos ailes. » Dans l'ivoire, les deux anges placés à droite et à gauche représentent peut-être la Miséricorde et la Vérité (v. 4).

Les hommes armés figureraient la Calomnie et le Murmure (v. 5), quoique dans le psautier de Londres on n'aperçoive point de glaive (*machæra*) entre leurs mains.

Jésus-Christ, debout dans la *gloire*, accompagné de la cour céleste, exprime le verset qui sert de refrain au cantique (v. 6 et 12) : « Paraissez (*élevez-vous*) sur les cieux, Seigneur ; et que votre gloire se manifeste à toute la terre. »

Les hommes armés d'instruments à fouir la terre, et le fossé où deux d'entre eux tombent à la renverse, sont évidemment une traduction du v. 7 : « Ils ont tendu des pièges sous mes pas... ; ils ont creusé sur ma route un précipice, et eux-mêmes y sont tombés. »

Désormais donc, au point où les choses en sont venues, il me semble que j'ai fait une assez belle défense, et qu'il est temps de capituler. Non pas que je me reconnaisse très en faute pour avoir tenu la place si longtemps, mais je ne suis pas soutenu par les gens que je prétendais protéger. Enfin, je me rends ;

« Victrix causa diis placuit..... »

Pour honneurs de la guerre (et je voudrais bien que l'honneur du moyen âge y fût sauf aussi) j'aurai du moins la consolation de voir que cette discussion a servi à constater une sorte de loi dans la science du moyen âge : ce pourrait bien n'être qu'un fait local, mais sa durée est de quatre ou cinq siècles ; ce qui est quelque chose. De plus, cette durée est accompagnée d'une persistance si curieuse dans certaines formes, qu'on est presque conduit à admettre la transmission de *patrons* conservés dans les ateliers, et suivis dans les points fondamentaux avec une fidélité exemplaire. Ainsi, sauf une sorte de style qui change, le psaume XXXI (*Beati quorum remissæ sunt iniquitates*) est quasi le même dans les deux manuscrits de Paris et de Londres. De part et d'autre ce sont trois anges tenant deux grands voiles étendus sur deux foules tournées vers le sommet qui occupe le milieu de la composition. Ces voiles s'étendent entre les hommes et la cour céleste, de façon à dérober au ciel la vue des deux groupes. Cela veut dire évidemment, avec le premier verset, « Heureux ceux dont... les péchés sont voilés. » Sur les pentes du faîte central bon nombre de gens sont prosternés; et ce doivent être les versets 5 et 6, où la confession (l'aveu des fautes) et la prière sont exprimées. Autour de la scène s'épanche un cours d'eau où l'on n'a oublié, ni de part ni d'autre, de peindre des poissons; traduction du verset 6 : « Dans l'inondation des grandes eaux, le saint demeurera hors de leur atteinte. » Sur une espèce de second plan, un cheval et un mulet sont rudement menés par des palefreniers (hommes ou anges) qui représentent les versets 9 et 10 : « Gardez-vous de devenir ce que sont le cheval et le mulet, qui n'ont point d'entendement; etc. »

On en pourrait citer d'autres, quoique rarement d'une similitude aussi complète. Mais pour le psaume LVI, nous avons l'ivoire et le dessin de Londres, qui sont assurément fort semblables; quoique là il ne soit guère aisé de tout rejeter sur l'Angleterre. Le psautier de Paris n'y peut plus être consulté, sinon pour le contraste; parceque cette scène est de la main italienne, et autrement conçue (à part même l'exécution).

Quant à ma cause personnelle dans cette affaire, si je voulais couvrir un peu ma retraite par une guerre de chicane je pourrais à toute force objecter que sur l'ivoire de Charles-le-Chauve nul des guerriers ne se permet de tourner ses armes contre l'ange ou l'enfant, comme le fait un archer dans le psautier de Londres; que dans le manuscrit tous les guerriers sont chaussés de brodequins ou bottines très reconnaissables malgré la brusquerie du trait, tandis que dans le bas-relief il en est deux seulement qui ont les pieds certainement nus; etc. Enfin, mettant à profit une observation faite ici même par M. Ch. Lenormant[1], je ne vois pas ce qui m'empêcherait de dire que si une peinture de la Transfiguration a pu devenir une scène de palais germanique, on dérogeait beaucoup moins à la dignité d'une représentation de psaume en y cherchant un *motif* pour retracer l'arrêt du Ciel contre un des plus grands ennemis de l'Église. Mais c'est déjà trop de lutte, sans doute, sur un terrain où le pied glisse furieusement. Je clos la discussion, sans oser croire que ma première opinion conserve des partisans. Ce n'était pourtant pas trop mal, et je n'en suis honteux qu'à demi.

CHARLES CAHIER.

[1] Ci-dessus, p. 187; au sujet d'une miniature de Munich, que nous espérons publier quelque jour.

RECTIFICATIONS ET INDICATIONS COMPLÉMENTAIRES.

Les matières indiquées dans la préface, et qui n'ont point trouvé place dans ce volume, paraîtront avec la continuation des *Mélanges*.

Pages 22, sv. Ce qui a été dit sur la légende populaire de l'accoucheuse sera confirmé par le rôle donné à cette femme dans le drame qui termine notre volume.

P. 27, sv. M. Waagen omet, il est vrai, dans la revue des ivoires de Paris, les reliefs qui ornent la couverture du psautier de Charles-le-Chauve; mais il en avait dit quelques mots, avec une discrétion fort avisée, à propos des miniatures (*Kunstwerke*, etc., t. III, p. 254, sv.).

P. 38-48. L'explication du relief encastré dans le plat de la couverture supérieure doit être modifiée d'après le mémoire qu'on vient de lire (p. 249-57) et qui accompagne la planche XLV.

P. 80, svv. Moyennant les considérations développées dans le mémoire sur le symbolisme de l'extérieur des églises, il ne sera plus nécessaire désormais de recourir à des suppositions de faits que plusieurs hommes habiles ont cru devoir imaginer pour expliquer une inscription du dixième siècle qui se lit sur l'église de Notre-Dame à Vaison (*Bibliothèque de l'École des Chartes*, 2ᵉ série, mars-avril 1849; t. IV, 333). J'ai oublié de l'éclaircir en imprimant mon mémoire, mais il est bon de la citer; et les lecteurs reconnaîtront sans doute au simple exposé, qu'une partie du moins se simplifie quelque peu à l'aide des textes que nous avons rapportés. Ce n'est point ici le lieu d'interpréter le reste, je n'en transcris donc que la première moitié :

> *Obsecro vos, fratres, aquilonis vincite portes,*
> *Sectantes claustrum; quia sic venietis ad austrum.*

P. 111. Au sujet de la *croix à trois branches*, voyez l'explication donnée p. 230, note 2.

P. 227-230. Je n'ai rien dit des *croix à quatre bras* (ou à double traverse se coupant réciproquement à angle droit sur un plan horizontal), qui ne semblent avoir été imaginées que pour faire apercevoir une croix ordinaire à quelque point de l'horizon que fût placé le spectateur. Cette forme fut surtout affectée à marquer les lieux où un martyr avait souffert; et les bonnes âmes qui, dans ces derniers temps, ont remplacé quelquefois ce signe par une croix simple, n'ont pas songé qu'elles supprimaient un document qui parlait tout seul (à bon entendeur) sans *cicérone*. En fait de vieux monuments, changeons le moins possible; autrement nous risquerions de détruire ou d'altérer une pièce historique dont la valeur, quoique éteinte, peut se raviver si la forme demeure.

C. C.

MYSTÈRE POUR LES FÊTES DE NOEL,
REPRÉSENTÉ AU XIᵉ SIÈCLE.

Je dois la pièce qu'on va lire au R. P. Vanhecke, l'un des continuateurs du grand travail des Bollandistes. Elle a été copiée par lui à Bruxelles il y a déjà une année entière, sur un évangéliaire du onzième siècle, provenant du monastère de Bilsen (dans le Limbourg) près de Liége.

Les jeux de scène, ou *didascalie* (que je transcris en italique) y étaient écrits en lettres rouges, et c'est sur cette partie du manuscrit que s'est fait surtout sentir l'action du temps; aussi plusieurs mots ont-ils découragé l'obligeance de mon docte correspondant. Ce n'en sera pas moins, je l'espère, une communication agréable à nos lecteurs, les documents de ce genre étant devenus fort rares; car les matériaux publiés tout récemment par M. Édélestand du Méril dans ses *Origines latines du théâtre moderne*, sont bien plus propres encore à exciter la curiosité qu'à la satisfaire.

Le petit drame de Bilsen est fort semblable à deux de ceux qui entrent dans la collection de M. du Méril (p. 156-171); mais les différences entre ces trois pièces sont plus que des variantes, et l'on pourrait absolument y voir comme trois éditions d'une même œuvre. Or, si je ne m'abuse, la mienne a une saveur plus primitive, en ce qu'elle sent beaucoup mieux (sauf illusion) la simplicité franche d'un premier jet, soit dans l'expression, soit dans la marche des événements mis en scène.

Je n'ai pas besoin de faire observer le *sans façon* du dramaturge qui emploie (même pour la *didascalie*) ou écarte le vers hexamètre, et en observe les lois ou les brusque, selon que la rime, le mètre ou le rhythme s'accommodent à sa fantaisie ou la gênent; car il ne paraît pas douteux que cela ait été composé *currente calamo*, et c'est peut-être ce qui fait qu'on a pris si peu de souci pour nous conserver une foule de compositions semblables. On se sentait en mesure de les remplacer au besoin sans grande dépense d'application. C'était comme nos chansons de circonstance, que des amis conservent quelquefois, mais dont l'auteur (pour peu qu'il ait de facilité) ne s'exagère point le mérite et ne s'occupe plus guère une fois qu'est passé le moment qui les avait fait naître.

Ordo. Post Benedicamus [1] *puerorum splendida* (sic), *cætus*
Ad regem pariter debent protendere gressu,
Præclara voce nec non istic resonare :

    Eia dicamus :: regias hic fert dies annua laudes ;
    Hoc lux ista dedit quod mens sperare nequi [vit].
    Attulit et vere votorum gaudia mille ;
    Et regnum regi, pacem quoque reddidit orbi,
    Nobis divitias, decus, odas, festa, choreas.
        Eia dicamus [2].
    Hunc regnare decet et regni sceptra tenere ;
    Regis nomen amat, nomen quia moribus ornat.

Chorus, ascendente rege :
    Super solium David [3].

Angelus, ab altis, pastoribus ista prædicit :
    Pastores, annuntio vobis [4].

Multitudo angelorum :
    Gloria in excelsis.

Bethleem pastores tunc pergunt, hæc resonantes :
    Transeamus Bethleem [5].

Rex primus, qui stat tunc in medio, cantet :
    Stella fulgore nimio rutilat.

Secundus, qui stat ad dexteram :
    Qui Regem regum natum monstrat.

Tertius, qui stat ad sinistram :
    Quem venturum olim prophetia signaverat.

Insimul hi pergent, ac oscula dulcia figent [6] ;
Tunc pergunt pariter, hunc (sic) *verbum vociferantes :*
    Hac ducente pergamus
    Ubi ejus sit nativitatis locus.

Compellat taliter et..... nuntius illos :
    Regia vos mandata vocant, nec segniter ite.

Magi :
    Qui [s?] rex sic per te vult nos revocando venire ?

Reges jugulari pce (ense?) *minat* [ur?] *int* [ernuntius] :
    Rex est qui totum regnando possidet orbem,
    Et nos cernemus (*vos cernetis ?*) quis regum sic sit herilis.

Illos dimittit... [*et ad regem redit ?*] :
    Vivas æternum, rex semper vivere dignus.

Rex econtra :
    Quid majoris opus mea sit [ubi] gratia munus ?
    Quid rumoris affers ?

Non moram faciens, respondet nuntius ista :
    Nuncia dura facis referre præsagia natis.

Rex :
    Quæ sunt præsagia natis ?

Internuntius :
    Adsunt nobis, Domine, tres viri ignoti ab oriente [venientes]
    Noviter natum quemdam regem quæritantes.

Occurrens alter (?) *cui tunc hæc sunt patefacta :*
    Rex, Rex, Rex ; Rex, regem natum constat per carmina vatum.
    Constat plum (sic) natum de virgine natum.

Tertius accedat his, qui monstrat venientes :
    En magi venient (*veniunt ?*),
    Et regem regum stella duce requirunt ;
    Portant infanti sua numera cuncta regenti.

Talibus auditis, rex illi talia profert :
    Ante venire jube, quo possim singula scire ;
    Qui sunt, cur veniant, quo nos rumore requirant.

Armiger ad..... sic implet velle potentis :
    Regia. [7]

Ad regem veniunt pariter, sic ore salutant :
    Salve, princeps Judæorum.

Rex :
    Quæ sit causa viæ, qui vos, vel unde venitis
    Dicite nobis.

Magi :
    Rex est causa viæ, reges sumus ex Arabitis
    Huc venientes,
    Regem regum quærentes.

Rex :
    Regem quem quæritis
    Natum esse quo signo didicistis ?

Cantant Magi :
    Illum natum esse
    Di [di] cimus in Oriente,
        (*Monstrant stellam fuste levato.*)
    Stella monstrante.

Ira tumens, gladios sternens (stringens) *rex ista redundat :*
    Si illum regnare creditis,
    Dicite nobis.

    Væ Christo regi nobis mendacia loqui [8] !
    Hunc regnare fatentes, cum mysticis muneribus
    De terra longinqua adorare venimus.

Tunc monstrant dona quæ portant Omnipotenti.

---

[1] On sait que primitivement les mystères s'intercalaient dans la liturgie ecclésiastique, après matines ou à la fin des vêpres. J'en ai dit un mot ailleurs (*Vitraux de Bourges*, n° 88, et 93, sv.; p. 154, sv.; et 167-169).

[2] J'ignore si ceci indique une reprise (*Da capo*). Quoi qu'il en soit, je regarde les deux premières interlocutions comme s'adressant à Hérode que fête sa cour, occupée apparemment à lui souhaiter la bonne année. Aussi ne lui épargne-t-on point les compliments.

[3] Ces paroles sont le commencement d'un verset d'Isaïe (IX, 7) et d'une antienne du troisième dimanche de l'Avent (*à Benedictus*), qui probablement se chantait ici en entier.

[4] Premiers mots de la troisième antienne de laudes dans l'office de Noël. Cf. Luc. II, 10.

[5] Cf. Luc. II, 15. Là, comme pour *Gloria in excelsis*, l'auteur du drame ne transcrivait que l'intonation ; le reste se trouvant dans tous les antiphonaires et dans la mémoire de tout le monde.

[6] J'imagine que les trois rois s'embrassent pour témoigner leur joie d'avoir reconnu l'étoile ; car c'est après cette démonstration d'allégresse qu'ils se mettent à la recherche de celui que l'astre leur annonce.

[7] L'huissier ou écuyer royal répète sans doute aux mages la même sommation qu'il leur avait adressée précédemment.

[8] Cette ligne, écrite en rouge comme une *didascalie*, me semble indiquer un *aparte* des mages qui évidemment prennent ici la parole.

Primus :
Auro, regem ;
Secundus :
Thure, sacerdotem ;
Tertius :
Myrrha, mortalem.
Rex, his auditis, jubet hos in carcere trudi ;
Advocat discipulos, [1] *ac illis talia pandit :*
Huc, sinistæ (*synmistæ ?*) mei, disertos pagina scribas
Prophetica ad me advocate.
Discipuli ad scribas :
Vos legi [s] periti,
A rege vocati,
Cum prophetarum lineis (*libris ?*) properando venite.
Scribæ ad regem :
Salve.
Talia cantando [*rex cum ?*] *baculo quoque cedri :*
O vos scribæ,
Interrogati dicite
Si quid de hoc puero scriptum vos (*vestris ?*)
Videritis in libris.
Scribæ :
Vidimus, Domine, in prophetarum lineis,
Nasci Christum in Bethleem civitate David,
Propheta sic vaticinando : « Tu (?) Bethleem Judæ. » [2]
Inspiciat [*Rex*] *libros ac illos reddat.* . . . .
. . . . . *Tunc cantet rex fuste minaci :*
Tu mihi responde, stans primus in Oriente (*sic*).
Tu ergo unde es ?
Magus :
Tharsensis regio me rege nitet Zoroastro.
Secundo, rex :
Tu alter unde es ?
Magus :
Me metuunt Arabes, mihi parent usque fideles.
Tertius magus :
Impero Chaldæis, dominans rex omnibus illis.
Advocat [*rex*] *scribas :*
Vestris consiliis, vestris volo viribus uti ;
Consilium nobis date quod [rectum] sit et it [e].
Scribæ :
Audi quæ facias [, rex], audi pauca, sed apta.
Eois des donum (*dona Magis*), nec mitte morari ;
Ut noviter nato quem quærunt rege reperto,
[Rex,] per te redeant, ut et ipse scias quod adorent (*adorant ?*).
Tunc tribus dona remittit :
Ite, et de puero diligenter investigate ;
Et invento, redeuntes, mihi renunciate.
Magi descendentes :
Eamus ergo et inquiramus, et offeramus munera : aurum,
thus et myrrham.

Videntes stellam, cantant..... *Primus :*
Ecce stella.
Secundus :
Ecce stella.
Tertius :
Ecce stella.
Insimul :
In oriente prævisa,
Quam Balaam ex judaica
Orituram prædixerat prosapia.
Iterum præcedet nos lucida ;
Non relinquamus ultra,
Donec nos perducat ad cunabula.
Magi ad pastores :
Pastores dicite [3].
Pastores :
Infantem.
Magi [*ducti ante stabulum ?*] :
Ecce patere domus nobis pia claustra rogamus,
Hoc quibus est votis regem donis venerari
Quem præfert regnis astrum quod prænitet astris.
Obstetrix :
Qui sunt hi quos stella ducit nos adeuntes,
Inaudita ferentes ?
Magi :
Nos sumus quos cernitis, reges Tharsis et Arabum et Saba,
dona ferentes Christo regi nato Domino, quem stella deducente adorare venimus.
Obstetrix :
Ecce puer adest quem quæritis ;
Jam properate,
Adorate,
Quia ipse est redemptio mundi.
Magi :
Salve princeps sæculorum.
Primus :
Suscipe, rex, aurum.
Secundus :
Tolle thus, tu vere Deus.
Tertius :
Myrrham, signum sepulturæ.
Angelus :
Impleta sunt omnia quæ prophetice dicta sunt ; ite, viam remeantes aliam, nec delatores tanti regis puniendi eritis.
Magi revertentes cantant :
O regem cœli [4].
. . (*Angeli ?*) . .
Hostis, Herodes [5].
Archelaus (?) :
Delusus es, Domine, magi via redierunt alia.

---

[1] Le dramaturge aura voulu probablement indiquer par là ceux que l'Évangile (Matth., xxii, 16 ; Marc., xii, 13, etc.) appelle *herodiani*.

[2] Là, comme en plusieurs autres endroits, les premiers mots d'un texte bien connu annonçaient sans doute qu'on devait le chanter ou le réciter tout entier.

[3] C'était sûrement l'intonation de la première antienne des laudes de Noël, que les mages chantaient jusqu'à la moitié ; et les bergers répondaient en l'achevant : « [Infantem (aujourd'hui : *natum*) vidimus, etc. »

[4] Répons du dimanche dans l'octave de Noël, à Matines (huitième leçon).

[5] Intonation de l'hymne des vêpres pour l'Épiphanie.

TABLE DES MATIÈRES.

MÉMOIRES RENFERMÉS DANS LE TOME Ier ET PLANCHES QUI S'Y RAPPORTENT.

PRÉFACE . . . . p. i-ix
I. CHASSE DES GRANDES RELIQUES D'AIX-LA-CHAPELLE.
De l'orfévrerie religieuse, trésor d'Aix. . . . p. 1
Les grandes reliques d'Aix-la-Chapelle. . . . 5
Fêtes du pélerinage. 8
Époque de la châsse, sa description. . . . 12
Figures en haut-relief sous les arcades . . . 16
Bas-reliefs du toit ; vie de Jésus-Christ . . . 20
Estampes.
Vue de la châsse sur une des grandes faces. . Pl. I
Plan et ciselures de l'autre face II
Estampages, crêtes et détails divers. . . III
Vue d'une des petites faces, en couleur. . . IV
Pommes du faîtage, en couleur. . . . . V et VI
Émaux des plates-bandes, en couleur . . VII et VIII
Nimbes émaillés des grandes figures, *item.* . IX

II. IVOIRES SCULPTÉS DU PSAUTIER DE CHARLES-LE-CHAUVE A LA BIBLIOTHÈQUE NATIONALE.
Le manuscrit que recouvrent ces bas-reliefs. . p. 27
Plat de la couverture inférieure. 31
Plat de la couverture supérieure, explication générale 38
Détails du sujet précédent 43
Résumé général sur la portée des deux sujets . 48
Estampes.
Ivoire du plat inférieur : David et Nathan. . Pl. X
Ivoire du plat supérieur : Arrêt du Ciel contre Julien l'Apostat (?) XI

III. DE L'ORIGINE DU TYPE DES MONNAIES CHARTRAINES
État de la question d'après les travaux déjà publiés sur ce sujet . . . . p. 51
Le type primitif n'est pas une tête 52
Analyse du type réel. 54
Bannière chartraine 56
Célébrité des reliques de Chartres et leur vérification. 58
Explication du type par les reliques honorées dans la cathédrale de Chartres. 61
Variétés du type chartrain 63
Conjectures sur quelques pièces de Vendôme . 67
Explication des planches jointes à ce mémoire. 70
Estampes.
Monnaies au type chartrain. . . . . Pl. XII et XIII

IV. CONJECTURES SUR LE SYMBOLISME QUI A RÉGLÉ LES GRANDS MOTIFS DE REPRÉSENTATION A L'EXTÉRIEUR DES ÉGLISES.
Des *magots* sur les toits des églises. . . . p. 74
Orientation normale d'une église. 78
Portails occidental et septentrional 80
Modification introduite vers le treizième siècle. 84
Portail méridional. 86
Indications pour des études ultérieures . . . 88

V. RECHERCHES SUR LE TYPE QUI A GUIDÉ LES ARTISTES DANS L'EXÉCUTION DE PLUSIEURS CHANDELIERS DU MOYEN AGE . . . . p. 91
Provenance et caractère des cinq monuments étudiés dans ce mémoire. 92
Main coupée par le dragon ; *Tyr et Fenris.* . 95
Pourquoi un dragon et non pas un loup ; *Nidoggr.* 99
Les rinceaux et la fleur ; *Igdrasill.* 100
Le monstre hybride et la femme à cheval ; *Noti* (?). 103
Estampes.
Chandelier du cabinet de M. Carrand. . . Pl. XIV et XV
Chandeliers du cabinet de M. Dugué. . . XV et XVI
Chandeliers des cabinets de MM. Desmottes et Sauvageot. XVII

VI. CONSIDÉRATIONS SUR DIVERS MONUMENTS D'ORFÉVRERIE RELIGIEUSE . . . . p. 107
De l'orfévrerie de luxe et de l'orfévrerie religieuse 108
Diverses pièces d'orfévrerie du seizième siècle et du quinzième 111-113
item du quatorzième. 114-116
item du treizième. 116, 117
Du symbolisme des scènes de chasses. . . 119
Estampes.
Ostensoir de Charles-Quint et monstrances de Louis Ier de Hongrie . . . . . Pl. XVIII
Agnus-Dei de Charlemagne et monstrances diverses d'Aix-la-Chapelle XIX
Monstrances de la collection de M. le prince Soltikof. XX
Monstrances de la cathédrale de Reims. . XXI et XXII
Monstrance de l'abbaye d'Oignies. . . . XXIII

VII. LE LOUP ÉCOLIER.
Bas-reliefs de Fribourg-en-Brisgau. Pl. XXIV et p. 124

VIII. MONUMENT SLAVE RELIGIEUX DU MOYEN AGE.

Caractère et destination de ce bas-relief. . . p. 127
Représentation de la *Sophie*. 129
Principales inscriptions du bas-relief. . . . 132
Essai d'explication orthodoxe 133
Indices d'hétérodoxie dans ce monument. . . 135
Aperçu général sur le gnosticisme. 137
Forme slave du gnosticisme. 141
Inscriptions des sept anges, et apparences de bogomilisme. 143

Estampe.

Bas-relief slave. . . . . Pl. xxv

IX. DEUX CHAPITEAUX HISTORIÉS DU DOUZIÈME SIÈCLE.
(Eglise abbatiale de Vézelai.)

Chapiteau du moulin. 150
Chapiteau de la sauterelle 153

Estampe.

Chapiteaux de Vézelai. . . . . . . Pl. xxv *bis*

X. FAUTEUIL DE DAGOBERT.

Origine et translations récentes de ce monument . . . . p. 157
Son analogie avec les chaises curules. . . . 164
Altérations que le type antique de la *sella* a subies dans ce trône. 170
Modifications infligées au fauteuil de Dagobert 178
Souvenirs du siége mérovingien dans les monuments de la dynastie capétienne. . . . 179
Représentations des souverains étrangers et des évêques, comparées à celles des rois de notre troisième race 183
Ce mémoire est complété par le numéro xiii (p. 239).

Estampes.

Fauteuil de Dagobert. . . . . . . Pl. xxvi
Trépied bacchique pliant xxvii
Trépieds antiques en marbre xxviii
Sella des médailles et des diptyques . . . xxix
Trônes des rois de France d'après les sceaux. . xxx

XI. CROIX DIVERSES.

Croix cabalistique de Maestricht (la cabale et ses procédés). . . . . p. 191
Explication des inscriptions de la croix. . . 196
Manies d'archaïsme de la Renaissance. . . . 200
Croix attribuée à Charlemagne. 202
Revers de la croix de Lothaire I". 203

Estampe.

Croix de Maestricht, *encolpium* d'Aix-la-Chapelle, et partie averse de la grande croix de Lothaire (avec son support moderne). . Pl. xxxi

XII. CRUCIFIX DE LOTHAIRE I".

Description du monument . . . . . . p. 207
Des crucifix antérieurs au dixième siècle. . . 207
La main divine et la couronne. 212
Le serpent au pied de la croix. 217
La lune et le soleil près de la croix . . . 220
Forme, hauteur et matière de la croix . . . 223
Appendices de la croix et son inscription. . . 227
Jésus-Christ crucifié, sa stature et son attitude. 230
Plaies du crucifix. 233
Couronne et vêtement des crucifix. . . . 236

Estampe.

Crucifix de Lothaire I", à Aix-la-Chapelle. Pl. xxxii

XIII. ADDITION AU MÉMOIRE SUR LE FAUTEUIL DE DAGOBERT.

Nouvelles recherches sur les trônes à *supports léonins* (Monuments romains du moyen âge). p. 239

XIV. ORNEMENTS PEINTS (ÉMAUX, ETC.) EMPRUNTÉS A DIVERS MONUMENTS DU MOYEN AGE.

Leur style et leurs provenances. . . . . p. 245

Estampes en couleur.

Ornements peints des châsses d'Aix et de Cologne . . . . Pl. xxxiii
Item xxxiv
Item xxxv
Item xxxvi
Item de la châsse de Saint-Servais à Maestricht xxxvii
Item de la couronne de lumière d'Aix-la-Chapelle. xxxviii
Item xxxix
Émaux de la châsse des trois rois à Cologne. xl
Item xli
Item xlii
Item xliii
Petite face d'une châsse conservée à Lyon dans une collection particulière. . . . xliv

XV. FRAGMENTS D'UN PSAUTIER DU MUSÉE BRITANNIQUE.

Caractère du manuscrit, comme œuvre d'art. . p. 249
Autres manuscrits où règne le même ordre d'idées. 252
Une page du psautier de Londres comparée à un ivoire de Charles-le-Chauve. . . . 255

Estampe.

Scènes diverses du psautier de Londres. . Pl. xlv

XVI. RECTIFICATION et *Mystère* DU XI" SIÈCLE. p. 258

FIN DE LA TABLE.

MÉLANGES
D'ARCHÉOLOGIE,

D'HISTOIRE ET DE LITTÉRATURE,

RÉDIGÉS OU RECUEILLIS

PAR LES AUTEURS DE LA MONOGRAPHIE DE LA CATHÉDRALE DE BOURGES

(CH. CAHIER ET ART. MARTIN.)

Collection de Mémoires sur l'Orfèvrerie et les Émaux des trésors d'Aix-la-Chapelle, de Cologne, etc. ; sur les Miniatures et les anciens Ivoires ciselés de Bamberg, Ratisbonne, Munich, Bruxelles, Paris, etc. ; sur des étoffes byzantines, siciliennes, etc. ; sur des Peintures et Bas-Reliefs mystérieux de l'époque carlovingienne, romane, etc.

Les *Mélanges d'Archéologie, d'Histoire et de Littérature* paraîtront par livraisons. Huit livraisons formeront un volume, et il ne paraîtra pas au-delà d'un volume par an. La livraison est composée de quatre feuilles de texte, grand in-4°, et de cinq planches ordinaires, ou d'un moins grand nombre de planches plus dispendieuses.

On souscrit, pour un volume (32 fr.) ou pour un demi-volume (16 fr.)

A PARIS,

Chez MM. POUSSIELGUE-RUSAND, ÉDITEUR, rue du Petit-Bourbon Saint-Sulpice, 3;
DUMOULIN, quai des Augustins, 13;
VICTOR DIDRON, place Saint-André-des-Arts, 30.

A LONDRES,

Chez M. DOLMAN, New-Bond Street, 61.

La première livraison paraîtra en janvier 1848.

Paris, Imprimerie de Foussalgue, rue du Croissant, 12

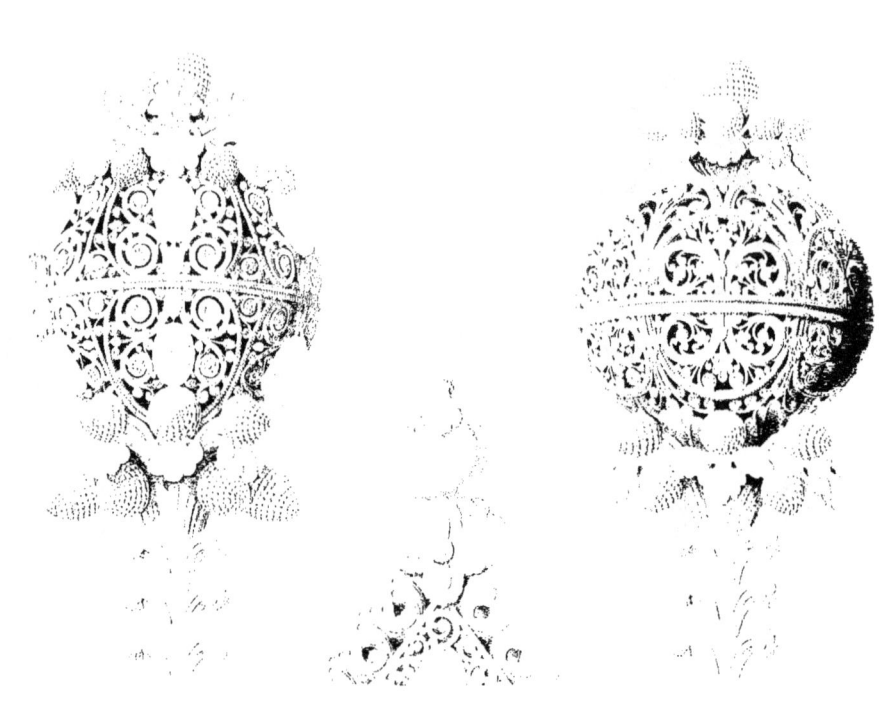

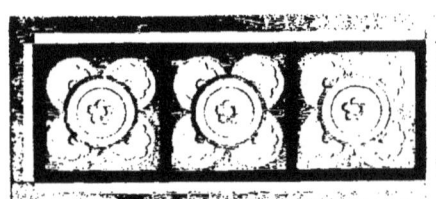

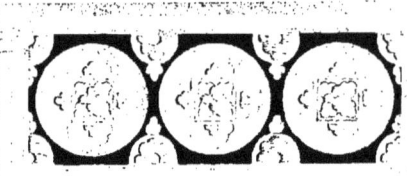

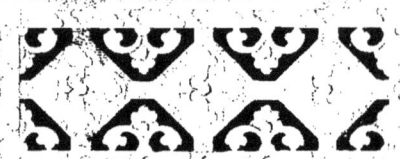

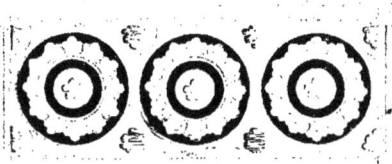

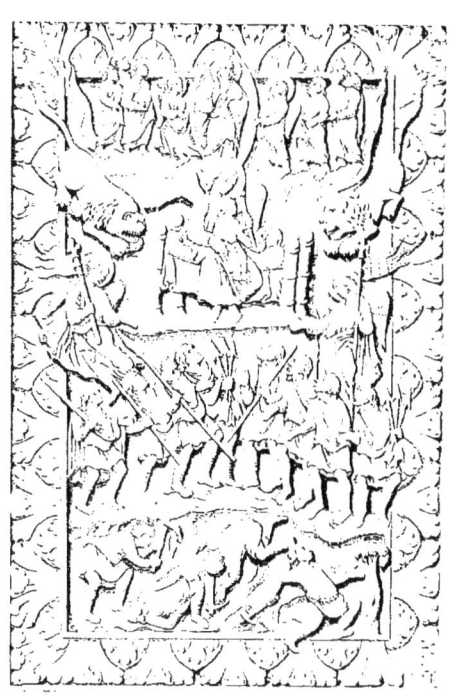

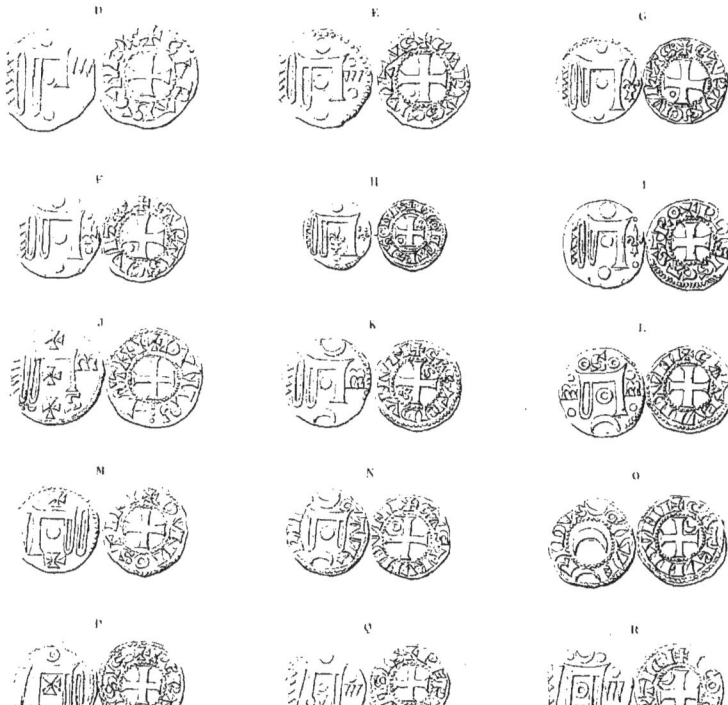

MONNAIES
AU TYPE CHARTRAIN

MONNAIES
AU TYPE CHARTRAIN

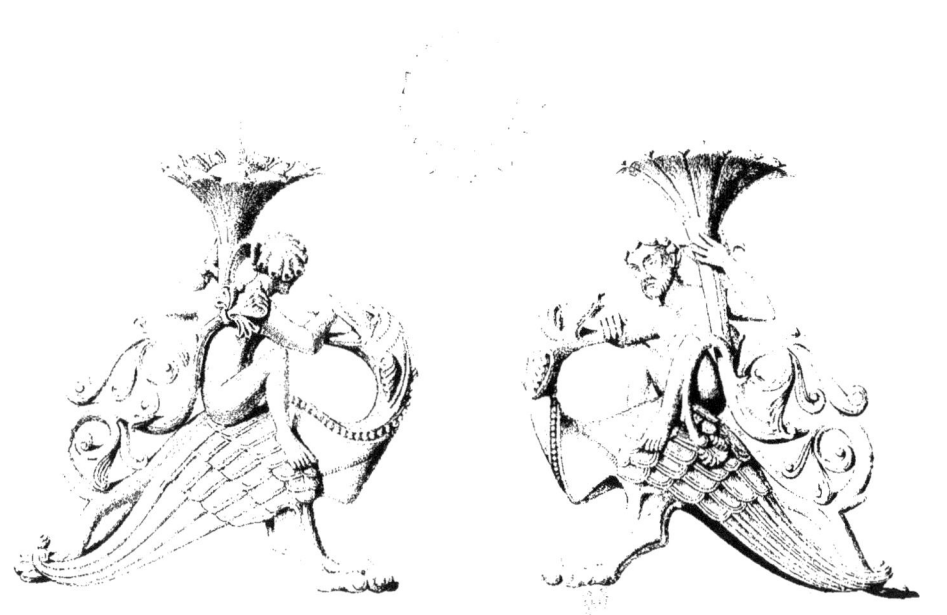

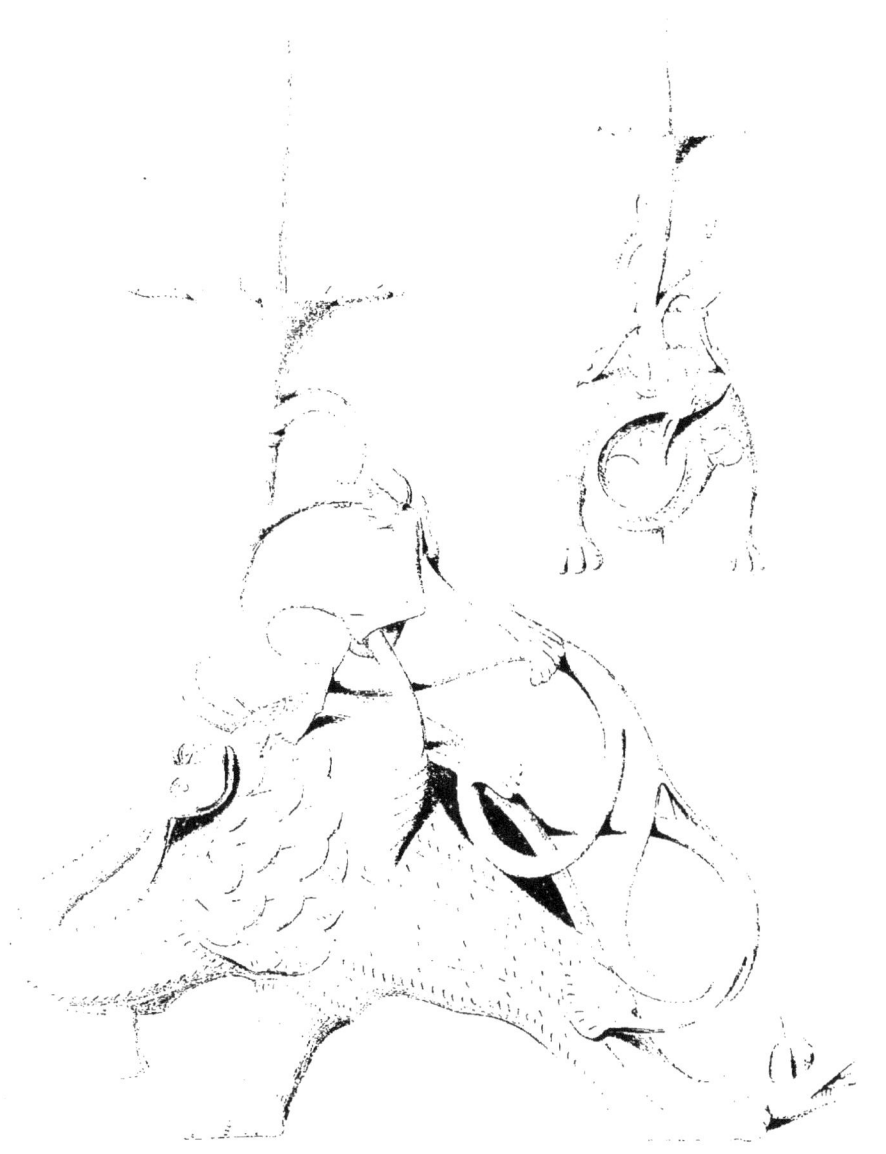

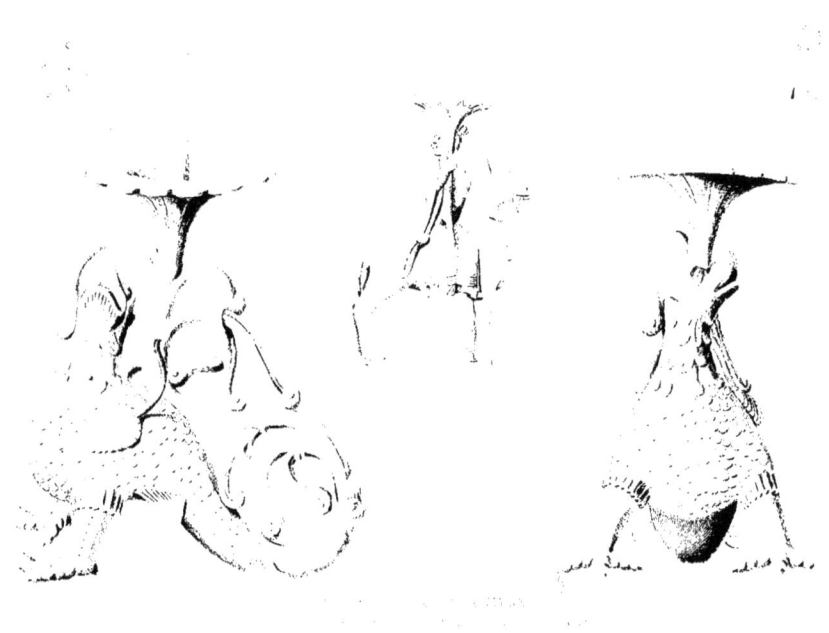

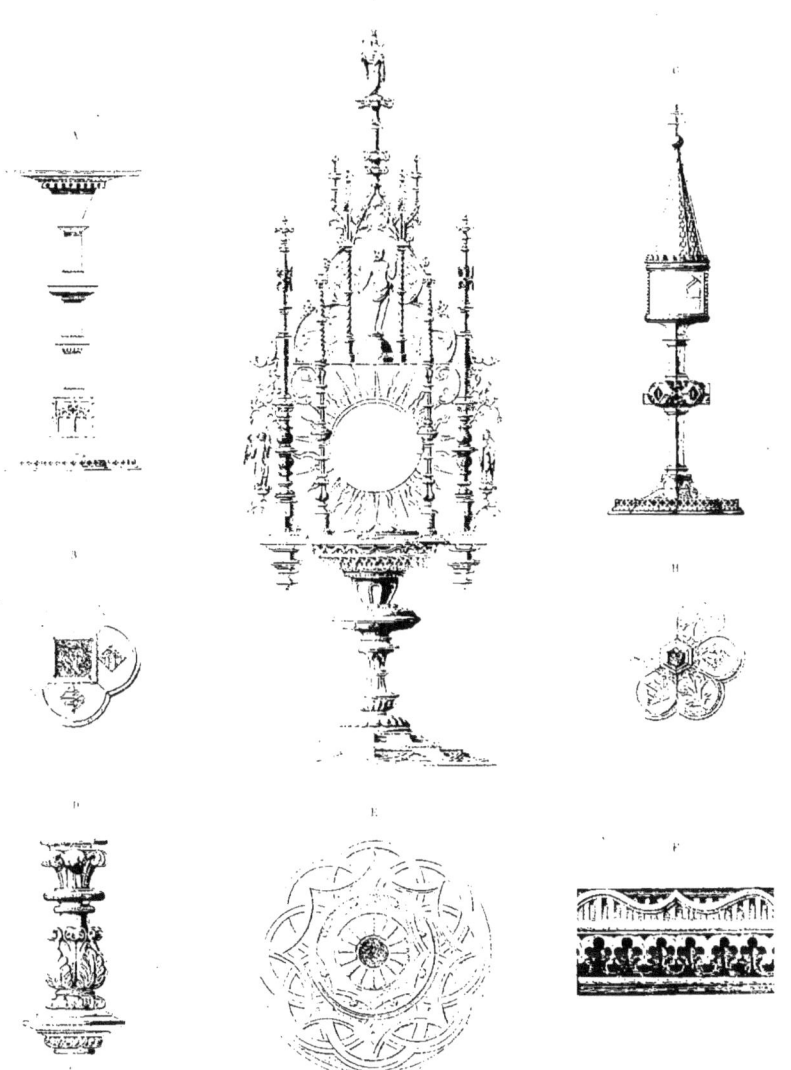

TRÉSOR D'AIX LA CHAPELLE.

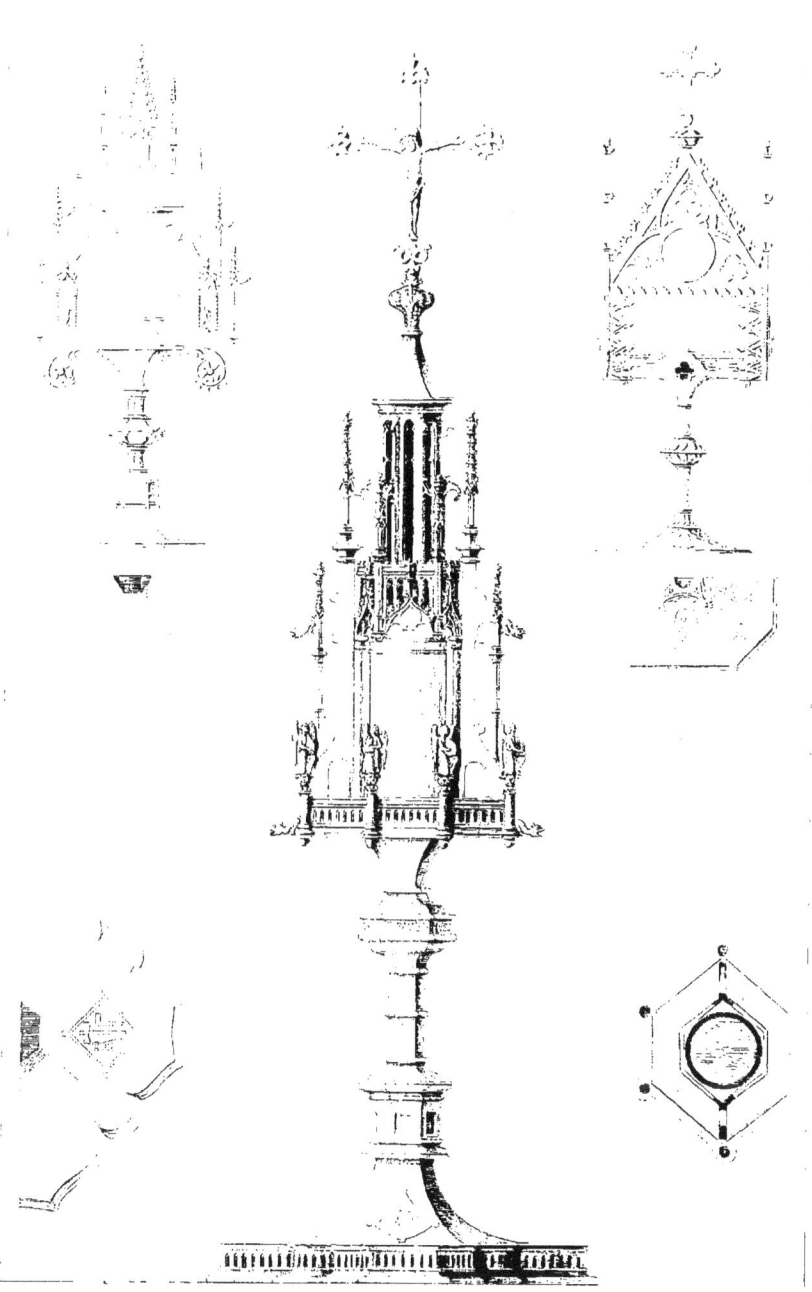

MONSTRANCE
DE LA COLLECTION DE M. LE PRINCE SOLTIKOF

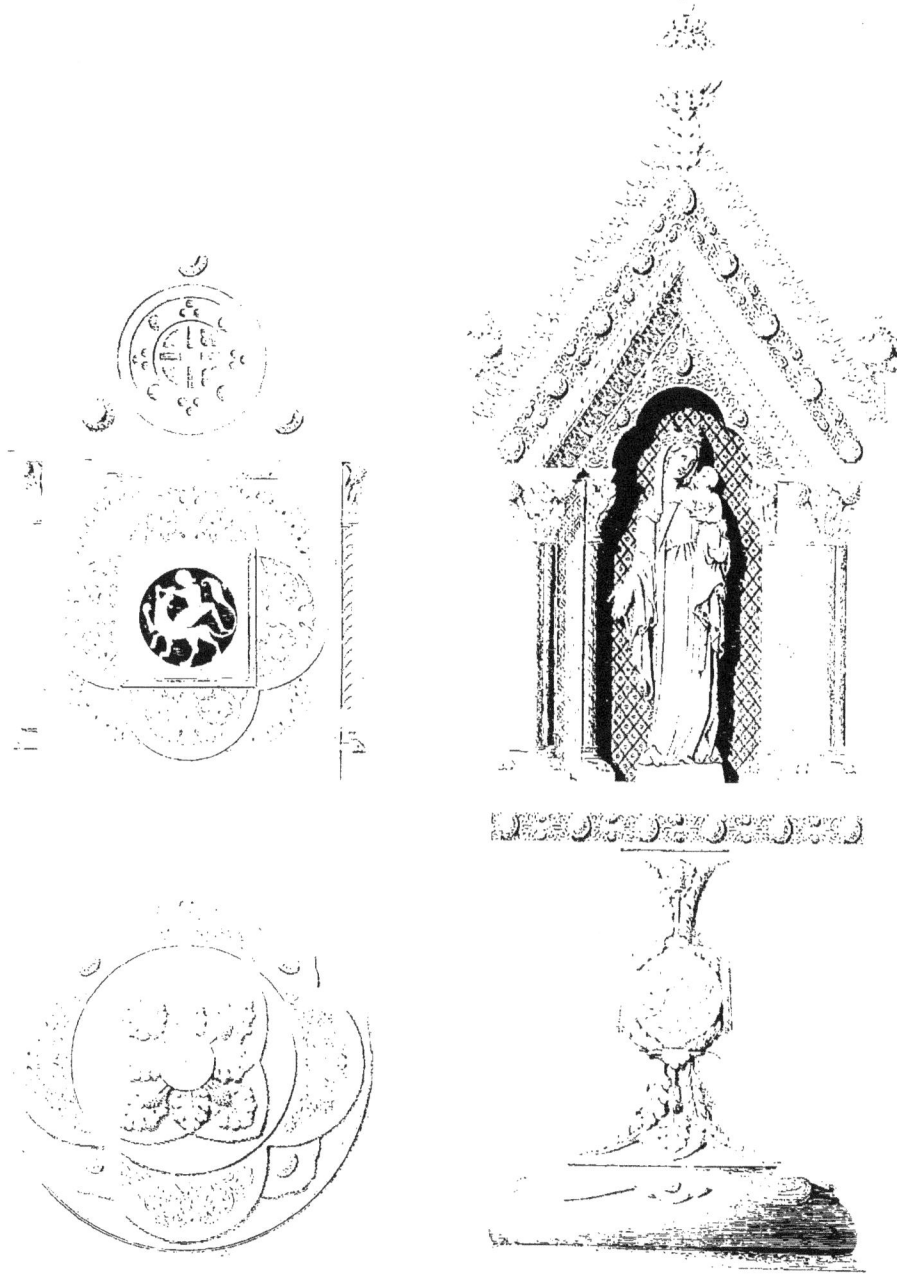

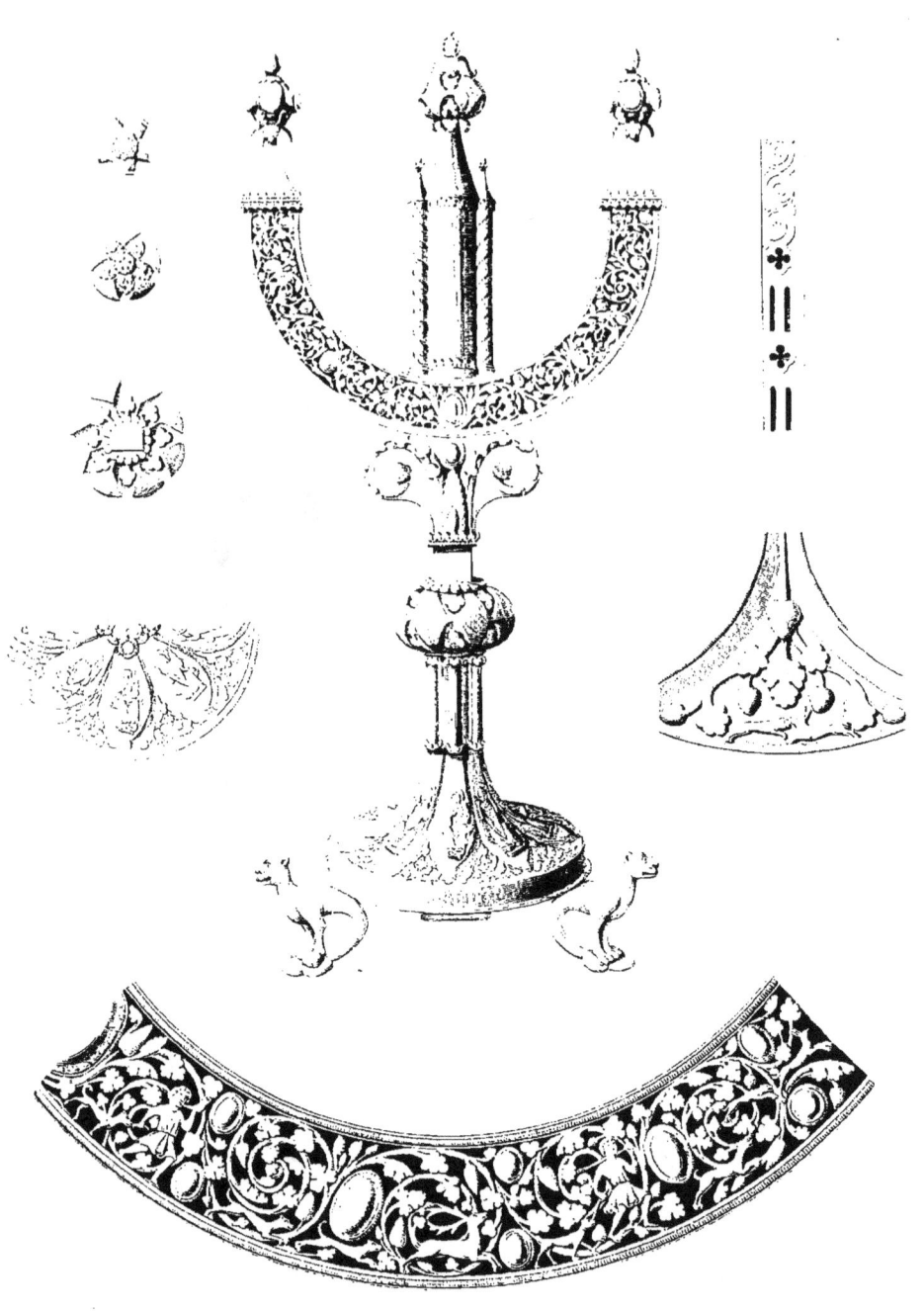

SCULPTURES DU CHŒUR
CATHÉDRALE DE FRIBOURG EN BRISGAU

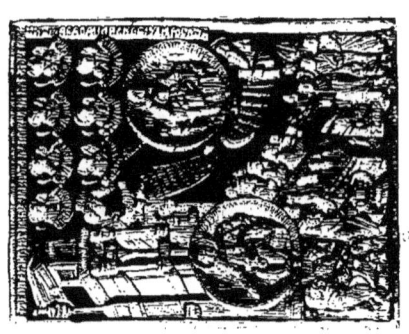

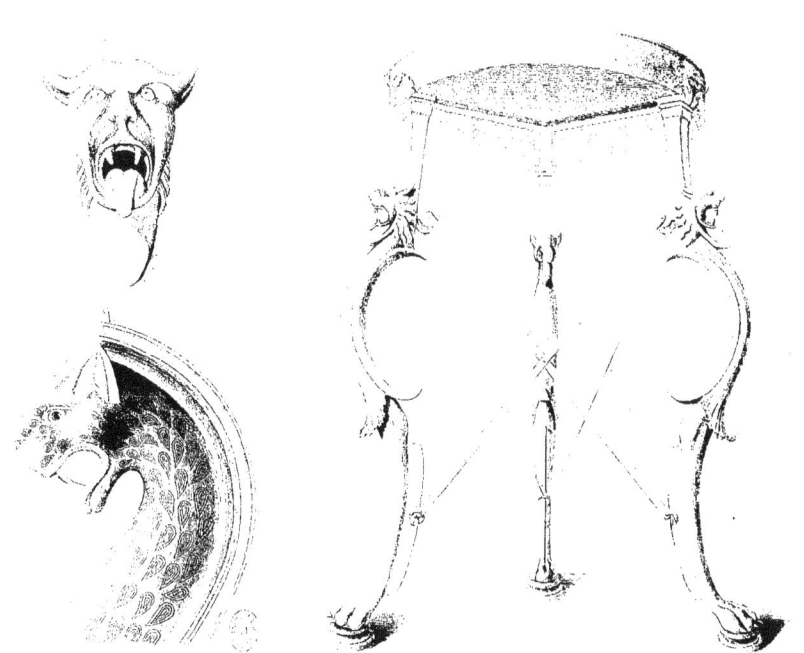

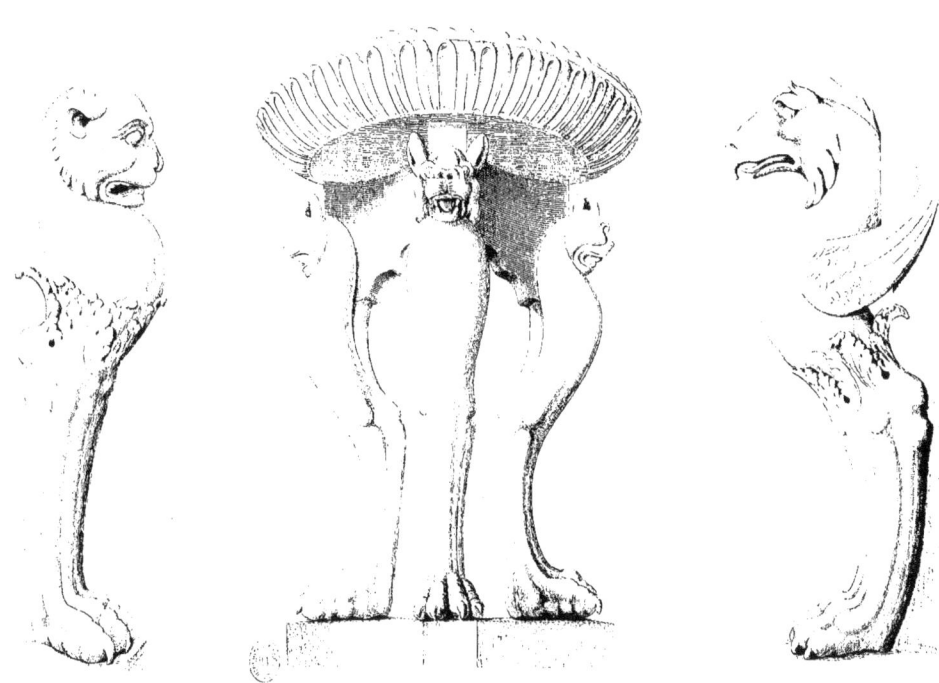

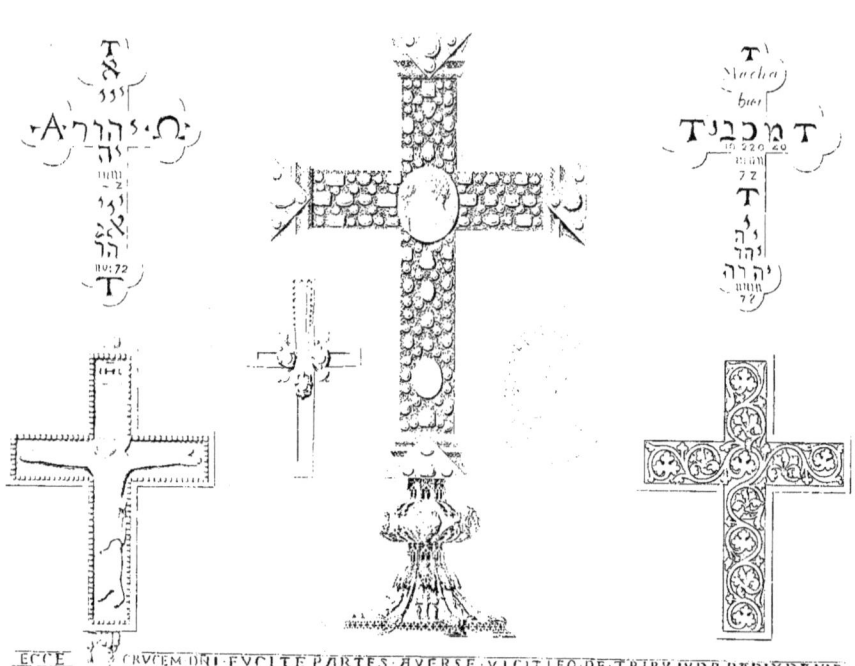

TRÉSOR D'AIX LA CHAPELLE.
CROIX EN OR DITE DE LOTHAIRE

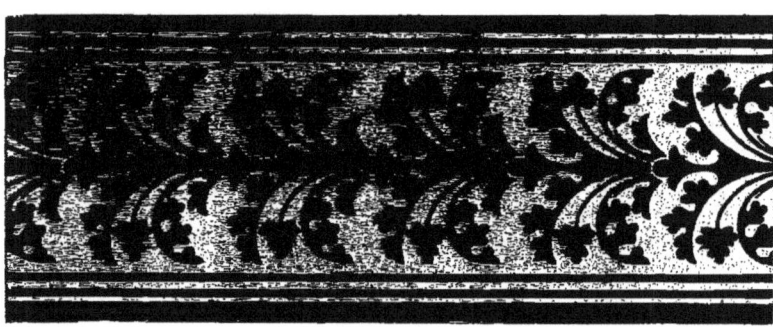

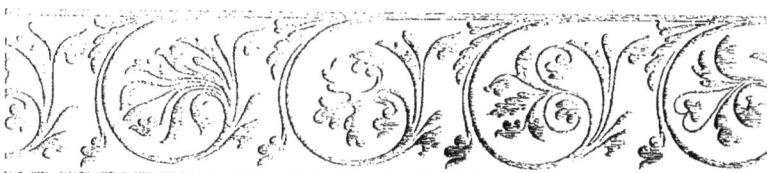

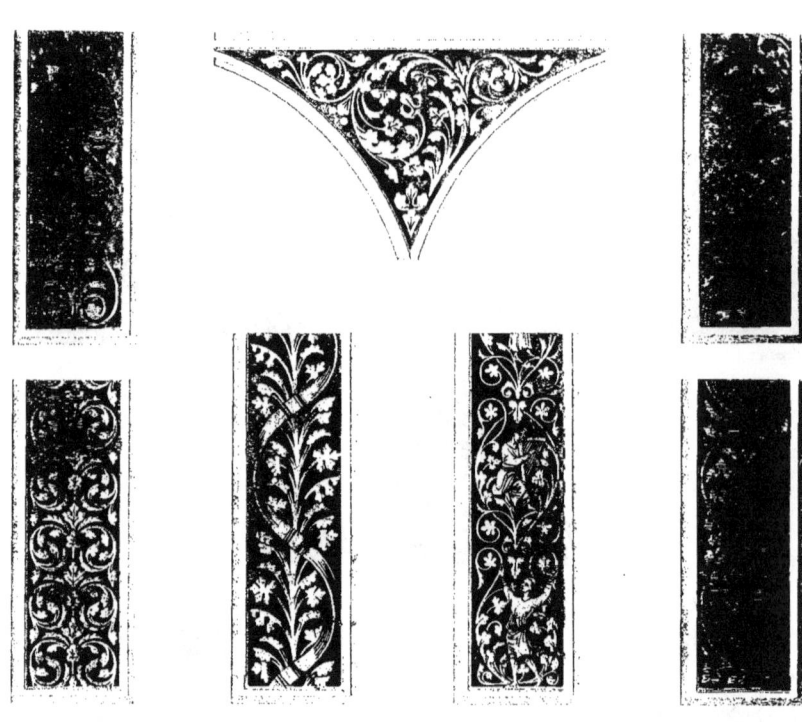

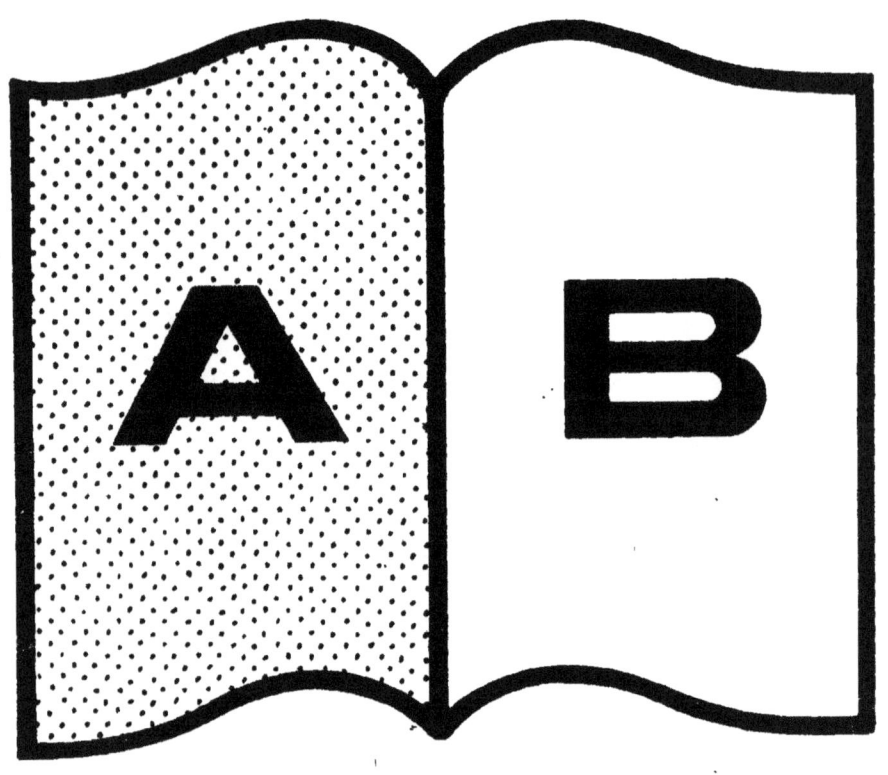

Contraste insuffisant

NF Z 43-120-14

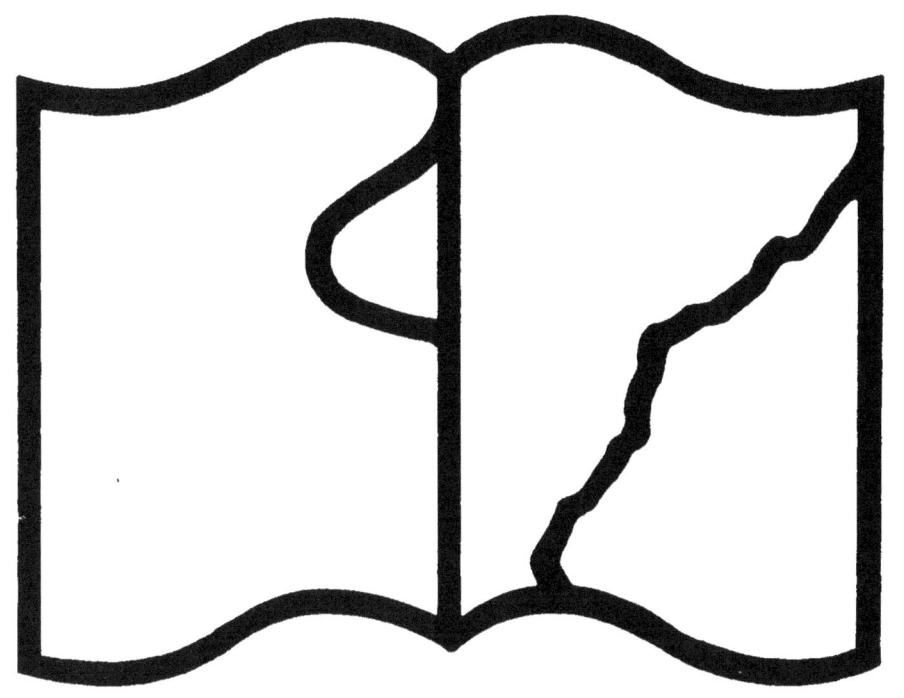

Texte détérioré — reliure défectueuse

NF Z 43-120-11

www.ingramcontent.com/pod-product-compliance
Lightning Source LLC
Chambersburg PA
CBHW072016150426
43194CB00008B/1128